一流本科专业一流本科课程建设系列教材

复变函数与积分变换

张神星　编

机械工业出版社

本书是大学"复变函数与积分变换"课程教材. 全书共分为7章, 分别是: 复数与复变函数、解析函数、复变函数积分、级数、留数及其应用、保形映射、积分变换.

本书每章中间编有若干随文练习题, 便于读者学练互动, 每章章末有小结和课后作业题, 书末有参考答案. 本书参考文献后有中外人名对照表和索引, 便于读者查询. 加星号的部分为选读内容, 主要包含复变函数理论的应用.

本书配图丰富, 内容清晰, 语言流畅且不失严谨. 本书适合作为大学相关课程教材, 也可供教学人员和工程技术人员参考.

图书在版编目(CIP)数据

复变函数与积分变换 / 张神星编. -- 北京: 机械工业出版社, 2025.8. -- (一流本科专业一流本科课程建设系列教材). -- ISBN 978-7-111-78604-7

I. O174.5; O177.6

中国国家版本馆 CIP 数据核字第 20257W7G16 号

机械工业出版社(北京市百万庄大街22号   邮政编码 100037)

策划编辑: 韩效杰   责任编辑: 韩效杰
责任校对: 韩佳欣 李小宝   封面设计: 王   旭
责任印制: 任维东

北京科信印刷有限公司印刷

2025 年 9 月第 1 版第 1 次印刷

184mm×260mm · 17.25 印张 · 458 千字

标准书号: ISBN 978-7-111-78604-7

定价: 55.00 元

电话服务   网络服务

客服电话: 010-88361066   机 工 官 网: www.cmpbook.com
          010-88379833   机 工 官 博: weibo.com/cmp1952
          010-68326294   金 书   网: www.golden-book.com

封底无防伪标均为盗版   机工教育服务网: www.cmpedu.com

引　言

在当今科学与工程的广阔领域中，复变函数与积分变换作为数学工具的核心组成部分，扮演着举足轻重的角色. 它们不仅是理论研究的基石，更是解决实际问题的利器. 本书旨在为读者提供一部内容全面、结构清晰、易于理解的教材，帮助读者系统地掌握这一领域的基本理论和实际应用，为未来的学术研究和职业生涯打下坚实的基础.

复变函数，将函数的变量范围从实数域扩展到了复数域. 这种推广看似平凡，却因为复变函数的解析理论能揭示许多在实数域中难以发现的数学规律和性质，而显得丰富多彩且极具生命力. 通过复变函数，我们可以更加深入地理解自然界的许多现象，如电磁场的分布、流体的流动、振动与波动等. 本书先介绍复数的基本概念、运算规则和几何意义，然后逐步将实数情形的极限与微积分理论推广到复数情形，并揭示这二者本质的差异. 我们将深入探讨复变函数的可导性和解析性，并由此得到其积分表达、级数展开、奇点行为与留数等核心理论.

积分变换，特别是傅里叶变换和拉普拉斯变换，是现代科学与工程中广泛应用的数学工具. 它们在函数变换方面的诸多性质，解释了处理信息的一般手段. 不仅如此，它们还能够将复杂的微分、积分方程转化为易于求解的代数方程，将复杂的卷积运算化为简单的乘积运算. 本书将在复变函数相关理论的基础上，深入探讨这两类积分变换的动机、原理、性质及应用，以便读者掌握积分变换的基本方法和技巧.

在本书编写过程中，我们注重理论与实践的结合，兼顾趣味性和可读性，力求使内容既具有理论深度，又易于理解和应用. 在本书中，我们力求每一个概念的引入背景都有所交代，让读者能很容易地接受抽象的数学概念；每一个性质都有所应用，避免读者陷入为何而学的困惑中；每一个定理都可以用简短的语言来解释，并提供多视角的理解方式，让读者理解而不只是记住一个个知识点.

本书提供了丰富的例题和随堂练习，让读者可以学练互动. 每一章的结尾对相应章节内容进行了总结，并着重指出不易理解和易出错的知识点. 本书中的选读内容建议让感兴趣的学生自学，而不必讲授. 若因课时不足而不能讲授全书，则可依次不讲授保形映射、积分变换在积分和级数中的应用、留数在级数中的应用、留数在定积分中的应用.

本书是在合肥工业大学全体数学教师的支持下编写完成的. 相关课程的数字教学资源由袁志杰、赵德勤、陈智、周玲、刘可为等人建设完成. 感谢本书完成过程中学院领导和同事的大力支持，感谢本书的编辑、校对和审阅专家. 由于编者水平有限，书中错误之处在所难免，敬请读者指正！

编　者

目录

第 1 章 复数与复变函数

本章中我们将学习复数和复变函数的基本概念, 以及复数列和复变函数的极限. 我们将从解一元三次方程问题出发, 逐步展示引入复数的必要性. 然后, 我们介绍复数的运算规则, 并展示复数的三角形式和指数形式在运算中所起的关键作用. 最后, 我们仿照实数情形引入复变函数、复数列, 以及极限的概念, 并讨论它们与实数情形的联系.

1.1 复数及其代数运算

1.1.1 复数的产生

复数起源于多项式方程的求根问题. 考虑一元二次方程 $x^2 + bx + c = 0$, 配方可得

$$\left(x + \frac{b}{2}\right)^2 = \frac{b^2 - 4c}{4}.$$

于是得到求根公式

$$x = \frac{-b \pm \sqrt{\Delta}}{2}, \quad \Delta = b^2 - 4c.$$

(1) 当 $\Delta > 0$ 时, 有两个不同的实根;

(2) 当 $\Delta = 0$ 时, 有一个二重的实根;

(3) 当 $\Delta < 0$ 时, 无实根.

可以看出, 当我们考虑在实数范围内解一元二次方程时, 可以直接舍去包含负数开平方的解. 这样不会影响我们得到方程的实数解. 然而在一元三次方程中, 即便只考虑实数解也会不可避免地引入负数开平方.

> 若 x_0 是多项式方程 $f(x) = 0$ 的解 (也叫根), 则 $x - x_0$ 是 $f(x)$ 的因式, 即存在多项式 $g(x)$, 使得 $f(x) = (x - x_0)g(x)$. 若 $(x - x_0)^k$ 是 $f(x)$ 的因式, 但 $(x - x_0)^{k+1}$ 不是 $f(x)$ 的因式, 则称 x_0 是 $f(x)$ 或该方程的 k 重根. 在定义 4.28 中我们将会定义一般函数零点的重数.

【例 1.1】 解方程 $x^3 + 6x - 20 = 0$.

解: 设 $x = u + v$, 则

$$u^3 + v^3 + 3uv(u + v) + 6(u + v) - 20 = 0.$$

我们希望

$$u^3 + v^3 = 20, \qquad uv = -2,$$

> 该解法由费罗最先发现, 并由卡尔达诺最先公开. 费罗发现该解法后, 并未发表结果, 因为当时人们常把他们的发现保密, 并向对手提出挑战. 参考 [文献 5, 第 13 章 4 节].

则 u^3, v^3 满足一元二次方程 $X^2 - 20X - 8 = 0$. 解得

$$u^3 = 10 \pm \sqrt{108} = (1 \pm \sqrt{3})^3.$$

所以

$$u = 1 \pm \sqrt{3}, \quad v = 1 \mp \sqrt{3}, \quad x = u + v = 2.$$

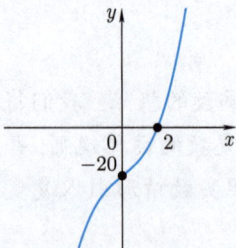

图 1.1 $y = x^3 + 6x - 20$

这个方程是不是真的只有 $x = 2$ 这一个实数解呢? 由方程左侧多项式的导数 $3x^2 + 6 > 0$, 可知其单调递增, 如图 1.1 所示, 因此, 确实只有这一个实数解.

【例 1.2】 解方程 $x^3 - 7x + 6 = 0$.

解: 和上一个例子类似, 我们设 $x = u + v$, 其中

$$u^3 + v^3 = -6, \qquad uv = \frac{7}{3}.$$

于是 u^3, v^3 满足一元二次方程

$$X^2 + 6X + \frac{343}{27} = 0.$$

然而这个方程没有实数解. 我们可以强行解得

$$u^3 = -3 + \frac{10}{9}\sqrt{-3}.$$

于是

$$u = \sqrt[3]{-3 + \frac{10}{9}\sqrt{-3}} = \frac{3 + 2\sqrt{-3}}{3}, \ \frac{-9 + \sqrt{-3}}{6}, \ \frac{3 - 5\sqrt{-3}}{6}.$$

相应地,

$$v = \frac{3 - 2\sqrt{-3}}{3}, \ \frac{-9 - \sqrt{-3}}{6}, \ \frac{3 + 5\sqrt{-3}}{6}.$$

从而

$$x = u + v = 2, \ -3, \ 1.(见图 1.2)$$

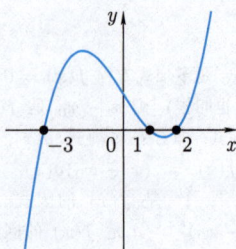

图 1.2 $y = x^3 - 7x + 6$

对一般的三次方程 $x^3 + px + q = 0$ 而言, 类似可得:

若 $p = 0, q > 0$, 为避免出现 $u = 0$, 则可选择 $u^3 = -\frac{q}{2} - \sqrt{\Delta}$.

$$x = u - \frac{p}{3u}, \quad u^3 = -\frac{q}{2} + \sqrt{\Delta}, \quad \Delta = \frac{q^2}{4} + \frac{p^3}{27}.$$

如图 1.3、图 1.4、图 1.5 所示, 通过分析函数图像的极值点可以知道:

(1) 当 $\Delta > 0$ 时, 有 1 个实根;

(2) 当 $\Delta \leqslant 0$ 时, 有 3 个实根 (含重根情形).

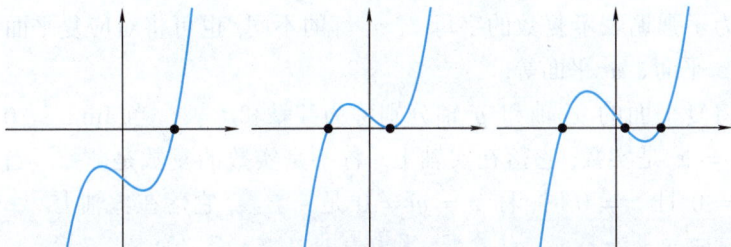

图 1.3 $\Delta > 0$ 图 1.4 $\Delta = 0$ 图 1.5 $\Delta < 0$

由此可见若想使用一元三次方程求根公式的话, 就必须接受负数开方. 为什么当 $\Delta < 0$ 时, 从求根公式一定能得到 3 个实根呢? 我们将在 1.3.5 小节利用复数回答这个问题.

尽管在 16 世纪, 人们已经得到了三次方程的求根公式, 然而对其中出现的带负数平方根的所谓虚数, 是难以接受的. 对复数没有清楚认识的这种情况, 反映在常被人引述的莱布尼茨的一段话中: 圣灵在分析的奇观中找到了超凡的显示, 这就是那个理想世界的端兆, 那个介于存在与不存在之间的两栖物, 那个我们称之为虚的 -1 的平方根. 直到后来, 17、18 世纪一系列数学家对复变函数理论的发展和完善, 才使得人们逐渐接受复数并将其应用到数学和科学的各个角落. 科学发现的过程总是这样充满了曲折与挑战, 只有通过不断的研究、实验和修正, 才能逐步逼近真理.

> 莱布尼茨此语见 [文献 5, 第 13 章 2 节].

1.1.2 复数的概念

现在我们来正式介绍复数的概念.

> 由于方程 $x^2 = -1$ 在复数范围内有两个不同的根, 因此, 为了避免记号 $\sqrt{-1}$ 带来的歧义, 我们引入符号 i 来表示其中一个根.

> **定义 1.1**
>
> 固定一个记号 i, 复数就是形如 $z = x + yi$ 的元素, 其中 x, y 均是实数, 且不同的 (x, y) 对应不同的复数. 分别称 x 和 y 为 z 的实部和虚部, 并记作 $\operatorname{Re} z = x$, $\operatorname{Im} z = y$.

本书中, 我们将不言自明地使用 $x, y, x_1, y_1, \cdots$ 等记号表示实数. 复数 $x + yi$ 也可表达为形式 $x + iy$.

记号 i 叫作虚数单位, 最先由欧拉引入并使用. 将全体复数记作 $\mathbb{C}$, 全体实数记作 $\mathbb{R}$. 由于实数 x 可以自然地看成复数 $x + 0i$, 因此, 在此观点下, 我们有 $\mathbb{R} \subset \mathbb{C}$. 我们简记 $x + 0i = x, 0 + yi = yi$.

由定义可知, 每一个复数都可以唯一地表示成 $x + yi$ 这样的形式. 对于建立了直角坐标系的平面, 平面上的点 (x, y) 和复数 $x + yi$ 一一对应. 将建立起这种对应的平面称为复平面. 于是, 我们可将复数 z 与它对应的点 Z 等同起来. 复数 z 还可与复平面上起于原点、终于点 Z 的向量 $\overrightarrow{OZ}$ 一一对应, 如图 1.6 所示.

> 全体复数、实数、有理数、整数、自然数构成的集合分别记作 $\mathbb{C}, \mathbb{R}, \mathbb{Q}, \mathbb{Z}, \mathbb{N}$, 整数集合记号来自其德语 Zahlen, 其余来自英文 complex, real, quotient, natural. 这些符号叫作黑板粗体, 手写时, 可在普通字母格式上添加一条竖线 ($\mathbb{Z}$ 是斜线, $\mathbb{N}$) 来区分. 也有些文献使用黑粗体字母 **C**, **R**, **Q**, **Z**, **N** 来表示这些集合.

为了强调表示复数的字母 z, w 等的不同, 也可将对应复平面称为 z 平面、w 平面等.

将复平面的 x 轴和 y 轴分别称为实轴和虚轴. 当 $\operatorname{Im} z = 0$ 时, $z = x$ 是实数, 它落在实轴上. 称不是实数的复数是虚数. 当 $\operatorname{Re} z = 0$ 且 $z \neq 0$ 时, 称 $z = y\mathrm{i} \neq 0$ 是纯虚数, 它落在虚轴上. 注意虚轴上的点并不都是纯虚数, 因为 0 也在虚轴上, 如图 1.7 所示.

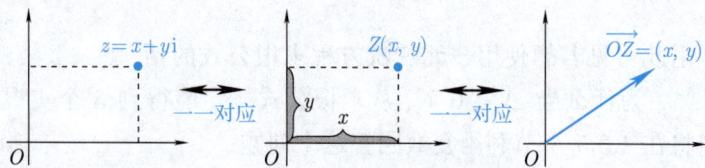

图 1.6 复数、平面上的点、平面向量一一对应

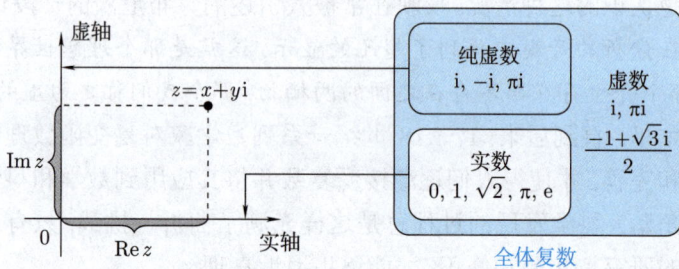

图 1.7 实数、纯虚数与复数、复平面的关系

【例 1.3】 实数 x 取何值时, $z = (x^2 - 3x - 4) + (x^2 - 5x - 6)\mathrm{i}$ 是:

(i) 实数?   (ii) 纯虚数?

练习 1.1

设 $x^2(1+\mathrm{i}) + x(5+4\mathrm{i}) + 4 + 3\mathrm{i}$ 是纯虚数, 求实数 x.

解: (i) 由题设有 $\operatorname{Im} z = x^2 - 5x - 6 = 0$. 解得 $x = -1$ 或 6.

(ii) 由题设有 $\operatorname{Re} z = x^2 - 3x - 4 = 0$. 解得 $x = -1$ 或 4. 但同时要求 $\operatorname{Im} z = x^2 - 5x - 6 \neq 0$, 因此 $x \neq -1$, $x = 4$.

1.1.3 复数的代数运算

设 $z_1 = x_1 + y_1\mathrm{i}$, $z_2 = x_2 + y_2\mathrm{i}$. 由向量的加法和减法可以自然定义出复数的加法和减法 (见图 1.8):

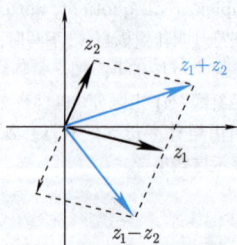

图 1.8 复数的加法和减法

$$z_1 + z_2 = (x_1 + x_2) + (y_1 + y_2)\mathrm{i},$$

$$z_1 - z_2 = (x_1 - x_2) + (y_1 - y_2)\mathrm{i}.$$

由向量加法的性质, 可知复数加法满足交换律和结合律:

$$z_1 + z_2 = z_2 + z_1, \quad (z_1 + z_2) + z_3 = z_1 + (z_2 + z_3).$$

规定 $i \cdot i = -1$. 若我们希望 $\mathbb{C}$ 上的运算满足乘法交换律、结合律和分配律, 则复数乘法应当定义为

$$
\begin{aligned}
z_1 \cdot z_2 &= (x_1 + y_1 i)(x_2 + y_2 i) \\
&= x_1 \cdot x_2 + x_1 \cdot y_2 i + y_1 i \cdot x_2 + y_1 i \cdot y_2 i \\
&= (x_1 x_2 - y_1 y_2) + (x_1 y_2 + x_2 y_1) i.
\end{aligned}
$$

容易证明, 这样定义的复数乘法的确满足交换律、结合律和分配律:

$$z_1 z_2 = z_2 z_1, \quad (z_1 z_2) z_3 = z_1 (z_2 z_3), \quad z_1 (z_2 + z_3) = z_1 z_2 + z_1 z_3.$$

当 $z = x + yi \neq 0$ 时, 可以发现

$$(x + yi) \cdot \frac{x - yi}{x^2 + y^2} = 1.$$

> **练习 1.2**
>
> 设 $z^2 = 1 + 2\sqrt{6}i$, 求 z.

从而复数除法定义为

$$\frac{z_1}{z_2} = (x_1 + y_1 i) \cdot \frac{x_2 - y_2 i}{x_2^2 + y_2^2} = \frac{x_1 x_2 + y_1 y_2}{x_2^2 + y_2^2} + \frac{x_2 y_1 - x_1 y_2}{x_2^2 + y_2^2} i.$$

不难看出, 当 z_1, z_2 是实数时, 相应的四则运算与实数的四则运算结果是相同的.

对于正整数 n, 定义 z 的 n 次幂为 n 个 z 相乘:

$$z^n = \underbrace{z \cdot z \cdot \cdots \cdot z}_{n \text{ 个 } z}.$$

当 $z \neq 0$ 时, 还可以定义

$$z^0 = 1, \qquad z^{-n} = \frac{1}{z^n}.$$

> **练习 1.3**
>
> 计算 $\left(\dfrac{1-i}{1+i}\right)^{1000}$.

【例 1.4】 (i) 容易知道 $i^2 = -1, i^3 = -i, i^4 = 1$. 对于整数 n,

$$i^{4n} = 1, \quad i^{4n+1} = i, \quad i^{4n+2} = -1, \quad i^{4n+3} = -i.$$

(ii) 令 $z = -1 + \sqrt{3}i$, 则 $z^3 = 8$.

(iii) 令 $z = 1 + i$, 则

$$z^2 = 2i, \quad z^3 = -2 + 2i, \quad z^4 = -4, \quad z^8 = 16 = 2^4.$$

这里的代数恒等式是指只包含四则运算、在实数范围内恒成立的等式. 可以利用定理 4.30 说明这些等式为何在复数情形也是成立的.

实数范围内的诸多代数恒等式, 如等差数列求和公式、等比数列求和公式、二项式展开、平方 (立方) 差公式等在复数情形也成立.

【例 1.5】　计算 $1 + i + i^2 + i^3 + i^4$.

解: 由等比数列求和公式, 得

$$1 + i + i^2 + i^3 + i^4 = \frac{i^5 - 1}{i - 1} = \frac{i - 1}{i - 1} = 1.$$

1.1.4　共轭复数

定义 1.2

称复数 z 在复平面关于实轴的对称点为它的共轭复数 $\overline{z}$. 换言之, $\overline{x + y\mathrm{i}} = x - y\mathrm{i}$.

从定义出发, 不难验证共轭复数满足如下性质:

(1) z 是 $\overline{z}$ 的共轭复数, 即 $\overline{\overline{z}} = z$.

(2) $\overline{z_1 \pm z_2} = \overline{z_1} \pm \overline{z_2}$(见图 1.9), $\overline{z_1 \cdot z_2} = \overline{z_1} \cdot \overline{z_2}$, $\overline{\left(\dfrac{z_1}{z_2}\right)} = \dfrac{\overline{z_1}}{\overline{z_2}}$.

(3) $z\overline{z} = (\mathrm{Re}\, z)^2 + (\mathrm{Im}\, z)^2$.

(4) $z + \overline{z} = 2\,\mathrm{Re}\, z$, $z - \overline{z} = 2\mathrm{i}\,\mathrm{Im}\, z$.

(5) $z = \overline{z}$ 当且仅当 z 是实数; $z = -\overline{z}$ 当且仅当 z 是纯虚数或 $z = 0$.

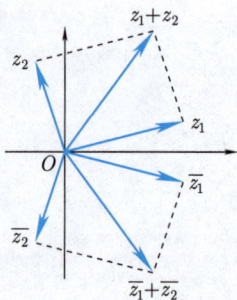

图 1.9　共轭复数

性质 (2) 表明了共轭运算和四则运算交换. 性质 (4) 表明了复数 z 的实部 x 和虚部 y 可以与 $z, \overline{z}$ 相互线性表示. 这些性质意味着使用共轭复数进行计算和证明, 往往比直接使用 x, y 的表达式更简单.

练习 1.4

z 关于虚轴对称的点是什么? 关于原点对称的点是什么?

【例 1.6】　求证: $z_1 \cdot \overline{z_2} + \overline{z_1} \cdot z_2 = 2\,\mathrm{Re}\,(z_1 \cdot \overline{z_2})$.

证明: 由性质 (1) 和 (2), 得

我们可以设 $z_1 = x_1 + y_1\mathrm{i}, z_2 = x_2 + y_2\mathrm{i}$, 然后代入等式两边化简并比较实部和虚部来证明. 但利用共轭复数可以更简单地证明它.

$$\overline{z_1 \cdot \overline{z_2}} = \overline{z_1} \cdot \overline{\overline{z_2}} = \overline{z_1} \cdot z_2.$$

再由性质 (4), 可得

$$z_1 \cdot \overline{z_2} + \overline{z_1} \cdot z_2 = z_1 \cdot \overline{z_2} + \overline{z_1 \cdot \overline{z_2}} = 2\,\mathrm{Re}\,(z_1 \cdot \overline{z_2}).$$

【例 1.7】 设 $z = x + y\mathrm{i}$ 且 $y \neq 0$, 求证: $x^2 + y^2 = 1$ 当且仅当 $z + \dfrac{1}{z}$ 是实数.

证明: 由题设, 可知 $z \neq 0$. 由性质 (5), 可知 $z + \dfrac{1}{z}$ 是实数当且仅当

$$z + \frac{1}{z} = \overline{\left(z + \frac{1}{z} \right)} = \overline{z} + \frac{1}{\overline{z}}.$$

化简, 可知上述等式等价于

$$(z - \overline{z})(z\overline{z} - 1) = 0.$$

由 $y \neq 0$, 可知 $z \neq \overline{z}$. 故上述等式等价于 $z\overline{z} = 1$, 即 $x^2 + y^2 = 1$.

由于 $z\overline{z}$ 是一个实数, 因此, 在做复数的除法运算时, 可以利用下式将其转化为乘法:

$$\frac{z_1}{z_2} = \frac{z_1 \overline{z_2}}{z_2 \overline{z_2}} = \frac{z_1 \overline{z_2}}{x_2^2 + y_2^2}.$$

【例 1.8】 设 $z_1 = 10 - 5\mathrm{i}, z_2 = 4 + 3\mathrm{i}$, 求 $\overline{\left(\dfrac{z_1}{z_2} \right)}$.

解: 由于

$$\begin{aligned}
\frac{z_1}{z_2} &= \frac{10 - 5\mathrm{i}}{4 + 3\mathrm{i}} \\
&= \frac{(10 - 5\mathrm{i})(4 - 3\mathrm{i})}{4^2 + 3^2} \\
&= \frac{(40 - 15) + (-20 - 30)\mathrm{i}}{25} = 1 - 2\mathrm{i},
\end{aligned}$$

故 $\overline{\left(\dfrac{z_1}{z_2} \right)} = 1 + 2\mathrm{i}.$

> **练习 1.5**
>
> 计算 $\dfrac{2 - 3\mathrm{i}}{2 - \mathrm{i}}$.

1.2 复数的三角形式与指数形式

1.2.1 复数的模和辐角

由平面的极坐标表示, 我们可以得到复数的另一种表示方式. 以 0 为极点, 正实轴为极轴, 逆时针为极角方向可以定义出复平面上的极坐标系. 设复数 $z = x + y\mathrm{i}$ 对应点的极坐标为 (r, θ). 由极坐标和直角坐标的转化关系, 可知

$$x = r\cos\theta, \qquad y = r\sin\theta,$$

$$r = \sqrt{x^2 + y^2},$$

$$\theta = \arctan\frac{y}{x} + 2k\pi \ \text{或} \ \arctan\frac{y}{x} + \pi + 2k\pi, \ k \in \mathbb{Z}.$$

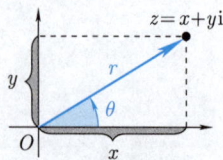

图 1.10 模和辐角

实际上, 我们可以任选长度为 2π 的半开半闭区间作为辐角主值范围. 常见的选择还有 $[0, 2\pi)$.

辐角主值也叫**主辐角**.

定义 1.3

(1) 称 r 为 z 的**模**, 记为 $|z| = r = \sqrt{x^2 + y^2}$.

(2) 称 θ 为 z 的**辐角**, 记为 $\operatorname{Arg} z = \theta$.

约定 0 的辐角没有意义 (见图 1.10).

任意非零复数 z 的辐角有无穷多个 (见图 1.11). 这是因为若 θ 是 z 的辐角, 则 $\theta + 2k\pi$ 也是 z 的辐角, 其中 k 是任意整数. 我们固定选择 $\operatorname{Arg} z$ 中位于区间 $(-\pi, \pi]$ 的那个, 并称之为**辐角主值**(见图 1.12), 记作 $\arg z$. 那么

$$\operatorname{Arg} z = \arg z + 2k\pi, \quad k \in \mathbb{Z}.$$

根据 z 所处的位置, 我们有

$$\arg z = \begin{cases} \arctan\dfrac{y}{x}, & x > 0, \\ \arctan\dfrac{y}{x} + \pi, & x < 0, y \geqslant 0, \\ \arctan\dfrac{y}{x} - \pi, & x < 0, y < 0, \\ \dfrac{\pi}{2}, & x = 0, y > 0, \\ -\dfrac{\pi}{2}, & x = 0, y < 0. \end{cases} \tag{1.1}$$

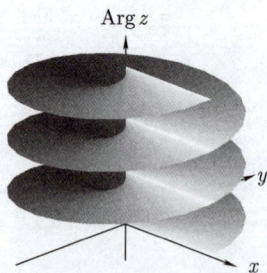

图 1.11 辐角 $\operatorname{Arg} z$

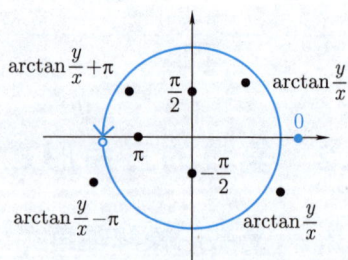

图 1.12 辐角主值

我们有

$$\operatorname{Arg} \overline{z} = \operatorname{Arg} \frac{1}{z} = -\operatorname{Arg} z.$$

这里, 等式两边都可以取很多值, 相等是指两边所能取到的值构成的集合相等. 可以看出

$$\mathrm{Arg}\,\overline{z} = \mathrm{Arg}\,\frac{1}{z} = \{-\theta + 2k\pi \mid k \in \mathbb{Z}\},$$

$$-\mathrm{Arg}\,z = \{-\theta - 2k\pi \mid k \in \mathbb{Z}\}$$

作为集合是相等的. 后文中类似等式的含义也是如此. 不过, 等式

$$\arg \overline{z} = \arg \frac{1}{z} = -\arg z$$

未必成立.

复数的模满足如下性质:

(1) $z\overline{z} = |z|^2 = |\overline{z}|^2$;

(2) $|\mathrm{Re}\,z|$ 和 $|\mathrm{Im}\,z| \leqslant |z| \leqslant |\mathrm{Re}\,z| + |\mathrm{Im}\,z|$;

(3) $||z_1| - |z_2|| \leqslant |z_1 \pm z_2| \leqslant |z_1| + |z_2|$;

(4) $|z_1 + z_2 + \cdots + z_n| \leqslant |z_1| + |z_2| + \cdots + |z_n|$.

这些性质可通过图 1.13 使用几何直观证明, 也可利用代数方法证明.

> **练习 1.6**
>
> 何时 $\arg \overline{z} = \arg \frac{1}{z} = -\arg z$ 成立?

> **练习 1.7**
>
> 何时 $|z_1 + z_2 + \cdots + z_n| = |z_1| + |z_2| + \cdots + |z_n|$ 成立?

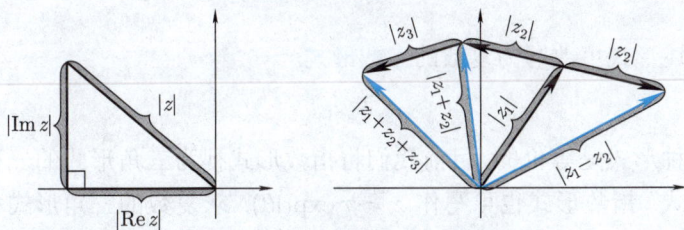

图 **1.13** 复数模的不等式关系

【例 1.9】 求证: (i) $|z_1 z_2| = |z_1 \overline{z_2}| = |z_1| \cdot |z_2|$;

(ii) $|z_1 + z_2|^2 = |z_1|^2 + |z_2|^2 + 2\,\mathrm{Re}(z_1 \overline{z_2})$.

(iii) $||z_1| - |z_2|| \leqslant |z_1 + z_2|$.

证明: (i) 由性质 (1), 得

$$|z_1 z_2|^2 = z_1 z_2 \cdot \overline{z_1 z_2} = z_1 \cdot z_2 \cdot \overline{z_1} \cdot \overline{z_2} = |z_1|^2 \cdot |z_2|^2.$$

由于复数模是非负实数, 因此, $|z_1 z_2| = |z_1| \cdot |z_2|$. 将 z_2 换成 $\overline{z_2}$, 得到

$$|z_1 \overline{z_2}| = |z_1| \cdot |\overline{z_2}| = |z_1| \cdot |z_2|.$$

(ii) 我们有

$$|z_1 + z_2|^2 = (z_1 + z_2)(\overline{z_1} + \overline{z_2}) = z_1 \overline{z_1} + z_2 \overline{z_2} + z_1 \overline{z_2} + \overline{z_1} z_2,$$

$$|z_1|^2 + |z_2|^2 + 2\,\mathrm{Re}(z_1 \overline{z_2}) = z_1 \overline{z_1} + z_2 \overline{z_2} + z_1 \overline{z_2} + \overline{z_1 \overline{z_2}}.$$

由于 $\overline{z_1 \overline{z_2}} = \overline{z_1} z_2$, 因此, 两式相等.

(iii) 由 (i), 我们有

$$\big| |z_1| - |z_2| \big|^2 = |z_1|^2 - 2|z_1| \cdot |z_2| + |z_2|^2$$
$$= |z_1|^2 - 2|z_1 \overline{z_2}| + |z_2|^2,$$
$$|z_1 + z_2|^2 = |z_1|^2 + 2\operatorname{Re}(z_1 \overline{z_2}) + |z_2|^2.$$

因此, 我们只需证明 $-|z_1 \overline{z_2}| \leqslant \operatorname{Re}(z_1 \overline{z_2})$, 即 $|-z_1 \overline{z_2}| \geqslant \operatorname{Re}(-z_1 \overline{z_2})$. 这由性质 (2) 得到.

1.2.2   复数的三角和指数形式

由 $x = r\cos\theta, y = r\sin\theta$, 可得

$$z = r(\cos\theta + \mathrm{i}\sin\theta).$$

我们称这种形式为复数的**三角形式**. 定义

$$\mathrm{e}^{\mathrm{i}\theta} := \cos\theta + \mathrm{i}\sin\theta,$$

则上述形式可改写为复数的**指数形式**:

$$z = r\mathrm{e}^{\mathrm{i}\theta}.$$

这两种形式是等价的, 目前我们将指数形式视为三角形式的一种缩写方式. 指数形式也可写作 $z = r\exp(\mathrm{i}\theta)$. 求复数的三角形式和指数形式的**关键在于计算模和辐角**.

【例 1.10】 将 $z = -2 - \sqrt{12}\mathrm{i}$ 化成三角形式和指数形式.

解: 显然 $|z| = \sqrt{4+12} = 4$. 由于 z 在第三象限, 因此, 由式 (1.1), 可知

$$\arg z = \arctan\frac{-\sqrt{12}}{-2} - \pi = \frac{\pi}{3} - \pi = -\frac{2\pi}{3}.$$

因此, z 的三角形式和指数形式为

$$z = 4\Big(\cos\big(-\frac{2\pi}{3}\big) + \mathrm{i}\sin\big(-\frac{2\pi}{3}\big)\Big) = 4\mathrm{e}^{-\frac{2\pi \mathrm{i}}{3}}.$$

求复数的三角形式或指数形式时, 可以任取一个辐角, 不要求必须是辐角主值.

【例 1.11】 设 $0 < \theta < \dfrac{\pi}{2}$. 将 $z = \sin\theta - \mathrm{i}\cos\theta$ 化成三角形式和指数形式.

"$:=$" 是指等式左侧的符号表示右侧的式子, 或右侧的式子记为左侧的符号.

$\mathrm{e}^{\mathrm{i}\theta} := \cos\theta + \mathrm{i}\sin\theta$ 叫作**欧拉恒等式**, 它最先由科茨于 1714 年提出 [文献 6, 第 19 章 3 节], 后被欧拉于 1748 年重新发现. 我们会在 2.3.1 小节说明为何如此定义, 并给出指数函数的一般形式. 图 1.14 为带有欧拉画像的 10 瑞士法郎纸币.

图 1.14 欧拉 (Euler)

解法一： 显然 $|z| = \sqrt{\sin^2\theta + \cos^2\theta} = 1$. 由于 z 在第四象限，由式 (1.1)，可知

$$\arg z = \arctan\left(-\frac{\cos\theta}{\sin\theta}\right) = -\arctan\tan\left(\frac{\pi}{2} - \theta\right)$$
$$= -\left(\frac{\pi}{2} - \theta\right) = \theta - \frac{\pi}{2}.$$

因此，z 的三角形式和指数形式为

$$z = \cos\left(\theta - \frac{\pi}{2}\right) + \mathrm{i}\sin\left(\theta - \frac{\pi}{2}\right) = \mathrm{e}^{\mathrm{i}\left(\theta - \frac{\pi}{2}\right)}.$$

解法二： 利用三角函数间的等式关系，得到

$$\sin\theta = \cos\left(\frac{\pi}{2} - \theta\right) = \cos\left(\theta - \frac{\pi}{2}\right),$$
$$-\cos\theta = -\sin\left(\frac{\pi}{2} - \theta\right) = \sin\left(\theta - \frac{\pi}{2}\right).$$

因此，z 的三角形式和指数形式为

$$z = \cos\left(\theta - \frac{\pi}{2}\right) + \mathrm{i}\sin\left(\theta - \frac{\pi}{2}\right) = \mathrm{e}^{\mathrm{i}\left(\theta - \frac{\pi}{2}\right)}.$$

> **练习 1.8**
>
> 将 $z = \sqrt{3} - 3\mathrm{i}$ 化成三角形式和指数形式.

【**例 1.12**】 设 $z = \mathrm{e}^{\mathrm{i}\theta}$，其中 $-\pi < \theta < \pi$，求 $1 + z$ 的三角形式和指数形式.

解： 我们有

$$1 + z = (1 + \cos\theta) + \mathrm{i}\sin\theta$$
$$= 2\cos^2\frac{\theta}{2} + 2\mathrm{i}\sin\frac{\theta}{2}\cos\frac{\theta}{2}$$
$$= 2\cos\frac{\theta}{2}\left(\cos\frac{\theta}{2} + \mathrm{i}\sin\frac{\theta}{2}\right).$$

由 $-\pi < \theta < \pi$，可知 $\cos\frac{\theta}{2} > 0$. 因此，$1 + z$ 的三角形式和指数形式为

$$1 + z = 2\cos\frac{\theta}{2}\left(\cos\frac{\theta}{2} + \mathrm{i}\sin\frac{\theta}{2}\right) = 2\cos\frac{\theta}{2}\mathrm{e}^{\frac{\mathrm{i}\theta}{2}}.$$

同理，从图 1.15 容易得到

$$r\mathrm{e}^{\mathrm{i}\theta} + r\mathrm{e}^{\mathrm{i}\varphi} = 2r\cos\left(\frac{\theta - \varphi}{2}\right)\mathrm{e}^{\frac{\mathrm{i}(\theta + \varphi)}{2}}. \tag{1.2}$$

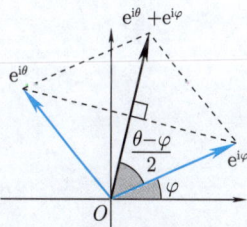

图 1.15 模相等的复数之和

注意当 $\cos\left(\frac{\theta - \varphi}{2}\right) < 0$ 时，这离指数形式还差一步变形.

1.3   三角和指数形式在计算中的运用

三角形式和指数形式在复数的乘法、除法和幂次计算中非常有用.

1.3.1   复数的乘除

> **定理 1.4**
>
> 设非零复数 z_1, z_2 的三角形式分别为
>
> $$z_1 = r_1(\cos\theta_1 + \mathrm{i}\sin\theta_1), \qquad z_2 = r_2(\cos\theta_2 + \mathrm{i}\sin\theta_2),$$
>
> 则
>
> $$z_1 z_2 = r_1 r_2\big[\cos(\theta_1 + \theta_2) + \mathrm{i}\sin(\theta_1 + \theta_2)\big],$$
> $$\frac{z_1}{z_2} = \frac{r_1}{r_2}\big[\cos(\theta_1 - \theta_2) + \mathrm{i}\sin(\theta_1 - \theta_2)\big].$$

若表达为指数形式, 则上述等式变为

$$r_1\mathrm{e}^{\mathrm{i}\theta_1} \cdot r_2\mathrm{e}^{\mathrm{i}\theta_2} = r_1 r_2 \mathrm{e}^{\mathrm{i}(\theta_1 + \theta_2)}, \qquad \frac{r_1\mathrm{e}^{\mathrm{i}\theta_1}}{r_2\mathrm{e}^{\mathrm{i}\theta_2}} = \frac{r_1}{r_2}\mathrm{e}^{\mathrm{i}(\theta_1 - \theta_2)}.$$

该定理表明

$$|z_1 z_2| = |z_1| \cdot |z_2|, \qquad \left|\frac{z_1}{z_2}\right| = \frac{|z_1|}{|z_2|},$$

例如, $z_1 = z_2 = \mathrm{e}^{0.99\pi\mathrm{i}}$, $z_1 z_2 = \mathrm{e}^{1.98\pi\mathrm{i}}$. 此时 $\arg z_1 + \arg z_2 = 1.98\pi$ 和 $\arg(z_1 z_2) = -0.02\pi$ 不相等.

$$\operatorname{Arg}(z_1 z_2) = \operatorname{Arg} z_1 + \operatorname{Arg} z_2, \quad \operatorname{Arg}\frac{z_1}{z_2} = \operatorname{Arg} z_1 - \operatorname{Arg} z_2. \quad (1.3)$$

不过, 等式

$$\arg(z_1 z_2) = \arg z_1 + \arg z_2, \ \arg\frac{z_1}{z_2} = \arg z_1 - \arg z_2$$

未必成立. 事实上, 当且仅当等式右侧落在区间 $(-\pi, \pi]$ 内时上述等式才成立, 否则等式两侧会相差 $\pm 2\pi$.

证明: 由和差的正弦、余弦公式, 可知

$$
\begin{aligned}
z_1 z_2 &= r_1(\cos\theta_1 + \mathrm{i}\sin\theta_1) \cdot r_2(\cos\theta_2 + \mathrm{i}\sin\theta_2) \\
&= r_1 r_2\big[(\cos\theta_1\cos\theta_2 - \sin\theta_1\sin\theta_2) + \\
&\qquad \mathrm{i}[\cos\theta_1\sin\theta_2 + \sin\theta_1\cos\theta_2)\big] \\
&= r_1 r_2\big[\cos(\theta_1 + \theta_2) + \mathrm{i}\sin(\theta_1 + \theta_2)\big].
\end{aligned}
$$

由此, 乘法情形得证.

对于除法情形，设 $z_1 = z_2 \cdot re^{i\theta}$. 由乘法情形，可知 $rr_2 = r_1$ 且 $\theta + \theta_2$ 是 z_1 的辐角. 因此，$r = r_1/r_2$，θ 可取 $\theta_1 - \theta_2$.

1.3.2　复数乘法的几何意义

从定理 1.4 可以看出，乘复数 $z = re^{i\theta}$ 可以理解为<u>模放大 r 倍，并沿逆时针方向旋转角度 θ</u>，如图 1.16 所示. 由此，我们可以利用复数来解决平面几何中的问题.

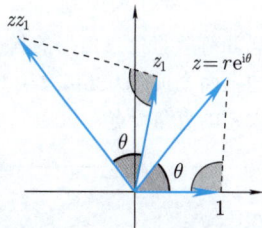

图 1.16　乘法的几何意义

【例 1.13】 已知正三角形的两个顶点为 $z_1 = 2$ 和 $z_2 = 1 + i$，求它的第三个顶点.

解： 由于 $\overrightarrow{z_1 z_3}$ 为 $\overrightarrow{z_1 z_2}$ 逆时针或顺时针旋转 $\dfrac{\pi}{3}$，如图 1.17 所示，由复数乘法的几何意义，得

$$z_3 - z_1 = (z_2 - z_1)e^{\pm\frac{\pi i}{3}} = (-1 + i)\left(\frac{1}{2} \pm \frac{\sqrt{3}}{2}i\right)$$

$$= -\frac{\sqrt{3}+1}{2} + \frac{1-\sqrt{3}}{2}i \ \text{或} \ \frac{\sqrt{3}-1}{2} + \frac{\sqrt{3}+1}{2}i.$$

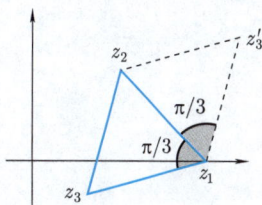

图 1.17　正三角形

因此

$$z_3 = \frac{3-\sqrt{3}}{2} + \frac{1-\sqrt{3}}{2}i \ \text{或} \ \frac{3+\sqrt{3}}{2} + \frac{1+\sqrt{3}}{2}i.$$

【例 1.14】 如图 1.18 所示，设 AD 是 $\triangle ABC$ 的角平分线，求证：$\dfrac{AB}{AC} = \dfrac{BD}{CD}$.

证明： 不妨设 $A = 0, B = 1, C = z, D = w$. 由于 B, C, D 共线，因此

$$\lambda = \frac{BD}{BC} = \frac{w-1}{z-1} \in (0, 1),$$

于是

$$w = 1 + \lambda(z - 1) = \lambda z + (1 - \lambda).$$

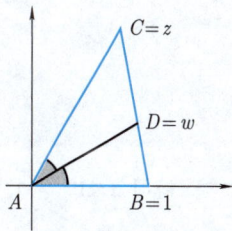

图 1.18　角平分线

由于 $\angle BAD = \angle CAD$，由复数乘法的几何意义，得 $\dfrac{z-0}{w-0}$ 是 $\dfrac{w-0}{1-0}$ 的正实数倍，即

$$\frac{w^2}{z} = \lambda^2 z + 2\lambda(1 - \lambda) + \frac{(1-\lambda)^2}{z} \in \mathbb{R}.$$

于是

$$\lambda^2 z + \frac{(1-\lambda)^2}{z} = \lambda^2 \overline{z} + \frac{(1-\lambda)^2}{\overline{z}},$$

$$\left(\lambda^2 |z|^2 - (1-\lambda)^2 \right)(z - \overline{z}) = 0.$$

显然 $z \neq \overline{z}$. 因为 $0 < \lambda < 1$, 所以

$$\frac{AC}{AB} = |z| = \frac{1-\lambda}{\lambda} = \frac{BC - BD}{BD} = \frac{CD}{BD}.$$

> **练习 1.9**
>
> 已知等腰直角三角形的斜边上两个顶点为 2+i, 4−i, 求它的直角顶点.

1.3.3 复数的乘幂

由定理 1.4 归纳可知

> **定理 1.5**
>
> 设 $z = r(\cos\theta + i\sin\theta) = re^{i\theta}$ 是一非零复数. 对任意整数 n, 有
>
> $$z^n = r^n(\cos n\theta + i\sin n\theta) = r^n e^{in\theta}.$$

特别地, 当 $r = 1$ 时, 我们得到**棣莫弗公式**

$$(\cos\theta + i\sin\theta)^n = \cos n\theta + i\sin n\theta.$$

【**例 1.15**】 求 $(1+i)^n + (1-i)^n$.

解: 由于

$$1 + i = \sqrt{2}\left(\cos\frac{\pi}{4} + i\sin\frac{\pi}{4}\right), \quad 1 - i = \sqrt{2}\left(\cos\frac{\pi}{4} - i\sin\frac{\pi}{4}\right),$$

因此

$$
\begin{aligned}
&(1+i)^n + (1-i)^n \\
&= 2^{\frac{n}{2}}\left(\cos\frac{n\pi}{4} + i\sin\frac{n\pi}{4} + \cos\frac{n\pi}{4} - i\sin\frac{n\pi}{4}\right) \\
&= 2^{\frac{n}{2}+1}\cos\frac{n\pi}{4}.
\end{aligned}
$$

> **练习 1.10**
>
> 计算 $(\sqrt{3}+i)^{48}$.

当 $|n| \geqslant 2$ 时, 等式 $\mathrm{Arg}(z^n) = n\,\mathrm{Arg}\,z$ 总不成立, 等式 $\arg(z^n) = n\arg z$ 未必成立. 这是因为

$$\mathrm{Arg}\,z^n = n\arg z + 2k\pi, \quad k \in \mathbb{Z},$$

$$n\,\mathrm{Arg}\,z = n\arg z + 2nk\pi, \quad k \in \mathbb{Z},$$

二者能取到所有值形成的集合不相等. 而等式 $\arg z^n = n\arg z$ 也仅在 $\arg z \in \left(-\dfrac{\pi}{n}, \dfrac{\pi}{n}\right]$ 时成立.

复数的乘幂可用于计算三角函数有关的求和式.

【例 1.16】 设 $0 < \theta < 2\pi$, n 是正整数. 计算

(i) $A_n = 1 + \cos\theta + \cos 2\theta + \cdots + \cos n\theta$;

(ii) $B_n = \sin\theta + \sin 2\theta + \cdots + \sin n\theta$.

解: 设 $z = \cos\theta + \mathrm{i}\sin\theta = \mathrm{e}^{\mathrm{i}\theta}$, 则 $z \neq 1$,

$$A_n + \mathrm{i}B_n = 1 + z + z^2 + \cdots + z^n = \frac{z^{n+1} - 1}{z - 1}.$$

由式 (1.2) 可知

$$\mathrm{e}^{\mathrm{i}\varphi} - 1 = \mathrm{e}^{\mathrm{i}\varphi} + \mathrm{e}^{\mathrm{i}\pi} = 2\cos\frac{\pi - \varphi}{2}\exp\left(\frac{\varphi + \pi}{2}\mathrm{i}\right)$$
$$= 2\sin\frac{\varphi}{2}\exp\left(\frac{\varphi + \pi}{2}\mathrm{i}\right).$$

于是

$$z^{n+1} - 1 = \mathrm{e}^{\mathrm{i}(n+1)\theta} - 1 = 2\sin\frac{(n+1)\theta}{2}\exp\left(\frac{(n+1)\theta + \pi}{2}\mathrm{i}\right),$$
$$z - 1 = \mathrm{e}^{\mathrm{i}\theta} - 1 = 2\sin\frac{\theta}{2}\exp\left(\frac{\theta + \pi}{2}\mathrm{i}\right).$$

两式相除, 得到

$$A_n + \mathrm{i}B_n = \frac{z^{n+1} - 1}{z - 1} = \frac{\sin\left((n+1)\theta/2\right)}{\sin(\theta/2)}\exp\left(\frac{n\theta}{2}\mathrm{i}\right).$$

它的实部和虚部分别为

$$A_n = \frac{\sin\left((n+1)\theta/2\right)}{\sin(\theta/2)}\cos\frac{n\theta}{2}, \qquad B_n = \frac{\sin\left((n+1)\theta/2\right)}{\sin(\theta/2)}\sin\frac{n\theta}{2}.$$

1.3.4 复数的方根

我们利用复数乘幂公式来计算非零复数 z 的 n 次方根 $\sqrt[n]{z}$, 其中 n 是正整数. 设

$$w^n = z = r\mathrm{e}^{\mathrm{i}\theta}, \quad w = \rho\mathrm{e}^{\mathrm{i}\varphi},$$

则

$$w^n = \rho^n(\cos n\varphi + \mathrm{i}\sin n\varphi) = r(\cos\theta + \mathrm{i}\sin\theta).$$

部分文献使用 ($\sqrt[n]{r}$) 来表示算术根, 以示区分.

比较两边的模, 可知 $\rho^n = r, \rho = \sqrt[n]{r}$. 为了避免记号冲突, 当 r 是正实数时, $\sqrt[n]{r}$ 默认表示 r 的唯一的 n 次正实根, 称之为算术根.

由于 $n\varphi$ 与 θ 的正弦和余弦均相等, 因此, 存在整数 k, 使得

$$n\varphi = \theta + 2k\pi, \quad \varphi = \frac{\theta + 2k\pi}{n}.$$

故

$$w = w_k = \sqrt[n]{r} \exp\left(\frac{\theta + 2k\pi}{n}\mathrm{i}\right).$$

不难看出, $w_k = w_{k+n}$, 而 $w_0, w_1, \cdots, w_{n-1}$ 两两不同. 因此, 只需取 $k = 0, 1, \cdots, n-1$.

定理 1.6

任意非零复数 $z = r\mathrm{e}^{\mathrm{i}\theta}$ 的 n 次方根有 n 个值:

$$\sqrt[n]{z} = \sqrt[n]{r} \exp\left(\frac{\theta + 2k\pi}{n}\mathrm{i}\right)$$
$$= \sqrt[n]{r}\left[\cos\left(\frac{\theta + 2k\pi}{n}\right) + \mathrm{i}\sin\left(\frac{\theta + 2k\pi}{n}\right)\right],$$

其中 $k = 0, 1, \cdots, n-1$.

【例 1.17】 求 $\sqrt[4]{1 - \mathrm{i}}$.

解: 由于

$$1 - \mathrm{i} = \sqrt{2}\mathrm{e}^{-\frac{\pi\mathrm{i}}{4}},$$

因此

$$\sqrt[4]{1 - \mathrm{i}} = \sqrt[8]{2} \exp\left(\frac{-\pi/4 + 2k\pi}{4}\mathrm{i}\right), \quad k = 0, 1, 2, 3.$$

于是该方根全部值为

$$w_0 = \sqrt[8]{2}\mathrm{e}^{-\frac{\pi\mathrm{i}}{16}}, \quad w_1 = \sqrt[8]{2}\mathrm{e}^{\frac{7\pi\mathrm{i}}{16}}, \quad w_2 = \sqrt[8]{2}\mathrm{e}^{\frac{15\pi\mathrm{i}}{16}}, \quad w_3 = \sqrt[8]{2}\mathrm{e}^{\frac{23\pi\mathrm{i}}{16}}.$$

练习 1.11

计算 $\sqrt[6]{-1}$.

显然 $w_{k+1} = \mathrm{i}w_k$, 所以如图 1.19 所示, w_0, w_1, w_2, w_3 形成了一个正方形.

我们总有

$$\operatorname{Arg} \sqrt[n]{z} = \frac{1}{n}\operatorname{Arg} z = \frac{\arg z + 2k\pi}{n}, \quad k \in \mathbb{Z}, \tag{1.4}$$

其中左边表示 z 的所有 n 次方根的所有辐角. 当 $n \geqslant 2$ 时,

$$\arg \sqrt[n]{z} = \frac{1}{n}\arg z$$

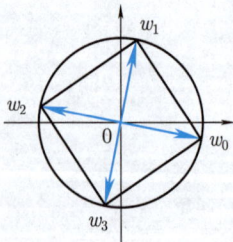

图 1.19　$1 - \mathrm{i}$ 的四次单位根

总不成立. 这是因为等式左侧是多值的.

我们称 1 的 n 次方根为 n 次单位根. 所有的 n 次方根为

$$\zeta^k = e^{\frac{2k\pi i}{n}}, \quad k = 0, 1, \cdots, n-1,$$

其中 $\zeta = e^{\frac{2\pi i}{n}}$. 对于任意非零复数 z, 它的 n 次方根满足 $w_k = w_0 \zeta^k$. 于是 z 的 n 次方根的模都相等, 且 w_k 和 w_{k+1} 辐角相差 $\frac{2\pi}{n}$. 因此, 它们均匀分布在以原点为圆心、$\sqrt[n]{r}$ 为半径的圆周上, 构成该圆的一个内接正 n 边形的顶点.

【例 1.18】 显然 n 次单位根都是 nk 次单位根, 其中 k 是正整数.

(i) 16 次单位根全体为

$$\underbrace{\underbrace{\pm 1, \quad \pm i,}_{4 \text{ 次单位根}} \quad \pm \frac{1+i}{\sqrt 2}, \quad \pm \frac{1-i}{\sqrt 2},}_{8 \text{ 次单位根}}$$

$$\pm \frac{\sqrt{2+\sqrt 2}}{2} \pm i \frac{\sqrt{2-\sqrt 2}}{2}, \quad \pm \frac{\sqrt{2+\sqrt 2}}{2} \mp i \frac{\sqrt{2-\sqrt 2}}{2},$$

$$\pm \frac{\sqrt{2-\sqrt 2}}{2} \pm i \frac{\sqrt{2+\sqrt 2}}{2}, \quad \pm \frac{\sqrt{2-\sqrt 2}}{2} \mp i \frac{\sqrt{2+\sqrt 2}}{2}.$$

(ii) 12 次单位根全体为 (见图 1.20)

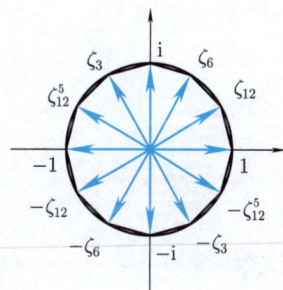

图 1.20 全体 12 次单位根

$$\underbrace{1, \quad \underbrace{\frac{-1 \pm \sqrt 3 i}{2}, \quad -1, \quad \frac{1 \pm \sqrt 3 i}{2},}_{6 \text{ 次单位根}}}_{} \quad \pm i, \quad \pm \frac{\sqrt 3 + i}{2}, \quad \pm \frac{\sqrt 3 - i}{2}.$$

其中上方标注 3 次单位根.

(iii) 令 $\zeta = e^{\frac{2\pi i}{n}}$, 则我们有

$$1 + \zeta + \zeta^2 + \cdots + \zeta^{n-1} = \frac{\zeta^n - 1}{\zeta - 1} = 0,$$

$$x^n - 1 = \prod_{k=0}^{n-1} (x - \zeta^k) = (x-1)(x-\zeta)(x-\zeta^2)\cdots(x-\zeta^{n-1}).$$

1.3.5 实系数三次方程根的情况 (选读)

现在我们来看三次方程 $z^3 + pz + q = 0$ 的根, 其中 $p \neq 0$. 回顾 1.1.1 小节中的求根公式:

$$z = u + v, \quad u^3 = -\frac{q}{2} + \sqrt{\Delta}, \quad uv = -\frac{p}{3}, \quad \Delta = \frac{q^2}{4} + \frac{p^3}{27}.$$

设该方程的三个根为 z_1, z_2, z_3, 则

$$z^3 + pz + q = (z - z_1)(z - z_2)(z - z_3)$$
$$= z^3 - (z_1 + z_2 + z_3)z^2 + (z_1z_2 + z_2z_3 + z_3z_1)z - z_1z_2z_3.$$

设 $a = z_1z_2$, 则 $z_1 + z_2 = -z_3$, $p = a - z_3^2$, $q = -az_3$. 于是

$$\left[(z_1 - z_2)(z_2 - z_3)(z_3 - z_1)\right]^2$$
$$= \left(z_1^2 - 2z_1z_2 + z_2^2\right)\left(z_3^2 - (z_1 + z_2)z_3 + z_1z_2\right)^2$$
$$= (z_3^2 - 4a)(2z_3^2 + a)^2$$
$$= 4z_3^6 - 12az_3^4 - 15a^2z_3^2 - 4a^3$$
$$= 4(z_3^2 - a)^3 - 27a^2z_3^2$$
$$= -4p^3 - 27q^2 = -108\Delta.$$

一般 n 次多项式的判别式定义为
$$\prod_{1 \leqslant i < j \leqslant n} (z_i - z_j)^2,$$
其中 $z_1, \cdots, z_n$ 表示其所有复数根. 判别式总可以表示为多项式系数的多项式形式. 这里, 三次多项式 $z^3 + pz + q$ 的判别式就是 $-108\Delta = -4p^3 - 27q^2$.

(1) 若 $\Delta > 0$, 设 $\omega = e^{\frac{2\pi i}{3}}$ 为三次单位根, 设实数 α 满足

$$\alpha^3 = -\frac{q}{2} + \sqrt{\Delta},$$

则

$$u = \alpha, \ \alpha\omega, \ \alpha\omega^2, \qquad z = \alpha - \frac{p}{3\alpha}, \ \alpha\omega - \frac{p}{3\alpha}\omega^2, \ \alpha\omega^2 - \frac{p}{3\alpha}\omega.$$

由于

$$\left((z_1 - z_2)(z_2 - z_3)(z_3 - z_1)\right)^2 = -108\Delta < 0,$$

因此, 该方程无重根, 且不能有三个实根. 注意到第一个根是实根, 后两个根互为共轭, 因此, 此时只有一个实根.

(2) 若 $\Delta \leqslant 0$, 则 $p < 0$,

$$|u|^6 = \left| -\frac{q}{2} + \sqrt{\Delta} \right|^2 = -\frac{p^3}{27}.$$

于是 $|u|^2 = -\frac{p}{3} = uv$, $v = \overline{u}$. 设

$$\sqrt[3]{-\frac{q}{2} + \sqrt{\Delta}} = u_1, u_2, u_3,$$

则 u_1, u_2, u_3 都是虚数. 从而得到 3 个实根

$$x = u_1 + \overline{u_1}, \ u_2 + \overline{u_2}, \ u_3 + \overline{u_3}.$$

当且仅当 $\Delta = 0$ 时有重根.

1.3.6 单位根的应用 (选读)

单位根在代数、数论、组合等领域有着丰富的应用. 本小节中我们将试举几例.

1. 单位根在三角函数运算中的应用

【例 1.19】 设 $m = 2n + 1 \geqslant 3$ 是一个奇数, 计算

$$I = \prod_{k=1}^{n} \cos \frac{k\pi}{m} = \cos \frac{\pi}{m} \cos \frac{2\pi}{m} \cdots \cos \frac{n\pi}{m}.$$

解: 设

$$J = \prod_{k=1}^{m-1} \cos \frac{k\pi}{m} = \prod_{k=1}^{n} \cos \frac{k\pi}{m} \cos \frac{(m-k)\pi}{m} = (-1)^n I^2.$$

设 $\zeta = \mathrm{e}^{\frac{\pi i}{m}}$ 是 $2m$ 次单位根, 则 $\zeta^k \cdot \zeta^{m-k} = \zeta^m = -1$. 由于 $\overline{\zeta} = \zeta^{-1}$, 因此

$$J = \prod_{k=1}^{m-1} \cos \frac{k\pi}{m}$$

$$= \prod_{k=1}^{m-1} \frac{\zeta^k + \overline{\zeta}^k}{2} = \prod_{k=1}^{m-1} \frac{\zeta^k + \zeta^{-k}}{2}$$

$$= 2^{1-m} \left(\zeta \zeta^2 \cdots \zeta^{m-1} \right)^{-1} \prod_{k=1}^{m-1} (\zeta^{2k} + 1)$$

$$= 2^{1-m} (-1)^n \prod_{k=1}^{m-1} (\zeta^{2k} + 1).$$

注意到 ζ^{2k} 都是 m 次单位根, 且不包括 1, 因此

$$x^m - 1 = (x - 1) \prod_{k=1}^{m-1} (x - \zeta^{2k}).$$

令 $x = -1$, 得到

$$\prod_{k=1}^{m-1} (\zeta^{2k} + 1) = (-1)^{m-1} - 1.$$

于是 $J = 2^{1-m}(-1)^n$. 由 $I > 0$, 得到 $I = 2^{\frac{1-m}{2}} = 2^{-n}$.

【例 1.20】 求 n 阶方阵

$$A_n = \begin{pmatrix} 0 & 1 & & & \\ 1 & 0 & 1 & & \\ & 1 & 0 & \ddots & \\ & & \ddots & \ddots & 1 \\ & & & 1 & 0 \end{pmatrix}$$

的特征值.

解: 设

$$f_n(\lambda) = |\lambda \boldsymbol{E} - \boldsymbol{A}_n| = \begin{vmatrix} \lambda & -1 & & & \\ -1 & \lambda & -1 & & \\ & -1 & \lambda & \ddots & \\ & & \ddots & \ddots & -1 \\ & & & -1 & \lambda \end{vmatrix}$$

是 $\boldsymbol{A}_n$ 的特征多项式. 沿着第一行作拉普拉斯展开, 得到

$$f_n = \lambda f_{n-1} + \begin{vmatrix} -1 & -1 & & & \\ & \lambda & -1 & & \\ & -1 & \lambda & \ddots & \\ & & \ddots & \ddots & -1 \\ & & & -1 & \lambda \end{vmatrix} = \lambda f_{n-1} - f_{n-2}.$$

设 t 是方程 $x^2 - \lambda x + 1 = 0$ 的一个根, 则另一个根是 t^{-1}. 显然

$$f_1 = \lambda = t + t^{-1},$$
$$f_2 = \lambda^2 - 1 = t^2 + 1 + t^{-2}.$$

归纳可得

$$f_n = t^{-n} + t^{-n+2} + \cdots + t^{n-2} + t^n = \begin{cases} \dfrac{t^{2n+2} - 1}{t^n(t^2 - 1)}, & t \neq \pm 1, \\ (n+1)t^n, & t = \pm 1. \end{cases}$$

若 $f_n(\lambda) = 0$, 则 $t \neq \pm 1$ 且 $t^{2n+2} = 1$, 即

$$t = \exp\left(\frac{k\pi \mathrm{i}}{n+1}\right), \ k = \pm 1, \cdots, \pm n, \quad \lambda = t + t^{-1} = 2\cos\frac{k\pi}{n+1}.$$

由于 k 和 $-k$ 对应相同的 λ, 因此, $\boldsymbol{A}_n$ 的所有特征值为

$$\lambda = 2\cos\frac{k\pi}{n+1}, \quad k = 1, 2, \cdots, n.$$

2. 单位根在因式分解中的应用

【例 1.21】 将多项式 $x^{12}-1$ 因式分解成有理系数多项式的积.

解: 设 $\zeta = \mathrm{e}^{\frac{\pi i}{6}}$ 是 12 次单位根. 设集合 S_k 由 k 次单位根组成, 但不包括更低次的单位根. 那么所有的 12 次单位根可以分组如下:

$$S_1 = \{1\}, \qquad\qquad S_2 = \{-1\},$$
$$S_3 = \{\zeta^4, \zeta^8\}, \qquad\qquad S_4 = \{\zeta^3, \zeta^9\},$$
$$S_6 = \{\zeta^2, \zeta^{10}\}, \qquad\qquad S_{12} = \{\zeta, \zeta^5, \zeta^7, \zeta^{11}\}.$$

令

$$\Phi_k(x) = \prod_{t \in S_k}(x-t).$$

由单位根的性质, 可知

$$P_1(x) = x - 1 = \Phi_1(x),$$
$$P_2(x) = x^2 - 1 = \Phi_1(x)\Phi_2(x),$$
$$P_3(x) = x^3 - 1 = \Phi_1(x)\Phi_3(x),$$
$$P_4(x) = x^4 - 1 = \Phi_1(x)\Phi_2(x)\Phi_4(x),$$
$$P_6(x) = x^6 - 1 = \Phi_1(x)\Phi_2(x)\Phi_3(x)\Phi_6(x),$$
$$P_{12}(x) = x^{12} - 1 = \Phi_1(x)\Phi_2(x)\Phi_3(x)\Phi_4(x)\Phi_6(x)\Phi_{12}(x).$$

计算, 可得

$$\Phi_1(x) = P_1 = x - 1,$$
$$\Phi_2(x) = \frac{P_2}{P_1} = x + 1,$$
$$\Phi_3(x) = \frac{P_3}{P_1} = x^2 + x + 1,$$
$$\Phi_4(x) = \frac{P_4}{P_2} = x^2 + 1,$$
$$\Phi_6(x) = \frac{P_6 P_1}{P_3 P_2} = x^2 - x + 1,$$
$$\Phi_{12}(x) = \frac{P_{12} P_2}{P_6 P_4} = x^4 - x^2 + 1.$$

一般地,

$$x^n - 1 = \prod_{d \mid n} \Phi_d(x),$$

其中

$$\Phi_n(x) = \prod_{\substack{k=0 \\ k \text{ 和 } n \text{ 互质}}}^{n-1} (x - \mathrm{e}^{\frac{2k\pi i}{n}}),$$

是不可约有理系数多项式, 叫作分圆多项式.

故

$$x^{12} - 1 = (x-1)(x+1)(x^2+x+1)(x^2+1)(x^2-x+1)(x^4-x^2+1).$$

3. 单位根在组合计数中的应用

【例 1.22】 集合

$$A = \{1, 2, \cdots, 1001\}$$

有多少个子集满足元素之和是 5 的倍数?

解: 对于集合 A 的每个元素 $a \in A$ 和每个子集 $S \subseteq A$, 有 $a \in S$ 和 $a \notin S$ 两种情形, 因此

$$N(x) := \prod_{a \in A}(1 + x^a) = \sum_{S \subseteq A}\prod_{a \in S} x^a = \sum_{S \subseteq A} x^{\sum_{a \in S} a}.$$

由此可知, $N(x)$ 中 x^k 的系数就是 A 的那些满足元素之和是 k 的子集的个数.

设 N_k 为元素之和是 $5m + k$ 型的子集个数. 那么对于任意 5 次单位根 x,

$$N(x) = N_0 + N_1 x + N_2 x^2 + N_3 x^3 + N_4 x^4.$$

显然 $N(1) = 2^{1001}$. 当 $x \neq 1$ 是 5 次单位根时, $x, x^2, x^3, x^4, x^5 = 1$ 是所有的 5 次单位根, 从而

$$T^5 - 1 = (T - x)(T - x^2)(T - x^3)(T - x^4)(T - x^5).$$

令 $T = -1$, 可得

$$(1 + x)(1 + x^2)(1 + x^3)(1 + x^4)(1 + x^5) = 2.$$

所以

$$N(x) = \left[(1 + x)(1 + x^2)(1 + x^3)(1 + x^4)(1 + x^5)\right]^{200} \cdot (1 + x^{1001})$$
$$= 2^{200}(1 + x).$$

我们希望找到 c_k 使得

$$N(x) = c_0 + c_1 x + c_2 x^2 + c_3 x^3 + c_4 x^4 \tag{1.5}$$

对所有的 5 次单位根 x 都成立. 注意到当 $x \neq 1$ 是 5 次单位根时, $1 + x + x^2 + x^3 + x^4 = 0$. 若

$$c_0 = c_1 = 2^{200} + t, \qquad c_2 = c_3 = c_4 = t,$$

则式 (1.5) 对任意 5 次单位根 $x \neq 1$ 都成立, 且

$$N(1) = 2^{201} + 5t = 2^{1001}, \quad t = \frac{2^{1001} - 2^{201}}{5}.$$

设 $\zeta = e^{\frac{2\pi i}{5}}$, 则

$$\begin{pmatrix} 1 & 1 & 1 & 1 & 1 \\ 1 & \zeta & \zeta^2 & \zeta^3 & \zeta^4 \\ 1 & \zeta^2 & \zeta^4 & \zeta^6 & \zeta^8 \\ 1 & \zeta^3 & \zeta^6 & \zeta^9 & \zeta^{12} \\ 1 & \zeta^4 & \zeta^8 & \zeta^{12} & \zeta^{16} \end{pmatrix} \begin{pmatrix} N_0 - c_0 \\ N_1 - c_1 \\ N_2 - c_2 \\ N_3 - c_3 \\ N_4 - c_4 \end{pmatrix} = \mathbf{0}.$$

由于该线性方程组的系数行列式是范德蒙行列式, 因此, 它只有零解, 即

$$N_k = c_k = \begin{cases} \dfrac{1}{5}(2^{1001} + 3 \times 2^{200}), & k = 0, 1, \\ \dfrac{1}{5}(2^{1001} - 2 \times 2^{200}), & k = 2, 3, 4. \end{cases}$$

1.4 曲线和区域

1.4.1 复数表示平面曲线

很多平面图形能用复数形式的方程来表示, 这种表示方式有时候会显得更加直观和易于理解.

【例 1.23】 (i) $|z - 1 + i| = 2$. 该方程表示与 $1 - i$ 的距离为 2 的点全体, 即圆心为 $1 - i$、半径为 2 的圆, 如图 1.21 a 所示.

一般的圆方程为 $|z - z_0| = R$, 其中 z_0 是圆心, $R > 0$ 是半径. 设 $z = x + yi, z_0 = x_0 + y_0i$, 两边同时平方, 并化简可得

$$R^2 = |z - z_0|^2 = (x - x_0)^2 + (y - y_0)^2.$$

(ii) $|z - 4i| = |z - 2|$. 该方程表示与 4i 和 2 的距离相等的点, 即二者连线的垂直平分线, 如图 1.21 b 所示. 设 $z = x + yi$, 两边同时平方, 并化简可得 $x - 2y + 3 = 0$. 该方程也可以表达为 $(1 + 2i)z + (1 - 2i)\overline{z} + 6 = 0$.

一般地, 方程 $|z - z_1| = |z - z_2|$, $\overline{w}z + w\overline{z} + c = 0$ 和 $\mathrm{Re}(\overline{w}z) = c$ 都表示直线.

(iii) $|z - z_1| + |z - z_2| = 2a$.

- 当 $2a > |z_1 - z_2|$ 时, 该方程表示以 z_1, z_2 为焦点、a 为长半轴的椭圆, 如图 1.21 c 所示;

- 当 $2a = |z_1 - z_2|$ 时, 该方程表示连接 z_1, z_2 的线段;

- 当 $2a < |z_1 - z_2|$ 时, 该方程表示空集.

(iv) $|z - z_1| - |z - z_2| = 2a$.

- 当 $2a < |z_1 - z_2|$ 时, 该方程表示以 z_1, z_2 为焦点、a 为实半轴的双曲线的一支, 如图 1.21 d 所示;

- 当 $2a = |z_1 - z_2|$ 时, 该方程表示以 z_2 为起点、与 z_2, z_1 连线反向的射线;

- 当 $2a > |z_1 - z_2|$ 时, 该方程表示空集.

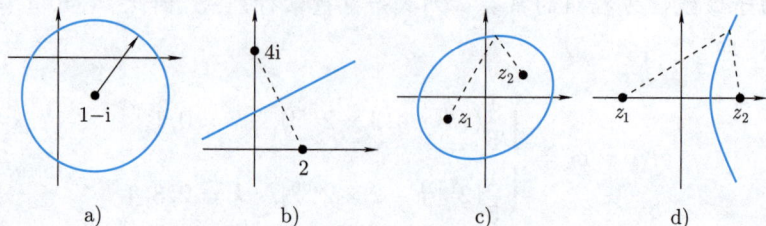

图 1.21 复数表示平面曲线

练习 1.12

$z^2 + \bar{z}^2 = 1$ 和 $z^2 - \bar{z}^2 = \mathrm{i}$ 分别表示什么图形?

设 $x(t), y(t), t \in [a, b]$ 是两个连续函数, 则参变量方程

$$\begin{cases} x = x(t), \\ y = y(t), \end{cases} \quad t \in [a, b]$$

这里考虑的都是连续曲线段. 对于无限长的曲线也可类似定义连续曲线和简单曲线的概念.

定义了一条连续曲线. 这也等价于

$$C : z = z(t) = x(t) + \mathrm{i} y(t), \quad t \in [a, b].$$

若除两个端点有可能重叠外, 其他情形不会出现重叠的点, 则称 C 是简单曲线.

简单曲线也叫若尔当曲线. 闭路也叫简单闭曲线或若尔当闭曲线或围道.

若连续曲线 C 满足两个端点重叠, 即 $z(a) = z(b)$, 则称 C 是闭合曲线. 称闭合的简单曲线为闭路.

【例 1.24】　(i) 直线段的参数方程可以写成

$$z(t) = z_0 + (z_1 - z_0)t, \quad t \in [0, 1],$$

其中 z_0, z_1 为两个端点. 它是简单曲线, 如图 1.22 a 所示.

(ii) 正弦函数曲线段

$$z(t) = \sin t, \quad t \in [0, 2\pi]$$

是简单曲线, 如图 1.22 b 所示.

(iii) 圆 $|z - 1 + \mathrm{i}| = 2$ 和椭圆 $|z - \sqrt{5}| + |z + \sqrt{5}| = 6$ 是闭路, 其参数方程可分别选为

$$z = 1 - \mathrm{i} + 2\mathrm{e}^{\mathrm{i}\theta}, \quad z = 3\cos\theta + 2\mathrm{i}\sin\theta, \quad \theta \in [0, 2\pi].$$

(iv) 双纽线 $|z^2 - 1| = 1$ 是闭合曲线, 但不是闭路, 如图 1.22 c 所示.

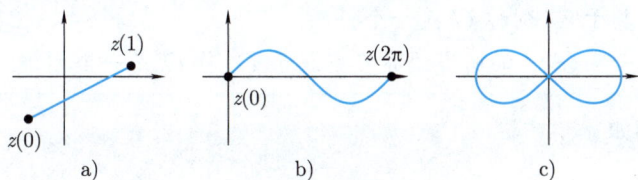

图 1.22 连续曲线

由于复数 z 的实部 x 和虚部 y 可以与 $z, \bar{z}$ 相互线性表示, 因此, x, y 的方程总可以改写为 $z, \bar{z}$ 的方程, 反之亦然.

1.4.2   区域和闭区域

为了引入极限的概念, 我们需要考虑点的邻域. 类比高等数学中的邻域和去心邻域, 在复平面中, 称开圆盘

$$U(z_0, \delta) = \left\{ z : |z - z_0| < \delta \right\}$$

为 z_0 的一个 δ 邻域, 称去心开圆盘

$$\mathring{U}(z_0, \delta) = \left\{ z : 0 < |z - z_0| < \delta \right\}$$

为 z_0 的一个去心 δ 邻域, 如图 1.23 所示.

设 G 是复平面的一个子集, 点 $z_0 \in \mathbb{C}$. 如图 1.24 所示, 它们的位置关系有三种可能:

(1) 若存在 z_0 的一个邻域 U 完全包含在 G 中, 则称 z_0 是 G 的一个内点.

(2) 若存在 z_0 的一个邻域 U 完全不包含在 G 中, 则称 z_0 是 G 的一个外点.

(3) 若对于 z_0 的任何一个邻域 U, 都有属于和不属于 G 的点, 则称 z_0 是 G 的一个边界点.

显然内点都属于 G, 外点都不属于 G, 而边界点则都有可能. 这可类比于区间的端点和区间的关系.

> 为了避免与复数的模混淆, 此处用冒号 : 而不是分割线 | 作为集合的分割符号.

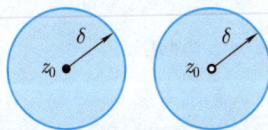

图 1.23 邻域和去心邻域

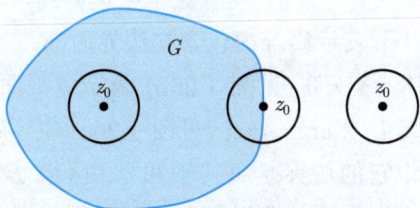

图 1.24 点与集合的位置关系

> **定义 1.7**
>
> (1) 若集合 G 的所有点都是内点, 也就是说, G 的边界点都不属于它, 则称 G 是一个开集.
> (2) 若集合 G 的所有边界点都属于 G, 称 G 是一个闭集.

例如

$$|z - z_0| < R, \quad 1 < \operatorname{Re} z < 3, \quad \frac{\pi}{4} < \arg z < \frac{3\pi}{4}$$

都给出开集. 集合 G 是一个闭集当且仅当它的补集是开集. 直观上看, 由 $>, <$ 的不等式给出的集合往往是开集, 由 $\geqslant, \leqslant$ 的不等式给出的集合往往是闭集.

若集合 G 是某个开圆盘 $U(0, R)$ 的子集, 则称它是有界的. 否则, 称它是无界的.

> **定义 1.8**
>
> 若开集 D 的任意两个点都可以用一条完全包含在 D 中的折线段连接起来, 则称 D 是一个区域.

对于区域 D 内的任意两点 z_1, z_2, 可以在 D 中画一条从点 z_1 到点 z_2 的折线段. 换言之, 区域是 "连通" 的开集. 区域和它的边界的并集叫作闭区域, 记作 $\overline{D}$. 它是一个闭集.

【例 1.25】　(i) 在图 1.25 中, 阴影部分 (不包含线条部分) 中任意两点可用折线连接, 因此, 它是一个区域. 这些线条割痕和点构成了它的边界.

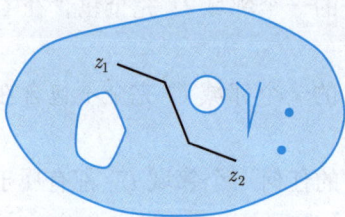

图 1.25　区域和它的边界

(ii) 区域 $D: |z| > 1$ (见图 1.26a) 是一个无界区域, 它的边界是 $|z| = 1$, 闭区域是 $|z| \geqslant 1$. 注意数学中边界的概念与日常所说的边界是两码事, 并不表示集合被包含在边界内部.

(iii) 区域 $D_1: z \neq 0$ (见图 1.26b) 表示复平面去掉原点, 它的边界是 $\{0\}$. 区域 $D_2: \arg z \neq \pi$ (见图 1.26c) 表示带有割痕为负实轴和零的复平面, 它的边界是负实轴和零. 区域 D_1 和区域 D_2 的闭区域都是 $\mathbb{C}$. 不同的区域可以拥有相同的闭区域.

注意 $\arg z$ 的不等式不包括原点.

当不等式中的函数都是连续函数时, 由 $>, <$ 的不等式给出的集合是开集, 否则未必成立. 连续函数的定义见定义 1.19. 例如, $\arg z > \pi/2$ 包含了负实轴, 既不是开集也不是闭集, 因为 $\arg z$ 在负实轴上不连续. 例如, $|1/z| \geqslant 1$ 表示的不是闭集, 因为它等价于 $0 < |z| \leqslant 1$.

区域定义中的折线段可以换成连续曲线段. 它也等价于开集 D 不能写成 $D_1 \cup D_2$, 其中 D_1, D_2 是两个非空开集且 $D_1 \cap D_2 = \phi$, 即开集 D 不能拆成多个 "独立" 的开集.

闭区域也叫**闭域**.

割痕是指在区域内去掉的一条曲线.
对于这些向外无限延伸的集合, 阴影部分描成圆形或方形是无关紧要的, 都表示同一个集合.

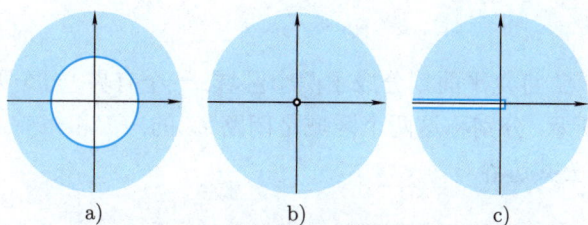

图 1.26 不同的无界区域

(iv) 图 1.27 至图 1.35 列出了几种常见区域, 它们由实部、虚部、模和辐角的不等式所表示. 其中角形区域中 $\theta_1 < \operatorname{Arg} z < \theta_2$ 表示 z 有一个辐角值 θ 满足 $\theta_1 < \theta < \theta_2$.

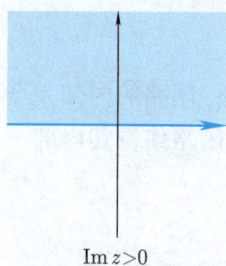

$\operatorname{Im} z > 0$

图 1.27 上半平面

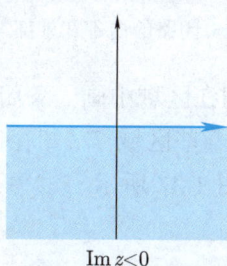

$\operatorname{Im} z < 0$

图 1.28 下半平面

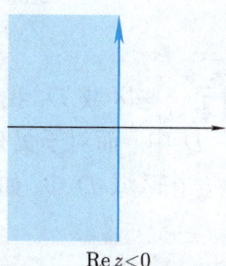

$\operatorname{Re} z < 0$

图 1.29 左半平面

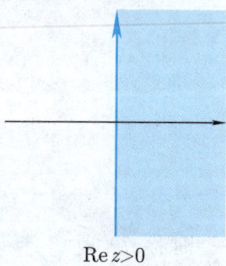

$\operatorname{Re} z > 0$

图 1.30 右半平面

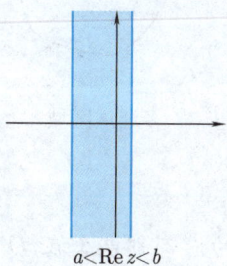

$a < \operatorname{Re} z < b$

图 1.31 竖直带状区域

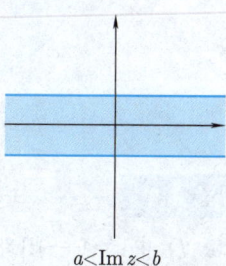

$a < \operatorname{Im} z < b$

图 1.32 水平带状区域

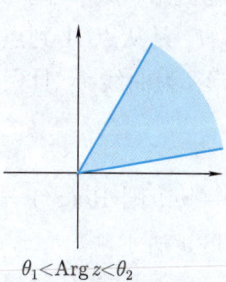

$\theta_1 < \operatorname{Arg} z < \theta_2$

图 1.33 角形区域

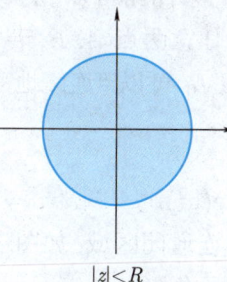

$|z| < R$

图 1.34 圆域

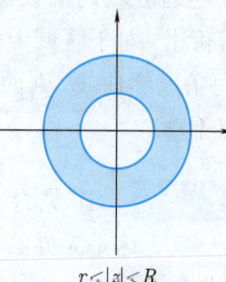

$r < |z| < R$

图 1.35 圆环域

练习 1.13

图 1.27 至图 1.35 中的区域对应的闭区域是什么?

1.4.3 区域的特性

闭路 C 将复平面划分成了两个区域, 一个有界, 一个无界. 如图 1.36 所示, 分别称这两个区域是闭路 C 的内部和外部, 闭路 C 是它们的公共边界.

波尔查诺最早明确陈述了这个结论, 并指出它是需要证明的. 1893 年, 若尔当首次给出了证明, 其中假设了该结论对简单多边形成立 (这个情形并不难证明). 不过, 数学家普遍认为他的证明是有缺陷的. 不少数学家认为第一个完备证明是维布伦于 1905 年给出的. 参考 [文献 14].

图 1.36 闭路的内部和外部

对于一些区域 D, 我们在区域中画一条闭路, 闭路的内部完全包含在 D 中. 而对于另外一些区域 D, 却存在闭路使得其内部不完全包含在区域 D 中, 如图 1.37 所示.

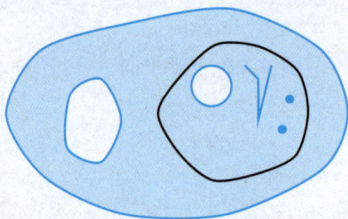

图 1.37 多连通区域

"连续地变形" 成一个点是指对任一闭路 $\ell : z = \varphi(t), t \in [0,1]$, 存在连续函数 $F : [0,1] \times [0,1] \to \mathbb{C}$ (即实部、虚部都是连续函数), 使得对 $0 \leqslant s < 1$, $\ell_s : z = F(s,t), t \in [0,1]$ 都是闭路, 且 $F(0,t) = \varphi(t)$, 而 $F(1,t)$ 是常值函数.

ℓ_0 可以 "连续地变形" 为 ℓ_1 且保持端点不动是指存在连续函数 $F : [0,1] \times [0,1] \to \mathbb{C}$, 使得 $\ell_0 : z = F(0,t)$, $\ell_1 : z = F(1,t), t \in [0,1]$, 且 $F(s,0) \equiv A$, $F(s,1) \equiv B$.

> **定义 1.9**
>
> 若区域 D 中的任一闭路的内部都包含在 D 中, 则称 D 是单连通区域. 否则, 称之为多连通区域.

单连通区域内的任意一条闭路可以 "连续地变形" 成一个点. 这也等价于: 对于区域内的任意两点 A, B, 若 ℓ_0, ℓ_1 是从点 A 到点 B 的两条连续曲线, 则曲线 ℓ_0 可以 "连续地变形" 为曲线 ℓ_1 且保持端点不动.

【例 1.26】 (i) 集合 $\operatorname{Re}(z^2) \leqslant 1$. 设 $z = x + y\mathrm{i}$, 则 $\operatorname{Re}(z^2) = x^2 - y^2 \leqslant 1$. 这是无界的单连通闭区域, 如图 1.38 a 所示.

(ii) 集合 $\arg z \neq \pi$ 表示角形区域 $-\pi < \arg z < \pi$. 这是无界的单连通区域, 如图 1.38 b 所示.

(iii) 集合 $\left| \dfrac{1}{z} \right| \leqslant 2$, 即 $|z| \geqslant \dfrac{1}{2}$. 这是无界的多连通闭区域, 如图 1.38 c 所示.

(iv) 集合 $|z+1|+|z-1|<4$ 表示一个椭圆的内部. 这是有界的单连通区域, 如图 1.38 d 所示.

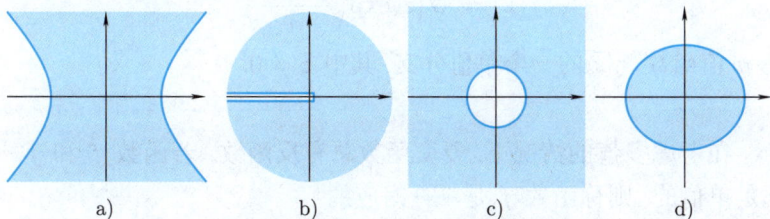

图 1.38 不同特征的区域

a)   b)   c)   d)

练习 1.14

集合 $|z+1|>|z-\mathrm{i}|$ 表示一个( ).
(A) 有界单连通区域
(B) 有界多连通闭区域
(C) 无界单连通区域
(D) 无界多连通闭区域

1.5 复变函数

1.5.1 复变函数的定义

回忆**映射**是指两个集合之间的一种对应 $f:A\to B$, 使得对于每一个 $a\in A$, 有一个唯一确定的 $b=f(a)$ 与之对应.

(1) 当 A 和 B 都是实数集合的子集时, 它是一个实变量函数.

(2) 当 A 和 B 都是复数集合的子集时, 它是一个复变量函数, 简称为**复变函数**.

【例 1.27】 以下表达式:

$$f_1(z)=\mathrm{Re}\,z,\qquad f_2(z)=\arg z,$$

$$f_3(z)=z^n\ (n\ \text{为非零整数}),\qquad f_4(z)=\frac{z+\mathrm{i}}{z^2+1}$$

都定义了复变函数.

练习 1.15

例 1.27 中函数的定义域和值域分别是什么?

定义 1.10

(1) 称集合 A 为函数 f 的**定义域**.
(2) 称集合 $\{w=f(z)\mid z\in A\}$ 为函数 f 的**值域**.

在复变函数理论中, 常常会遇到**多值复变函数**, 也就是说, 一个 $z\in A$ 可能有多个 w 与之对应. 为了方便研究, 我们常常需要对每一个 z, 选取固定的一个 $f(z)$ 的值. 这样便得到了这个多值函数的一个**单值分支**.

值域和**陪域** B 往往不相同. 单变量实函数陪域通常可选为 $\mathbb{R}$, 复变函数陪域通常可选为 $\mathbb{C}$. 如果两个函数的定义域和对应关系都相同, 那么我们将其视为同一函数而不必考虑陪域是否相同.

【例 1.28】 (i) 辐角主值函数 $\arg z$ 是无穷多值函数 $\mathrm{Arg}\,z$ 的一个单值分支. 复变函数中常常用开头字母大写来表示多值函数,对应的单值分支则使用开头字母小写来表示.

(ii) 函数

$$f(z) = \sqrt[n]{|z|} \exp\left(\frac{\mathrm{i}\arg z}{n}\right)$$

是 n 值函数 $\sqrt[n]{z}$ 的一个单值分支, 其中 $z \neq 0$.

在考虑多值的情况下, 复变函数总有反函数. 若函数 f 和 f^{-1} 都是单值的, 则称函数 f 是**一一对应**的.

【例 1.29】 函数 $f(z) = z^n$ 的反函数就是 $f^{-1}(w) = \sqrt[n]{w}$. 当 $n = \pm 1$ 时, 函数 f 是一一对应的.

若无特别声明, 本书中**复变函数总是指单值的复变函数**.

1.5.2　复平面的变换

大部分复变函数的图象无法在三维空间中表示出来. 为了直观理解和研究, 我们用 z 平面上的点表示自变量 z 的值, w 平面上的点表示函数 $w = f(z)$ 的值, 然后用这两个复平面之间的变换或映射来表示这种对应关系. 注意到 w 的实部和虚部可以看作 z 的实部和虚部的函数, 即

$$w = u + \mathrm{i}v = u(x, y) + \mathrm{i}v(x, y),$$

其中 u, v 是两个二元实函数.

变换通常是指定义域和值域是同一类对象的映射, 不过变换的具体含义需要根据文献上下文确定.

【例 1.30】 (i) 如图 1.39 所示, 函数 $w = \bar{z}$. 这个映射对应的是沿着实轴的翻转映射. 它将任一区域映成和它全等的区域, 且 $u = x, v = -y$.

(ii) 函数 $w = z + c$, 其中 $c = a + b\mathrm{i}$. 如图 1.40 所示, 这个映射对应的是平移映射. 它将任一区域映成和它全等的区域, 且 $u = x + a, v = y + b$.

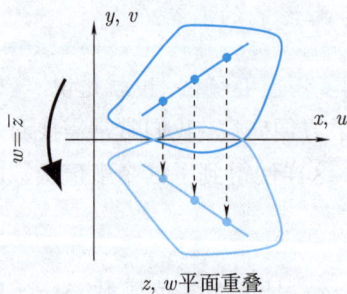

z, w平面重叠

图 1.39 翻转映射

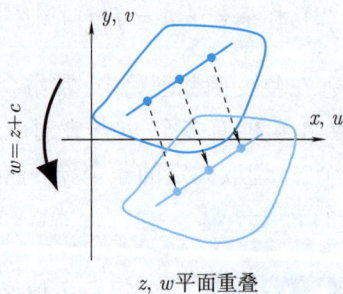

z, w平面重叠

图 1.40 平移映射

【例 1.31】 函数 $w = az$. 设 $a = re^{i\theta}$, 则这个映射对应的是一个旋转映射 (逆时针旋转 θ) 和一个相似映射 (放大为 r 倍) 的复合, 如图 1.41 所示. 它将任一区域映成和它相似的区域.

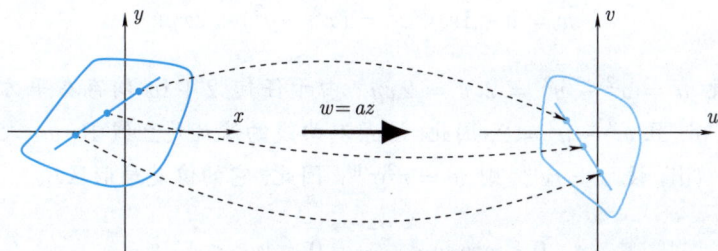

图 1.41 旋转与相似映射复合

【例 1.32】 如图 1.42 所示, 函数 $w = z^2$. 这个映射将 z 的辐角增大一倍, 因此, 它会将角形区域映为角形区域, 并将夹角放大一倍.

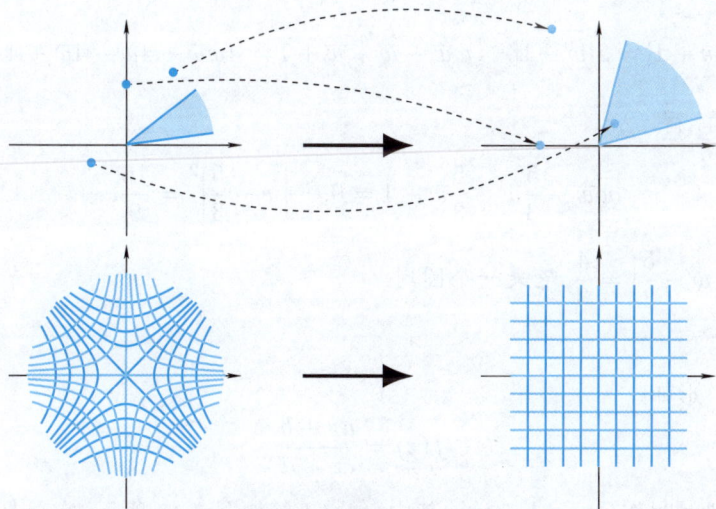

图 1.42 映射 $w = z^2$

由于 $u = x^2 - y^2, v = 2xy$, 因此, 它将 z 平面上两族分别以直线 $y = \pm x$ 和坐标轴为渐近线的等轴双曲线 $x^2 - y^2 = c_1, 2xy = c_2$ 分别映成 w 平面上的两族平行直线 $u = c_1, v = c_2$.

【例 1.33】 求下列集合在映射 $w = z^2$ 下的像:
(i) 线段 $0 < |z| < 3$, $\arg z = \dfrac{\pi}{4}$;
(ii) 双曲线 $x^2 - y^2 = 2$;
(iii) 扇形区域 $0 < \arg z < \dfrac{\pi}{3}$, $0 < |z| < 2$.

解: (i) 设 $z = r\mathrm{e}^{\frac{\pi\mathrm{i}}{4}}$, 则 $w = z^2 = r^2\mathrm{e}^{\frac{\pi\mathrm{i}}{2}} = \mathrm{i}r^2$. 因此, 它的像是连接 0 和 $9\mathrm{i}$ 的线段 (不含端点).

(ii) 由于

$$w = u + \mathrm{i}v = z^2 = (x^2 - y^2) + 2xy\mathrm{i}.$$

因此 $u = x^2 - y^2 = 2, v = 2xy$. 由于任何 $2 + \mathrm{i}v$ 均存在平方根 $x + y\mathrm{i}$, 且 $x^2 - y^2 = 2$, 因此, 这条双曲线的像就是直线 $\mathrm{Re}\,w = 2$.

> 前面的推理仅说明这条双曲线的像是 $\mathrm{Re}\,w = 2$ 的子集, 还需要说明 $\mathrm{Re}\,w = 2$ 中的每个元素都有原像落在该双曲线内.

(iii) 设 $z = r\mathrm{e}^{\mathrm{i}\theta}$, 则 $w = r^2\mathrm{e}^{2\mathrm{i}\theta}$. 因此, 它的像是扇形区域

$$0 < \arg w < \frac{2\pi}{3}, \quad 0 < |w| < 4.$$

【例 1.34】 求圆周 $|z| = 2$ 在映射 $w = \dfrac{z + 1}{z - 1}$ 下的像.

解: 不难看出 $z = \dfrac{w + 1}{w - 1}$. 由 $\left|\dfrac{w + 1}{w - 1}\right| = 2$, 可知

$$|w + 1| = 2|w - 1|, \quad w\overline{w} + w + \overline{w} + 1 = 4w\overline{w} - 4w - 4\overline{w} + 4.$$

化简, 得

$$w\overline{w} - \frac{5}{3}w - \frac{5}{3}\overline{w} + 1 = 0, \quad \left|w - \frac{5}{3}\right|^2 = \frac{16}{9},$$

即 $\left|w - \dfrac{5}{3}\right| = \dfrac{4}{3}$, 它是一个圆周.

形如

$$f(z) = \frac{az + b}{cz + d}$$

的映射叫作**分式线性映射**, 其中 $ad \neq bc$. 如图 1.43 所示, 它总是将直线和圆映成直线或圆.

> **练习 1.16**
>
> 若分式线性映射
> $$w = \frac{az + b}{cz + d}$$
> 将圆周 C 映成直线, 则 C 一定经过哪个复数?

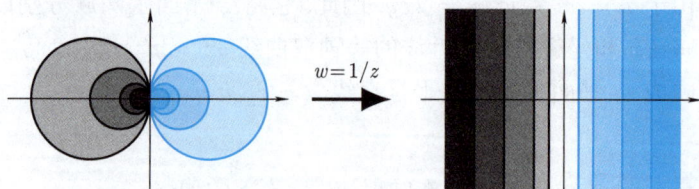

$w = 1/z$

图 1.43 分式线性映射

此外, 也有分别用 $\mathrm{Re}\,w$ 和 $\mathrm{Im}\,w$ 的图象来表现复变函数映射的, 也有用 $|w|$ 并给不同辐角的 w 涂上不同颜色来表现复变函数映射的方法, 还有根据 w 的模和辐角确定颜色的平面表现方式.

1.6 极限和连续性

类似于实数的情形, 我们可以定义复数列和复变函数的极限.

1.6.1 数列的极限

> **定义 1.11**
>
> 设 $\{z_n\}_{n\geqslant 1}$ 是一个复数列. 若存在复数 z 满足对任意 $\varepsilon > 0$, 存在 N 使得当 $n \geqslant N$ 时, $|z_n - z| < \varepsilon$, 则称 z 是数列 $\{z_n\}$ 的极限, 记作 $\lim\limits_{n\to\infty} z_n = z$.

此时称极限存在或数列收敛. 若不存在这样的 z, 则称极限不存在或数列发散. 可以看出, $\lim\limits_{n\to\infty} z_n = z$ 等价于实极限 $\lim\limits_{n\to\infty} |z_n - z| = 0$.

由于复数列极限的定义和实数列极限的定义在形式上完全相同, 因此, 类似地, 极限的四则运算法则对复数列也是成立的.

> **定理 1.12**
>
> 设 $\lim\limits_{n\to\infty} z_n = z$, $\lim\limits_{n\to\infty} w_n = w$, 则
>
> (1) $\lim\limits_{n\to\infty} (z_n \pm w_n) = z \pm w$;
>
> (2) $\lim\limits_{n\to\infty} z_n w_n = zw$;
>
> (3) 当 $w \neq 0$ 时, $\lim\limits_{n\to\infty} \dfrac{z_n}{w_n} = \dfrac{z}{w}$.

下述定理保证了我们可以使用实数列的敛散性判定方法来研究复数列的敛散性.

> **定理 1.13**
>
> 设 $z_n = x_n + y_n \mathrm{i}, z = x + y\mathrm{i}$, 则
>
> $$\lim_{n\to\infty} z_n = z \iff \lim_{n\to\infty} x_n = x \text{ 且 } \lim_{n\to\infty} y_n = y.$$

证明: 显然我们只需说明

$$\lim_{n\to\infty} |z_n - z| = 0 \iff \lim_{n\to\infty} |x_n - x| = \lim_{n\to\infty} |y_n - y| = 0.$$

若 $\lim\limits_{n\to\infty} |z_n - z| = 0$, 则由三角不等式

$$0 \leqslant |x_n - x|, |y_n - y| \leqslant |z_n - z|$$

和夹逼准则, 可知 $\lim\limits_{n\to\infty} |x_n - x| = \lim\limits_{n\to\infty} |y_n - y| = 0$.

反之, 若 $\lim\limits_{n\to\infty} |x_n - x| = \lim\limits_{n\to\infty} |y_n - y| = 0$, 则由极限的四则运

算法则, 可知

$$\lim_{n\to\infty}(|x_n - x| + |y_n - y|) = 0.$$

由三角不等式

$$0 \leqslant |z_n - z| \leqslant |x_n - x| + |y_n - y|$$

和夹逼准则, 可知 $\lim\limits_{n\to\infty}|z_n - z| = 0$. 由此, 定理得证.

【例 1.35】 设 $z_n = \dfrac{n^2 - 1}{n^2 + 1}\mathrm{e}^{\frac{\pi\mathrm{i}}{n}}$, 数列 $\{z_n\}$ 是否收敛?

解: 由于

$$x_n = \frac{n^2 - 1}{n^2 + 1}\cos\frac{\pi}{n} \to 1, \quad y_n = \frac{n^2 - 1}{n^2 + 1}\sin\frac{\pi}{n} \to 0.$$

因此, 数列 $\{z_n\}$ 收敛且极限为 1.

> **练习 1.17**
> 设 $z_n = \dfrac{(1+\mathrm{i})^n}{2^n}$, 数列 $\{z_n\}$ 是否收敛?

1.6.2   无穷远点和复球面

数列极限的定义可以用邻域的语言重新表述为:

> **定义 1.14**
> 若对于 z 的任意 δ 邻域 U, 存在 N 使得当 $n \geqslant N$ 时, $z_n \in U$, 则记 $\lim\limits_{n\to\infty} z_n = z$

> 一般地, 一个点的邻域是指包含它的任意一个开集. 可以说明, $\lim\limits_{n\to\infty} z_n = z \in \mathbb{C}$ 当且仅当对于 z 的任意邻域 U, 存在 N 使得当 $n \geqslant N$ 时, $z_n \in U$. 因为包含 z 的开集一定也包含 z 的一个 δ 邻域.

若 $\lim\limits_{n\to\infty}|z_n| = +\infty$, 则我们记 $\lim\limits_{n\to\infty} z_n = \infty$. 这也等价于: 对于任意 $X > 0$, 存在 N 使得当 $n \geqslant N$ 时, $|z_n| > X$. 我们能不能也用邻域的语言来描述 $\lim\limits_{n\to\infty} z_n = \infty$ 呢? 我们将介绍复球面的概念, 如图 1.44 所示, 它是复数的一种几何表示方式且自然地包含无穷远点 ∞. 这种思想是在黎曼研究多值复变函数时引入的.

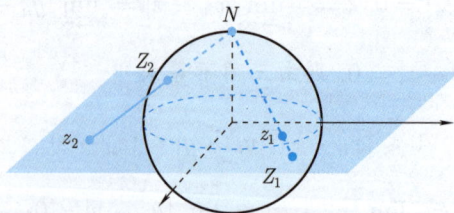

图 1.44 复球面和复平面

在三维空间中以复平面原点 O 为球心作一半径为 1 的球面

$$S = \{(x,y,z) \in \mathbb{R}^3 \mid x^2 + y^2 + z^2 = 1\}.$$

过点 O 作垂直于复平面的直线, 并与球面相交于它的北极 $N = (0,0,1)$. 对于复平面上的任意一点 z, 连接 N 和 z 的直线一定与球面相交于除 N 之外的唯一一个点 $Z = \varphi(z)$. 反之, 球面上除 N 之外的任意一点 Z, 直线 NZ 一定与复平面相交于唯一一点. 也就是说, 球极投影

$$\varphi : \mathbb{C} \longrightarrow S$$
$$z = x + y\mathrm{i} \longrightarrow \left(\frac{2x}{|z|^2+1}, \frac{2y}{|z|^2+1}, \frac{|z|^2-1}{|z|^2+1} \right) \tag{1.6}$$

将 $S - \{N\}$ 和 $\mathbb{C}$ 建立了一一对应.

当 $|z|$ 越来越大时, 其对应球面上的点也越来越接近 N. 若我们在复平面上添加一个额外的 "点"——无穷远点, 记作 ∞, 则扩充复数集合 $\mathbb{C}^* = \mathbb{C} \cup \{\infty\}$ 就正好和球面上的点一一对应. 称这样的球面为复球面, 称包含无穷远点的复平面为扩充复平面.

若约定 $|\infty| = +\infty$, 则分别称

$$U(\infty, X) = \{z \in \mathbb{C}^* : |z| > X\}, \quad \mathring{U}(\infty, X) = \{z \in \mathbb{C} : |z| > X\}$$

为 ∞ 的 X 邻域和去心 X 邻域, 如图 1.45 所示. 这样, 前述极限可统一表述如下: 若对 $z \in \mathbb{C}^*$ 的任意 δ 邻域 U, 存在 N 使得当 $n \geq N$ 时, $z_n \in U$, 则记 $\lim\limits_{n \to +\infty} z_n = z$.

朴素地看, 复球面上任意一点可以定义 δ 邻域为与其距离小于 δ 的所有点. 那么在复球面上, 普通复数和 ∞ 的邻域具有同等地位. 特别地, 复球面上 ∞ 的 δ 邻域通过球极投影对应到扩充复平面上 ∞ 的邻域 $U(\infty, \sqrt{4\delta^{-2}-1})$.

注意我们在考虑实数极限的时候有 $\pm\infty$, 但复数情形只有 ∞. 实际上实数情形的 ∞ 和复数情形的 ∞ 是一回事, 考虑球极投影在实轴上的限制, $\mathbb{R} \cup \{\infty\}$ 可以和圆周建立一一对应. 但 $\mathbb{R} \cup \{\pm\infty\}$ 则对应一种不同的几何表示方式.

集合 $A - B$ 表示差集, 即属于集合 A 但不属于集合 B 的元素全体形成的集合. 也可记作 $A \setminus B$.

扩充复平面也叫闭复平面. 相应地, 将原来的复平面叫作有限复平面或开复平面.

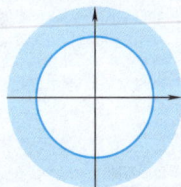

图 1.45 ∞ 的 (去心) 邻域

对于有限复数 z, 复球面上 z 的 δ 邻域对应到复平面上一个包含 z 的圆域, 但圆心不是 z.

1.6.3　函数的极限

定义 1.15

设函数 $f(z)$ 在 z_0 的某个去心邻域内有定义. 若存在复数 A 满足对任意 $\varepsilon > 0$, 存在 $\delta > 0$ 使得当 $0 < |z - z_0| < \delta$ 时, $|f(z) - A| < \varepsilon$, 则称复数 A 为函数 $f(z)$ 当 $z \to z_0$ 时的极限, 记作 $\lim\limits_{z \to z_0} f(z) = A$ 或 $f(z) \to A \ (z \to z_0)$.

此时称**极限存在**. 若不存在这样的 A, 则称**极限不存在**. 该定义可用邻域的语言重新表述如下:

> **定义 1.16**
>
> 设函数 $f(z)$ 在 z_0 的某个去心邻域内有定义. 若存在复数 A 满足: 对复数 A 的任意邻域 V, 存在 z_0 的去心邻域 $\mathring{U}$ 使得当 $z \in \mathring{U}$ 时, $f(z) \in V$, 则称复数 A 为函数 $f(z)$ 当 $z \to z_0$ 时的极限, 记作 $\lim\limits_{z \to z_0} f(z) = A$ 或 $f(z) \to A(z \to z_0)$.

在此表述下, 将上述定义中的 z_0 或 A 换成 ∞, 即可得到 $z \to \infty$ 时的极限定义, 以及 $\lim f(z) = \infty$ 的含义. 类似于复数列情形, 极限的四则运算法则对复变函数也是成立的.

> **定理 1.17**
>
> 对于 $z_0 \in \mathbb{C}^*$, 若极限 $\lim\limits_{z \to z_0} f(z) = A, \lim\limits_{z \to z_0} g(z) = B$ 都存在, 则
>
> (1) $\lim\limits_{z \to z_0} (f \pm g)(z) = A \pm B$;
>
> (2) $\lim\limits_{z \to z_0} (fg)(z) = AB$;
>
> (3) 当 $B \neq 0$ 时, $\lim\limits_{z \to z_0} \left(\dfrac{f}{g}\right)(z) = \dfrac{A}{B}$.

下述定理表明, 研究复变函数极限, 只需研究其实部、虚部两个二元实函数的极限.

> **定理 1.18**
>
> 设 $f(z) = u(x, y) + iv(x, y), z_0 = x_0 + y_0 i, A = u_0 + v_0 i$, 则
>
> $$\lim\limits_{z \to z_0} f(z) = A \iff \lim\limits_{\substack{x \to x_0 \\ y \to y_0}} u(x, y) = u_0 \text{ 且 } \lim\limits_{\substack{x \to x_0 \\ y \to y_0}} v(x, y) = v_0.$$

证明: 我们有

$$\lim\limits_{z \to z_0} f(z) = A \iff \lim\limits_{\substack{x \to x_0 \\ y \to y_0}} \left| u(x, y) + iv(x, y) - u_0 - iv_0 \right| = 0.$$

其余推导和定理 1.13 的证明类似, 此处省略.

在学习了复变函数的导数后, 我们也可和高等数学中类似地使用等价无穷小替换、洛必达法则等工具来计算极限.

【例 1.36】 求证: 当 $z \to 0$ 时, 函数 $f(z) = \dfrac{\operatorname{Re} z}{|z|}$ 的极限不存在.

证明: 令 $z = x + y\mathrm{i}$, 则 $f(z) = \dfrac{x}{\sqrt{x^2+y^2}}$. 因此

$$u(x,y) = \frac{x}{\sqrt{x^2+y^2}}, \quad v(x,y) = 0.$$

当 z 在实轴原点两侧分别趋向于 0 时, 函数 $u(x,y)$ 分别趋于 ± 1. 因此 $\lim\limits_{\substack{x\to 0 \\ y\to 0}} u(x,y)$ 不存在. 从而 $\lim\limits_{z\to z_0} f(z)$ 不存在.

1.6.4 函数的连续性

有了复变函数的极限之后, 可自然地定义复变函数的连续性.

定义 1.19

(1) 若 $\lim\limits_{z\to z_0} f(z) = f(z_0)$, 则称函数 $f(z)$ 在 z_0 处连续.
(2) 若函数 $f(z)$ 在区域 D 内处处连续, 则称函数 $f(z)$ 在区域 D 内连续.

由定理 1.18, 可知

定理 1.20

函数 $f(z) = u(x,y) + \mathrm{i}v(x,y)$ 在 $z_0 = x_0 + \mathrm{i}y_0$ 处连续当且仅当 $u(x,y)$ 和 $v(x,y)$ 在 (x_0,y_0) 处连续.

由于复变函数极限和连续的定义和实变量函数情形在形式上完全相同, 因此, 类似地, 有

定理 1.21

(1) 在 z_0 处连续的两个函数 $f(z), g(z)$ 之和、差、积、商 $(g(z_0) \neq 0)$ 仍然在 z_0 处连续.
(2) 若函数 $g(z)$ 在 z_0 处连续, 函数 $f(w)$ 在 $g(z_0)$ 处连续, 则函数 $f\big[(g(z)\big]$ 在 z_0 处连续.

【例 1.37】 (i) 设函数

$$f(z) = \ln(x^2+y^2) + \mathrm{i}(x^2-y^2),$$

则 $u(x,y) = \ln(x^2+y^2)$ 除原点之外处处连续, $v(x,y) = x^2 - y^2$ 处处连续. 因此, 函数 $f(z)$ 在 $z \neq 0$ 处连续.

(ii) 显然函数 $f(z) = z$ 是处处连续的. 由连续函数的四则运算还连续, 可知多项式函数

$$P(z) = a_0 + a_1 z + a_2 z^2 + \cdots + a_n z^n$$

也处处连续, 有理函数 $\dfrac{P(z)}{Q(z)}$ 在 $Q(z)$ 的零点以外处处连续.

【例 1.38】 求证: 若函数 $f(z)$ 在 z_0 处连续, 则函数 $\overline{f(z)}$ 在 z_0 处也连续.

证法一: 设

$$f(z) = u(x, y) + \mathrm{i}v(x, y), \quad z_0 = x_0 + \mathrm{i}y_0.$$

那么 $u(x, y), v(x, y)$ 在 (x_0, y_0) 处连续. 从而 $-v(x, y)$ 也在 (x_0, y_0) 处连续. 所以函数

$$\overline{f(z)} = u(x, y) - \mathrm{i}v(x, y)$$

在 (x_0, y_0) 处连续.

证法二: 函数 $g(z) = \bar{z} = x - \mathrm{i}y$ 处处连续, 从而函数 $g[f(z)] = \overline{f(z)}$ 在 z_0 处连续.

可以看出, 一方面, 由于 $\mathbb{C}$ 和 $\mathbb{R}$ 类似, 也有四则运算和各种运算规律, 因此, 复变函数与单变量实函数的极限和连续具有类似形式与结论. 另一方面, 由于 $\mathbb{C}$ 和 $\mathbb{R}^2$ 一一对应, 复变函数与两个二元实函数的极限和连续也没有太大区别. 这是复数这一数学对象和 $\mathbb{R}$ 以及 $\mathbb{R}^2$ 这两个不同的数学对象的共性. 数学家们正是从这一体两面的现象中发现了复变函数的独特之处, 一方面, 它具有和单变量实函数类似的导数和微分; 另一方面, 它的实部和虚部又具有偏导数和全微分. 这种特性使得可导的复变函数具有整洁、优美的性质, 我们将在接下来的章节逐步揭开它的神秘面纱.

1.6.5　复数域的性质 (选读)

1. 复数域的特点

四则运算是指存在运算 $+$ 和 $\times$, 且对于任意 $a \in S$, 存在 $b \in S$ 使得 $a + b = b + a = 0$; 对于任意非零 $a \in F$, 存在 $c \in F$ 使得 $a \times c = c \times a = 1$.

若集合 F 带有元素 $0, 1$ 以及四则运算, 且

(1) 满足加法交换律、结合律, 乘法交换律、结合律、分配律;

(2) 对于任意 $a \in F$, $a + 0 = a \times 1 = a$,

则称 F 构成一个域. 有理数全体 $\mathbb{Q}$、实数全体 $\mathbb{R}$、复数全体 $\mathbb{C}$ 均构成域.

与有理数域和实数域有着本质不同的是, 复数域是代数闭域.

也就是说, 对于任意 $n \geqslant 1$ 个复数 $c_0, c_1, \cdots, c_{n-1}$, 复系数多项式

$$P(z) = z^n + c_{n-1}z^{n-1} + \cdots + c_1 z + c_0$$

总有复数根, 即存在复数 z_0 使得 $P(z_0) = 0$. 由此归纳可知, 复系数多项式可以因式分解成一次多项式的积. 我们会在例 4.43 中证明该结论.

在 $\mathbb{Q}$ 和 $\mathbb{R}$ 上可以定义出一个 "好的" 大小关系. 换言之, 它们是有序域, 即存在一个满足下述性质的 $>$:

(1) 若 $a \neq b$, 则要么 $a > b$, 要么 $b > a$;

(2) 若 $a > b$, 则对于任意 c, $a + c > b + c$;

(3) 若 $a > b, c > 0$, 则 $ac > bc$.

而 $\mathbb{C}$ 却不是有序域. 这是因为, 若 $i > 0$, 则

$$-1 = i \cdot i > 0, \quad -i = -1 \cdot i > 0.$$

于是 $0 > i$, 矛盾! 同理, $i < 0$ 也不可能.

2. 复数域的自同构

若 F, K 是两个域, 映射 $f : F \to K$ 满足

(1) $f(0) = 0$, $f(1) = 1$ (注意两组 $0, 1$ 分别位于域 F 和域 K 中);

(2) 对任意 $a, b \in F$, $f(a+b) = f(a) + f(b)$;

(3) 对任意 $a, b \in F$, $f(ab) = f(a)f(b)$,

则称映射 f 是一个同态. 若映射 f 还是一一对应的, 则称映射 f 是一个同构. 称域 F 到自身的同态和同构分别为域 F 的自同态和自同构.

【例 1.39】 (i) 设映射 $f : \mathbb{Q} \to \mathbb{Q}$ 是有理数域的自同构. 那么对于正整数 n,

$$f(n) = f(\underbrace{1 + 1 + \cdots + 1}_{n \uparrow}) = \underbrace{f(1) + f(1) + \cdots + f(1)}_{n \uparrow}$$

$$= nf(1) = n.$$

于是 $f(-n) = f(0) - f(n) = -n$. 对于有理数 $r = \dfrac{p}{q}$, 有 $f(r) = \dfrac{f(p)}{f(q)} = \dfrac{p}{q} = r$. 因此, 映射 f 是恒等映射.

(ii) 设映射 $f : \mathbb{R} \to \mathbb{R}$ 是实数域的连续自同构. 那么对于有理数 r, 有 $f(r) = r$. 对于任意实数 x, 存在有理数列 $\{r_n\}_{n \geqslant 1}$ 使得

$x = \lim\limits_{n \to \infty} r_n$. 于是由连续性, 可知

$$f(x) = f\left(\lim_{n \to \infty} r_n\right) = \lim_{n \to \infty} f(r_n) = \lim_{n \to \infty} r_n = x.$$

因此, 映射 f 是恒等映射.

定理 1.22

设映射 f 是复数域的连续自同构, 则 f 为恒等映射或共轭.

证明: 由前面的讨论可知, 对于实数 x, $f(x) = x$. 于是由 $f(\mathrm{i}^2) = f(-1) = -1$, 可知 $f(\mathrm{i}) = \pm\mathrm{i}$. 故

$$f(x + y\mathrm{i}) = f(x) + f(y)f(\mathrm{i}) = x \pm y\mathrm{i},$$

即映射 f 为恒等映射或共轭.

该定理表明共轭是唯一一个非平凡的、与四则运算交换的复变函数, 共轭的重要作用由此可见一斑.

复数也可以利用矩阵来构造. 设

$$\boldsymbol{E} = \begin{pmatrix} 1 & \\ & 1 \end{pmatrix}, \quad \boldsymbol{J} = \begin{pmatrix} & -1 \\ 1 & \end{pmatrix}.$$

那么集合

$$F = \left\{ \begin{pmatrix} x & -y \\ y & x \end{pmatrix} \,\middle|\, x, y \in \mathbb{R} \right\} = \{x\boldsymbol{E} + y\boldsymbol{J} \mid x, y \in \mathbb{R}\} \subseteq M_2(\mathbb{R})$$

上有零矩阵 $\boldsymbol{O}$、单位阵 $\boldsymbol{E}$、矩阵加法和矩阵乘法. 设

$$f : \mathbb{C} \longrightarrow F$$

$$x + y\mathrm{i} \longmapsto x\boldsymbol{E} + y\boldsymbol{J}.$$

由于 $\boldsymbol{J}^2 = \boldsymbol{E}$, 不难说明映射 f 是满足

$$f(z_1 + z_2) = f(z_1) + f(z_2), \qquad f(z_1 z_2) = f(z_1)f(z_2)$$

的一一对应. 从而集合 F 上也有域的结构, 且映射 f 是域同构. 这样就用矩阵构造了复数域.

可以看出 $f(\overline{z}) = f(z)^{\mathrm{T}} = f(z)^*$, 即复共轭对应 F 中矩阵的转置 (也是伴随), 而且矩阵 $f(z)$ 对应的线性变换将平面向量逆时针旋转 θ 并将模长放缩至 r 倍.

3. 四元数

用复数的乘法可以表示平面的旋转, 如何表示三维空间的旋转呢? 为此, 哈密顿发明了**四元数**:

$$\mathbb{H} = \{a_0 + a_1\mathrm{i} + a_2\mathrm{j} + a_3\mathrm{k} \mid a, b, c, d \in \mathbb{R}\},$$

其中两个四元数相等当且仅当对应的四个系数都相等. $\mathbb{H}$ 上可以自然定义加法, 而它的乘法由如下规律所决定:

$$\mathrm{i}^2 = \mathrm{j}^2 = \mathrm{k}^2 = -1, \quad \mathrm{ij} = -\mathrm{ji} = \mathrm{k}, \ \mathrm{jk} = -\mathrm{kj} = \mathrm{i}, \ \mathrm{ki} = -\mathrm{ik} = \mathrm{j}.$$

这些运算满足除乘法交换律之外的域的各种性质.

定义四元数的**共轭**如下:

$$\tau(a_0 + a_1\mathrm{i} + a_2\mathrm{j} + a_3\mathrm{k}) = a_0 - a_1\mathrm{i} - a_2\mathrm{j} - a_3\mathrm{k}.$$

不难发现 $\tau[\tau(A)] = A$,

$$A\tau(A) = a_0^2 + a_1^2 + a_2^2 + a_3^2 = \tau(A)A$$

是非负实数, 且 $A\tau(A) = 0 \iff A = 0$. 定义 A 的**模**为

$$|A| = \sqrt{A\tau(A)} = \sqrt{a_0^2 + a_1^2 + a_2^2 + a_3^2}.$$

对于任意非零四元数 A, 存在四元数 $B = \dfrac{\tau(A)}{|A|^2}$, 使得 $AB = BA = 1$.

和复数情形类似, 四元数也可以表达为矩阵形式:

$$f : \mathbb{H} \xrightarrow{\sim} M_2(\mathbb{C}),$$

$$a_0 + a_1\mathrm{i} + a_2\mathrm{j} + a_3\mathrm{k} \longmapsto \begin{pmatrix} a_0 + a_1\mathrm{i} & -a_2 - a_3\mathrm{i} \\ a_2 - a_3\mathrm{i} & a_0 - a_1\mathrm{i} \end{pmatrix}, \tag{1.7}$$

也就是将 $A = z + w\mathrm{j}$ 映射为 $\begin{pmatrix} z & -w \\ \overline{w} & \overline{z} \end{pmatrix}$, 其中 $z, w \in \mathbb{C}$.

当 $a_0 = 0$ 时, 四元数 $A = a_1\mathrm{i} + a_2\mathrm{j} + a_3\mathrm{k}$ 可以和一个三维向量 (a_1, a_2, a_3) 对应. 因此, 我们可以用四元数来表示三维向量, 并将四元数分为**标量部分**与**向量部分**之和 $A = a_0 + \boldsymbol{a}$. 对于三维向量 $\boldsymbol{a} = a_1\mathrm{i} + a_2\mathrm{j} + a_3\mathrm{k}, \boldsymbol{b} = b_1\mathrm{i} + b_2\mathrm{j} + b_3\mathrm{k}$, 定义数量积

$$\boldsymbol{a} \cdot \boldsymbol{b} = a_1 b_1 + a_2 b_2 + a_3 b_3$$

和向量积

$$\boldsymbol{a} \times \boldsymbol{b} = \begin{vmatrix} \mathrm{i} & \mathrm{j} & \mathrm{k} \\ a_1 & a_2 & a_3 \\ b_1 & b_2 & b_3 \end{vmatrix}.$$

> **定理 1.23**
>
> 四元数 $A = a_0 + \boldsymbol{a}$ 与 $B = b_0 + \boldsymbol{b}$ 的乘积为
>
> $$AB = (a_0 b_0 - \boldsymbol{a} \cdot \boldsymbol{b}) + (a_0 \boldsymbol{b} + b_0 \boldsymbol{a} + \boldsymbol{a} \times \boldsymbol{b}).$$

证明： 由 $AB = a_0 b_0 + a_0 \boldsymbol{b} + b_0 \boldsymbol{a} + \boldsymbol{a}\boldsymbol{b}$, 可知我们只需证明

$$\boldsymbol{a}\boldsymbol{b} = -\boldsymbol{a} \cdot \boldsymbol{b} + \boldsymbol{a} \times \boldsymbol{b},$$

而这是因为

$$
\begin{aligned}
\boldsymbol{a}\boldsymbol{b} &= a_1 b_1 \mathrm{i}^2 + a_2 b_2 \mathrm{j}^2 + a_3 b_3 \mathrm{k}^2 + (a_2 b_3 \mathrm{jk} + a_3 b_2 \mathrm{kj}) + \\
&\quad (a_3 b_1 \mathrm{ki} + a_1 b_3 \mathrm{ik}) + (a_1 b_2 \mathrm{ij} + a_2 b_1 \mathrm{ji}) \\
&= -(a_1 b_1 + a_2 b_2 + a_3 b_3) + (a_2 b_3 - a_3 b_2)\mathrm{i} + \\
&\quad (a_3 b_1 - a_1 b_3)\mathrm{j} + (a_1 b_2 - a_2 b_1)\mathrm{k} \\
&= -\boldsymbol{a} \cdot \boldsymbol{b} + \boldsymbol{a} \times \boldsymbol{b}.
\end{aligned}
$$

设 q 是模为 1 的四元数, 定义

$$\Phi_q(A) = q A q^{-1} = q A \tau(q). \tag{1.8}$$

显然 $\Phi_q(AB) = \Phi_q(A)\Phi_q(B)$ 且 $\Phi_q(a_0 + \boldsymbol{a}) = a_0 + \Phi_q(\boldsymbol{a})$. 由于

$$\Phi_q(\boldsymbol{a}\boldsymbol{b}) = \Phi_q(-\boldsymbol{a} \cdot \boldsymbol{b} + \boldsymbol{a} \times \boldsymbol{b}) = -\boldsymbol{a} \cdot \boldsymbol{b} + \Phi_q(\boldsymbol{a} \times \boldsymbol{b}),$$

$$\Phi_q(\boldsymbol{a})\Phi_q(\boldsymbol{b}) = -\Phi_q(\boldsymbol{a}) \cdot \Phi_q(\boldsymbol{b}) + \Phi_q(\boldsymbol{a}) \times \Phi_q(\boldsymbol{b}),$$

因此

$$\Phi_q(\boldsymbol{a}) \cdot \Phi_q(\boldsymbol{b}) = \boldsymbol{a} \cdot \boldsymbol{b}, \qquad \Phi_q(\boldsymbol{a}) \times \Phi_q(\boldsymbol{b}) = \Phi_q(\boldsymbol{a} \times \boldsymbol{b}),$$

$$\Phi_q(\boldsymbol{a}) \cdot \left[\Phi_q(\boldsymbol{b}) \times \Phi_q(\boldsymbol{c}) \right] = \Phi_q(\boldsymbol{a}) \cdot \Phi_q(\boldsymbol{b} \times \boldsymbol{c}) = \boldsymbol{a} \cdot (\boldsymbol{b} \times \boldsymbol{c}).$$

由于 Φ_q 保持了向量的内积, 因此, 它是 $\mathbb{R}^3$ 上的一个正交变换. 注意到 $\boldsymbol{a} \cdot (\boldsymbol{b} \times \boldsymbol{c})$ 是以 $\boldsymbol{a}, \boldsymbol{b}, \boldsymbol{c}$ 为三个行向量的三阶方阵的行列式, 而 Φ_q 不改变这个行列式, 从而它一定是 $\mathbb{R}^3$ 上的一个旋转变换. 可以计算得到 $q = w + x\mathrm{i} + y\mathrm{j} + z\mathrm{k}$ 对应的旋转矩阵

$$
\begin{pmatrix}
1 - 2y^2 - 2z^2 & 2xy - 2wz & 2xz + 2wy \\
2xy + 2wz & 1 - 2z^2 - 2x^2 & 2yz - 2wx \\
2xz - 2wy & 2yz + 2wx & 1 - 2x^2 - 2y^2
\end{pmatrix}.
$$

定理 1.24

若 $\boldsymbol{a}$ 是单位向量,

$$q = \cos\frac{\theta}{2} + \boldsymbol{a}\sin\frac{\theta}{2},$$

则 $\varPhi_q$ 是绕 $\boldsymbol{a}$ 逆时针旋转 θ 的变换.

证明： 显然 $|q| = 1$ 且 $q\boldsymbol{a} = \boldsymbol{a}q$, 因此 $\varPhi_q(\boldsymbol{a}) = \boldsymbol{a}$, $\varPhi_q$ 是绕 $\boldsymbol{a}$ 的旋转变换.

设单位向量 $\boldsymbol{v}$ 和 $\boldsymbol{a}$ 正交, 即 $\boldsymbol{v} \cdot \boldsymbol{a} = 0$. 设 $\boldsymbol{u} = \boldsymbol{a} \times \boldsymbol{v}$, 则 $\boldsymbol{a}, \boldsymbol{v}, \boldsymbol{u}$ 构成右手直角坐标系, 且

$$\boldsymbol{a}\boldsymbol{v} = \boldsymbol{a} \times \boldsymbol{v} = \boldsymbol{u} = -\boldsymbol{v} \times \boldsymbol{a} = -\boldsymbol{v}\boldsymbol{a}, \quad \boldsymbol{a}\boldsymbol{v}\boldsymbol{a} = \boldsymbol{u}\boldsymbol{a} = \boldsymbol{u} \times \boldsymbol{a} = \boldsymbol{v}.$$

因此

$$
\begin{aligned}
\varPhi_q(\boldsymbol{v}) &= \left(\cos\frac{\theta}{2} + \boldsymbol{a}\sin\frac{\theta}{2}\right)\boldsymbol{v}\left(\cos\frac{\theta}{2} - \boldsymbol{a}\sin\frac{\theta}{2}\right) \\
&= \boldsymbol{v}\cos^2\frac{\theta}{2} - \boldsymbol{a}\boldsymbol{v}\boldsymbol{a}\sin^2\frac{\theta}{2} + (\boldsymbol{a}\boldsymbol{v} - \boldsymbol{v}\boldsymbol{a})\sin\frac{\theta}{2}\cos\frac{\theta}{2} \\
&= \boldsymbol{v}\left(\cos^2\frac{\theta}{2} - \sin^2\frac{\theta}{2}\right) + (\boldsymbol{u} + \boldsymbol{u})\sin\frac{\theta}{2}\cos\frac{\theta}{2} \\
&= \boldsymbol{v}\cos\theta + \boldsymbol{u}\sin\theta.
\end{aligned}
$$

故 $\varPhi_q$ 是绕 $\boldsymbol{a}$ 逆时针旋转 θ 的变换.

由于 $\mathbb{R}^3$ 上的旋转变换都可以分解成绕坐标轴的旋转, 因此, 它们都可以用四元数来表示. 由于三维矩阵乘法需要计算 27 次实数乘法, 四元数的乘法只需要计算 16 次, 因此, 四元数乘法的计算复杂度比对应矩阵乘法的计算复杂度要低. 在计算机图形学中, 尤其是三维物体的旋转中, 四元数发挥着重要的作用.

❧ 本章小结 ❧

本章所需掌握的知识点:

1. 熟练掌握复数的四则运算.

2. 熟练掌握复数的三角形式与指数形式.

(1) 三角形式和指数形式的核心是计算复数的模和辐角. 模 $r = \sqrt{x^2 + y^2}$ 相对容易计算, 辐角一般是 $\arctan \dfrac{y}{x}$ 或 $\arctan \dfrac{y}{x} \pm \pi$, 具体根据象限来判断. 注意看清楚是求辐角还是主辐角.

(2) 得到三角形式与指数形式后, 复数的乘除、乘幂都很容易计算得到.

(3) 对于方根, 需要注意非零复数 z 的 n 次方根 $\sqrt[n]{z}$ 总有 n 个值.

(4) 知道辐角与复数运算有关的等式.

3. 会利用复数乘法的几何意义解决简单的平面几何问题.

(1) 夹角可转化为相邻两条线段对应的复数相除的辐角, 注意辐角可正可负.

(2) 长度可转化为复数模的关系.

(3) 逆时针或顺时针旋转 θ 对应乘 $e^{i\theta}$ 或 $e^{-i\theta}$.

4. 能熟练地将曲线的方程、参数方程和平面图形相互转化.

(1) 如果有较好的几何直观, 就可以利用几何直观直接写出对应 z 的方程.

(2) 如果是一般的 x, y 的方程形式, 就将 x, y 分别用 $z, \bar{z}$ 表示并化简; 反之亦然.

本章不易理解和易错的知识点:

(1) 误将 0 视为纯虚数. 具体的 0 不容易弄错, 但若是判断包含未知数的复数是不是纯虚数, 容易忘记实部和虚部不能都是零.

(2) 0 没有辐角, 关于 $\arg z$ 或 $\operatorname{Arg} z$ 的式子中 z 总是非零的.

(3) 辐角 $\operatorname{Arg} z$ 和辐角主值 $\arg z$ 的计算. 辐角是一个多值函数, 而辐角主值是我们人为选出来的一个单值分支, 为了方便选取 $(-\pi, \pi]$ 作为它的范围. 计算时, 需要根据复数所在的象限来确定主辐角是 $\arctan \dfrac{y}{x}$, 还是需要 $\pm \pi$. 容易算错第二和第四象限内

(3) 如果是参数方程 $x = x(t), y = y(t)$, 那么对应的就是 $z = x(t) + iy(t)$, 注意 t 的取值范围.

5. 了解连续曲线、简单曲线和闭路的概念.

6. 能熟练判断一个集合是否是区域, 是否有界, 是否是单连通.

(1) 将对应集合的草图画出来, 通过集合是否包含了它的边界来判断是区域还是闭区域.

(2) 对于常见的半平面、带状、角状、圆域、圆环域等, 应当能迅速判断它的特性.

(3) 如果集合可以被一条闭路围住, 那么它就是有界的.

(4) 单连通是指区域内任意一条闭路的内部都包含在该区域中. 一块区域挖去内部的一些点、线条或区域往往是多连通的, 但需要注意挖去的线条或区域连接到边界时, 未必是多连通的.

7. 熟知共轭复数的有关性质.

(1) 知道共轭和四则运算交换.

(2) 会 $z, \bar{z}$ 和 x, y 的相互转化.

(3) 会利用共轭复数判断实数和纯虚数.

8. 了解数列和函数的极限, 了解函数的连续性. 这些内容大多和单变量实函数情形类似, 但需要注意函数极限中 $z \to z_0$ 可以是以任意方式趋于 z_0.

9. 知道 ∞ 和复球面的含义.

复数的辐角.

(4) 辐角有关等式. 多值函数的等式含义应当理解为等式两边所能取到的值形成的集合是相同的. 若其中包含了多值函数的复合, 则每一层都要取遍所有可能的值. 容易判断错误的是: $\operatorname{Arg} z^n = n \operatorname{Arg} z$ 一般不成立; $\operatorname{Arg} \sqrt[n]{z} = \dfrac{1}{n} \operatorname{Arg} z$ 总成立.

(5) 单连通是为了刻画区域在连续变形下的一种不变的特性. 通常情形下, 一个开集挖去一些更小的开集、线段或点往往会变得不再单连通. 容易判断错误的是, 复平面挖去负实轴和零是单连通的.

❧ 本章作业 ❧

一、单选题.

1. 以下条件中( )**不是** z 是实数的充要条件.

   (A) $\operatorname{Im} z = 0$ (B) $\arg z = 0, \pi$

   (C) $z = \bar{z}$ (D) $z^2 = |z|^2$

2. 以下条件中( )是 z 是纯虚数的充要条件.

   (A) $\operatorname{Re} z = 0$ (B) $\arg z = \pm\dfrac{\pi}{2}$

   (C) $z = -\bar{z}$ (D) $z^2 = -|z|^2$

3. 以下函数中( )**不是**其定义域上的连续函数.

   (A) $\arg z$ (B) $|z|$

   (C) 多项式   (D) $\ln(z\bar{z})$

4. 若函数 $f(z)$ 在 0 处连续且 $f(0) = 0$, 函数 $g(z)$ 在 0 处连续, 则下述命题**未必成立**的是( ).

   (A) 函数 $f(z) + g(z)$ 在 0 处连续

   (B) 函数 $f(z)g(z)$ 在 0 处连续

   (C) 函数 $f[g(z)]$ 在 0 处连续

   (D) 函数 $g[f(z)]$ 在 0 处连续

5. 下述方程表示的是圆周的是( ).

   (A) $z\bar{z} - (2+\mathrm{i})z - (2-\mathrm{i})\bar{z} = 4$

   (B) $\operatorname{Re}\dfrac{1}{z} = \dfrac{1}{9}$

   (C) $\arg\dfrac{z-1}{z+1} = \dfrac{\pi}{3}$

   (D) $z = \mathrm{i} + 2\mathrm{e}^{\mathrm{i}\theta}, \theta \in (0, 2\pi)$

6. 下述命题**错误**的是( ).

   (A) $|z| = \operatorname{Re} z + 1$ 是抛物线

   (B) $|z+\mathrm{i}| = |z-\mathrm{i}|$ 是直线

   (C) $|z+\mathrm{i}| - |z-\mathrm{i}| = 1$ 是双曲线

   (D) $|z| + |z-2\mathrm{i}| = 2$ 是一条线段

7. ( )是多连通区域.

   (A) $-1 < \arg z < \pi - 1$

   (B) $\arg z < \dfrac{3\pi}{4}$

   (C) $1 < |z| < 2$

   (D) $0 < \operatorname{Re} z < 1$

8. 下述命题**错误**的是( ).

   (A) $z\bar{z} - (2+\mathrm{i})z - (2-\mathrm{i})\bar{z} \leqslant 4$ 是有界单连通闭区域

   (B) $\operatorname{Im} z \leqslant 0, \operatorname{Re} z \geqslant 0$ 是无界单连通闭区域

   (C) $|z-1| < |z+3|$ 是无界单连通区域

   (D) $\left|\dfrac{z+1}{z-1}\right| > 2$ 是无界单连通区域

二、填空题.

1. 若 x, y 是实数且 $\dfrac{x+1+\mathrm{i}(y-3)}{5+3\mathrm{i}} = 1+\mathrm{i}$, 则 $x + y = \underline{\quad}$.

2. 设 $z = -\mathrm{i}$, 则 $1 + z + z^2 + z^3 + z^4 = \underline{\quad}$.

3. 化简: $\dfrac{(1+\mathrm{i})^{101}}{(1-\mathrm{i})^{99}} = \underline{\quad}$.

4. 化简: $(-1+\mathrm{i})^{10} - (-1-\mathrm{i})^{10} = \underline{\quad}$.

5. $\left[\dfrac{(1+\mathrm{i})^2}{2}\right]^{21}$ 的模是 $\underline{\quad}$.

6. $\dfrac{3+\mathrm{i}}{\mathrm{i}} - \dfrac{10\mathrm{i}}{3-\mathrm{i}}$ 的模是 $\underline{\quad}$.

7. $-1-\mathrm{i}$ 的辐角是 $\underline{\quad}$.

8. $-1 + \sqrt{3}\mathrm{i}$ 的辐角主值是 $\underline{\quad}$.

9. $100 - \mathrm{i}$ 绕 0 逆时针旋转 $\dfrac{\pi}{2}$ 后得到的复数是 $\underline{\quad}$.

10. $-3 + 2\mathrm{i}$ 绕 0 顺时针旋转 $\dfrac{\pi}{2}$ 后得到的复数是 $\underline{\quad}$.

11. 区域 $0 < \arg z < \dfrac{\pi}{3}$ 在映射 $w = z^3$ 下的像是 $\underline{\qquad\qquad}$.

12. 若映射 $w = z^3$, 则 $z = \sqrt{3} + \mathrm{i}$ 在 w 平面上的像是 $\underline{\quad}$.

13. 极限 $\lim\limits_{z \to 1+\mathrm{i}} (1 + z^2 + 2z^4) = \underline{\quad}$.

14. 极限 $\lim\limits_{z \to \infty} \dfrac{2z^2 - 1 - \mathrm{i}}{z^2 + \mathrm{i}z + 1} = \underline{\quad}$.

三、解答题.

1. 求下列复数 z 的实部与虚部, 共轭复数, 模和辐角主值:

   (i) $\dfrac{4\mathrm{i}}{1-\mathrm{i}} + \dfrac{1}{\mathrm{i}}$;   (ii) $\dfrac{(3-2\mathrm{i})(4+5\mathrm{i})}{2\mathrm{i}}$;

(iii) $\left(\dfrac{3-2i}{2+i}\right)^2$;　　　　(iv) $(2+i)^3$;

(v) $i+i^7-2i^9$;

(vi) $-2i(3+i)(4+2i)(1-i)$.

2. 求下列复数 z 的三角形式和指数形式:

(i) $-i$;　　　　　　(ii) $3+\sqrt{3}i$;

(iii) $\dfrac{4i}{1-i}$;　　　　(iv) $\overline{\left(\dfrac{4-3i}{1-2i}\right)}$;

(v) $\left(e^{\frac{\pi i}{6}}\right)^{-11}$;　　　(vi) $\dfrac{(\cos\theta+i\sin\theta)^5}{(\sin\theta-i\cos\theta)^4}$.

3. 计算下列表达式:

(i) $(\sqrt{3}-i)^{-5}$;　　　(ii) $(-1+i)^{-7}$;

(iii) $\sqrt[4]{-2+2i}$;　　　(iv) $\sqrt[6]{-2}$;

(v) $(-4-4i)^{\frac{1}{5}}$;　　　(vi) $(1-i)^{\frac{1}{3}}$.

4. 利用共轭复数将 $(x_1^2+y_1^2)(x_2^2+y_2^2)$ 表达为两个多项式的平方和.

5. 设 $|a|<1$, 求证: $|z|=1$ 当且仅当 $|z-a|=|1-\bar{a}z|$.

6. 设 $z_1,z_2,\cdots,z_n$ 的模都小于 1, $\lambda_1,\lambda_2,\cdots,\lambda_n$ 是非负实数且 $\lambda_1+\lambda_2+\cdots+\lambda_n=1$, 求证:
$$|\lambda_1z_1+\lambda_2z_2+\cdots+\lambda_nz_n|<1.$$

7. 求证: 若复数 $a+bi$ 是实系数方程
$$f(z)=a_0z^n+a_1z^{n-1}+\cdots+a_{n-1}z+a_n=0$$
的根, 则 $a-bi$ 也是它的根.

8. 设 $z=e^{it}$, 求证:

(i) $z^n+\dfrac{1}{z^n}=2\cos nt$;

(ii) $z^n-\dfrac{1}{z^n}=2i\sin nt$.

9. $z_1=-z,z_2=\bar{z},z_3=-\bar{z}$ 在复平面上对应的点分别与 z 在复平面上对应的点是什么关系?

10. 已知点 z_1,z_2,z_3 不共线. 点 $\dfrac{1}{2}(z_1+z_2)$ 和 $\dfrac{1}{3}(z_1+z_2+z_3)$ 分别表示什么点?

11. 设正方形的两个顶点分别为复数 a,b, 求它的其他两个顶点的所有可能.

12. 用复参数方程表示连接 $-1+i$ 与 $1-4i$ 的直线段.

13. 用 $z,\bar{z}$ 的方程表示经过 $-1+i$ 与 $1-4i$ 的直线.

14. 设 $\dfrac{z_2-z_1}{z_3-z_1}=\dfrac{z_1-z_3}{z_2-z_3}$, 求证: $|z_1-z_2|=|z_2-z_3|=|z_3-z_1|$, 并说明这些等式的几何意义.

15. 求证: 若 $z_1+z_2+z_3=0$ 且 $|z_1|=|z_2|=|z_3|=1$, 则 z_1,z_2,z_3 构成一个正三角形, 且单位圆 (圆心为 0, 半径为 1 的圆) 是它的外接圆.

16. 求证: $|z_1+z_2|^2+|z_1-z_2|^2=2(|z_1|^2+|z_2|^2)$, 并说明其几何意义.

17. 下列数列 $\{z_n\}$ 是否收敛? 若收敛求出它们的极限.

(i) $z_n=\dfrac{1+ni}{1-ni}$;　　　(ii) $z_n=\left(1+\dfrac{i}{2}\right)^n$;

(iii) $z_n=(-1)^n+\dfrac{i}{n+1}$;

(iv) $z_n=\dfrac{(3+2i)^n}{(3+4i)^n}$;　　(v) $z_n=\dfrac{n^2+in}{n^2-in}$;

(vi) $z_n=\left[1+\dfrac{(-1)^n}{n}\right]e^{-\frac{n\pi i}{2}}$.

18. 求证: 函数 $f(z)=z\bar{z}^{-1}-\bar{z}z^{-1}$ 在 $z\to 0$ 时极限不存在.

19. 求证: 函数 $f(z)=\begin{cases}1, & y=x^2, \\ 0, & \text{其他情形}\end{cases}$ 在 z 沿着任意一条直线趋于 0 时极限都存在, 但 $z\to 0$ 时极限不存在.

20. (选做) 利用单位根计算下列表达式:

(i) $I=\sin\dfrac{\pi}{n}\sin\dfrac{2\pi}{n}\cdots\sin\dfrac{(n-1)\pi}{n}$;

(ii) $I=\tan^2\dfrac{\pi}{m}+\tan^2\dfrac{2\pi}{m}+\cdots+\tan^2\dfrac{n\pi}{m}$, 其中 $m=2n+1$ 是奇数.

21. (选做) 投掷一枚均匀的骰子 1 000 次, 求其点数之和为 5 的倍数的概率.

22. (选做) 利用单位根将下列多项式因式分解成有理系数多项式的积:

(i) $x^{10}+x^5+1$;　　　(ii) x^8-1.

23. (选做) 求证:

(i) $\mathbb{Q}(i)=\{x+yi\mid x,y,\in\mathbb{Q}\}$ 是一个域;

(ii) 若 F 是一个域且 $\mathbb{R}\subsetneqq F\subseteq\mathbb{C}$, 则 $F=\mathbb{C}$.

24. (选做) 求证: 对任意 $A,B\in\mathbb{H}$, 有

(i) $f(AB)=f(A)f(B)$, $f[\tau(A)]=\overline{f(A)}^{\mathrm{T}}$;

(ii) $\tau(AB)=\tau(B)\tau(A)$.

第 2 章　解析函数

本章中我们将学习复变函数的导数、可导的判定方法以及初等函数. 我们将仿照单变量实函数情形定义复变函数的导数和微分, 然后将其与实部和虚部这两个二元函数的可微性相对比得出判定可导的柯西-黎曼定理. 最后, 我们将介绍复变量的初等函数及其性质, 并将之与实变量的初等函数性质进行比较.

2.1　解析函数的概念

2.1.1　可导函数

由于 $\mathbb{C}$ 和 $\mathbb{R}$ 一样是域, 我们可以像单变量实函数一样去定义复变函数的导数和微分.

> **定义 2.1**
>
> 设函数 $w = f(z)$ 在 z_0 的邻域内有定义. 若极限
>
> $$\lim_{z \to z_0} \frac{f(z) - f(z_0)}{z - z_0} = \lim_{\Delta z \to 0} \frac{f(z_0 + \Delta z) - f(z_0)}{\Delta z}$$
>
> 存在, 则称函数 $f(z)$ 在 z_0 处可导. 这个极限值称为函数 $f(z)$ 在 z_0 处的导数, 记作 $f'(z_0)$. 若函数 $f(z)$ 在区域 D 内处处可导, 则称函数 $f(z)$ 在区域 D 内可导.

设函数 $f(z)$ 定义在区域 D 上. 由于区域 D 内的任意一点都存在一个邻域完全包含在区域 D 中, 因此, 可以在任意一点研究导数是否存在.

若要导数存在, 则无论 z 沿何种方式趋于 z_0, 上述比值的极限都要存在且全都相等. 因此, 尽管复变函数导数定义的形式和单变量实函数情形类似, 但其限制实际上要严格得多.

【例 2.1】 函数 $f(z) = x + 2y\mathrm{i}$ 在哪些点处可导?

解: 由定义, 可知

$$
\begin{aligned}
f'(z) &= \lim_{\Delta z \to 0} \frac{f(z + \Delta z) - f(z)}{\Delta z} \\
&= \lim_{\Delta z \to 0} \frac{(x + \Delta x) + 2(y + \Delta y)\mathrm{i} - (x + 2y\mathrm{i})}{\Delta z} \\
&= \lim_{\Delta z \to 0} \frac{\Delta x + 2\mathrm{i}\,\Delta y}{\Delta x + \mathrm{i}\,\Delta y}.
\end{aligned}
$$

当 $\Delta x = 0, \Delta y \to 0$ 时, 上式 $\to 2$; 当 $\Delta y = 0, \Delta x \to 0$ 时, 上式

→ 1. 因此, 该极限不存在, 函数 $f(z)$ 处处不可导.

→ 1.

可以看出, 即使函数 $f(z) = u + \mathrm{i}v$ 的实部和虚部在 (x_0, y_0) 都有偏导数, 甚至都可微, 也无法保证 $f(z)$ 在 $z_0 = x_0 + y_0\mathrm{i}$ 处可导. 我们还需要额外的条件来保证可导性, 具体条件我们会在下一节中讨论.

【例 2.2】 求函数 $f(z) = z^2$ 的导数.

解: 由定义可知

$$f'(z) = \lim_{\Delta z \to 0} \frac{f(z + \Delta z) - f(z)}{\Delta z} = \lim_{\Delta z \to 0} \frac{(z + \Delta z)^2 - z^2}{\Delta z}$$
$$= \lim_{\Delta z \to 0} (2z + \Delta z) = 2z.$$

事实上, 和单变量实函数情形类似, 复变函数也有如下求导法则.

定理 2.2

(1) $(c)' = 0$, 其中 c 为复常数;

(2) $(z^n)' = nz^{n-1}$, 其中 n 为整数;

(3) $(f \pm g)' = f' \pm g'$, $(cf)' = cf'$;

(4) 莱布尼茨法则: $(fg)' = f'g + fg'$, $\left(\dfrac{f}{g}\right)' = \dfrac{f'g - fg'}{g^2}$;

(5) 复合函数求导: $\left\{f[g(z)]\right\}' = f'[g(z)] \cdot g'(z)$;

(6) 反函数求导: $g'(z) = \dfrac{1}{f'(w)}, g = f^{-1}, w = g(z)$.

由上述求导法则, 不难知道:

定理 2.3

(1) 在 z_0 处可导的两个函数 $f(z), g(z)$ 之和、差、积、商 $(g(z_0) \neq 0)$ 仍然在 z_0 处可导.

(2) 若函数 $g(z)$ 在 z_0 处可导, 函数 $f(w)$ 在 $g(z_0)$ 处可导, 则函数 $f[g(z)]$ 在 z_0 处可导.

由此可知, 多项式函数处处可导, 有理函数在其定义域内处处可导, 且二者的导数形式和单变量实函数情形类似.

【例 2.3】 求函数 $f(z) = \dfrac{z^2 + 1}{z - 1}$ 的导数.

练习 2.1

函数 $f(z) = \bar{z} = x - y\mathrm{i}$ 在哪些点处可导?

解: 由于

$$f(z) = z + 1 + \frac{2}{z-1},$$

因此

$$f'(z) = 1 - \frac{2}{(z-1)^2}.$$

> **定理 2.4**
>
> 若函数 $f(z)$ 在 z_0 处可导,则 $f(z)$ 在 z_0 处连续.

即可导蕴含连续. 该定理的证明和单变量实函数情形完全相同.

证明: 设

$$\Delta w = f(z_0 + \Delta z) - f(z_0),$$

则

$$\lim_{\Delta z \to 0} \Delta w = \lim_{\Delta z \to 0} \frac{\Delta w}{\Delta z} \cdot \Delta z = \lim_{\Delta z \to 0} \frac{\Delta w}{\Delta z} \cdot \lim_{\Delta z \to 0} \Delta z = f'(z_0) \cdot 0 = 0.$$

从而函数 $f(z)$ 在 z_0 处连续.

2.1.2 可微函数

> **定义 2.5**
>
> 若存在常数 A,使得函数 $w = f(z)$ 满足
>
> $$\Delta w = f(z_0 + \Delta z) - f(z_0) = A \Delta z + o(\Delta z),$$
>
> 其中 $o(\Delta z)$ 表示 Δz 的高阶无穷小量,则称函数 $f(z)$ 在 z_0 处可微,称 $A \Delta z$ 为函数 $f(z)$ 在 z_0 的微分,记作 $\mathrm{d}w = A \Delta z$.

同导数一样,复变函数微分的定义也和单变量实函数情形类似,而且复变函数的可微和可导也是等价的. 我们有

$$\mathrm{d}w = f'(z_0) \Delta z, \qquad \mathrm{d}z = \Delta z.$$

故

$$\mathrm{d}w = f'(z_0) \, \mathrm{d}z, \qquad f'(z_0) = \frac{\mathrm{d}w}{\mathrm{d}z}.$$

微分 $\mathrm{d}w$ 是函数 $f(z)$ 在 z_0 处的线性近似.

2.1.3 解析函数

> **定义 2.6**
>
> (1) 若函数 $f(z)$ 在 z_0 的一个邻域内处处可导, 则称函数 $f(z)$ 在 z_0 处解析.
>
> (2) 若函数 $f(z)$ 在区域 D 内处处解析, 则称函数 $f(z)$ 在区域 D 内解析, 或称函数 $f(z)$ 是区域 D 内的一个解析函数.
>
> (3) 若函数 $f(z)$ 在 z_0 处不解析, 则称 z_0 为函数 $f(z)$ 的一个奇点.

解析函数也叫**全纯函数**或**正则函数**.

在一点解析蕴含在这点可导, 反之未必. 无定义、不连续、不可导、可导但不解析, 都会导致奇点的产生. 不过, 若 z_0 是函数 $f(z)$ 的定义域的外点, 即存在 z_0 的邻域与函数 $f(z)$ 的定义域的交集为空集, 这种情形不甚有趣, 因此, 我们不考虑这类奇点.

在区域 D 内解析和在区域 D 内可导是等价的. 这是因为任意 $z_0 \in D$ 均存在一个包含在区域 D 内的邻域. 由于一个点的邻域也是一个开集, 因此, 若函数 $f(z)$ 在 z_0 处解析, 则 $f(z)$ 在 z_0 的一个邻域内处处可导, 从而在该邻域内解析. 因此, 函数 $f(z)$ 的解析点全体是一个开集, 是可导点集合的内点构成的集合.

练习 2.2

函数 $f(z)$ 在点 z_0 的邻域内解析是函数 $f(z)$ 在该邻域处处可导的(   ).

(A) 充分条件

(B) 必要条件

(C) 充要条件

(D) 既非充分也非必要条件

【例 2.4】 研究函数 $f(z) = |z|^2$ 的解析性.

解: 注意到

$$\frac{f(z + \Delta z) - f(z)}{\Delta z} = \frac{(z + \Delta z)(\overline{z} + \overline{\Delta z}) - z\overline{z}}{\Delta z}$$
$$= \overline{z} + \overline{\Delta z} + z\frac{\Delta x - \mathrm{i}\,\Delta y}{\Delta x + \mathrm{i}\,\Delta y}.$$

(i) 若 $z = 0$, 则当 $\Delta z \to 0$ 时该极限为 $\overline{z} = 0$.

(ii) 若 $z \neq 0$, 则当 $\Delta y = 0, \Delta x \to 0$ 时该极限为 $\overline{z} + z$; 当 $\Delta x = 0, \Delta y \to 0$ 时该极限为 $\overline{z} - z$. 因此, 此时极限不存在.

故函数 $f(z)$ 仅在 $z = 0$ 处可导, 从而处处不解析.

由定理 2.3 不难证明:

(2) 证明如下: 设函数 $g(w)$ 在 $|z - z_0| < \eta$ 内处处可导, 函数 $f(w)$ 在 $|w - g(z_0)| < \varepsilon$ 内处处可导. 由于 $g(z)$ 在 z_0 处连续, 因此, 存在 $\delta, 0 < \delta < \eta$, 使得当 $|z - z_0| < \delta$ 时, $|g(z) - g(z_0)| < \varepsilon$, 从而函数 $f[g(z)]$ 在 z 处可导, 即在 z_0 处解析.

> **定理 2.7**
>
> (1) 在 z_0 处解析的两个函数 $f(z), g(z)$ 之和、差、积、商 $(g(z_0) \neq 0)$ 仍然在 z_0 处解析.
>
> (2) 若函数 $g(z)$ 在 z_0 处解析, 函数 $f(w)$ 在 $g(z_0)$ 处解析, 则函数 $f[g(z)]$ 在 z_0 处解析.

于是得到:

定理 2.8

(1) 在区域 D 内解析的两个函数 $f(z)$, $g(z)$ 之和、差、积、商仍然在区域 D (作商时需要去掉 $g(z)=0$ 的点) 内解析.

(2) 若函数 $g(z)$ 在区域 D 内解析且像均落在区域 D' 中, 函数 $f(w)$ 在区域 D' 内解析, 则函数 $f[g(z)]$ 在区域 D 内解析.

由此可知, 多项式函数处处解析. 有理函数在其定义域内处处解析, 分母的零点是它的奇点.

2.2 函数解析的充要条件

2.2.1 柯西-黎曼定理

在上一节中, 通过对一些简单函数的分析, 我们发现可导的函数往往可以直接表达为 z 的函数的形式, 而不解析的往往包含 $x, y, \overline{z}$ 等内容. 这种现象并不是偶然的. 我们来研究二元实变量函数的可微性与复变函数可导的关系. 为了简便我们用

$$u_x = \frac{\partial u}{\partial x}, \quad u_y = \frac{\partial u}{\partial y}, \quad v_x = \frac{\partial v}{\partial x}, \quad v_y = \frac{\partial v}{\partial y}$$

等记号来表示偏导数.

设函数 $f(z) = u + iv$ 在 $z = x + yi$ 处可导, $f'(z) = a + bi$,

$$\Delta z = \Delta x + i\,\Delta y, \qquad \rho = |\Delta z| = \sqrt{(\Delta x)^2 + (\Delta y)^2}.$$

对于充分小的 $\rho > 0$, 令

$$\Delta u = u(x + \Delta x, y + \Delta y) - u(x, y),$$

$$\Delta v = v(x + \Delta x, y + \Delta y) - v(x, y),$$

$$\Delta f = f(z + \Delta z) - f(z) = \Delta u + i\,\Delta v.$$

由于函数 f 在 z 处可微, 因此

$$\Delta f = \Delta u + i\,\Delta v = (a + bi)(\Delta x + i\,\Delta y) + o(\Delta z).$$

由于 Δz 的高阶无穷小量 $o(\Delta z) = o(\rho)$ 的实部和虚部也是 ρ 的高阶无穷小量, 比较等式两边的实部和虚部, 可知

$$\Delta u = a\,\Delta x - b\,\Delta y + o(\rho),$$

$$\Delta v = b\,\Delta x + a\,\Delta y + o(\rho),$$

因此, u,v 在 (x_0,y_0) 处可微且 $u_x = v_y = a, v_x = -u_y = b$.

反过来, 假设 u,v 在 (x_0,y_0) 处可微且 $u_x = v_y, v_x = -u_y$. 由可微的定义, 可知

$$\Delta u = u_x\,\Delta x + u_y\,\Delta y + o(\rho) = u_x\,\Delta x - v_x\,\Delta y + o(\rho),$$

$$\Delta v = v_x\,\Delta x + v_y\,\Delta y + o(\rho) = v_x\,\Delta x + u_x\,\Delta y + o(\rho),$$

$$\Delta f = \Delta u + \mathrm{i}\,\Delta v = (u_x + \mathrm{i}v_x)\,\Delta x + (-v_x + \mathrm{i}u_x)\,\Delta y + o(\rho)$$

$$= (u_x + \mathrm{i}v_x)\,\Delta(x + \mathrm{i}y) + o(\rho) = (u_x + \mathrm{i}v_x)\,\Delta z + o(\rho).$$

故函数 f 在 z 处可微, 从而可导, 且 $f'(z) = u_x + \mathrm{i}v_x = v_y - \mathrm{i}u_y$.

由此得到:

定理 2.9 (柯西-黎曼定理)

函数 $f(z) = u + \mathrm{i}v$ 在 $z = x + y\mathrm{i}$ 处可导当且仅当 u,v 在 (x,y) 处可微, 且满足柯西-黎曼方程:

$$u_x = v_y, \quad v_x = -u_y.$$

此时

$$f'(z) = u_x + \mathrm{i}v_x = v_y - \mathrm{i}u_y.$$

图 2.1 柯西 (Cauchy)

图 2.2 黎曼 (Riemann)

柯西-黎曼方程可简称为 **C-R 方程**. 图 2.1 和图 2.2 分别为柯西和黎曼的纪念邮票.

当函数 f 可导时其导数形式也可直接用以下方式看出. 由于极限

$$f'(z) = \lim_{\Delta z \to 0} \frac{\Delta f}{\Delta z} = \lim_{\Delta z \to 0} \frac{\Delta u + \mathrm{i}\,\Delta v}{\Delta z}$$

等于其沿着水平方向和竖直方向的极限

$$\lim_{\Delta x \to 0} \frac{\Delta u + \mathrm{i}\,\Delta v}{\Delta x} = u_x + \mathrm{i}v_x, \qquad \lim_{\Delta y \to 0} \frac{\Delta u + \mathrm{i}\,\Delta v}{\mathrm{i}\,\Delta y} = -\mathrm{i}u_y + v_y,$$

因此, $f'(z) = u_x + \mathrm{i}v_x = -\mathrm{i}u_y + v_y$.

下面我们来介绍柯西-黎曼方程的等价形式. 注意到

$$x = \frac{1}{2}z + \frac{1}{2}\overline{z}, \qquad y = -\frac{\mathrm{i}}{2}z + \frac{\mathrm{i}}{2}\overline{z}.$$

仿照着二元实函数偏导数在变量替换下的变换规则, 定义函数 f 对 z 和 $\overline{z}$ 的偏导数为

$$\frac{\partial f}{\partial z} = \frac{\partial x}{\partial z}\frac{\partial f}{\partial x} + \frac{\partial y}{\partial z}\frac{\partial f}{\partial y} = \frac{1}{2}\frac{\partial f}{\partial x} - \frac{\mathrm{i}}{2}\frac{\partial f}{\partial y},$$

$$\frac{\partial f}{\partial \overline{z}} = \frac{\partial x}{\partial \overline{z}}\frac{\partial f}{\partial x} + \frac{\partial y}{\partial \overline{z}}\frac{\partial f}{\partial y} = \frac{1}{2}\frac{\partial f}{\partial x} + \frac{\mathrm{i}}{2}\frac{\partial f}{\partial y}.$$

和前面的推导类似, 当函数 f 在 z 处可导时,

$$\Delta f = f'(z)\,\Delta z + o(\rho).$$

当 u, v 可微时,

$$\Delta f = \frac{\partial f}{\partial z}\,\Delta z + \frac{\partial f}{\partial \overline{z}}\,\Delta \overline{z} + o(\rho).$$

由于极限 $\lim\limits_{\Delta z \to 0} \dfrac{\Delta \overline{z}}{\Delta z}$ 不存在, 因此:

> **定理 2.10 (柯西-黎曼定理的等价形式)**
>
> 函数 $f(z) = u + iv$ 在 $z = x + y\mathrm{i}$ 处可导当且仅当 u, v 在 (x, y) 处可微, 且满足柯西-黎曼方程:
>
> $$\frac{\partial f}{\partial \overline{z}} = 0.$$
>
> 此时
>
> $$f'(z) = \frac{\partial f}{\partial z}.$$

从该定理便可解释, 为何含有 $x, y, \overline{z}$ 形式的函数往往不可导, 而可导的函数往往可以直接表达为 z 的形式.

由于二元函数的偏导数均连续蕴含可微, 因此, 我们有

> **定理 2.11**
>
> (1) 若 u_x, u_y, v_x, v_y 在 (x, y) 处连续, 且满足 C-R 方程, 则函数 $f(z) = u + iv$ 在 $z = x + y\mathrm{i}$ 处可导.
>
> (2) 若 u_x, u_y, v_x, v_y 在区域 D 内处处连续, 且满足 C-R 方程, 则函数 $f(z) = u + iv$ 在区域 D 内处处可导, 从而解析.

这些连续性要求也可以换成 $\dfrac{\partial f}{\partial z}, \dfrac{\partial f}{\partial \overline{z}}$ 的连续性. 尽管这些条件不是充要条件, 但在实际应用中, 很多情形下这些偏导数确实是连续的.

> **练习 2.3**
>
> 若函数 $f(z) = u + iv$ 在点 $z_0 = x_0 + y_0\mathrm{i}$ 可导, 则下列命题未必成立的是( ).
> (A) 函数 $f(z)$ 在点 z_0 连续
> (B) u, v 在 (x_0, y_0) 处偏导数均存在
> (C) u, v 在 (x_0, y_0) 处均可微
> (D) u, v 在 (x_0, y_0) 处均连续可微

2.2.2 柯西-黎曼定理的应用

在下面几个例子中, 我们将利用柯西-黎曼定理来研究函数的可导性和解析性.

【例 2.5】 研究函数

$$f(z) = \begin{cases} \dfrac{(x^3 - y^3) + \mathrm{i}(x^3 + y^3)}{x^2 + y^2}, & z \neq 0, \\ 0, & z = 0 \end{cases}$$

在 $z = 0$ 处的可导性.

解: 由题设, 知

$$u = \begin{cases} \dfrac{x^3 - y^3}{x^2 + y^2}, & z \neq 0, \\ 0, & z = 0, \end{cases} \qquad v = \begin{cases} \dfrac{x^3 + y^3}{x^2 + y^2}, & z \neq 0, \\ 0, & z = 0. \end{cases}$$

我们有

$$u_x(0,0) = \lim_{\Delta x \to 0} \frac{u(\Delta x, 0) - u(0,0)}{\Delta x} = \lim_{\Delta x \to 0} \frac{\Delta x - 0}{\Delta x} = 1.$$

类似可知

$$u_y(0,0) = -1, \quad v_x(0,0) = 1, \quad v_y(0,0) = 1.$$

于是 u, v 在 $(0,0)$ 处满足 C-R 方程.

当 $\Delta y = k \Delta x \neq 0$ 时,

$$\frac{u(\Delta x, \Delta y) - \Delta x + \Delta y}{\sqrt{(\Delta x)^2 + (\Delta y)^2}} = \frac{k(1-k)}{(k^2+1)^{3/2}}$$

与 k 有关, 因此, $\Delta z \to 0$ 时该极限不存在, u 在 $(0,0)$ 处不可微. 所以函数 $f(z)$ 在 $(0,0)$ 处不可导.

由此可知: 柯西-黎曼定理中的可微性和 C-R 方程缺一不可.

【例 2.6】 求下列函数的可导点和解析区域, 并求其在可导点处的导数:

(i) $f(z) = \bar{z};$ (ii) $f(z) = \bar{z}(2z + \bar{z});$

(iii) $f(z) = \mathrm{e}^{|z|^2};$ (iv) $f(z) = \mathrm{e}^x(\cos y + \mathrm{i} \sin y).$

解法一: (i) 由 $u = x, v = -y$, 可知

$$u_x = 1, \qquad u_y = 0,$$
$$v_x = 0, \qquad v_y = -1.$$

因为 $u_x = 1 \neq v_y = -1$, 所以该函数处处不可导, 处处不解析.

(ii) 由 $f(z) = 3x^2 + y^2 - 2xy\mathrm{i}, u = 3x^2 + y^2, v = -2xy$, 可知

$$u_x = 6x, \qquad u_y = 2y,$$
$$v_x = -2y, \qquad v_y = -2x$$

这些偏导数都是连续的. 由 $u_x = v_y, v_x = -u_y$, 可知只有 $x = \mathrm{Re}\, z = 0$ 时满足 C-R 方程. 因此, 该函数在虚轴上可导, 处处不解

析且

$$f'(y\mathrm{i}) = (u_x + \mathrm{i}v_x)\big|_{(0,0)} = -2y\mathrm{i}.$$

(iii) 由 $f(z) = \mathrm{e}^{x^2+y^2}, u = \mathrm{e}^{x^2+y^2}, v = 0$, 可知

$$u_x = 2x\mathrm{e}^{x^2+y^2}, \qquad u_y = 2y\mathrm{e}^{x^2+y^2},$$
$$v_x = 0, \qquad\qquad v_y = 0$$

这些偏导数都是连续的. 由 $u_x = v_y, v_x = -u_y$, 可知只有 $x = y = 0, z = 0$ 时满足 C-R 方程. 因此, 该函数只在 0 处可导, 处处不解析且

$$f'(0) = (u_x + \mathrm{i}v_x)\big|_{(0,0)} = 0.$$

(iv) 由 $u = \mathrm{e}^x \cos y, v = \mathrm{e}^x \sin y$, 可知

$$u_x = \mathrm{e}^x \cos y, \qquad u_y = -\mathrm{e}^x \sin y,$$
$$v_x = \mathrm{e}^x \sin y, \qquad v_y = \mathrm{e}^x \cos y$$

这些偏导数都是连续的, 且处处满足 C-R 方程. 因此, 该函数处处可导, 处处解析, 且

$$f'(z) = u_x + \mathrm{i}v_x = \mathrm{e}^x(\cos y + \mathrm{i}\sin y) = f(z).$$

解法二: (i) 由

$$\frac{\partial f}{\partial \bar{z}} = 1 \neq 0$$

可知该函数处处不可导, 处处不解析.

(ii) 由题设可知

$$\frac{\partial f}{\partial \bar{z}} = 2z + 2\bar{z} = 4x, \qquad \frac{\partial f}{\partial z} = 2\bar{z}$$

这些偏导数都是连续的. 由 $\dfrac{\partial f}{\partial \bar{z}} = 0$ 可知只有 $\mathrm{Re}\,z = x = 0$ 时满足 C-R 方程. 因此, 该函数在虚轴上可导, 处处不解析且

$$f'(y\mathrm{i}) = \frac{\partial f}{\partial z}\Big|_{z=y\mathrm{i}} = 2\bar{z}\big|_{z=y\mathrm{i}} = -2y\mathrm{i}.$$

(iii) 由 $f(z) = \mathrm{e}^{z\bar{z}}$ 可知

$$\frac{\partial f}{\partial \bar{z}} = z\mathrm{e}^{z\bar{z}}, \qquad \frac{\partial f}{\partial z} = \bar{z}\mathrm{e}^{z\bar{z}}$$

这些偏导数都是连续的. 由 $\dfrac{\partial f}{\partial \bar{z}} = 0$ 可知只有 $z = 0$ 时满足 C-R 方程. 因此, 该函数只在 0 处可导, 处处不解析且

$$f'(0) = \frac{\partial f}{\partial z} = \bar{z}\mathrm{e}^{z\bar{z}}\big|_{z=0} = 0.$$

(iv) 由题设可知

$$\frac{\partial f}{\partial z} = \frac{1}{2}\frac{\partial f}{\partial x} - \frac{i}{2}\frac{\partial f}{\partial y}$$
$$= \frac{1}{2}e^x(\cos y + i\sin y) - \frac{i}{2}e^x(-\sin y + i\cos y) = f(z),$$
$$\frac{\partial f}{\partial \bar{z}} = \frac{1}{2}\frac{\partial f}{\partial x} + \frac{i}{2}\frac{\partial f}{\partial y}$$
$$= \frac{1}{2}e^x(\cos y + i\sin y) + \frac{i}{2}e^x(-\sin y + i\cos y) = 0$$

这些偏导数都是连续的, 且处处满足 C-R 方程. 因此, 该函数处处可导, 处处解析, 且

$$f'(z) = \frac{\partial f}{\partial z} = f(z).$$

练习 2.4

函数( )在 $z = 0$ 处不可导.

(A) $2x + 3yi$

(B) $2x^2 + 3y^2i$

(C) $x^2 - xyi$

(D) $e^x \cos y + ie^x \sin y$

我们发现, (iv) 中的函数满足导数等于自身, 后面我们会看到它就是复变量的指数函数 e^z.

【例 2.7】 设函数 $f(z) = (x^2 + axy + by^2) + i(cx^2 + dxy + y^2)$ 在复平面内处处解析. 求实常数 a, b, c, d 以及 $f'(z)$.

解: 注意到

$$u_x = 2x + ay, \qquad u_y = ax + 2by,$$
$$v_x = 2cx + dy, \qquad v_y = dx + 2y.$$

由 C-R 方程可知

$$2x + ay = dx + 2y, \quad ax + 2by = -(2cx + dy).$$

因此, $a = d = 2, b = c = -1$, 且

$$f'(z) = u_x + iv_x = 2x + 2y + i(-2x + 2y) = (2 - 2i)z.$$

【例 2.8】 求证: 若函数 $f'(z)$ 在区域 D 内处处为零, 则函数 $f(z)$ 在区域 D 内是一常数.

证明: 由于

$$f'(z) = u_x + iv_x = v_y - iu_y = 0,$$

因此 $u_x = v_x = u_y = v_y = 0$, u, v 均为常数, 从而函数 $f(z) = u + iv$ 是常数.

可以类似证明, 若函数 $f(z)$ 在区域 D 内解析, 则下述任一条件均可推出 $f(z)$ 是一常数:

(i) $\arg f(z)$ 是一常数;   (ii) $|f(z)|$ 是一常数;

(iii) $\operatorname{Re} f(z)$ 是一常数;   (iv) $\operatorname{Im} f(z)$ 是一常数;

(v) $v = u^2$;   (vi) $u = v^2$.

【例 2.9】 求证: 若函数 $f(z)$ 解析且 $f'(z)$ 处处非零, 则曲线族 $u(x,y) = c_1$ 和曲线族 $v(x,y) = c_2$ 互相正交.

证明: 由于 $f'(z) = u_x - \mathrm{i} u_y$, 因此 u_x, u_y 不全为零. 对 $u(x,y) = c_1$ 使用隐函数求导法则, 得 $u_x \, \mathrm{d}x + u_y \, \mathrm{d}y = 0$, 从而 $\boldsymbol{u} = (u_y, -u_x)$ 是该曲线在 z 处的非零切向量.

同理 $\boldsymbol{v} = (v_y, -v_x)$ 是 $v(x,y) = c_2$ 在 z 处的非零切向量. 由于

$$\boldsymbol{u} \cdot \boldsymbol{v} = u_y v_y + u_x v_x = u_y u_x - u_x u_y = 0,$$

因此, 这两个切向量 $\boldsymbol{u}, \boldsymbol{v}$ 正交. 从而曲线正交.

当 $f'(z_0) \neq 0$ 时, 经过 z_0 的两条曲线 C_1, C_2 的夹角和它们的像 C_1', C_2' 在 $w_0 = f(z_0)$ 处的夹角总是相同的. 这种性质被称为保角性. 由 w 平面上直线族 $u = c_1, v = c_2$ 正交, 可知上述曲线族 $u(x,y) = c_1$ 和曲线族 $v(x,y) = c_2$ 正交. 特别地, 例 1.32 中的曲线族 $x^2 - y^2 = c_1, 2xy = c_2$ 正交. 解析函数的这种性质我们会在第 6 章详细讨论.

2.3 初等函数

我们将实变量的初等函数推广到复变函数. 多项式函数和有理函数的解析性质已经介绍过, 这里不再重复.

2.3.1 指数函数

复指数函数有多种等价的定义方式:

(1) 欧拉恒等式: $\exp z = \mathrm{e}^x (\cos y + \mathrm{i} \sin y)$;

(2) 极限定义: $\exp z = \lim\limits_{n \to \infty} \left(1 + \dfrac{z}{n}\right)^n$;

(3) 级数定义: $\exp z = 1 + z + \dfrac{z^2}{2!} + \dfrac{z^3}{3!} + \cdots = \lim\limits_{n \to \infty} \sum\limits_{k=0}^{n} \dfrac{z^k}{k!}$;

(4) 解析延拓: $\exp z$ 是唯一一个处处解析函数, 使得当 $z = x \in \mathbb{R}$ 时, $\exp z = \mathrm{e}^x$.

欧拉也是从实指数函数的极限定义

$$\mathrm{e}^x = \lim_{n \to \infty} \left(1 + \frac{x}{n}\right)^n$$

得到复指数函数的极限定义, 并证明了欧拉恒等式. 参考 [文献 6, 第 19 章 2,3 节].

这几种定义方式都是等价的, 其中 (1) 和 (3) 的等价性在复变函数的级数理论中可以自然得到, 见例 4.11; (1) 和 (4) 的等价性则可由定理 4.30 推出.

现在我们来证明 (1) 和 (2) 是等价的.

该极限是高等数学中的 1^∞ 型不定式. 这种不定式可化为

$$\lim u^v = \mathrm{e}^{\lim (u-1)v}.$$

$$
\lim_{n\to\infty}\left|1+\frac{z}{n}\right|^n = \lim_{n\to\infty}\left(1+\frac{2x}{n}+\frac{x^2+y^2}{n^2}\right)^{\frac{n}{2}}
$$
$$
= \exp\left[\lim_{n\to\infty}\frac{n}{2}\left(\frac{2x}{n}+\frac{x^2+y^2}{n^2}\right)\right] = \mathrm{e}^x.
$$

不妨设 $n > |z|$, 这样 $1+\dfrac{z}{n}$ 落在右半平面. 于是

$$
\lim_{n\to\infty} n\arg\left(1+\frac{z}{n}\right) = \lim_{n\to\infty} n\arctan\frac{y}{n+x} = \lim_{n\to\infty}\frac{ny}{n+x} = y.
$$

故

$$
\lim_{n\to\infty}\left(1+\frac{z}{n}\right)^n = \mathrm{e}^x(\cos y + \mathrm{i}\sin y).
$$

定义 2.12

定义**指数函数**如下:

$$\exp z := \mathrm{e}^x(\cos y + \mathrm{i}\sin y).$$

注意这里并不表示 "e 的 z 次方", 仅作为指数函数的一种简便形式, 幂的含义见 2.3.3 小节.

为了方便, 我们也记 $\mathrm{e}^z = \exp z$. 指数函数如图 2.3 所示.

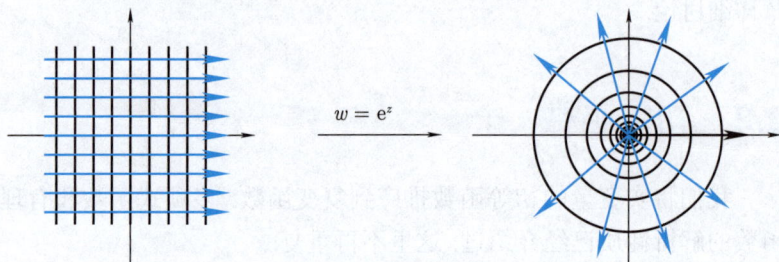

图 2.3 指数函数

指数函数有如下性质:

(1) e^z 处处解析, 且 $(\mathrm{e}^z)' = \mathrm{e}^z$. 这由柯西-黎曼定理可得到.

(2) $\mathrm{e}^z \neq 0$. 这是因为 $|\mathrm{e}^z| = \mathrm{e}^x > 0$.

(3) $\mathrm{e}^{z_1+z_2} = \mathrm{e}^{z_1} \cdot \mathrm{e}^{z_2}$.

(4) $\mathrm{e}^{z_1} = \mathrm{e}^{z_2}$ 当且仅当 $z_1 = z_2 + 2k\pi\mathrm{i}, k \in \mathbb{Z}$. 于是 e^z 是周期函数, 周期为 $2\pi\mathrm{i}$.

(5) $w = \mathrm{e}^z$ 将直线族 $\operatorname{Re} z = c$ 映成圆周族 $|w| = \mathrm{e}^c$, 将直线族 $\operatorname{Im} z = c$ 映成射线族 $\operatorname{Arg} w = c$.

由于 $|\mathrm{e}^{x+\mathrm{i}y}| = \mathrm{e}^x$, 因此 $\lim\limits_{x\to-\infty}\mathrm{e}^{x+\mathrm{i}y} = 0$, $\lim\limits_{x\to+\infty}\mathrm{e}^{x+\mathrm{i}y} = \infty$. 但注意 $\lim\limits_{z\to\infty}\mathrm{e}^z$ 不存在.

【**例 2.10**】 计算函数 $f(z) = \mathrm{e}^{3z}$ 的周期.

解: 设

$$f(z_1) = \mathrm{e}^{3z_1} = f(z_2) = \mathrm{e}^{3z_2},$$

则存在整数 k, 使得

$$3z_1 = 3z_2 + 2k\pi\mathrm{i}.$$

从而 $z_1 - z_2 = \dfrac{2k\pi\mathrm{i}}{3}$. 所以函数 $f(z)$ 的周期是 $\dfrac{2\pi\mathrm{i}}{3}$.

由于复数无法比较大小, 因此, 指数函数往往没有最小正周期. 一般地, 对于非零复数 a, 函数 e^{az+b} 的周期中模最小的为 $\pm\dfrac{2\pi\mathrm{i}}{a}$.

2.3.2 对数函数

对数函数 $\mathrm{Ln}\, z$ 定义为指数函数 e^z 的反函数. 设 $z = r\mathrm{e}^{\theta\mathrm{i}}$ 为非零复数,

$$\mathrm{e}^w = z = r\mathrm{e}^{\theta\mathrm{i}} = \mathrm{e}^{\ln r + \theta\mathrm{i}},$$

则

$$w = \ln r + \theta\mathrm{i} + 2k\pi\mathrm{i}, \quad k \in \mathbb{Z}.$$

定义 2.13

(1) 定义对数函数如下:

$$\mathrm{Ln}\, z = \ln|z| + \mathrm{i}\,\mathrm{Arg}\, z.$$

它是一个多值函数.

(2) 定义对数函数主值如下:

$$\ln z = \ln|z| + \mathrm{i}\,\mathrm{arg}\, z.$$

如同辐角和辐角主值, 我们用大写的 $\mathrm{Ln}\, z$ 表示多值的对数函数, 而用 $\ln z$ 表示它的一个单值分支.

对于每一个整数 k, $\ln z + 2k\pi\mathrm{i}$ 都给出了 $\mathrm{Ln}\, z$ 的一个单值分支. 特别地, 当 $z = x > 0$ 是正实数时, $\ln z$ 就是实变量的对数函数.

【**例 2.11**】 计算下述对数以及它们的主值:

(i) $\mathrm{Ln}\, 2$;   (ii) $\mathrm{Ln}(-1)$;

(iii) $\mathrm{Ln}(-2+3\mathrm{i})$;   (iv) $\mathrm{Ln}(3-\sqrt{3}\mathrm{i})$.

解: (i) 由定义可知

$$\mathrm{Ln}\,2 = \ln 2 + 2k\pi\mathrm{i}, \quad k \in \mathbb{Z},$$

主值为 $\ln 2$.

(ii) 由定义可知

$$\mathrm{Ln}(-1) = \ln 1 + \mathrm{i}\,\mathrm{Arg}(-1) = (2k+1)\pi\mathrm{i}, \quad k \in \mathbb{Z},$$

主值为 $\ln(-1) = \pi\mathrm{i}$.

(iii) 由定义可知

$$\mathrm{Ln}(-2+3\mathrm{i}) = \ln|-2+3\mathrm{i}| + \mathrm{i}\,\mathrm{Arg}(-2+3\mathrm{i})$$
$$= \frac{1}{2}\ln 13 + \left(-\arctan\frac{3}{2} + \pi + 2k\pi\right)\mathrm{i}, \quad k \in \mathbb{Z},$$

主值为 $\ln(-2+3\mathrm{i}) = \frac{1}{2}\ln 13 + \left(-\arctan\frac{3}{2} + \pi\right)\mathrm{i}$.

(iv) 由定义可知

$$\mathrm{Ln}(3-\sqrt{3}\mathrm{i}) = \ln|3+\sqrt{3}\mathrm{i}| + \mathrm{i}\,\mathrm{Arg}(3-\sqrt{3}\mathrm{i})$$
$$= \ln 2\sqrt{3} + \left(-\frac{\pi}{6} + 2k\pi\right)\mathrm{i}$$
$$= \ln 2\sqrt{3} + \left(2k - \frac{1}{6}\right)\pi\mathrm{i}, \quad k \in \mathbb{Z},$$

主值为 $\ln(3-\sqrt{3}\mathrm{i}) = \ln 2\sqrt{3} - \frac{1}{6}\pi\mathrm{i}$.

【例 2.12】 解方程 $\mathrm{e}^z - 1 - \sqrt{3}\mathrm{i} = 0$.

解: 由于 $1+\sqrt{3}\mathrm{i} = 2\mathrm{e}^{\frac{\pi\mathrm{i}}{3}}$, 因此

$$z = \mathrm{Ln}(1+\sqrt{3}\mathrm{i}) = \ln 2 + \left(2k + \frac{1}{3}\right)\pi\mathrm{i}, \quad k \in \mathbb{Z}.$$

> **练习 2.5**
> 计算 $\ln(-1-\sqrt{3}\mathrm{i})$.

对数函数与其主值的关系是

$$\mathrm{Ln}\,z = \ln z + \mathrm{Ln}\,1 = \ln z + 2k\pi\mathrm{i}, \quad k \in \mathbb{Z}.$$

由辐角主值的相应等式 (1.3) 和 (1.4), 我们有

$$\mathrm{Ln}(z_1 z_2) = \mathrm{Ln}\,z_1 + \mathrm{Ln}\,z_2, \quad \mathrm{Ln}\,\frac{z_1}{z_2} = \mathrm{Ln}\,z_1 - \mathrm{Ln}\,z_2,$$

$$\mathrm{Ln}\,\sqrt[n]{z} = \frac{1}{n}\mathrm{Ln}\,z.$$

和辐角一样, 当 $|n| \geqslant 2$ 时, $\operatorname{Ln} z^n = n \operatorname{Ln} z$ 不成立. 以上等式换成 $\ln z$ 均未必成立.

设 x 是正实数, 则 $\lim\limits_{y \to 0^-} \arg(-x + y\mathrm{i}) = -\pi$. 从而

$$\ln(-x) = \ln x + \pi\mathrm{i}, \quad \lim_{y \to 0^-} \ln(-x + y\mathrm{i}) = \ln x - \pi\mathrm{i}.$$

因此, $\ln z$ 在负实轴和零处不连续. 而在其他地方, $-\pi < \arg z < \pi$, 因此, $\ln z$ 是 e^z 在区域 $-\pi < \operatorname{Im} z < \pi$ 上的单值反函数, 从而由反函数求导运算法则, 可知 $(\ln z)' = \dfrac{1}{z}$, $\ln z$ 在除负实轴和零之外的区域解析.

也可以通过 C-R 方程来得到 $\ln z$ 的解析性和导数. 当 $x > 0$ 时,

$$\ln z = \frac{1}{2}\ln(x^2 + y^2) + \mathrm{i}\arctan\frac{y}{x},$$

$$u_x = v_y = \frac{x}{x^2 + y^2}, \qquad v_x = -u_y = -\frac{y}{x^2 + y^2},$$

$$(\ln z)' = u_x + \mathrm{i}v_x = \frac{x - y\mathrm{i}}{x^2 + y^2} = \frac{1}{z}.$$

其他情形可取虚部为 $\operatorname{arccot}\dfrac{x}{y}$ 或 $\operatorname{arccot}\dfrac{x}{y} - \pi$ 类似证明.

2.3.3 幂函数

定义 2.14

(1) 设 $a \neq 0$, $z \neq 0$, 定义幂函数如下:

$$w = z^a = \mathrm{e}^{a \operatorname{Ln} z} = \exp(a\ln|z| + \mathrm{i}a\operatorname{Arg} z).$$

(2) 幂函数的主值为

$$w = \mathrm{e}^{a\ln z} = \exp(a\ln|z| + \mathrm{i}a\arg z).$$

由定义可知

$$z^a = \exp(a\ln|z| + \mathrm{i}a\arg z + 2ak\pi\mathrm{i}) = \mathrm{e}^{a\ln z} \cdot \mathrm{e}^{2ak\pi\mathrm{i}}, \quad k \subset \mathbb{Z}.$$

根据 a 的不同, 这个函数有着不同的性质.

当 a 为整数时, 因为 $\mathrm{e}^{2ak\pi\mathrm{i}} = 1$, 所以 $w = z^a$ 是单值的. 此时 z^a 就是我们之前定义的乘幂. 当 a 是正整数时, z^a 在复平面内解析; 当 a 是负整数时, z^a 在 $\mathbb{C} - \{0\}$ 内解析.

尽管在幂函数定义中 $z \neq 0$, 但当 a 是正实数时, 我们约定 $0^a = 0$.

当 $a = \dfrac{p}{q}$ 为分数, p, q 为互质的整数且 $q > 1$ 时,

$$z^{\frac{p}{q}} = |z|^{\frac{p}{q}} \exp\left(\frac{\mathrm{i}p(\arg z + 2k\pi)}{q} \right), \quad k = 0, 1, \cdots, q-1$$

具有 q 个值. 去掉负实轴和零之后, 它的主值 $w = \mathrm{e}^{a \ln z}$ 是处处解析的. 事实上, 它就是 $\sqrt[q]{z^p} = (\sqrt[q]{z})^p$. 如图 2.4 所示.

对于无理数或虚数 a, z^a 具有无穷多个值. 因为此时当 $k \neq 0$ 时, $2k\pi a\mathrm{i}$ 不可能是 $2\pi\mathrm{i}$ 的整数倍, 从而不同的 k 得到的是不同的值. 去掉负实轴和零之后, 它的主值 $w = \mathrm{e}^{a \ln z}$ 也是处处解析的.

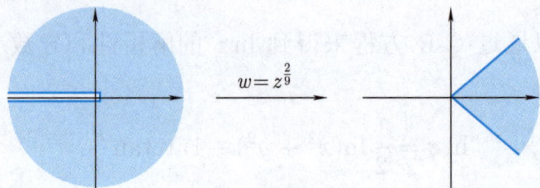

图 2.4 幂函数

表 2.1 幂函数的分类

a	z^a 的值	z^a 的解析区域
整数 n	单值	$n \geqslant 0$ 时处处解析 $n < 0$ 时除零点之外解析
分数 p/q	q 值	除负实轴和零点之外解析
无理数或虚数	无穷多值	除负实轴和零点之外解析

【例 2.13】 求 $1^{\sqrt{2}}$ 和 i^{i}.

解: 由幂函数的定义, 可知

$$1^{\sqrt{2}} = \mathrm{e}^{\sqrt{2}\,\mathrm{Ln}\,1} = \mathrm{e}^{\sqrt{2}\cdot 2k\pi\mathrm{i}} = \cos(2\sqrt{2}k\pi) + \mathrm{i}\sin(2\sqrt{2}k\pi), \quad k \in \mathbb{Z}.$$

$$\mathrm{i}^{\mathrm{i}} = \mathrm{e}^{\mathrm{i}\,\mathrm{Ln}\,\mathrm{i}} = \exp\left[\mathrm{i} \cdot \left(2k + \frac{1}{2}\right)\pi\mathrm{i} \right] = \exp\left(-2k\pi - \frac{1}{2}\pi\right), \quad k \in \mathbb{Z}.$$

> **练习 2.6**
> 求 3^{i} 的辐角主值.

幂函数与其主值有如下关系:

$$z^a = \mathrm{e}^{a \ln z} \cdot 1^a = \mathrm{e}^{a \ln z} \cdot \mathrm{e}^{2ak\pi\mathrm{i}}, \quad k \in \mathbb{Z}.$$

对于幂函数的主值,

$$(z^a)' = (\mathrm{e}^{a \ln z})' = \frac{a\mathrm{e}^{a \ln z}}{z} = az^{a-1}.$$

一般情形下, $z^a \cdot z^b = z^{a+b}$ 和 $(z^a)^b = z^{ab}$ 往往是不成立的.

最后, 注意 e^a 作为指数函数 $f(z) = \mathrm{e}^z$ 在 a 处的值和作为幂函数 $g(z) = z^a$ 在 e 处的值是不同的. 后者在 $a \notin \mathbb{Z}$ 时总是多值的, 前者实际上是后者的主值. 为避免混淆, 以后我们总默认 e^a 表示指数函数 $\exp a$.

$z^a \cdot z^b = z^{a+b}$ 成立当且仅当存在整数 m, n 使得 $(a+b)m + n = a$. 特别地, 当 a 或 b 是整数时该式成立.

$(z^a)^b = z^{ab}$ 成立当且仅当存在整数 m, n 使得 $abm + n = b$. 特别地, 当 $\dfrac{1}{a}$ 或 b 是整数时该式成立.

2.3.4 三角函数和相关函数

1. 三角函数

我们知道

$$\cos x = \frac{\mathrm{e}^{\mathrm{i}x} + \mathrm{e}^{-\mathrm{i}x}}{2}, \quad \sin x = \frac{\mathrm{e}^{\mathrm{i}x} - \mathrm{e}^{-\mathrm{i}x}}{2\mathrm{i}}$$

对任意实数 x 成立, 我们将其推广到复数情形.

> **定义 2.15**
>
> 定义余弦函数和正弦函数如下:
> $$\cos z = \frac{\mathrm{e}^{\mathrm{i}z} + \mathrm{e}^{-\mathrm{i}z}}{2}, \quad \sin z = \frac{\mathrm{e}^{\mathrm{i}z} - \mathrm{e}^{-\mathrm{i}z}}{2\mathrm{i}}.$$

于是欧拉恒等式 $\mathrm{e}^{\mathrm{i}z} = \cos z + \mathrm{i}\sin z$ 对任意复数 z 均成立. 由定义可知

$$\cos(\mathrm{i}y) = \frac{\mathrm{e}^y + \mathrm{e}^{-y}}{2}, \quad \sin(\mathrm{i}y) = \mathrm{i}\frac{\mathrm{e}^y - \mathrm{e}^{-y}}{2}.$$

当 $y \to \infty$ 时, $\cos(\mathrm{i}y)$ 和 $\sin(\mathrm{i}y)$ 都 $\to \infty$. 因此, $\sin z$ 和 $\cos z$ 并不有界. 这和实变量情形不同.

容易看出 $\cos z$ 和 $\sin z$ 的零点都是实数. 于是可类似定义其他三角函数

- 正切函数 $\tan z = \dfrac{\sin z}{\cos z},\ z \neq \left(k + \dfrac{1}{2}\right)\pi$;

- 余切函数 $\cot z = \dfrac{\cos z}{\sin z},\ z \neq k\pi$;

- 正割函数 $\sec z = \dfrac{1}{\cos z},\ z \neq \left(k + \dfrac{1}{2}\right)\pi$;

- 余割函数 $\csc z = \dfrac{1}{\sin z},\ z \neq k\pi$,

其中 k 是整数.

由指数函数的性质不难知道, 这些三角函数的奇偶性、周期性和导数与实变量情形类似:

$$(\cos z)' = -\sin z, \quad (\sin z)' = \cos z,$$

且在定义域范围内是处处解析的.

【例 2.14】 求证: $\cos^2 z + \sin^2 z = 1$.

证明: 由

$$\cos^2 z + \sin^2 z = \left(\frac{\mathrm{e}^{\mathrm{i}z} + \mathrm{e}^{-\mathrm{i}z}}{2}\right)^2 + \left(\frac{\mathrm{e}^{\mathrm{i}z} - \mathrm{e}^{-\mathrm{i}z}}{2\mathrm{i}}\right)^2$$

$$= \frac{\mathrm{e}^{2\mathrm{i}z} + 2 + \mathrm{e}^{-2\mathrm{i}z}}{4} - \frac{\mathrm{e}^{2\mathrm{i}z} - 2 + \mathrm{e}^{-2\mathrm{i}z}}{4} = 1$$

可得.

事实上, 三角函数的各种恒等式, 如和差化积公式、积化和差公式、倍角公式、半角公式、万能公式等在复数情形均成立, 例如:

可以利用定理 4.30 说明这些等式为何在复数情形也是成立的.

- $\cos(z_1 \pm z_2) = \cos z_1 \cos z_2 \mp \sin z_1 \sin z_2$;
- $\sin(z_1 \pm z_2) = \sin z_1 \cos z_2 \pm \cos z_1 \sin z_2$;
- $\sin 2z = \dfrac{2t}{1+t^2}$, $\cos 2z = \dfrac{1-t^2}{1+t^2}$, $\tan 2z = \dfrac{2t}{1-t^2}$, 其中 $t = \tan z$.

2.　双曲函数

类似地, 我们可以定义双曲函数:

双曲函数也可分别记作 $\cosh z$, $\sinh z$, $\tanh z$.

- **双曲正弦函数** $\operatorname{ch} z = \dfrac{\mathrm{e}^z + \mathrm{e}^{-z}}{2} = \cos \mathrm{i}z$;

- **双曲余弦函数** $\operatorname{sh} z = \dfrac{\mathrm{e}^z - \mathrm{e}^{-z}}{2} = -\mathrm{i}\sin \mathrm{i}z$;

- **双曲正切函数** $\operatorname{th} z = \dfrac{\mathrm{e}^z - \mathrm{e}^{-z}}{\mathrm{e}^z + \mathrm{e}^{-z}} = -\mathrm{i}\tan \mathrm{i}z$, $z \neq \left(k + \dfrac{1}{2}\right)\pi\mathrm{i}$,

其中 k 是整数.

它们的奇偶性和导数与实变量情形类似, 在定义域范围内是处处解析的. $\operatorname{ch} z$, $\operatorname{sh} z$ 的周期是 $2\pi\mathrm{i}$, $\operatorname{th} z$ 的周期是 $\pi\mathrm{i}$.

由它们与三角函数的关系可以解释为何双曲函数有诸多和三角函数类似的恒等式, 例如:

- $\operatorname{ch}(z_1 \pm z_2) = \operatorname{ch} z_1 \operatorname{ch} z_2 \pm \operatorname{sh} z_1 \operatorname{sh} z_2$;
- $\operatorname{sh}(z_1 \pm z_2) = \operatorname{sh} z_1 \operatorname{ch} z_2 \pm \operatorname{ch} z_1 \operatorname{sh} z_2$;
- $\operatorname{sh} 2z = \dfrac{2t}{1-t^2}$, $\operatorname{ch} 2z = \dfrac{1+t^2}{1-t^2}$, $\operatorname{th} 2z = \dfrac{2t}{1+t^2}$, 其中 $t = \operatorname{th} z$.

3. 反三角函数和反双曲函数

设

$$z = \cos w = \frac{e^{iw} + e^{-iw}}{2},$$

则

$$e^{2iw} - 2ze^{iw} + 1 = 0, \quad e^{iw} = z + \sqrt{z^2 - 1}.$$

因此, 反余弦函数为

$$w = \text{Arccos}\, z = -i\,\text{Ln}(z + \sqrt{z^2 - 1}).$$

显然它是多值的. 同理, 我们有:

注意根号和 Ln 是双值函数.

- 反正弦函数 $\text{Arcsin}\, z = -i\,\text{Ln}(iz + \sqrt{1 - z^2})$;

- 反正切函数 $\text{Arctan}\, z = -\dfrac{i}{2}\,\text{Ln}\dfrac{1 + iz}{1 - iz},\ z \neq \pm i$;

- 反双曲余弦函数 $\text{Arch}\, z = \text{Ln}(z + \sqrt{z^2 - 1})$;

- 反双曲正弦函数 $\text{Arsh}\, z = \text{Ln}(z + \sqrt{z^2 + 1})$;

- 反双曲正切函数 $\text{Arth}\, z = \dfrac{1}{2}\,\text{Ln}\dfrac{1 + z}{1 - z},\ z \neq \pm 1$.

【例 2.15】 解方程 $\sin z = 2$.

解: 由于

$$\sin z = \frac{e^{iz} - e^{-iz}}{2i} = 2,$$

我们有

$$e^{2iz} - 4ie^{iz} - 1 = 0.$$

于是 $e^{iz} = (2 \pm \sqrt{3})i$,

$$z = -i\,\text{Ln}\big[(2 \pm \sqrt{3})i\big] = \left(2k + \frac{1}{2}\right)\pi \pm i\ln(2 + \sqrt{3}), \quad k \in \mathbb{Z}.$$

也可由

$$\cos z = \sqrt{1 - \sin^2 z} = \pm\sqrt{3}i.$$

得到 $e^{iz} = \cos z + i\sin z = (2 \pm \sqrt{3})i$.

不难知道 $\cos z_1 = \cos z_2 \iff z_2 = 2k\pi \pm z_1$. 因此, 存在 θ, 使得

$$\text{Arccos}\, z = 2k\pi \pm \theta, \quad k \in \mathbb{Z}.$$

同理, 反正弦函数和反正切函数总可表达为如下形式:

$$\text{Arcsin}\, z = \left(2k + \frac{1}{2}\right)\pi \pm \theta, \quad k \in \mathbb{Z};$$

$$\text{Arctan}\, z = k\pi + \theta, \quad k \in \mathbb{Z}.$$

2.3.5　在有理函数中的应用

称分子次数小于分母次数的有理函数为**真分式**. 任何一个有理函数 $f(z)$ 都可以通过带余除法分解为一个多项式 $g(z)$ 和一个真分式之和. 若这个有理函数分母的零点均能求出, 则这个真分式又可以分拆为部分分式之和, 其中**部分分式**是指形如 $\dfrac{a}{(x-b)^k}$ 的真分式. 我们来介绍求这种分拆的一种方法. 设

$$f(z) = g(z) + \sum_{j=1}^{k} \sum_{r=1}^{m_j} \frac{c_{j,r}}{(z-\lambda_j)^r},$$

其中 λ_j 是函数 $f(z)$ 的分母的 m_j 重根. 那么

$$(z-\lambda_j)^{m_j} f(z) = (z-\lambda_j)^{m_j} \left[g(z) + \sum_{\substack{\ell=1 \\ \ell \neq j}}^{k} \sum_{r=1}^{m_\ell} \frac{c_{\ell,r}}{(z-\lambda_\ell)^r} \right] +$$

$$\sum_{r=1}^{m_j} c_{j,r} (z-\lambda_j)^{m_j - r}.$$

令 $z \to \lambda_j$, 我们得到

$$c_{j,r} = \frac{1}{(m_j - r)!} \lim_{z \to \lambda_j} \left[(z-\lambda_j)^{m_j} f(z) \right]^{(m_j - r)}.$$

【例 2.16】 将下列函数展开成部分分式之和:

(i) $f(z) = \dfrac{1}{(z-1)(z-2)(z+2)}$;

(ii) $f(z) = \dfrac{1}{(z-1)(z-2)^2}$.

解: (i) 设

$$f(z) = \frac{a}{z-1} + \frac{b}{z-2} + \frac{c}{z+2},$$

则

$$a = \lim_{z \to 1} (z-1) f(z) = \lim_{z \to 1} \frac{1}{(z-2)(z+2)} = -\frac{1}{3},$$

$$b = \lim_{z \to 2} (z-2) f(z) = \lim_{z \to 2} \frac{1}{(z-1)(z+2)} = \frac{1}{4},$$

$$c = \lim_{z \to -2} (z+2) f(z) = \lim_{z \to -2} \frac{1}{(z-1)(z-2)} = \frac{1}{12}.$$

因此

$$f(z) = -\frac{1}{3(z-1)} + \frac{1}{4(z-2)} + \frac{1}{12(z+2)}.$$

(ii) 设

$$f(z) = \frac{a}{z-1} + \frac{b}{z-2} + \frac{c}{(z-2)^2},$$

则

$$a = \lim_{z \to 1}(z-1)f(z) = \lim_{z \to 1}\frac{1}{(z-2)^2} = 1,$$

$$b = \lim_{z \to 2}\big[(z-2)^2 f(z)\big]' = \lim_{z \to 2}\Big(\frac{1}{z-1}\Big)' = -1,$$

$$c = \lim_{z \to 2}(z-2)^2 f(z) = \lim_{z \to 2}\frac{1}{z-1} = 1.$$

因此

$$f(z) = \frac{1}{z-1} - \frac{1}{z-2} + \frac{1}{(z-2)^2}.$$

得到这种分拆之后, 我们可以求出该有理函数的任意阶导数.

【例 2.17】 计算函数 $f(x) = \dfrac{1}{1+x^2}$ 的 n 阶导数.

解: 设

$$f(z) = \frac{1}{1+z^2} = \frac{\mathrm{i}}{2}\Big(\frac{1}{z+\mathrm{i}} - \frac{1}{z-\mathrm{i}}\Big),$$

则它在除 $z = \pm\mathrm{i}$ 之外处处解析, 且

$$\begin{aligned}
f^{(n)}(z) &= \frac{\mathrm{i}}{2}\Big(\frac{1}{z+\mathrm{i}} - \frac{1}{z-\mathrm{i}}\Big)^{(n)} \\
&= \frac{\mathrm{i}}{2}\cdot(-1)^n n!\Big[\frac{1}{(z+\mathrm{i})^{n+1}} - \frac{1}{(z-\mathrm{i})^{n+1}}\Big] \\
&= (-1)^{n+1}n!\,\mathrm{Im}\,(z+\mathrm{i})^{-n-1}.
\end{aligned}$$

当 $z = x$ 为实数时,

$$|x+\mathrm{i}| = \sqrt{x^2+1}, \qquad \arg(x+\mathrm{i}) = \operatorname{arccot} x,$$

于是

$$\frac{1}{(z\pm\mathrm{i})^{n+1}} = (x^2+1)^{-\frac{n+1}{2}}\mathrm{e}^{\pm\mathrm{i}(n+1)\operatorname{arccot} x}.$$

因此

$$\Big(\frac{1}{1+x^2}\Big)^{(n)} = (-1)^n n!(x^2+1)^{-\frac{n+1}{2}}\sin\big[(n+1)\operatorname{arccot} x\big].$$

我们还可以利用复对数函数来计算实有理函数的不定积分.

【例 2.18】 计算 $\int \dfrac{1}{x^3-1}\,\mathrm{d}x$.

解: 设 $\zeta = \mathrm{e}^{\frac{2\pi \mathrm{i}}{3}} = \dfrac{-1+\sqrt{3}\mathrm{i}}{2}$, 那么

$$x^3 - 1 = (x-1)(x-\zeta)(x-\zeta^2).$$

设

$$f(x) = \frac{1}{x^3-1} = \frac{c_0}{x-1} + \frac{c_1}{x-\zeta} + \frac{c_2}{x-\zeta^2},$$

则

$$c_k = \lim_{x\to\zeta^k} \frac{x-\zeta^k}{x^3-1} = \lim_{x\to\zeta^k} \frac{1}{3x^2} = \frac{1}{3}\zeta^k.$$

设

$$g(z) = \frac{1}{3}\big[\ln(z-1) + \zeta\ln(z-\zeta) + \zeta^2\ln(z-\zeta^2)\big],$$

它在其解析区域 (即复平面去掉三条射线 $x+\zeta^k, x \leqslant 0$) 内的导数为 $f(z)$. 当 $z = x > 1$ 时,

$$
\begin{aligned}
&3g(z) - \ln(x-1) \\
&= 2\,\mathrm{Re}\big[\zeta\ln(x-\zeta)\big] \\
&= 2\,\mathrm{Re}\left[\frac{-1+\sqrt{3}\mathrm{i}}{2}\ln\Big(x - \frac{-1+\sqrt{3}\mathrm{i}}{2}\Big)\right] \\
&= 2\,\mathrm{Re}\left[\frac{-1+\sqrt{3}\mathrm{i}}{2}\Big(\ln\sqrt{x^2+x+1} - \mathrm{i}\,\mathrm{arccot}\,\frac{2x+1}{\sqrt{3}}\Big)\right] \\
&= \ln\sqrt{x^2+x+1} + \sqrt{3}\,\mathrm{arccot}\,\frac{2x+1}{\sqrt{3}}.
\end{aligned}
$$

于是我们得到当 $x > 1$ 时,

$$g(x) = \frac{1}{3}\ln|x-1| - \frac{1}{6}\ln(x^2+x+1) + \frac{\sqrt{3}}{3}\,\mathrm{arccot}\,\frac{2x+1}{\sqrt{3}}.$$

可以看出对于实数 $x < 1$, 上式的导数也等于 $f(x)$. 从而

$$\int \frac{1}{x^3-1}\,\mathrm{d}x = \frac{1}{6}\ln\frac{(x-1)^2}{x^2+x+1} + \frac{\sqrt{3}}{3}\,\mathrm{arccot}\,\frac{2x+1}{\sqrt{3}} + C, \quad C \in \mathbb{R}.$$

2.3.6 矩阵上的指数函数 (选读)

仿照复数的指数函数, 我们可以在矩阵上定义指数函数. 设 $\boldsymbol{A} \in M_m(\mathbb{C})$ 是一个 m 阶复方阵, $\boldsymbol{E}$ 是单位阵. 我们想说明极限

$$\mathrm{e}^{\boldsymbol{A}} := \lim_{n \to \infty} \left(\boldsymbol{E} + \frac{1}{n} \boldsymbol{A} \right)^n$$

存在, 即这个矩阵序列每个元素形成的数列极限都存在.

由线性代数的相关理论我们知道, 任意方阵都相似于若尔当标准型, 即存在可逆矩阵 $\boldsymbol{P}$ 使得

$$\boldsymbol{P}^{-1} \boldsymbol{A} \boldsymbol{P} = \boldsymbol{B} = \mathrm{diag}\big(\boldsymbol{J}_{m_1}(\lambda_1), \cdots, \boldsymbol{J}_{m_k}(\lambda_k)\big),$$

其中

$$\boldsymbol{J}_r(\lambda) = \begin{pmatrix} \lambda & 1 & & \\ & \lambda & 1 & \\ & & \ddots & 1 \\ & & & \lambda \end{pmatrix} \in M_r(\mathbb{C})$$

是若尔当块.

设 $\boldsymbol{N} = \boldsymbol{N}_r = \boldsymbol{J}_r(0)$, 则 $\boldsymbol{J}_r(\lambda) = \lambda \boldsymbol{E} + \boldsymbol{N}$, $\boldsymbol{N}^r = \boldsymbol{O}$. 于是

$$\begin{aligned}
\left[\boldsymbol{E} + \frac{1}{n} \boldsymbol{J}_r(\lambda) \right]^n &= \left[\left(1 + \frac{\lambda}{n} \right) \boldsymbol{E} + \frac{1}{n} \boldsymbol{N} \right]^n \\
&= \sum_{k=0}^{r-1} \mathrm{C}_n^k \left(1 + \frac{\lambda}{n} \right)^{n-k} \frac{1}{n^k} \boldsymbol{N}^k \\
&= \left(1 + \frac{\lambda}{n} \right)^n \sum_{k=0}^{r-1} \frac{\mathrm{C}_n^k}{(n+\lambda)^k} \boldsymbol{N}^k.
\end{aligned}$$

取极限得到

$$\mathrm{e}^{\boldsymbol{J}_r(\lambda)} = \lim_{n \to \infty} \left[\boldsymbol{E} + \frac{1}{n} \boldsymbol{J}_r(\lambda) \right]^n = \mathrm{e}^\lambda \sum_{k=0}^{r-1} \frac{1}{k!} \boldsymbol{N}^k = \mathrm{e}^\lambda \mathrm{e}^{\boldsymbol{N}}. \tag{2.1}$$

注意到

$$\left(\boldsymbol{E} + \frac{1}{n} \boldsymbol{A} \right)^n = \boldsymbol{P} \left(\boldsymbol{E} + \frac{1}{n} \boldsymbol{B} \right)^n \boldsymbol{P}^{-1},$$

因此

$$\mathrm{e}^{\boldsymbol{A}} = \boldsymbol{P} \mathrm{e}^{\boldsymbol{B}} \boldsymbol{P}^{-1} = \boldsymbol{P} \mathrm{diag}\big(\mathrm{e}^{\lambda_1} \mathrm{e}^{\boldsymbol{N}_{m_1}}, \cdots, \mathrm{e}^{\lambda_k} \mathrm{e}^{\boldsymbol{N}_{m_k}} \big) \boldsymbol{P}^{-1} \tag{2.2}$$

存在.

矩阵的指数函数也和通常的指数函数一样有着诸多性质.

> **定理 2.16**
>
> (1) 矩阵 $e^{\boldsymbol{A}}$ 是可逆矩阵.
>
> (2) $e^{\boldsymbol{A}} = \boldsymbol{E} + \boldsymbol{A} + \dfrac{\boldsymbol{A}^2}{2!} + \dfrac{\boldsymbol{A}^3}{3!} + \cdots$.
>
> (3) 若 $\boldsymbol{AB} = \boldsymbol{BA}$, 则 $e^{\boldsymbol{A}+\boldsymbol{B}} = e^{\boldsymbol{A}} \cdot e^{\boldsymbol{B}}$.

证明: 沿用之前的记号.

(1) 由 (2.1) 可知矩阵 $e^{\boldsymbol{J}_r(\lambda)}$ 的特征值均为 e^{λ}, 从而矩阵 $e^{\boldsymbol{A}}$ 的特征值为 $e^{\lambda_1}, \cdots, e^{\lambda_k}$. 故矩阵 $e^{\boldsymbol{A}}$ 可逆.

(2) 由 (2.2) 可知我们只需对 $\boldsymbol{A} = \boldsymbol{J}_r(\lambda)$ 的情形证明即可. 此时

$$\boldsymbol{A}^k = (\lambda \boldsymbol{E} + \boldsymbol{N})^k = \sum_{j=0}^{k} \mathrm{C}_k^j \lambda^{k-j} \boldsymbol{N}^j.$$

当 $n \geqslant r$ 时,

$$
\begin{aligned}
\sum_{k=0}^{n} \frac{1}{k!} \boldsymbol{A}^k &= \sum_{k=0}^{n} \frac{1}{k!} \sum_{j=0}^{k} \mathrm{C}_k^j \lambda^{k-j} \boldsymbol{N}^j \\
&= \sum_{j=0}^{n} \sum_{k=j}^{n} \frac{1}{k!} \mathrm{C}_k^j \lambda^{k-j} \boldsymbol{N}^j \\
&= \sum_{j=0}^{n} \sum_{k=0}^{n-j} \frac{1}{(k+j)!} \mathrm{C}_{k+j}^j \lambda^k \boldsymbol{N}^j \\
&= \sum_{j=0}^{n} \frac{1}{j!} \sum_{k=0}^{n-j} \frac{1}{k!} \lambda^k \boldsymbol{N}^j \\
&= \sum_{j=0}^{r-1} \frac{1}{j!} \sum_{k=0}^{n-j} \frac{1}{k!} \lambda^k \boldsymbol{N}^j.
\end{aligned}
$$

故

$$\sum_{k=0}^{\infty} \frac{1}{k!} \boldsymbol{A}^k = \lim_{n\to\infty} \sum_{j=0}^{n} \frac{1}{j!} e^{\lambda} \boldsymbol{N}^j = \sum_{j=0}^{r-1} \frac{1}{j!} e^{\lambda} \boldsymbol{N}^j = e^{\boldsymbol{A}}.$$

(3) 我们可以由 (2) 中矩阵指数函数的级数形式展开得到, 但需要验证绝对收敛性以保证能交换无限求和顺序. 为了避免引入矩阵"绝对收敛"的概念, 我们不采用这种证明方式, 而是利用例 2.19 的结论来证明.

设 $\boldsymbol{X}(t) = e^{\boldsymbol{A}t} e^{\boldsymbol{B}t}$. 由矩阵乘法的运算规则不难知道

$$\boldsymbol{X}'(t) = (e^{\boldsymbol{A}t})' e^{\boldsymbol{B}t} + e^{\boldsymbol{A}t} (e^{\boldsymbol{B}t})' = \boldsymbol{A} e^{\boldsymbol{A}t} e^{\boldsymbol{B}t} + e^{\boldsymbol{A}t} \boldsymbol{B} e^{\boldsymbol{B}t}.$$

由矩阵 $\boldsymbol{A}$ 和矩阵 $\boldsymbol{B}$ 交换不难知道

$$e^{\boldsymbol{A}t} \boldsymbol{B} = \lim_{n\to\infty} \left(\boldsymbol{E} + \frac{1}{n} \boldsymbol{A}t \right)^n \boldsymbol{B} = \lim_{n\to\infty} \boldsymbol{B} \left(\boldsymbol{E} + \frac{1}{n} \boldsymbol{A}t \right)^n = \boldsymbol{B} e^{\boldsymbol{A}t}.$$

从而

$$\boldsymbol{X}'(t) = (\boldsymbol{A}+\boldsymbol{B})\mathrm{e}^{\boldsymbol{A}t}\mathrm{e}^{\boldsymbol{B}t} = (\boldsymbol{A}+\boldsymbol{B})\boldsymbol{X}(t).$$

由于 $\boldsymbol{X}(0) = \boldsymbol{E}$, 因此 $\boldsymbol{X}(t) = \mathrm{e}^{(\boldsymbol{A}+\boldsymbol{B})t}$. 令 $t=1$, 得到 $\mathrm{e}^{\boldsymbol{A}+\boldsymbol{B}} = \mathrm{e}^{\boldsymbol{A}}\cdot\mathrm{e}^{\boldsymbol{B}}$.

我们也可以利用级数来定义可逆矩阵的对数函数和幂函数, 此处不再展开.

我们来看矩阵的指数函数和复数的指数函数的联系. 沿用 1.6.5.2 小节中的记号. 设

$$\boldsymbol{J} = \begin{pmatrix} & 1 \\ -1 & \end{pmatrix}, \quad \boldsymbol{A} = x\boldsymbol{E} + y\boldsymbol{J} = \begin{pmatrix} x & y \\ -y & x \end{pmatrix}.$$

通过计算可以发现矩阵 $\boldsymbol{A}$ 的特征值为 $x \pm y\mathrm{i}$ 且矩阵 $\boldsymbol{A}$ 可对角化:

$$\boldsymbol{P}^{-1}\boldsymbol{A}\boldsymbol{P} = \mathbf{diag}(x+y\mathrm{i}, x-y\mathrm{i}),$$

其中 $\boldsymbol{P} = \begin{pmatrix} 1 & 1 \\ \mathrm{i} & -\mathrm{i} \end{pmatrix}, \boldsymbol{P}^{-1} = \dfrac{1}{2}\begin{pmatrix} 1 & -\mathrm{i} \\ 1 & \mathrm{i} \end{pmatrix}$. 因此

$$\mathrm{e}^{\boldsymbol{A}} = \boldsymbol{P}^{-1}\mathbf{diag}(\mathrm{e}^{x+y\mathrm{i}}, \mathrm{e}^{x-y\mathrm{i}})\boldsymbol{P}$$
$$= \boldsymbol{P}^{-1}\mathbf{diag}(\mathrm{e}^x\cos y + \mathrm{i}\mathrm{e}^x\sin y, \mathrm{e}^x\cos y - \mathrm{i}\mathrm{e}^x\sin y)\boldsymbol{P}$$
$$= \begin{pmatrix} \mathrm{e}^x\cos y & \mathrm{e}^x\sin y \\ -\mathrm{e}^x\sin y & \mathrm{e}^x\cos y \end{pmatrix}$$
$$= \mathrm{e}^x(\cos y\,\boldsymbol{E} + \sin y\,\boldsymbol{J}).$$

换言之, 在 1.6.5.2 小节中我们将这样的二阶方阵和复数建立起一一对应后, 复数的指数函数和这样的方阵的指数函数是一回事.

矩阵的指数函数在诸多学科均有所应用. 例如, 物理学中描述系统的演化; 在控制论中分析系统的动态响应和稳定性; 在机器学习中, 对算法的推导和优化; 等等. 我们来看它在微分方程中的一个应用.

【例 2.19】设 $\boldsymbol{X}(t)$ 是 $n \times m$ 个函数形成的矩阵函数. 求证: 常微分方程组

$$\boldsymbol{X}'(t) = \boldsymbol{A}\boldsymbol{X}(t)$$

的解为

$$\boldsymbol{X}(t) = \mathrm{e}^{\boldsymbol{A}t}\boldsymbol{X}(0),$$

其中 $\boldsymbol{X}'(t)$ 表示对 $\boldsymbol{X}(t)$ 每个分量求导得到的矩阵函数.

证明: 设 $\widetilde{\boldsymbol{X}}(t) = \mathrm{e}^{\boldsymbol{A}t}\boldsymbol{X}(0)$. 沿用之前的记号, 我们有

$$\mathrm{e}^{\boldsymbol{J}_r(\lambda)t} = \mathrm{e}^{\lambda t\boldsymbol{E}+t\boldsymbol{N}} = \mathrm{e}^{\lambda t}\mathrm{e}^{t\boldsymbol{N}} = \sum_{k=0}^{r-1}\frac{1}{k!}\mathrm{e}^{\lambda t}t^k\boldsymbol{N}^k.$$

于是

$$\begin{aligned}
\left[\mathrm{e}^{\boldsymbol{J}_r(\lambda)t}\right]' &= \lim_{\Delta t\to 0}\frac{\mathrm{e}^{\boldsymbol{J}_r(\lambda)(t+\Delta t)} - \mathrm{e}^{\boldsymbol{J}_r(\lambda)t}}{\Delta t}\\
&= \sum_{k=0}^{r-1}\frac{1}{k!}\frac{\mathrm{d}(\mathrm{e}^{\lambda t}t^k)}{\mathrm{d}t}\boldsymbol{N}^k\\
&= \sum_{k=0}^{r-1}\frac{1}{k!}(\lambda t^k\mathrm{e}^{\lambda t} + kt^{k-1}\mathrm{e}^{\lambda t})\boldsymbol{N}^k\\
&= \sum_{k=0}^{r-1}\frac{1}{k!}\lambda t^k\mathrm{e}^{\lambda t}\boldsymbol{N}^k + \sum_{k=1}^{r-1}\frac{1}{(k-1)!}t^{k-1}\mathrm{e}^{\lambda t}\boldsymbol{N}^k\\
&= (\lambda\boldsymbol{E}+\boldsymbol{N})\mathrm{e}^{\lambda t}\sum_{k=0}^{r-1}\frac{1}{k!}t^k\boldsymbol{N}^k\\
&= \boldsymbol{J}_r(\lambda)\mathrm{e}^{\boldsymbol{J}_r(\lambda)t}.
\end{aligned}$$

由于矩阵 $\boldsymbol{B}$ 是一些若尔当块形成的分块对角阵, 因此

$$\lim_{\Delta t\to 0}\frac{\mathrm{e}^{\boldsymbol{B}(t+\Delta t)} - \mathrm{e}^{\boldsymbol{B}t}}{\Delta t} = \boldsymbol{B}\mathrm{e}^{\boldsymbol{B}t},$$

$$\lim_{\Delta t\to 0}\frac{\mathrm{e}^{\boldsymbol{A}(t+\Delta t)} - \mathrm{e}^{\boldsymbol{A}t}}{\Delta t} = \boldsymbol{P}\boldsymbol{B}\mathrm{e}^{\boldsymbol{B}t}\boldsymbol{P}^{-1} = \boldsymbol{A}\mathrm{e}^{\boldsymbol{A}t},$$

从而

$$\widetilde{\boldsymbol{X}}'(t) = \lim_{\Delta t\to 0}\frac{\mathrm{e}^{\boldsymbol{A}(t+\Delta t)} - \mathrm{e}^{\boldsymbol{A}t}}{\Delta t}\boldsymbol{X}(0) = \boldsymbol{A}\mathrm{e}^{\boldsymbol{A}t}\boldsymbol{X}(0) = \boldsymbol{A}\boldsymbol{X}(t)$$

是该微分方程组的一个解.

下证唯一性. 设 $\boldsymbol{Y}(t) = \boldsymbol{X}(t) - \widetilde{\boldsymbol{X}}(t)$, 则 $\boldsymbol{Y}'(t) = \boldsymbol{Y}(t) = \boldsymbol{O}$. 从而 $\boldsymbol{Y}$ 只能恒为零. 故 $\boldsymbol{X}(t) = \widetilde{\boldsymbol{X}}(t)$.

2.3.7　多值函数的单值化 (选读)

从对数函数的定义可以看出, 对数函数的多值性来源于其中的辐角函数的多值性. 为了研究它的多值性, 我们来研究辐角的变化.

设 z_0 是一个非零复数, $0 < r < |z_0|$, 那么

$$U(z_0, r) = \{z : |z - z_0| < r\}$$

是 z_0 的一个邻域且不包含原点. 对于任意 $z \in U(z_0, r)$, $\dfrac{z}{z_0}$ 的实部为正. 若我们固定 z_0 的一个辐角 θ, 则我们可以在整个 $U(z_0, r)$ 上定义一个连续函数

$$f(z) = \theta + \arg \frac{z}{z_0},$$

使得函数 $f(z)$ 是 z 的一个辐角, 且 $f(z_0) = \theta$. 也就是说, 我们得到了 $\operatorname{Arg} z$ 在 $U(z_0, r)$ 上的一个连续的单值分支.

我们想要将上述函数扩展到整个复平面上. 对于任意非零复数 $z_1 \neq z_0$, 设 C 是 z_0 到 z_1 的一条不经过原点的简单曲线. 设 $r > 0$ 小于原点到 C 的距离, 那么我们可以构造一串复数 $a_1 = z_0, a_2, \cdots, a_k = z_1$, 使得 $U(a_j, r)$ 和 $U(a_{j+1}, r)$ 的交集非空, 且所有的这些邻域覆盖住了整个的 C. 和前面的做法类似, 我们可以递归地构造出在整个 C 上的 $\operatorname{Arg} z$ 的连续单值分支, 仍然记作 $f(z)$.

但是, 若我们选择另一条曲线 C' 来构造连续单值分支, 可能这两个函数在 z_1 处取值不同. 也就是说, 当 z 沿着一条封闭曲线从 z_0 绕回到 z_0 之后, 我们所选的 $\operatorname{Arg} z$ 的值有可能发生了改变. 对辐角函数而言, 该值增加了 $2k\pi$, 其中 k 是整个曲线绕着原点逆时针旋转的圈数, 如图 2.5 所示.

> 该值的变化和该曲线上选择的移动方向有关. 若是顺时针绕 k 圈, 则该值会减少 $2k\pi$.

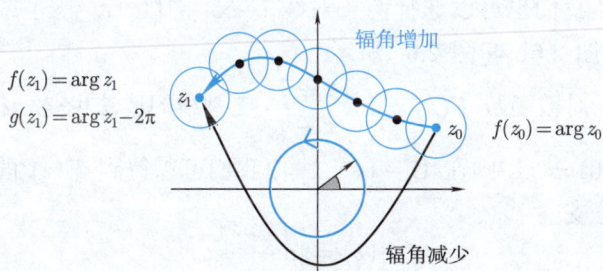

图 2.5 沿不同曲线得到的单值分支不同

因此, 若想要得到 $\operatorname{Arg} z$ 在区域 D 上的一个连续的单值分支, 区域 D 中就不能包含绕过原点的曲线. 对于多值函数 $F(z)$, 选择充分小的 δ, 令 z 在 $|z - a| = \delta$ 上逆时针绕 a 一周, 且 $F(z)$ 的值连续变化. 若所选的 $F(z)$ 的值绕一圈后和初始值不同, 则称 a 为 $F(z)$ 的一个**支点**. 若这个变化值与具体的曲线无关, 则我们将它记作 $\Delta_a F(z)$. 例如, $\Delta_0 \operatorname{Arg} z = 2\pi$.

对于无穷远点也可类似定义支点的概念, 不过此时考虑的是当 R 充分大, z 在 $|z| = R$ 顺时针旋转一周时, $F(z)$ 的值连续变化的行为. 例如, $\Delta_\infty \operatorname{Arg} z = -2\pi$. $\Delta_\infty F(z)$ 也等于其余支点处的 $\Delta_a F(z)$ 之和的相反数.

若我们用一条连续曲线将 0 和 ∞ 连接起来, 则在去掉这条曲线后的区域内, 我们可以得到 $\operatorname{Arg} z$ 的一个连续单值分支. 这样的

线叫作支割线. 例如, 之前的章节中我们对 $\operatorname{Arg} z$ 所选取的支割线就是负实轴和零, 并得到剩余区域内的连续单值分支 $\arg z$.

【例 2.20】 求 $F(z) = \operatorname{Arg} \dfrac{z+1}{z-1}$ 的支点和支割线.

解: 根据辐角绕一点旋转一周后的变化可知

$$\Delta_{-1} F(z) = 2\pi, \quad \Delta_1 F(z) = -2\pi, \quad \Delta_\infty F(z) = 0.$$

因此, 支点为 ± 1. 我们选取连接 -1 和 1 的曲线作为支割线即可, 如连接二者的直线段如图 2.6a 所示.

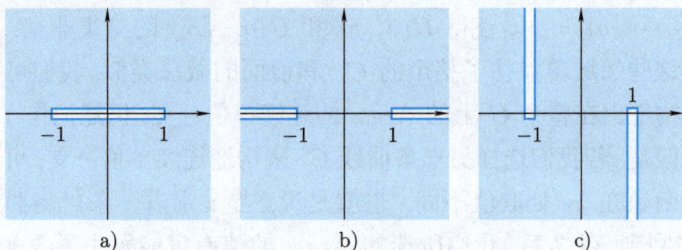

图 2.6 $\operatorname{Arg} \dfrac{z+1}{z-1}$ 的支割线

当然我们也可以选择两条射线 $(-\infty, -1] \cup [1, +\infty)$ 或其他支割线, 如图 2.6b 和图 2.6c 所示.

对于对数函数 $F(z) = \operatorname{Ln} \dfrac{z+1}{z-1}$, 支割线的选法也是一样的. 若固定 $F(0) = \pi i$, 则在 $\mathbb{C} - [-1, 1]$ 内我们可以得到 $F(z)$ 的一个解析单值分支

$$f_1(z) = \ln \frac{z+1}{z-1};$$

在 $\mathbb{C} - (-\infty, -1] - [1, +\infty]$ 我们可以得到 $F(z)$ 的一个解析单值分支

$$f_2(z) = \ln \frac{1+z}{1-z} + \pi i.$$

幂函数的多值性也来源于辐角. 对于函数

$$F(z) = \sqrt[n]{z} = \sqrt[n]{|z|}\, \mathrm{e}^{\frac{\mathrm{i}\operatorname{Arg} z}{n}},$$

当 z 绕原点逆时针旋转一周后, 函数值的辐角增加了 $\dfrac{2\pi}{n}$. 此时有

$$\Delta_0 \operatorname{Arg} F(z) = \frac{2\pi}{n}, \qquad \Delta_\infty \operatorname{Arg} F(z) = -\frac{2\pi}{n}.$$

因此, 我们需要选择支割线将 0 与 ∞ 连接. 注意, 此时我们允许辐角值绕闭路改变 2π 的整数倍, 因为我们关心的是幂函数本身的单值分支而不是它的辐角的单值分支.

对于函数 $F(z) = (z - a_1)^{\gamma_1} \cdots (z - a_k)^{\gamma_k}$, 我们有

$$\Delta_{a_j} \operatorname{Arg} F(z) = 2\pi\gamma_j, \qquad \Delta_\infty \operatorname{Arg} F(z) = -2\pi \sum_{j=1}^{k} \gamma_j,$$

其中取值不是 2π 的整数倍的是 $F(z)$ 的支点. 我们可以将支点分成若干组, 使得每一组内的 $\Delta_a \operatorname{Arg} F(z)$ 之和为 2π 的倍数, 然后将每一组的各个支点连接起来作为支割线即可.

【例 2.21】 求函数 $F(z) = \sqrt[3]{(z+1)(z-1)^2}$ 的支点和支割线.

解: 根据辐角绕一点旋转一周后的变化可知

$$\Delta_{-1} \operatorname{Arg} F(z) = \frac{2\pi}{3}, \ \Delta_1 \operatorname{Arg} F(z) = \frac{4\pi}{3}, \ \Delta_\infty \operatorname{Arg} F(z) = -2\pi.$$

因此, 支点为 ± 1. 支割线的选法和例 2.20 相同.

【例 2.22】 求函数 $F(z) = \sqrt[3]{(z+1)(z-1)}$ 的支点和支割线.

解: 根据辐角绕一点旋转一周后的变化可知

$$\Delta_{-1} \operatorname{Arg} F(z) = \frac{2\pi}{3}, \ \Delta_1 \operatorname{Arg} F(z) = \frac{2\pi}{3}, \ \Delta_\infty \operatorname{Arg} F(z) = -\frac{4\pi}{3}.$$

因此, 支点为 $\pm 1, \infty$, 我们选取连接 $-1, 1, \infty$ 的曲线作为支割线, 如 $(-\infty, -1] \cup [1, +\infty)$, 也可以选 $[-1, +\infty)$ 或 $\{\pm 1 + yi \mid y > 0\}$, 如图 2.7 所示.

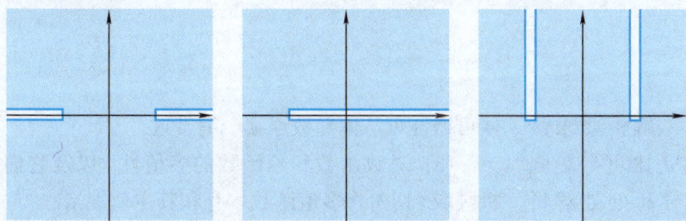

图 2.7 $\sqrt[3]{(z+1)(z-1)}$ 的支割线

由于支割线的选取较为复杂, 在利用复变函数解决一些实变量函数的定积分问题时, 应尽量如同例 2.18 那样先通过复变函数得到函数的实不定积分, 再利用牛顿-莱布尼茨定理来计算, 而不是直接转化为复积分来计算. 不过, 能得到不定积分的实函数还是较少, 更多的时候我们是通过解析函数在闭路上的积分来解决实的定积分问题. 我们将在接下来的章节中讨论复变函数积分的一般理论.

❖ 本章小结 ❖

本章所需掌握的知识点:

1. 了解可导和解析的概念, 特别是二者的不同之处和联系.

2. 能熟练使用柯西-黎曼定理求函数 $f(z) = u + iv$ 的可导点和解析点, 以及函数的导数.

(1) 函数 $f(z)$ 在 $z_0 = x_0 + y_0 i$ 处可导当且仅当 u, v 在 (x_0, y_0) 处可微, 且满足 C-R 方程 $u_x = v_y, u_y = -v_x$.

(2) 函数 $f(z)$ 在它可导的点处有 $f'(z_0) = u_x + iv_x = v_y - iu_y$.

(3) 若 u, v 的偏导数在 (x_0, y_0) 处连续, 则一定可微, 从而只需验证 C-R 方程即可.

(4) 多项式、有理函数、指数函数等已知解析函数的四则运算和复合在其定义域内都是解析的.

3. 熟知指数函数 e^z 的定义和性质.

(1) $e^z = e^x(\cos y + i \sin y)$.

(2) e^z 处处解析, 且 $(e^z)' = e^z$.

(3) $e^z \neq 0$ 值域为非零复数全体.

(4) $e^{z_1 + z_2} = e^{z_1} \cdot e^{z_2}$.

(5) e^z 是周期函数, 周期为 $2\pi i$.

4. 熟知对数函数 $\operatorname{Ln} z$ 及其主值 $\ln z$ 的计算方式和性质.

(1) $\operatorname{Ln} z = \ln|z| + i \operatorname{Arg} z, \ln z = \ln|z| + i \arg z$.

(2) $\ln z$ 在除负实轴和零点之外解析, 且 $(\ln z)' = \dfrac{1}{z}$.

(3) $\operatorname{Ln}(z_1 z_2) = \operatorname{Ln} z_1 + \operatorname{Ln} z_2, \operatorname{Ln} \dfrac{z_1}{z_2} = \operatorname{Ln} z_1 - \operatorname{Ln} z_2$. 其他关于 $\ln z, \operatorname{Ln} z$ 的等式往往不成立.

5. 熟知幂函数 z^a 及其主值的计算方式和性质.

(1) $z^a = e^{a \operatorname{Ln} z}$, 主值则需要将 $\operatorname{Ln} z$ 换成 $\ln z$.

(2) 当 a 是整数时, 就是通常的乘幂, 它是单值的. $a > 0$ 时处处解析, $a \leqslant 0$ 时除零点之外解析.

(3) 当 $a = \dfrac{p}{q}$ 是既约分数时, 就是 $\sqrt[q]{z^p}$, 它是 q 值的. 当 a 是无理数或虚数时, 它是无穷多值的. 这两种情形 z^a 主值在除负实轴和零点之外解析, 且 $(z^a)' = a z^{a-1}$ (主值).

6. 熟知 $\cos z$ 和 $\sin z$ 的定义、计算方式和性质.

(1) $\cos z = \dfrac{e^{iz} + e^{-iz}}{2}, \sin z = \dfrac{e^{iz} - e^{-iz}}{2i}$.

(2) 欧拉恒等式 $e^{iz} = \cos z + i \sin z$ 总成立.

(3) $\sin z, \cos z$ 是无界的.

(4) $\sin z, \cos z$ 处处解析.

(5) $\sin z, \cos z, \tan z$ 的零点、周期、奇偶性、导数形式都和实数情形相同.

7. 会解含有三角函数 $\sin z$ 或 $\cos z$ 的简单方程. 相应等式可以化简为 e^{iz} 的一元二次方程, 解得两个根 t_1, t_2 之后可得 $z = -i \operatorname{Ln} t_1, -i \operatorname{Ln} t_2$. 不必记忆反三角函数形式.

本章不易理解和易错的知识点:

(1) 可导和解析的差异和联系. 解析要求函数在一点邻域内处处可导, 因此, 它是比可导更强的性质. 不过, 在区域内处处可导和处处解析是等价的, 对一点的邻域也是如此. 此外, 由柯西-黎曼定理判断得到的是函数可导点, 若要得到解析点, 则还需要进一步判断可导点是否存在一个邻域使得该函数处处可导. 当可导点是一些散在的点或散在的一些直线或曲线时, 函数是没有解析点的.

(2) 柯西-黎曼定理不是只有 C-R 方程, 还有复变函数的实部 u 和虚部 v 的可微性要求, 尽管在很多时候可微性可从偏导数连续一笔带过.

(3) 对数函数和幂函数的多值性, 以及它们的解析区域. 切勿将多值函数本身和其主值混淆.

(4) 注意初等函数与对应实变量情形的函数的差异: 指数函数 e^z 是周期的; 三角函数 $\sin z$ 和 $\cos z$ 是无界的. 而其他很多性质和实数情形是类似的.

(5) 正弦函数 $\sin z = \dfrac{e^{iz} - e^{-iz}}{2i}$ 中分母的 i 容易被遗漏掉. 在计算三角函数值或求反三角函数时, 由于 $\sin z$ 定义中的分子分母都有 i, 很容易出现计算错误.

本章作业

一、单选题.

1. 下列命题一定成立的是(　　).

(A) 若 $f'(z_0)$ 存在, 则函数 $f(z)$ 在 z_0 处解析.

(B) 若 z_0 是函数 $f(z)$ 的奇点, 则函数 $f(z)$ 在 z_0 处不可导.

(C) 若 z_0 是函数 $f(z)$ 和 $g(z)$ 的奇点, 则 z_0 也是函数 $f(z)+g(z)$ 和 $\dfrac{f(z)}{g(z)}$ 的奇点.

(D) 若函数 $f(z)$ 在区域 D 内处处可导, 则函数 $f(z)$ 在区域 D 内解析.

2. 函数 $f(z)=u(x,y)+\mathrm{i}v(x,y)$ 在 $z_0=x_0+y_0\mathrm{i}$ 处可导的充要条件是(　　).

(A) 函数 u,v 均在 (x_0,y_0) 处连续

(B) 函数 u,v 均在 (x_0,y_0) 处有偏导数

(C) 函数 u,v 均在 (x_0,y_0) 处可微

(D) 函数 u,v 均在 (x_0,y_0) 处可微且满足 C-R 方程

3. 下列函数中, 为处处解析函数的是(　　).

(A) $x^2-y^2-2xy\mathrm{i}$

(B) $x^2+xy\mathrm{i}$

(C) $2(x-1)y+\mathrm{i}(y^2-x^2+2x)$

(D) $x^3+\mathrm{i}y^3$

4. 下列函数中, 在 $z=0$ 处**不可导**的是(　　).

(A) $x-y\mathrm{i}$

(B) $x^2-y^2\mathrm{i}$

(C) $2x^2+3xy\mathrm{i}$

(D) $\mathrm{e}^{-x}\cos y-\mathrm{i}\mathrm{e}^{-x}\sin y$

5. 设 n 是正整数, z 为非零复数, 则(　　)一定成立.

(A) $\operatorname{Ln}\sqrt{z}=\dfrac{1}{2}\operatorname{Ln}z$ 　　(B) $\operatorname{Arg}z^n=n\operatorname{Arg}z$

(C) $\ln z^{-n}=-n\ln z$ 　　(D) $\arg\sqrt{z}=\dfrac{1}{2}\arg z$

6. 设 n 是正整数, z,z_1,z_2 为非零复数, 则(　　)一定成立.

(A) $\operatorname{Arg}(z_1z_2)=\operatorname{Arg}z_1+\operatorname{Arg}z_2$

(B) $\arg\dfrac{z_1}{z_2}=\arg z_1-\arg z_2$

(C) $\operatorname{Ln}z^n=n\operatorname{Ln}z$

(D) $\ln\sqrt[3]{z}=\dfrac{1}{3}\ln z$

7. 设 z 为非零复数, 则(　　)**未必成立**.

(A) $\overline{\mathrm{e}^z}=\mathrm{e}^{\bar z}$ 　　(B) $\ln\bar z=\overline{\ln z}$

(C) $\overline{\cos z}=\cos\bar z$ 　　(D) $\overline{\sin z}=\sin\bar z$

8. 设 z,z_1,z_2,a,b 为非零复数, 则(　　)一定成立.

(A) $z^{ab}=(z^a)^b$

(B) $(z_1z_2)^a=z_1^a z_2^a$

(C) $\mathrm{e}^{z_1+z_2}=\mathrm{e}^{z_1}\cdot\mathrm{e}^{z_2}$

(D) $\ln(z_1z_2)=\ln(z_1)+\ln(z_2)$

二、填空题.

1. 函数 $\dfrac{z+1}{z(z^2+1)}$ 的奇点为_____.

2. 函数 $\dfrac{z-2}{(z+1)^2(z^2+1)}$ 的奇点为_____.

3. 函数 $\operatorname{th}z=\dfrac{\operatorname{sh}z}{\operatorname{ch}z}$ 的奇点为_____.

4. 函数 $\dfrac{1}{\sin z}$ 的奇点为_____.

5. 若函数 $f(z)=x^2-2xy-y^2+\mathrm{i}(ax^2+bxy+cy^2)$ 在复平面内处处解析, 且 a,b,c 均为实数, 则 $a+b+c=$_____.

6. 若函数 $f(z)=\mathrm{e}^y(\cos x+a\sin x)$ 在复平面内处处解析, 则常数 $a=$_____.

7. $\ln\mathrm{i}$ 等于_____.

8. $1^{\sqrt3}$ 的模等于_____.

9. $\mathrm{i}^{-\mathrm{i}}$ 的主值是_____.

10. $2^{-\mathrm{i}}$ 的辐角主值是_____.

三、解答题.

1. 指出下列函数 $f(z)$ 的解析区域, 并求出其导数:

(i) $(z-1)^5$; 　(ii) $z^3+2\mathrm{i}z$; 　(iii) $\dfrac{1}{z^2-1}$;

(iv) $\dfrac{az+b}{cz+d}$ (c,d 不全为零).

2. 下列函数何处可导? 何处解析?

(i) $f(z)=x^3-3xy^2+\mathrm{i}(3x^2y-y^3)$;

(ii) $f(z)=x^3+\mathrm{i}y^3$; 　(iii) $f(z)=\dfrac{1}{z}$;

(iv) $f(z)=z\operatorname{Im}z$; 　(v) $f(z)=\mathrm{e}^{x^2+y^2}$;

(vi) $f(z)=\sin x\operatorname{ch}y+\mathrm{i}\cos x\operatorname{sh}y$.

3. 计算:

(i) $e^{2+3\pi i}$;　　　(ii) $\arg e^{1-4i}$;

(iii) $\text{Ln}(1+\sqrt{3}i)$;　　(iv) $2\text{Ln}2$;

(v) $\ln(-i)$;　　　(vi) $\ln(-3+4i)$.

4. 计算:

(i) 3^i;　　　　　(ii) $(1+i)^i$;

(iii) $\text{Im}\sin(1+i)$;　(iv) $\text{Arccos}2$.

5. 解方程:

(i) $\cos z = \dfrac{3\sqrt{2}}{4}$;　(ii) $\sin z = 0$;

(iii) $1+e^z = 0$;　　(iv) $z^i = 1$;

(v) $\sin z + \cos z = 0$;　(vi) $\sin z = 2\cos z$.

6. 设函数 $f(z) = my^3 + nx^2y + i(x^3 + lxy^2)$ 为处处解析函数, 试确定实数 l, m, n 的值.

7. 设函数 $f(z) = 3x^2 + y^2 + axy i$ 在复平面有无穷多可导的点, 但处处不解析. 求实数 a 所有可能的值.

8. 已知函数 $f(z) = x^2 + 2xy - y^2 + i(y^2 + axy - x^2)$ 为解析函数, 计算实数 a 和 $f'(z)$.

9. 已知函数 $f(z) = y^3 + ax^2y + i(bx^3 - 3xy^2)$ 为解析函数, a, b 为实数, 计算 a, b 和 $f'(z)$.

10. 求函数 $f(z) = \dfrac{1}{\sin z - 2}$ 的解析区域.

11. 验证函数 $f(z) = e^x(x\cos y - y\sin y) + ie^x(y\cos y + x\sin y)$ 在全平面解析, 并求出其导数.

12. 求证: 设函数 $f(z)$ 在整个复平面解析. 若函数 $f(z)$ 将实轴和虚轴均映成实数, 则 $f'(0) = 0$.

13. 求证: 若函数 $f(z)$ 在区域 D 内解析, 则函数 $\overline{f(\overline{z})}$ 也在区域 D 内解析.

14. 求证: 设函数 $f(z)$ 在区域 D 内解析. 若 $|f(z)|$ 在区域 D 内是一常数, 则函数 $f(z)$ 在区域 D 内是一常数.

15. 设函数 $f: U \to V, g: V \to \mathbb{C}$ 是区域上的复变函数, 且它们的实部和虚部都可微. 设 $h = g \circ f$,

求证:

$$\frac{\partial h}{\partial z} = \frac{\partial g}{\partial z} \cdot \frac{\partial f}{\partial z} + \frac{\partial g}{\partial \overline{z}} \cdot \frac{\partial \overline{f}}{\partial z},$$

$$\frac{\partial h}{\partial \overline{z}} = \frac{\partial g}{\partial z} \cdot \frac{\partial f}{\partial \overline{z}} + \frac{\partial g}{\partial \overline{z}} \cdot \frac{\partial \overline{f}}{\partial \overline{z}}.$$

这里函数 g 的偏导数在 $f(z)$ 处取值.

16. 设 $z = re^{i\theta}$, 求证: 函数 $f = u + iv$ 的 C-R 方程在极坐标下的形式为

$$\frac{\partial u}{\partial r} = \frac{1}{r} \cdot \frac{\partial v}{\partial \theta}, \qquad \frac{1}{r} \cdot \frac{\partial u}{\partial \theta} = -\frac{\partial v}{\partial r},$$

由此说明对数函数 $\ln z$ 在复平面去掉负实轴和零以外的区域解析.

17. 求证: 函数 $f(z) = \sqrt{|xy|}$ 在 $z = 0$ 处满足 C-R 方程, 但不可导.

18. (选做) 利用复变函数计算:

(i) $\left(\dfrac{1}{x^3 - x}\right)^{(n)}$;　(ii) $\left(\dfrac{1}{x^4 - 1}\right)^{(n)}$;

(iii) $\displaystyle\int \frac{1}{x^4 - 1}\,dx$;　(iv) $\displaystyle\int \frac{1}{x^3 + 1}\,dx$.

19. (选做) 设 $\boldsymbol{X}(t)$ 是 $n \times m$ 个函数形成的矩阵函数, $\boldsymbol{A}$ 是 n 阶方阵, $\boldsymbol{B}$ 是 $n \times m$ 矩阵. 解常微分方程组

$$\begin{cases} \boldsymbol{X}'(t) = t\boldsymbol{A}\boldsymbol{X}(t), \\ \boldsymbol{X}(0) = \boldsymbol{B}. \end{cases}$$

20. (选做) 求证: 如果 $e^{(\boldsymbol{A}+\boldsymbol{B})t} = e^{\boldsymbol{A}t} \cdot e^{\boldsymbol{B}t}$ 对所有实数 t 均成立, 则矩阵 $\boldsymbol{A}, \boldsymbol{B}$ 可交换. 试举出反例说明仅 $e^{(\boldsymbol{A}+\boldsymbol{B})} = e^{\boldsymbol{A}} \cdot e^{\boldsymbol{B}}$ 成立不能保证矩阵 $\boldsymbol{A}, \boldsymbol{B}$ 可交换.

21. (选做) 求下列函数的支点和支割线:

(i) $F(z) = \text{Ln}\dfrac{z^2(z+1)}{z-1}$;

(ii) $F(z) = \sqrt[3]{z^2(z-i)}$.

第 3 章　复变函数积分

复变函数积分理论的核心是柯西积分公式. 它从定性刻画解析函数积分的柯西-古萨定理和复合闭路定理出发, 得到一类具有特定形式的复变函数绕闭路的积分. 从柯西积分公式出发, 可以得到解析函数是任意阶可导的, 并由此得到复变函数的级数和留数理论.

由于复变函数积分也是一种线积分, 因此, 可通过有向曲线的参数方程来将复变函数积分化为实参变量积分. 对于单连通区域内的解析函数, 我们有类比高等数学中的牛顿-莱布尼茨定理, 通过求其原函数来计算积分. 最后, 我们将介绍解析函数与调和函数的联系.

3.1　复变函数积分的概念

3.1.1　复变函数积分的定义

设 C 是平面上一条光滑或逐段光滑的连续曲线, 也就是说它的参数方程

$$z = z(t), \quad a \leqslant t \leqslant b$$

除有限个点之外都有非零导数 $z'(t) = x'(t) + \mathrm{i}y'(t)$. 固定它的一个方向, 称为**正方向**, 则我们得到一条**有向曲线**. 和这条曲线方向相反的有向曲线记作 C^-, 它的方向被称为该曲线的**负方向**.

对于闭路, 规定它的**正方向是逆时针方向**, 负方向是顺时针方向. 以后我们不加说明的话**默认是正方向**. 如图 3.1 所示.

所谓的复变函数积分, 本质上仍然是第二类曲线积分. 设复变函数

$$w = f(z) = u(x, y) + \mathrm{i}v(x, y)$$

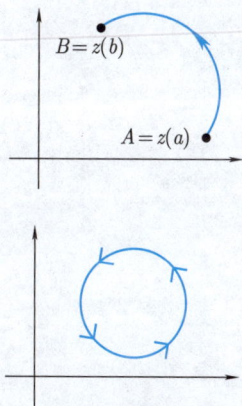

图 3.1 有向曲线

定义在区域 D 上, 有向曲线 C 包含在区域 D 中. 形式地展开, 得

$$f(z)\,\mathrm{d}z = (u + \mathrm{i}v)(\mathrm{d}x + \mathrm{i}\,\mathrm{d}y) = (u\,\mathrm{d}x - v\,\mathrm{d}y) + \mathrm{i}(u\,\mathrm{d}y + v\,\mathrm{d}x).$$

定义 3.1

若下述右侧两个线积分均存在, 则定义

$$\int_C f(z)\,\mathrm{d}z = \int_C (u\,\mathrm{d}x - v\,\mathrm{d}y) + \mathrm{i}\int_C (v\,\mathrm{d}x + u\,\mathrm{d}y)$$

为**函数** $f(z)$ **沿有向曲线** C **的积分**.

如图 3.2 所示, 我们也可以像线积分那样通过分割来定义. 在曲线 C 上依次选择分点

$$z_0 = A,\ z_1,\ \cdots,\ z_{n-1},\ z_n = B,$$

在每一段弧上任取 $\zeta_k \in \widehat{z_{k-1}z_k}$ 并作和式

$$S_n = \sum_{k=1}^{n} f(\zeta_k)\,\Delta z_k, \quad \Delta z_k = z_k - z_{k-1}.$$

称 $n \to \infty$, 分割的最大弧长 $\to 0$ 时 S_n 的极限为函数 $f(z)$ 沿有向曲线 C 的积分. 这两种定义是等价的.

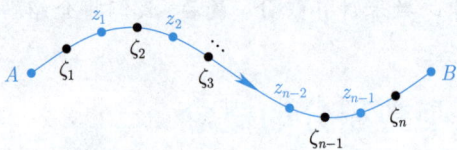

图 3.2 通过分割定义复积分

若 C 是闭合曲线, 则将该积分记为 $\oint_C f(z)\,\mathrm{d}z$. 该积分不依赖端点的选取.

若 C 是实轴上的区间 $[a,b]$ 且 $f(z) = u(x)$, 则积分

$$\int_C f(z)\,\mathrm{d}z = \int_a^b u(x)\,\mathrm{d}x$$

就是单变量实函数的黎曼积分.

由线积分的存在性条件, 可知

定理 3.2

若函数 $f(z)$ 在区域 D 内连续, C 是区域 D 内的逐段光滑曲线, 则积分 $\displaystyle\int_C f(z)\,\mathrm{d}z$ 总存在.

以后我们只考虑逐段光滑曲线上连续函数的积分.

3.1.2　参变量法计算复变函数积分

由于复变函数的积分是一种第二类曲线积分, 仅仅是换成了复数作为函数值, 因此, 线积分中诸如变量替换等技巧可以照搬过来使用. 设

$$C: z(t) = x(t) + \mathrm{i}y(t), \quad a \leqslant t \leqslant b$$

是一条光滑有向曲线, 且正方向为 t 增加的方向, 则 $\mathrm{d}z = z'(t)\,\mathrm{d}t$.

定理 3.3 (积分计算方法 I: 参变量法)

$$\int_C f(z)\,\mathrm{d}z = \int_a^b f\big[z(t)\big]z'(t)\,\mathrm{d}t.$$

这里的被积函数 $f\big[z(t)\big]z'(t)$ 既有实部又有虚部, 所以右侧积分的值是指分别以被积函数实部和虚部的积分作为实部和虚部的复数.

若 C 的正方向是从 $z(b)$ 到 $z(a)$, 则需要交换右侧积分的上下限. 若 C 是逐段光滑的, 则相应的积分就是各段的积分之和.

【例 3.1】 计算积分 $\displaystyle\int_C z\,\mathrm{d}z$, 其中 C 如图 3.3 所示, 是

(i) 从原点到点 $3+4\mathrm{i}$ 的直线段;

(ii) 抛物线 $y = \dfrac{4}{9}x^2$ 上从原点到点 $3+4\mathrm{i}$ 的曲线段.

解: (i) 由于 C 的参数方程为

$$z = (3+4\mathrm{i})t, \quad 0 \leqslant t \leqslant 1,$$

因此 $\mathrm{d}z = (3+4\mathrm{i})\,\mathrm{d}t$,

$$
\begin{aligned}
\int_C z\,\mathrm{d}z &= \int_0^1 (3+4\mathrm{i})t \cdot (3+4\mathrm{i})\,\mathrm{d}t \\
&= (3+4\mathrm{i})^2 \int_0^1 t\,\mathrm{d}t \\
&= \frac{1}{2}(3+4\mathrm{i})^2 = -\frac{7}{2} + 12\mathrm{i}.
\end{aligned}
$$

(ii) 由于 C 的参数方程为

$$z = t + \frac{4}{9}\mathrm{i}t^2, \quad 0 \leqslant t \leqslant 3,$$

因此 $\mathrm{d}z = \left(1 + \dfrac{8}{9}\mathrm{i}t\right)\mathrm{d}t$,

$$
\begin{aligned}
\int_C z\,\mathrm{d}z &= \int_0^3 \left(t + \frac{4}{9}\mathrm{i}t^2\right) \cdot \left(1 + \frac{8}{9}\mathrm{i}t\right)\mathrm{d}t \\
&= \int_0^3 \left(t + \frac{4}{3}\mathrm{i}t^2 - \frac{32}{81}t^3\right)\mathrm{d}t \\
&= \left.\left(\frac{1}{2}t^2 + \frac{4}{9}\mathrm{i}t^3 - \frac{8}{81}t^4\right)\right|_0^3 = -\frac{7}{2} + 12\mathrm{i}.
\end{aligned}
$$

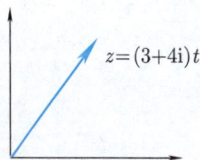

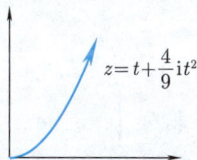

图 3.3 0 到 $3+4\mathrm{i}$ 的曲线

【例 3.2】 计算积分 $\int_C \operatorname{Re} z \, \mathrm{d}z$, 其中 C 如图 3.4 所示, 是

(i) 从原点到点 $1+\mathrm{i}$ 的直线段;

(ii) 从原点到点 i 再到 $1+\mathrm{i}$ 的折线段.

解: (i) 由于 C 的参数方程为

$$z = (1+\mathrm{i})t, \quad 0 \leqslant t \leqslant 1,$$

因此 $\operatorname{Re} z = t$, $\mathrm{d}z = (1+\mathrm{i})\,\mathrm{d}t$,

$$\int_C \operatorname{Re} z \, \mathrm{d}z = \int_0^1 t \cdot (1+\mathrm{i})\,\mathrm{d}t$$

$$= (1+\mathrm{i}) \int_0^1 t \,\mathrm{d}t$$

$$= \frac{1+\mathrm{i}}{2}.$$

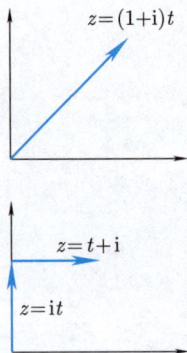

图 3.4 0 到 $1+\mathrm{i}$ 的曲线

(ii) 第一段参数方程为

$$z = \mathrm{i}t, \quad 0 \leqslant t \leqslant 1,$$

于是 $\operatorname{Re} z = 0$, 积分为零. 第二段参数方程为

$$z = t + \mathrm{i}, \quad 0 \leqslant t \leqslant 1,$$

于是 $\operatorname{Re} z = t$, $\mathrm{d}z = \mathrm{d}t$. 因此

$$\int_C \operatorname{Re} z \, \mathrm{d}z = \int_0^1 t \,\mathrm{d}t = \frac{1}{2}.$$

> **练习 3.1**
>
> 计算积分 $\int_C \operatorname{Im} z \, \mathrm{d}z$, 其中 C 是从原点沿 $y = x$ 到点 $1+\mathrm{i}$, 再到 i 的折线段.

可以看出, 即便起点和终点相同, 沿不同路径函数 $f(z) = \operatorname{Re} z$ 的积分也可能不同. 而函数 $f(z) = z$ 的积分则只和起点和终点位置有关, 与路径无关. 原因在于函数 $f(z) = z$ 是处处解析的, 我们会在下一节解释为何如此.

【例 3.3】 计算积分 $\oint_{|z-z_0|=r} \dfrac{\mathrm{d}z}{(z-z_0)^{n+1}}$, 其中 n 为整数.

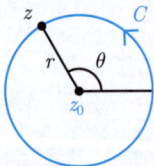

图 3.5 圆周

解: 如图 3.5 所示, 正向圆周 $C : |z-z_0| = r$ 的参数方程为

$$z = z_0 + r\mathrm{e}^{\mathrm{i}\theta}, \quad 0 \leqslant \theta \leqslant 2\pi.$$

于是 $\mathrm{d}z = \mathrm{i}r\mathrm{e}^{\mathrm{i}\theta}\,\mathrm{d}\theta$,

$$\oint_C \frac{\mathrm{d}z}{(z-z_0)^{n+1}} = \int_0^{2\pi} \mathrm{i}(r e^{\mathrm{i}\theta})^{-n}\, \mathrm{d}\theta$$

$$= \mathrm{i} r^{-n} \int_0^{2\pi} \big(\cos n\theta - \mathrm{i}\sin n\theta\big)\, \mathrm{d}\theta.$$

当 $n=0$ 时, 该积分为 $2\pi\mathrm{i}$. 当 $n \neq 0$ 时,

$$\oint_C \frac{\mathrm{d}z}{(z-z_0)^{n+1}} = \frac{\mathrm{i} r^{-n}}{n}\big(\sin n\theta + \mathrm{i}\cos n\theta\big)\Big|_0^{2\pi} = 0.$$

于是我们得到幂函数沿圆周的积分:

定理 3.4

$$\oint_{|z-z_0|=r} \frac{\mathrm{d}z}{(z-z_0)^{n+1}} = \begin{cases} 2\pi\mathrm{i}, & n=0, \\ 0, & n \neq 0. \end{cases}$$

这个积分以后经常用到. 特别地, 该积分的值与圆周的圆心和半径都无关.

与线积分一样, 复变函数积分有如下线性性质:

定理 3.5

(1) $\displaystyle\int_C f(z)\,\mathrm{d}z = -\int_{C^-} f(z)\,\mathrm{d}z.$

(2) $\displaystyle\int_C k f(z)\,\mathrm{d}z = k\int_C f(z)\,\mathrm{d}z.$

(3) $\displaystyle\int_C \big[f(z) \pm g(z)\big]\,\mathrm{d}z = \int_C f(z)\,\mathrm{d}z \pm \int_C g(z)\,\mathrm{d}z.$

3.1.3 长大不等式和大小圆弧引理

通过放缩, 我们可以得到如下积分不等式:

定理 3.6 (长大不等式)

设有向曲线 C 的长度为 L, 函数 $f(z)$ 在 C 上满足 $|f(z)| \leqslant M$, 则

$$\left| \int_C f(z)\,\mathrm{d}z \right| \leqslant \int_C |f(z)|\,\mathrm{d}s \leqslant ML.$$

若函数 $f(z)$ 在有向曲线 C 上的点处都连续, 则函数 $|f(z)|$ 是 C 的参变量 $t \in [a,b]$ 的连续函数, 从而有界, 即存在 M 使得对 C 上的任意一点 z, 有 $|f(z)| \leqslant M$.

证明: 如图 3.2 所示, 设 A, B 分别为有向曲线 C 的起点和终点, 在 C 上依次选择分点

$$z_0 = A,\ z_1,\ \cdots,\ z_{n-1},\ z_n = B,$$

并在每一段弧上任取 $\zeta_k \in \widehat{z_{k-1}z_k}$. 设 Δs_k 为弧 $\widehat{z_{k-1}z_k}$ 的长度, $\Delta z_k = z_k - z_{k-1}$, 则 $\Delta s_k \geqslant |\Delta z_k|$. 于是

$$\left|\sum_{k=1}^{n} f(\zeta_k)\,\Delta z_k\right| \leqslant \sum_{k=1}^{n}\left|f(\zeta_k)\,\Delta z_k\right|$$

$$\leqslant \sum_{k=1}^{n}\left|f(\zeta_k)\right|\Delta s_k \leqslant M\sum_{k=1}^{n}\Delta s_k.$$

设 $\mathrm{d}s = |\mathrm{d}z|$ 为弧长微元. 令 $n \to \infty$, 分割的最大弧长 $\to 0$, 我们得到

$$\left|\int_C f(z)\,\mathrm{d}z\right| \leqslant \int_C |f(z)|\,\mathrm{d}s \leqslant M\int_C \mathrm{d}s = ML.$$

尽管长大不等式给出的是积分的一个估计, 但它实际上常常用于证明等式. 将待证明等式两侧之差表达为一个复变函数积分的形式, 然后通过长大不等式估计其不超过任意给定的 $\varepsilon > 0$, 便可证明之.

> **定理 3.7 (小圆弧引理)**
>
> 设函数 $f(z)$ 满足 $\lim\limits_{z \to a}(z-a)f(z) = k$. 那么对于有向曲线
>
> $$C_r : z = a + r\mathrm{e}^{\mathrm{i}\theta}, \quad \theta_1 \leqslant \theta \leqslant \theta_2,$$
>
> 有
>
> $$\lim_{r \to 0}\int_{C_r} f(z)\,\mathrm{d}z = \mathrm{i}k(\theta_2 - \theta_1).$$

该条件隐含了函数 $f(z)$ 在 a 的一个去心邻域内有定义.

证明: 类似于定理 3.4 的证明,

$$\int_{C_r}\frac{1}{z-a}\,\mathrm{d}z = \int_{\theta_1}^{\theta_2}\frac{1}{r\mathrm{e}^{\mathrm{i}\theta}}\cdot \mathrm{i}r\mathrm{e}^{\mathrm{i}\theta}\,\mathrm{d}\theta = \mathrm{i}(\theta_2 - \theta_1).$$

对于任意 $\varepsilon > 0$, 存在 $\delta > 0$ 使得当 $|z-a| < \delta$ 时, $\left|(z-a)f(z) - k\right| \leqslant \varepsilon$. 当 $0 < r < \delta$ 时,

$$\left|\int_{C_r} f(z)\,\mathrm{d}z - \mathrm{i}k(\theta_2 - \theta_1)\right|$$

$$= \left|\int_{C_r}\left[f(z) - \frac{k}{z-a}\right]\mathrm{d}z\right|$$

$$= \left|\int_{C_r}\frac{(z-a)f(z) - k}{z-a}\,\mathrm{d}z\right| \leqslant \frac{\varepsilon}{r}\cdot 2\pi r = 2\pi\varepsilon.$$

于是, 命题得证.

特别地, 若 $C_r : |z-a| = r$, 则上述极限为 $2k\pi\mathrm{i}$.

类似地, 若 $\lim\limits_{z \to +\infty} zf(z) = k$, 则有大圆弧引理.

> **定理 3.8 (大圆弧引理)**
>
> 设函数 $f(z)$ 满足 $\lim\limits_{z\to\infty} zf(z) = k$. 那么对于有向曲线
>
> $$C_R : z = Re^{i\theta}, \quad \theta_1 \leqslant \theta \leqslant \theta_2,$$
>
> 有
>
> $$\lim_{R\to+\infty} \int_{C_R} f(z)\,\mathrm{d}z = ik(\theta_2 - \theta_1).$$

上述结论中实际上只需要函数 $f(z)$ 在 $\theta_1 \leqslant \operatorname{Arg} z \leqslant \theta_2$ 范围内的极限满足相应条件即可. 此外, 实际应用中遇到的常常是 $k = 0$ 的情形.

3.2 柯西-古萨定理和复合闭路定理

3.2.1 柯西-古萨定理

观察图 3.6 中的两条有向曲线 C_1, C_2. 设 $C = C_1^- + C_2$. 可以看出

$$\int_{C_1} f(z)\,\mathrm{d}z = \int_{C_2} f(z)\,\mathrm{d}z$$

当且仅当

$$\oint_C f(z)\,\mathrm{d}z = \int_{C_2} f(z)\,\mathrm{d}z - \int_{C_1} f(z)\,\mathrm{d}z = 0.$$

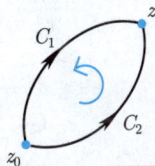

图 3.6 起点和终点相同的有向曲线

所以 *函数 $f(z)$ 的积分只与起点终点有关 $\iff$ 函数 $f(z)$ 绕任意闭路的积分为零*.

上一节中我们计算了函数 $f(z) = z, \operatorname{Re} z, \dfrac{1}{z - z_0}$ 的积分, 其中

- 函数 $f(z) = z$ 处处解析, 积分只与起点终点有关 (闭路积分为零);

- 函数 $f(z) = \dfrac{1}{z - z_0}$ 有奇点 z_0, 沿绕 z_0 闭路的积分非零;

- 函数 $f(z) = \operatorname{Re} z$ 处处不解析, 积分与路径有关 (闭路积分非零).

由此可见, 函数沿闭路积分为零, 与函数在闭路内部是否解析有关.

设 C 是一条闭路, D 是其内部区域. 设函数 $f(z)$ 在闭区域 $\overline{D} = D \cup C$ 内解析, 即存在区域 $B \supseteq \overline{D}$ 使得函数 $f(z)$ 在区域 B 内解析. 为了简便, 我们假设导函数 $f'(z)$ 连续, 则

$$\oint_C f(z)\,\mathrm{d}z = \oint_C (u\,\mathrm{d}x - v\,\mathrm{d}y) + i\oint_C (v\,\mathrm{d}x + u\,\mathrm{d}y).$$

由格林公式和 C-R 方程, 可得

$$\oint_C f(z)\,\mathrm{d}z = -\iint_D (v_x + u_y)\,\mathrm{d}x\,\mathrm{d}y + \mathrm{i}\iint_D (u_x - v_y)\,\mathrm{d}x\,\mathrm{d}y = 0.$$

实际上, 上述条件可以减弱并得到:

> **定理 3.9 (柯西-古萨定理)**
>
> 设函数 $f(z)$ 在闭路 C 上连续, 闭路 C 内部解析, 则
>
> $$\oint_C f(z)\,\mathrm{d}z = 0.$$

柯西-古萨定理是我们得到的关于复积分的第一个定性结果, 我们将从它出发得到整个复变函数积分理论.

> **推论 3.10**
>
> 设函数 $f(z)$ 在单连通区域 D 内解析, C 是区域 D 内一条闭合曲线, 则
>
> $$\oint_C f(z)\,\mathrm{d}z = 0.$$

这里的闭合曲线可以不是闭路, 如图 3.7 所示, 但闭合曲线总可以拆分为一些闭路.

【**例 3.4**】 计算积分 $\displaystyle\oint_{|z+1|=2} \frac{1}{2z-3}\,\mathrm{d}z$.

解: 由于函数 $\dfrac{1}{2z-3}$ 在 $|z+1| \leqslant 2$ 内解析, 因此, 由柯西-古萨定理, 得

$$\oint_{|z+1|=2} \frac{1}{2z-3}\,\mathrm{d}z = 0.$$

【**例 3.5**】 计算积分 $\displaystyle\oint_{|z|=2} \frac{\mathrm{e}^z}{\bar{z}}\,\mathrm{d}z$.

解: 注意到当 $|z| = 2$ 时,

$$\frac{\mathrm{e}^z}{\bar{z}} = \frac{1}{4} z\mathrm{e}^z.$$

由于函数 $\dfrac{1}{4} z\mathrm{e}^z$ 在 $|z| \leqslant 2$ 内解析, 因此, 由柯西-古萨定理, 得

$$\oint_{|z|=2} \frac{\mathrm{e}^z}{\bar{z}}\,\mathrm{d}z = \oint_{|z|=2} \frac{1}{4} z\mathrm{e}^z\,\mathrm{d}z = 0.$$

古萨去掉了柯西证明该定理时要求导函数 $f'(z)$ 连续的条件. 实际上该定理对任意**可求长曲线**(即可通过黎曼积分得到其长度的曲线)均成立, 证明方式较多, 如 Pringsheim 证法、Beardon 证法、Artin 证法、Dixon 证法等, 感兴趣的可阅读 [文献 1, 文献 4, 文献 9, 文献 13].

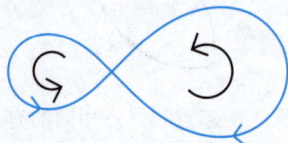

图 **3.7** 闭合曲线的分拆

实际情况可能会更复杂, 如闭合曲线有重叠的曲线部分, 或者需要拆分成无穷多个闭路. 不过在这些情形下确实该结论都是成立的, 具体解释这里不作展开.

练习 3.2

计算:

(i) $\displaystyle\oint_{|z-2|=1} \frac{1}{z^2+z}\,\mathrm{d}z$;

(ii) $\displaystyle\oint_{|z|=2} \frac{\sin z}{|z|}\,\mathrm{d}z$.

【例 3.6】 计算积分 $\oint_C \dfrac{1}{z(z^2+1)}\,\mathrm{d}z$, 其中 $C : |z-\mathrm{i}| = \dfrac{1}{2}$.

解: 通过待定系数法可以得到

$$\frac{1}{z(z^2+1)} = \frac{1}{z} - \frac{1}{2}\left(\frac{1}{z+\mathrm{i}} + \frac{1}{z-\mathrm{i}}\right).$$

由于函数 $\dfrac{1}{z}, \dfrac{1}{z+\mathrm{i}}$ 均在 $|z-\mathrm{i}| \leqslant \dfrac{1}{2}$ 内解析, 因此, 由柯西-古萨定理, 得

$$\oint_C \frac{1}{z}\,\mathrm{d}z = \oint_C \frac{1}{z+\mathrm{i}}\,\mathrm{d}z = 0.$$

再由定理 3.4, 得到

$$\oint_C \frac{1}{z(z^2+1)}\,\mathrm{d}z = -\frac{1}{2}\oint_C \frac{1}{z-\mathrm{i}}\,\mathrm{d}z = -\pi\mathrm{i}.$$

3.2.2 复合闭路定理和连续变形定理

设 $C_0, C_1, \cdots, C_n$ 是 $n+1$ 条闭路, 其中 $C_1, \cdots, C_n$ 是两两分离的, 而且都包含在 C_0 的内部. 这样它们围成了一个有界多连通区域 D, 即 C_0 的内部去掉其他闭路及内部. 如图 3.8 所示, 它的边界称为一个**复合闭路**

两两分离每一条闭路都包含在其他闭路的外部.

$$C = C_0 + C_1^- + \cdots + C_n^-.$$

沿着 C 前进的点, 区域 D 总在它的左侧, 因此, 我们这样规定它的正方向.

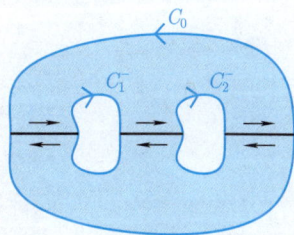

图 3.8 多条闭路围成的区域

> **定理 3.11 (复合闭路定理)**
>
> 设区域 D 是复合闭路 $C = C_0 + C_1^- + \cdots + C_n^-$ 围成的区域. 设函数 $f(z)$ 在闭路 C 上连续, 区域 D 内解析, 则
>
> $$\oint_{C_0} f(z)\,\mathrm{d}z = \oint_{C_1} f(z)\,\mathrm{d}z + \cdots + \oint_{C_n} f(z)\,\mathrm{d}z.$$

证明: 如图 3.8 所示, 添加曲线 $\gamma_0, \gamma_1, \cdots, \gamma_n$ 将 $C_0, C_1, \cdots, C_n$ 依次连接起来, 则它们将区域 D 划分成了两个单连通区域 D_1, D_2. 对函数 $f(z)$ 在区域 D_1, D_2 的边界上应用柯西-古萨定理并相加. 注意到 γ_k 对应部分的积分正好相互抵消, 于是得到

$$\oint_C f(z)\,\mathrm{d}z = \oint_{C_0} f(z)\,\mathrm{d}z + \oint_{C_1^-} f(z)\,\mathrm{d}z + \cdots + \oint_{C_n^-} f(z)\,\mathrm{d}z = 0.$$

由此得到

$$\oint_{C_0} f(z)\,\mathrm{d}z = \oint_{C_1} f(z)\,\mathrm{d}z + \cdots + \oint_{C_n} f(z)\,\mathrm{d}z.$$

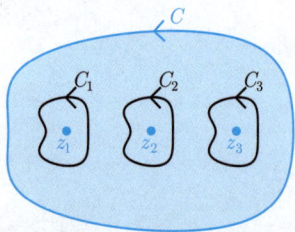

图 3.9 分离闭路内的奇点

该定理可看成是柯西-古萨定理在多连通情形的一个推广.

在实际应用中, 若函数 $f(z)$ 在闭路 C 的内部有有限多个奇点 $z_1, \cdots, z_n$, 则我们可以在闭路 C 内部构造分离的闭路 $C_1, \cdots, C_n$, 使得每个闭路 C_k 内部只包含一个奇点 z_k, 见图 3.9. 这样, 内部含多个奇点的情形就可以化成内部只含一个奇点的情形. 最后将这些闭路上的积分相加即可得到函数 $f(z)$ 在闭路 C 上的积分.

从复合闭路定理还可以看出, 在计算积分 $\oint_C f(z)\,\mathrm{d}z$ 时, 闭路 C 的具体形状无关紧要, 只要其内部奇点不变, 闭路 C 可以任意连续变形, 如图 3.10 所示. 这是因为我们总可选择一个包含这些奇点的闭路 C_0, 使得闭路 C_0 包含在闭路 C 及其变形后的闭路 C' 内部. 这样它们的积分自然都和闭路 C_0 上的积分相同.

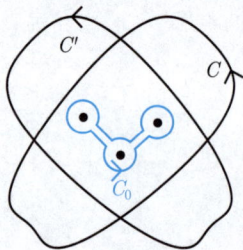

图 3.10 闭路连续变形不改变积分值

> **定理 3.12 (连续变形定理)**
>
> 若函数 $f(z)$ 在闭路 C_1, C_2 上连续, 且在闭路 C_1, C_2 内部具有相同的奇点, 则
> $$\oint_{C_1} f(z)\,\mathrm{d}z = \oint_{C_2} f(z)\,\mathrm{d}z.$$

【例 3.7】 求证: 对于闭路 C, 若 $a \notin C$, n 为非零整数, 则

$$\oint_C \frac{1}{(z-a)^{n+1}}\,\mathrm{d}z = 0.$$

证明: 若 a 在闭路 C 的外部, 则函数 $\dfrac{1}{(z-a)^{n+1}}$ 在闭路 C 及其内部解析. 由柯西-古萨定理, 得

$$\oint_C \frac{1}{(z-a)^{n+1}}\,\mathrm{d}z = 0.$$

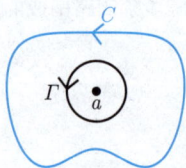

图 3.11 绕一点的闭路

若 a 在闭路 C 的内部, 如图 3.11 所示, 令 $\varGamma$ 为以 a 为圆心的圆周. 则由连续变形定理和定理 3.4, 得

$$\oint_C \frac{1}{(z-a)^{n+1}}\,\mathrm{d}z = \oint_{\varGamma} \frac{1}{(z-a)^{n+1}}\,\mathrm{d}z = 0.$$

同理, 由连续变形定理和定理 3.4, 可知当 a 在闭路 C 的内部且 $n = 0$ 时, 积分为 $2\pi\mathrm{i}$.

定理 3.13

当 a 在闭路 C 的内部时，

$$\oint_C \frac{\mathrm{d}z}{(z-a)^{n+1}} = \begin{cases} 2\pi\mathrm{i}, & n = 0, \\ 0, & n \neq 0. \end{cases}$$

【例 3.8】 求积分 $\oint_\Gamma \frac{z+1}{z^2-z}\mathrm{d}z$，其中 Γ 是以 $2\pm\mathrm{i}, -2\pm\mathrm{i}$ 为顶点的矩形闭路.

解： 函数 $\frac{z+1}{z^2-z}$ 在闭路 Γ 内部有两个奇点 $0, 1$. 如图 3.12 所示，设 C_1, C_2 为内部分别包含 $0, 1$ 的分离闭路. 由复合闭路定理，可知

$$\oint_\Gamma \frac{z+1}{z^2-z}\mathrm{d}z = \oint_{C_1} \frac{z+1}{z^2-z}\mathrm{d}z + \oint_{C_2} \frac{z+1}{z^2-z}\mathrm{d}z.$$

再由

$$\frac{z+1}{z^2-z} = \frac{2}{z-1} - \frac{1}{z},$$

得到

$$\oint_\Gamma \frac{z+1}{z^2-z}\mathrm{d}z = \oint_{C_1} \frac{2}{z-1}\mathrm{d}z - \oint_{C_1} \frac{1}{z}\mathrm{d}z + \oint_{C_2} \frac{2}{z-1}\mathrm{d}z - \oint_{C_2} \frac{1}{z}\mathrm{d}z.$$

最后由定理 3.13，得到

$$\oint_\Gamma \frac{1}{z^2-z}\mathrm{d}z = 4\pi\mathrm{i} - 0 + 0 - 2\pi\mathrm{i} = 2\pi\mathrm{i}.$$

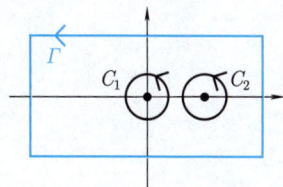

图 3.12 矩形闭路

【例 3.9】 求积分 $\oint_\Gamma \frac{\sin z}{z}\mathrm{d}z$，其中 $\Gamma = C_1 + C_2^-$，$C_1 : |z| = 2$，$C_2 : |z| = 1$.

解： 如图 3.13 所示，函数 $\frac{\sin z}{z}$ 在 C_1, C_2 围城的圆环域内解析. 由复合闭路定理，可知

$$\oint_\Gamma \frac{\sin z}{z}\mathrm{d}z = 0.$$

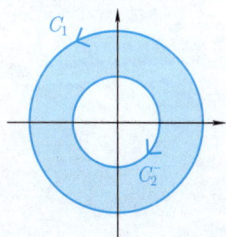

图 3.13 圆环域的边界

最后我们来看有理函数绕闭路积分的一个结论.

【例 3.10】 设函数 $f(z) = \frac{p(z)}{q(z)}$ 是一个有理函数，其中多项式 $p(z), q(z)$ 的次数分别是 m, n. 求证：若函数 $f(z)$ 的所有奇点都在

闭路 C 的内部, 则

$$\oint_C f(z)\,\mathrm{d}z = \begin{cases} 0, & n-m \geqslant 2, \\ 2\pi\mathrm{i}a/b, & n-m = 1, \end{cases}$$

其中 a, b 分别是 $p(z), q(z)$ 的最高次项系数.

证明: 设 $C_R : |z| = R$. 注意到

$$\lim_{z \to +\infty} z f(z) = \begin{cases} 0, & n-m \geqslant 2, \\ a/b, & n-m = 1, \end{cases}$$

于是由大圆弧引理, 可知

$$\lim_{R \to +\infty} \oint_{C_R} f(z)\,\mathrm{d}z = \begin{cases} 0, & n-m \geqslant 2, \\ 2\pi\mathrm{i}a/b, & n-m = 1. \end{cases}$$

由连续变形定理可知, 当 R 充分大使得函数 $f(z)$ 的所有奇点都在 C_R 的内部时,

$$\oint_C f(z)\,\mathrm{d}z = \oint_{C_R} f(z)\,\mathrm{d}z$$

恒成立, 由此, 命题得证.

> **练习 3.3**
>
> 计算积分
>
> $$\oint_{|z|=2} \frac{z^2}{(2z+1)(z^2+1)}.$$

注意闭路 C 内部必须包含函数 $f(z)$ 的所有奇点上述结论方可成立. 若 $m \geqslant n$, 则我们可将函数 $f(z)$ 写成一个多项式和上述形式有理函数之和.

3.2.3 原函数和不定积分

设有向曲线 $C : z = z(t), a \leqslant t \leqslant b$ 起于 $z_1 = z(a)$, 终于 $z_2 = z(b)$. 若存在曲线 C 上的解析函数 $F(z)$, 使得 $F'(z) = f(z)$, 则

$$\begin{aligned} \int_C f(z)\,\mathrm{d}z &= \int_a^b f\big[z(t)\big] z'(t)\,\mathrm{d}t \\ &= F\big[z(t)\big]\Big|_a^b = F(z_2) - F(z_1). \end{aligned} \tag{3.1}$$

此即牛顿-莱布尼茨公式. 我们称函数 $F(z)$ 是函数 $f(z)$ 的一个原函数. 特别地, 若 C 是闭路, 则 $\oint_C f(z)\,\mathrm{d}z = 0$.

例如, 对于整数 $n \neq 0$, 当 a 在闭路 C 的内部时,

$$f(z) = \frac{1}{(z-a)^{n+1}}$$

在闭路 C 上有原函数 $F(z) = -\dfrac{1}{n(z-a)^n}$. 从而 $\displaystyle\oint_C f(z)\,\mathrm{d}z = 0$.
于是我们再次证明了定理 3.13 中 $n \neq 0$ 的情形. 但需要注意函数
$\dfrac{1}{z-a}$ 在闭路 C 上并没有原函数, 因为函数 $\ln(z-a)$ 在闭路 C 上
有奇点.

  不同于单变量实函数的情形, 并不是所有的连续函数都有原函数. 设函数 $f(z)$ 在单连通区域 D 内解析, C 是区域 D 内一条起于 z_0 终于 z 的有向曲线. 由柯西-古萨定理可知, 积分 $\displaystyle\int_C f(\zeta)\,\mathrm{d}\zeta$ 与路径无关, 只与 z_0, z 有关. 因此, 我们也将其记为 $\displaystyle\int_{z_0}^{z} f(\zeta)\,\mathrm{d}\zeta$. 对于任意固定的 $z_0 \in D$, 函数

$$F(z) = \int_{z_0}^{z} f(\zeta)\,\mathrm{d}\zeta$$

定义了一个单值函数.

定理 3.14

函数 $F(z)$ 是区域 D 内的解析函数, 且 $F'(z) = f(z)$.

证明: 如图 3.14 所示, 以 z 为圆心作一包含在区域 D 内半径为 r 的圆 K. 当 $|\Delta z| < r$ 时,

$$F(z + \Delta z) - F(z) = \int_{z_0}^{z+\Delta z} f(\zeta)\,\mathrm{d}\zeta - \int_{z_0}^{z} f(\zeta)\,\mathrm{d}\zeta = \int_{z}^{z+\Delta z} f(\zeta)\,\mathrm{d}\zeta.$$

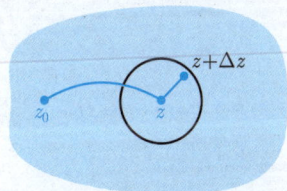

图 **3.14** 变上限积分函数的导数

容易知道

$$\int_{z}^{z+\Delta z} f(z)\,\mathrm{d}\zeta = f(z)\int_{z}^{z+\Delta z} \mathrm{d}\zeta = f(z)\,\Delta z.$$

我们需要比较上述两个积分. 取 z 到 $z + \Delta z$ 的积分路径为直线段. 由函数 $f(z)$ 解析从而连续可知, 对于任意 $\varepsilon > 0$, 存在 $\delta > 0$ 使得当 $|\zeta - z| < \delta$ 时, $|f(\zeta) - f(z)| < \varepsilon$. 不妨设 $\delta < r$. 当 $|\Delta z| < \delta$ 时, 由长大不等式, 可知

$$\left| \frac{F(z+\Delta z) - F(z)}{\Delta z} - f(z) \right| = \left| \int_{z}^{z+\Delta z} \frac{f(\zeta) - f(z)}{\Delta z}\,\mathrm{d}\zeta \right|$$

$$\leqslant \frac{\varepsilon}{|\Delta z|} \cdot |\Delta z| = \varepsilon.$$

由于 ε 是任意的, 因此

$$f(z) = \lim_{\Delta z \to 0} \frac{F(z+\Delta z) - F(z)}{\Delta z} = F'(z).$$

由此可知, 单连通区域上的解析函数总有原函数.

> **定理 3.15 (积分计算方法 II: 原函数法)**
>
> 设函数 $f(z)$ 在单连通区域 D 内解析, z_1 至 z_2 的积分路径落在区域 D 内, 则
>
> $$\int_{z_1}^{z_2} f(z)\,\mathrm{d}z = F(z_1) - F(z_2),$$
>
> 其中在区域 D 内, $F'(z) = f(z)$.

在例 2.8 中我们知道导函数为 0 的函数只能是常值函数, 因此

$$F(z) = \int_{z_0}^{z} f(z)\,\mathrm{d}z + C.$$

我们称之为函数 $f(z)$ 的**不定积分**, 记作 $\displaystyle\int f(z)\,\mathrm{d}z$.

复变量函数和实变量函数的牛顿-莱布尼茨定理具有一定的差别: 复变量情形要求是单连通区域内解析函数, 实变量情形要求是闭区间上连续函数. 究其原因, 都是为了保证原函数一定存在.

【例 3.11】 计算积分 $\displaystyle\int_{z_0}^{z_1} z\,\mathrm{d}z$.

解: 由于函数 $f(z) = z$ 处处解析, 且

$$\int z\,\mathrm{d}z = \frac{1}{2}z^2 + C,$$

因此

$$\int_{z_0}^{z_1} z\,\mathrm{d}z = \frac{1}{2}z^2\Big|_{z_0}^{z_1} = \frac{1}{2}(z_1^2 - z_0^2).$$

该结论解释了例 3.1 中为何 z 沿着 0 到 $3+4\mathrm{i}$ 的积分总等于

$$\int_0^{3+4\mathrm{i}} z\,\mathrm{d}z = -\frac{7}{2} + 12\mathrm{i}.$$

【例 3.12】 计算积分 $\displaystyle\int_0^{\pi\mathrm{i}} z\cos z^2\,\mathrm{d}z$.

解: 由于函数 $f(z) = z\cos z^2$ 处处解析, 且

$$\int z\cos z^2\,\mathrm{d}z = \frac{1}{2}\int \cos z^2\,\mathrm{d}z^2 = \frac{1}{2}\sin z^2 + C,$$

因此

$$\int_0^{\pi\mathrm{i}} z\cos z^2\,\mathrm{d}z = \frac{1}{2}\sin z^2\Big|_0^{\pi\mathrm{i}} = -\frac{1}{2}\sin \pi^2.$$

这里我们使用了凑微分法求不定积分.

【例 3.13】 计算积分 $\int_0^{\mathrm{i}} z \cos z \, \mathrm{d}z$.

解： 由于函数 $f(z) = z \cos z$ 处处解析，且

$$
\begin{aligned}
\int z \cos z \, \mathrm{d}z &= \int z \, \mathrm{d}(\sin z) \\
&= z \sin z - \int \sin z \, \mathrm{d}z \\
&= z \sin z + \cos z + C,
\end{aligned}
$$

因此

$$
\begin{aligned}
\int_0^{\mathrm{i}} z \cos z \, \mathrm{d}z &= (z \sin z + \cos z)\Big|_0^{\mathrm{i}} \\
&= \mathrm{i} \sin \mathrm{i} + \cos \mathrm{i} - 1 = \mathrm{e}^{-1} - 1.
\end{aligned}
$$

> **练习 3.4**
>
> 计算积分 $\int_0^1 z \sin z \, \mathrm{d}z$.

这里我们使用了 分部积分法 求不定积分.

【例 3.14】 计算积分 $\int_C (2z^2 + 8z + 1) \, \mathrm{d}z$，如图 3.15 所示，其中 C 是摆线

$$
\begin{cases} x = a(\theta - \sin \theta), \\ y = a(1 - \cos \theta), \end{cases} \qquad 0 \leqslant \theta \leqslant 2\pi.
$$

解： 由于函数 $f(z) = 2z^2 + 8z + 1$ 处处解析，因此

$$
\begin{aligned}
\int_C (2z^2 + 8z + 1) \, \mathrm{d}z &= \int_0^{2\pi a} (2z^2 + 8z + 1) \, \mathrm{d}z \\
&= \left(\frac{2}{3} z^3 + 4z^2 + z \right)\Big|_0^{2\pi a} \\
&= \frac{16}{3} \pi^3 a^3 + 16\pi^2 a^2 + 2\pi a.
\end{aligned}
$$

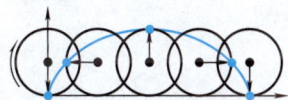

图 3.15 摆线

摆线是圆周在实轴上方滚动时，圆周上固定一点的轨迹.

可以看出，该积分与摆线方程并无关系，切勿被题干所误导.

【例 3.15】 如图 3.16 所示，设曲线 C 为沿着 $|z| = 1$ 从 1 到 i 的逆时针圆弧，求 $\int_C \dfrac{\ln(z+1)}{z+1} \, \mathrm{d}z$.

解： 函数 $f(z) = \dfrac{\ln(z+1)}{z+1}$ 在 C 上的不定积分为

$$\int \frac{\ln(z+1)}{z+1}\,\mathrm{d}z = \int \ln(z+1)\,\mathrm{d}\left[\ln(z+1)\right] = \frac{1}{2}\ln^2(z+1) + c.$$

因此

$$\int_C \frac{\ln(z+1)}{z+1}\,\mathrm{d}z = \frac{1}{2}\ln^2(z+1)\Big|_1^i = \frac{1}{2}\left(\ln^2(1+i) - \ln^2 2\right)$$

$$= \frac{1}{2}\left[\left(\ln\sqrt{2} + \frac{\pi}{4}i\right)^2 - \ln^2 2\right]$$

$$= -\frac{\pi^2}{32} - \frac{3}{8}\ln^2 2 + \frac{\pi\ln 2}{8}i.$$

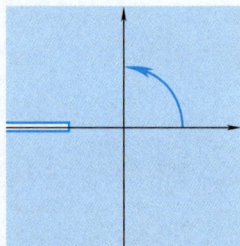

图 3.16 函数 $\dfrac{\ln(z+1)}{z+1}$ 的解析区域

该积分通常使用参变量法来计算. 不过，尽管被积函数并没有原函数，我们也可以通过有向曲线 C 的方程来将被积函数变形为 z 的表达式，从而可以使用原函数法来计算.

【例 3.16】 计算积分 $\displaystyle\int_C (\operatorname{Re} z + \operatorname{Im} z)\,\mathrm{d}z$，其中曲线 C 是从原点到点 $1+2i$ 的直线段.

解： 由于在曲线 C 上有 $y = 2x$，因此

$$z = x + yi = (1+2i)x, \qquad x + y = 3x = \frac{3}{1+2i}z.$$

于是

$$\int_C (\operatorname{Re} z + \operatorname{Im} z)\,\mathrm{d}z = \frac{3}{1+2i}\int_C z\,\mathrm{d}z = \frac{3z^2}{2(1+2i)}\Big|_0^{1+2i}$$

$$= \frac{3(1+2i)}{2} = \frac{3}{2} + 3i.$$

3.3 柯西积分公式

3.3.1 解析函数的柯西积分公式

柯西-古萨定理是解析函数理论的基础，但在很多情形下它由柯西积分公式表现.

> **定理 3.16（柯西积分公式）**
>
> 设函数 $f(z)$ 在闭路 C 及其内部 D 解析，则对任意 $z_0 \in D$，
>
> $$f(z_0) = \frac{1}{2\pi i}\oint_C \frac{f(z)}{z - z_0}\,\mathrm{d}z.$$

若 z_0 在区域 D 的外部，则由柯西-古萨定理，可知右侧积分是 0.

解析函数可以用一个积分

$$f(z) = \frac{1}{2\pi \mathrm{i}} \oint_C \frac{f(\zeta)}{\zeta - z} \mathrm{d}\zeta, \quad z \in D$$

来表示, 这是研究解析函数理论的强有力工具.

解析函数在闭路 C 内部的取值完全由它在闭路 C 上的值所确定. 这也是解析函数的特点之一. 特别地, 解析函数在圆心处的值等于它在圆周上的平均值. 设 $z = z_0 + R\mathrm{e}^{\mathrm{i}\theta}$, 则 $\mathrm{d}z = \mathrm{i}R\mathrm{e}^{\mathrm{i}\theta} \mathrm{d}\theta$,

$$f(z_0) = \frac{1}{2\pi \mathrm{i}} \oint_C \frac{f(z)}{z - z_0} \mathrm{d}z = \frac{1}{2\pi} \int_0^{2\pi} f(z_0 + R\mathrm{e}^{\mathrm{i}\theta}) \mathrm{d}\theta.$$

证明: 由连续性, 可知对于任意 $\varepsilon > 0$, 存在 $\delta > 0$, 使得当 $|z - z_0| \leqslant \delta$ 时, $z \in D$ 且 $|f(z) - f(z_0)| < \varepsilon$. 设 $\Gamma : |z - z_0| = \delta$. 由复合闭路定理、定理 3.13 和长大不等式, 可知

$$
\begin{aligned}
\left| \oint_C \frac{f(z)}{z - z_0} \mathrm{d}z - 2\pi \mathrm{i} f(z_0) \right| &= \left| \oint_\Gamma \frac{f(z)}{z - z_0} \mathrm{d}z - 2\pi \mathrm{i} f(z_0) \right| \\
&= \left| \oint_\Gamma \frac{f(z)}{z - z_0} \mathrm{d}z - \oint_\Gamma \frac{f(z_0)}{z - z_0} \mathrm{d}z \right| \\
&= \left| \oint_\Gamma \frac{f(z) - f(z_0)}{z - z_0} \mathrm{d}z \right| \\
&\leqslant \frac{\varepsilon}{\delta} \cdot 2\pi \delta = 2\pi \varepsilon.
\end{aligned}
$$

由 ε 的任意性可知 $\oint_C \dfrac{f(z)}{z - z_0} \mathrm{d}z = 2\pi \mathrm{i} f(z_0)$.

可以看出, 当被积函数分子解析而分母形如 $z - z_0$ 时, 绕闭路的积分可以使用柯西积分公式计算.

【例 3.17】 计算积分 $\displaystyle\oint_{|z|=4} \frac{\sin z}{z} \mathrm{d}z$.

解: 由于函数 $\sin z$ 处处解析, 因此, 取 $f(z) = \sin z, z_0 = 0$, 并应用柯西积分公式, 得

$$\oint_{|z|=4} \frac{\sin z}{z} \mathrm{d}z = 2\pi \mathrm{i} \sin z|_{z=0} = 0.$$

【例 3.18】 计算积分 $\displaystyle\oint_{|z|=2} \frac{z^2 \mathrm{e}^z}{z - 1} \mathrm{d}z$.

解: 由于函数 $z^2\mathrm{e}^z$ 处处解析, 因此, 取 $f(z) = z^2\mathrm{e}^z, z_0 = 1$, 并应用柯西积分公式, 得

$$\oint_{|z|=2} \frac{z^2\mathrm{e}^z}{z-1}\,\mathrm{d}z = 2\pi\mathrm{i} z^2 \mathrm{e}^z\big|_{z=1} = 2\pi\mathrm{e}\mathrm{i}.$$

> **练习 3.5**
>
> 计算积分 $\displaystyle\oint_{|z|=2\pi} \frac{\cos z}{z-\pi}\,\mathrm{d}z.$

【例 3.19】 设 $f(z) = \displaystyle\oint_{|\zeta|=\sqrt{3}} \frac{3\zeta^2 + 7\zeta + 1}{\zeta - z}\,\mathrm{d}\zeta$, 求 $f'(1+\mathrm{i})$.

解: 当 $|z| < \sqrt{3}$ 时, 由柯西积分公式, 得

$$f(z) = \oint_{|\zeta|=\sqrt{3}} \frac{3\zeta^2 + 7\zeta + 1}{\zeta - z}\,\mathrm{d}\zeta$$

$$= 2\pi\mathrm{i}(3\zeta^2 + 7\zeta + 1)\big|_{\zeta=z}$$

$$= 2\pi\mathrm{i}(3z^2 + 7z + 1).$$

当 $|z| > \sqrt{3}$ 时, $f(z) \equiv 0$.

因此

$$f'(z) = 2\pi\mathrm{i}(6z + 7), \quad f'(1+\mathrm{i}) = 2\pi\mathrm{i}(13 + 6\mathrm{i}) = -12\pi + 26\pi\mathrm{i}.$$

【例 3.20】 计算积分 $\displaystyle\oint_{|z|=3} \frac{\mathrm{e}^z}{z(z^2-1)}\,\mathrm{d}z.$

解: 被积函数的奇点为 $0, \pm 1$. 设闭路 C_1, C_2, C_3 分别为绕 $0, 1, -1$ 的分离圆周. 由复合闭路定理和柯西积分公式, 得

$$\oint_{|z|=3} \frac{\mathrm{e}^z}{z(z^2-1)}\,\mathrm{d}z$$

$$= \oint_{C_1+C_2+C_3} \frac{\mathrm{e}^z}{z(z^2-1)}\,\mathrm{d}z$$

$$= 2\pi\mathrm{i}\left[\frac{\mathrm{e}^z}{z^2-1}\bigg|_{z=0} + \frac{\mathrm{e}^z}{z(z+1)}\bigg|_{z=1} + \frac{\mathrm{e}^z}{z(z-1)}\bigg|_{z=-1}\right]$$

$$= 2\pi\mathrm{i}\left(-1 + \frac{\mathrm{e}}{2} + \frac{\mathrm{e}^{-1}}{2}\right) = \pi\mathrm{i}(\mathrm{e} + \mathrm{e}^{-1} - 2).$$

3.3.2　高阶导数的柯西积分公式

通过解析函数的积分表示形式, 我们可以说明解析函数是任意阶可导的.

定理 3.17 (柯西积分公式)

设函数 $f(z)$ 在闭路 C 及其内部 D 解析, 则对于任意 $z_0 \in D$,

$$f^{(n)}(z_0) = \frac{n!}{2\pi i} \oint_C \frac{f(z)}{(z - z_0)^{n+1}} \, \mathrm{d}z.$$

在上一节的柯西积分公式中, 若等式两边同时对 z_0 求 n 阶导数, 则可得到该公式. 不过, 这种证明方式并不正确, 因为我们需要先说明柯西积分公式等式两边确实存在任意阶导数.

证明: $n = 0$ 的情形就是柯西积分公式. 假设已经知道 $n - 1 \geqslant 0$ 的情形, 我们来推出 n 的情形. 设 δ 为 z_0 到闭路 C 的最短距离. 当 $|h| < \delta$ 时, $z_0 + h \in D$. 由归纳假设, 得

$$f^{(n-1)}(z_0) = \frac{(n-1)!}{2\pi i} \oint_C \frac{f(z)}{(z - z_0)^n} \, \mathrm{d}z,$$

$$f^{(n-1)}(z_0 + h) = \frac{(n-1)!}{2\pi i} \oint_C \frac{f(z)}{(z - z_0 - h)^n} \, \mathrm{d}z.$$

设

$$I := \frac{f^{(n-1)}(z_0 + h) - f^{(n-1)}(z_0)}{h} - \frac{n!}{2\pi i} \oint_C \frac{f(z)}{(z - z_0)^{n+1}} \, \mathrm{d}z$$

$$= \frac{(n-1)!}{2\pi i} \oint_C \frac{(t+h)^n - t^n}{h(t+h)^n t^n} f(z) \, \mathrm{d}z - \frac{n!}{2\pi i} \oint_C \frac{1}{(t+h)^{n+1}} f(z) \, \mathrm{d}z$$

$$= \frac{(n-1)!}{2\pi i} \oint_C \frac{(t+h)^{n+1} - (n+1)ht^n - t^{n+1}}{h(t+h)^{n+1} t^n} f(z) \, \mathrm{d}z$$

$$= \frac{(n-1)!}{2\pi i} \oint_C \frac{f(z)}{(t+h)^{n+1} t^n} \sum_{k=1}^{n} C_{n+1}^{k+1} h^k t^{n-k} \, \mathrm{d}z,$$

其中 $t = z - z_0 - h$. 我们只需要证明当 $h \to 0$ 时, I 的极限为零即可.

由于函数 $f(z)$ 在闭路 C 上连续, 因此, 存在 M 使得在闭路 C 上 $|f(z)| \leqslant M$. 注意到 $z \in C$ 时,

$$|t + h| = |z - z_0| \geqslant \delta, \quad |t| = |z - z_0 - h| \geqslant \delta - |h|.$$

由长大不等式, 得

$$|I| \leqslant \frac{(n-1)! ML}{2\pi \delta^{n+1} (\delta - |h|)^n} \sum_{k=1}^{n} C_{n+1}^{k+1} |h|^k (\delta - |h|)^{n-k},$$

其中 L 是闭路 C 的长度. 当 $h \to 0$ 时, 该式的极限为 0, 因此, n 的情形得证. 由数学归纳法可知该定理成立.

由高阶导数的柯西积分公式可知, 区域 D 上的解析函数 $f(z)$ 一定任意阶可导, 各阶导数仍然是解析的. 这一点与实变量函数有本质的区别.

利用高阶导数的柯西积分公式

$$\oint_C \frac{f(z)}{(z-z_0)^n}\,\mathrm{d}z = 2\pi\mathrm{i}\frac{f^{(n-1)}(z_0)}{(n-1)!},$$

我们可以计算被积函数分子解析而分母为多项式情形下绕闭路的积分. 使用时注意分母为 $(z-z_0)^n$ 时需要对函数 $f(z)$ 求 $n-1$ 阶导数而不是 n 阶导数, 还需注意前面的各个系数.

【例 3.21】 计算积分 $\displaystyle\oint_{|z|=2} \frac{\cos \pi z}{(z-1)^5}\,\mathrm{d}z.$

解: 由于函数 $\cos \pi z$ 处处解析, 因此, 由柯西积分公式, 得

$$\oint_{|z|=2} \frac{\cos \pi z}{(z-1)^5}\,\mathrm{d}z = \frac{2\pi\mathrm{i}}{4!}\cos \pi z^{(4)}\Big|_{z=1}$$

$$= \frac{2\pi\mathrm{i}}{24}\cdot \pi^4 \cos \pi = -\frac{\pi^5 \mathrm{i}}{12}.$$

【例 3.22】 计算积分 $\displaystyle\oint_{|z|=2} \frac{\mathrm{e}^z}{(z^2+1)^2}\,\mathrm{d}z.$

解: 函数 $\dfrac{\mathrm{e}^z}{(z^2+1)^2}$ 在 $|z|<2$ 的奇点为 $z=\pm\mathrm{i}$. 取闭路 C_1, C_2 为以 $\mathrm{i}, -\mathrm{i}$ 为圆心的分离圆周, 则由复合闭路定理, 得

$$\oint_{|z|=2} \frac{\mathrm{e}^z}{(z^2+1)^2}\,\mathrm{d}z = \oint_{C_1} \frac{\mathrm{e}^z}{(z^2+1)^2}\,\mathrm{d}z + \oint_{C_2} \frac{\mathrm{e}^z}{(z^2+1)^2}\,\mathrm{d}z.$$

由柯西积分公式, 得

$$\oint_{C_1} \frac{\mathrm{e}^z}{(z^2+1)^2}\,\mathrm{d}z = \frac{2\pi\mathrm{i}}{1!}\left[\frac{\mathrm{e}^z}{(z+\mathrm{i})^2}\right]'\Bigg|_{z=\mathrm{i}}$$

$$= 2\pi\mathrm{i}\left[\frac{\mathrm{e}^z}{(z+\mathrm{i})^2} - \frac{2\mathrm{e}^z}{(z+\mathrm{i})^3}\right]\Bigg|_{z=\mathrm{i}}$$

$$= \frac{(1-\mathrm{i})\mathrm{e}^{\mathrm{i}}\pi}{2}.$$

同理可得

$$\oint_{C_2} \frac{\mathrm{e}^z}{(z^2+1)^2}\,\mathrm{d}z = \frac{-(1+\mathrm{i})\mathrm{e}^{-\mathrm{i}}\pi}{2}.$$

故

$$\oint_{|z|=2} \frac{e^z}{(z^2+1)^2} \, dz = \frac{(1-i)e^i\pi}{2} + \frac{-(1+i)e^{-i}\pi}{2}$$

$$= \pi i(\sin 1 - \cos 1).$$

【例 3.23】 计算 $\displaystyle\oint_{|z|=1} z^n e^z \, dz$,其中 n 是整数.

解: 当 $n \geqslant 0$ 时,函数 $z^n e^z$ 处处解析. 由柯西-古萨定理,得

$$\oint_{|z|=1} z^n e^z \, dz = 0.$$

当 $n \leqslant -1$ 时,函数 e^z 处处解析. 由柯西积分公式,得

$$\oint_{|z|=1} z^n e^z \, dz = \oint_{|z|=1} \frac{e^z}{z^{-n}} \, dz$$

$$= \frac{2\pi i}{(-n-1)!} (e^z)^{-(n-1)} \big|_{z=0}$$

$$= \frac{2\pi i}{-(n-1)!}.$$

【例 3.24】 计算:

(i) $\displaystyle\oint_{|z-3|=2} \frac{1}{(z-2)^2 z^3} \, dz$;

(ii) $\displaystyle\oint_{|z-1|=2} \frac{1}{(z-2)^2 z^3} \, dz$.

解: (i) 函数 $\dfrac{1}{(z-2)^2 z^3}$ 在 $|z-3| < 2$ 的奇点为 $z = 2$. 由柯西积分公式,得

$$\oint_{|z-3|=2} \frac{1}{(z-2)^2 z^3} \, dz = \frac{2\pi i}{1!} \left(\frac{1}{z^3}\right)' \Big|_{z=2}$$

$$= -\frac{3\pi i}{8}.$$

(ii) 函数 $\dfrac{1}{(z-2)^2 z^3}$ 在 $|z-1| < 3$ 的奇点为 $z = 0, 2$. 取闭路 C_1, C_2 分别为以 0 和 2 为圆心的分离圆周. 由复合闭路定理和柯西积分公式,得

$$\oint_{|z-1|=3} \frac{1}{(z-2)^2 z^3}\,\mathrm{d}z$$

$$= \oint_{C_1} \frac{1}{(z-2)^2 z^3}\,\mathrm{d}z + \oint_{C_2} \frac{1}{(z-2)^2 z^3}\,\mathrm{d}z$$

$$= \frac{2\pi\mathrm{i}}{2!}\left[\frac{1}{(z-2)^2}\right]''\bigg|_{z=0} + \frac{2\pi\mathrm{i}}{1!}\left(\frac{1}{z^3}\right)'\bigg|_{z=2}$$

$$= 0.$$

练习 3.6

计算积分 $\oint_{|z|=1} \dfrac{1}{z^2(z-2\mathrm{i})}\,\mathrm{d}z.$

事实上在 3.3.2 小节 中, 由于该有理函数所有奇点均包含在闭路内部, 由例 3.10 可知该积分一定是零.

最后我们来介绍柯西-古萨定理的逆定理.

【例 3.25】 (莫累拉定理) 设函数 $f(z)$ 在单连通区域 D 内连续, 且对于区域 D 中任意闭路 C 都有

$$\oint_C f(z)\,\mathrm{d}z = 0,$$

求证: 函数 $f(z)$ 在区域 D 内解析.

证明: 由题设可知函数 $f(z)$ 的积分与路径无关. 固定 $z_0 \in D$, 则

$$F(z) = \int_{z_0}^z f(z)\,\mathrm{d}z$$

定义了区域 D 内的一个函数. 类似于定理 3.14 的证明, 可知 $F'(z) = f(z)$. 故函数 $f(z)$ 作为解析函数 $F(z)$ 的导数也是解析的.

由于解析函数总是任意阶可导的, 因此, 它的实部和虚部这样的二元实函数总有任意阶偏导数. 这便引出了调和函数的概念.

3.4 解析函数与调和函数

3.4.1 调和函数

调和函数是一类重要的二元实函数, 和解析函数有着紧密的联系. 为了简便, 我们用 $u_{xx}, u_{xy}, u_{yx}, u_{yy}$ 来表示各种二阶偏导数.

定义 3.18

若二元实函数 $u(x,y)$ 在区域 D 内有二阶连续偏导数, 且满足拉普拉斯方程

$$\Delta u := u_{xx} + u_{yy} = 0,$$

则称函数 $u(x,y)$ 是区域 D 内的调和函数.

由柯西-黎曼定理不难得到如下定理:

定理 3.19

区域 D 内解析函数 $f(z)$ 的实部和虚部都是调和函数.

证明: 设 $f(z) = u(x,y) + \mathrm{i}v(x,y)$, 则函数 u, v 存在偏导数且

$$f'(z) = u_x + \mathrm{i}v_x = v_y - \mathrm{i}u_y,$$

也就是说, 函数 u, v 的偏导数也是一个解析函数的实部或虚部. 归纳下去, 可知函数 u, v 存在任意阶连续偏导数. 由 C-R 方程可知 $u_x = v_y, \quad u_y = -v_x$. 因此

$$\Delta u = u_{xx} + u_{yy} = v_{yx} - v_{xy} = 0,$$

$$\Delta v = v_{xx} + v_{yy} = -u_{yx} + u_{xy} = 0.$$

3.4.2 共轭调和函数

反过来, 调和函数是否一定是某个解析函数的实部或虚部呢? 若函数 $u + \mathrm{i}v$ 是区域 D 内的解析函数, 则我们称函数 v 是函数 u 的共轭调和函数. 换言之 $u_x = v_y, u_y = -v_x$. 显然函数 $-u$ 是函数 v 的共轭调和函数.

练习 3.7

若函数 v 是函数 u 的共轭调和函数, 求函数 $u^2 - v^2$ 的共轭调和函数.

定理 3.20

设函数 $u(x,y)$ 是单连通区域 D 内的调和函数, 则线积分

$$v(x,y) = \int_{(x_0, y_0)}^{(x,y)} (-u_y\, \mathrm{d}x + u_x\, \mathrm{d}y) + C$$

是 u 的共轭调和函数.

由此可知, 区域 D 上的调和函数在 $z \in D$ 的一个邻域内是一个解析函数的实部, 从而在该邻域内具有任意阶连续偏导数. 而 z 是任取的, 因此, 调和函数总具有任意阶连续偏导数.

若区域 D 是多连通区域, 则未必存在共轭调和函数. 例如, 函数 $\ln(x^2 + y^2)$ 是复平面去掉原点上的调和函数, 但并不是某个解析函数的实部. 事实上, 它是多值函数 $2\operatorname{Ln} z$ 的实部, 其原因是此时上述线积分与积分路径有关.

在实际计算中, 我们一般不用线积分来计算共轭调和函数, 而是采用下述两种方法:

> **共轭调和函数的计算方法**
>
> (1) **偏积分法**: 通过 $v_y = u_x$ 解得 $v = \varphi(x, y) + \psi(x)$, 其中 $\psi(x)$ 待定. 再代入 $u_y = -v_x$ 中解出 $\psi(x)$.
>
> (2) **不定积分法**: 对 $f'(z) = u_x - \mathrm{i}u_y = v_y + \mathrm{i}v_x$ 求不定积分得到 $f(z)$.

【例 3.26】 求证: 函数 $u(x, y) = y^3 - 3x^2 y$ 是调和函数, 并求其共轭调和函数以及由它们构成的解析函数.

解法一: 由

$$u_x = -6xy, \quad u_y = 3y^2 - 3x^2,$$

可知 $\Delta u = u_{xx} + u_{yy} = -6y + 6y = 0$. 故函数 u 是调和函数.

由 $v_y = u_x = -6xy$, 得到

$$v = -3xy^2 + \psi(x).$$

由 $v_x = -u_y = 3x^2 - 3y^2$, 得到

$$\psi'(x) = 3x^2, \quad \psi(x) = x^3 + C.$$

故 $v(x, y) = -3xy^2 + x^3 + C,$

$$\begin{aligned}
f(z) = u + \mathrm{i}v &= y^3 - 3x^2 y + \mathrm{i}(-3xy^2 + x^3 + C) \\
&= \mathrm{i}(x + \mathrm{i}y)^3 + \mathrm{i}C = \mathrm{i}(z^3 + C), \quad C \in \mathbb{R}.
\end{aligned}$$

当解析函数 $f(z)$ 是 x, y 的多项式形式时, $f(z)$ 本身一定是 z 的多项式. 于是将 x 全部换成 z, y 全部换成 0 就是 $f(z)$. 即使 $f(z)$ 不是 x, y 的多项式形式, 这种替换方式很多时候也奏效.

解法二: 前面的计算和解法一相同. 我们有

$$f'(z) = u_x - \mathrm{i}u_y = -6xy - \mathrm{i}(3y^2 - 3x^2) = 3\mathrm{i}z^2.$$

因此 $f(z) = \mathrm{i}z^3 + C$. 由于 u 已给定, 因此, C 取 i 的任意实数倍.

- -

【例 3.27】 求解析函数 $f(z)$, 使得它的虚部为

$$v(x, y) = \mathrm{e}^x(y \cos y + x \sin y) + x + y.$$

解法一: 由

$$u_x = v_y = \mathrm{e}^x(\cos y - y \sin y + x \cos y) + 1,$$

得到

$$u = \mathrm{e}^x(x \cos y - y \sin y) + x + \psi(y).$$

由

$$u_y = -v_x = -\mathrm{e}^x(y\cos y + x\sin y + \sin y) - 1,$$

得到

$$\psi'(y) = -1, \quad \psi(y) = -y + C.$$

故

$$\begin{aligned}
f(z) &= u + \mathrm{i}v \\
&= \mathrm{e}^x(x\cos y - y\sin y) + x - y + C + \\
&\quad \mathrm{i}\big[\mathrm{e}^x(y\cos y + x\sin y) + x + y\big] \\
&= z\mathrm{e}^z + (1+\mathrm{i})z + C, \quad C \in \mathbb{R}.
\end{aligned}$$

同理, 这里将 x 全部换成 z, y 全部换成 0 即可将 $f(z)$ 写成 z 的表达式.

解法二：前面的计算和解法一相同. 由

$$\begin{aligned}
f'(z) &= v_y + \mathrm{i}v_x \\
&= \mathrm{e}^x(\cos y - y\sin y + x\cos y) + 1 + \\
&\quad \mathrm{i}\big[\mathrm{e}^x(y\cos y + x\sin y + \sin y) + 1\big] \\
&= (z+1)\mathrm{e}^z + 1 + \mathrm{i}.
\end{aligned}$$

得到 $f(z) = z\mathrm{e}^z + (1+\mathrm{i})z + C, C \in \mathbb{R}.$

利用调和函数与解析函数的关系, 我们还可以计算一些二元实函数的线积分.

【例 3.28】 计算积分 $\oint_C \dfrac{y\,\mathrm{d}x - x\,\mathrm{d}y}{x^2 + y^2}$, 其中 C 为内部包含 0 的闭路.

解：设 $u = \dfrac{y}{x^2+y^2}, v = \dfrac{x}{x^2+y^2}$, 则

$$\begin{aligned}
u + \mathrm{i}v &= \frac{y + \mathrm{i}x}{x^2 + y^2} \\
&= \mathrm{i}\frac{x - y\mathrm{i}}{(x+y\mathrm{i})(x-y\mathrm{i})} = \frac{\mathrm{i}}{x+y\mathrm{i}}.
\end{aligned}$$

因此, u, v 是函数 $f(z) = \dfrac{\mathrm{i}}{z}$ 的实部和虚部. 从而

$$\begin{aligned}
\oint_C \frac{y\,\mathrm{d}x - x\,\mathrm{d}y}{x^2 + y^2} &= \oint_C (u\,\mathrm{d}x - v\,\mathrm{d}y) \\
&= \mathrm{Re}\left(\oint_C f(z)\,\mathrm{d}z\right) \\
&= \mathrm{Re}(\mathrm{i}\cdot 2\pi\mathrm{i}) = -2\pi.
\end{aligned}$$

事实上, 该积分可以表示平面向量场 $(u, -v)$ 在闭路 C 上的环量. 我们在下一节中来讨论平面向量场与复变函数的联系.

3.5　复变函数在平面向量场中的应用 (选读)

作为复平面上的函数, 复变函数可用来解决平面向量场的有关问题.

3.5.1　平面向量场

向量场可以理解为三维空间中的每一个点处关联了一个向量. 若向量场中的每个向量都平行于某一个平面 S, 而且在垂直于平面 S 的任意一条直线上的所有点处向量都相等, 则称这个向量场为平面向量场. 于是我们可以用平面 S 内的一个向量场来表示它, 如图 3.17 所示.

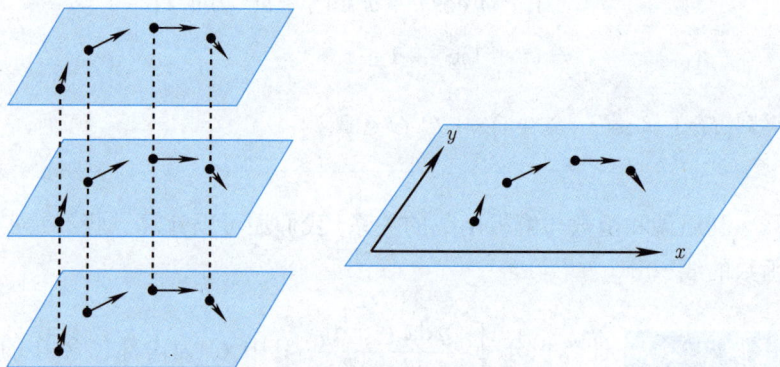

图 3.17 平面向量场

我们在平面 S 内建立直角坐标系. 这样向量 (x, y) 便可用复数 $x + y\mathrm{i}$ 来表示, 从而定义在区域 D 内的向量场 $\boldsymbol{A} = (u, v)$ 可用定义在区域 D 上的复变函数 $A = u(x, y) + v(x, y)\mathrm{i}$ 来表示. 反过来, 复变函数 $A = u + v\mathrm{i}$ 自然也对应一个向量场 $\boldsymbol{A} = (u, v)$.

设平面场 $\boldsymbol{A}$ 对应复变函数 $A = u + v\mathrm{i}$, 其中函数 u, v 具有连续偏导数. 对于复平面上的一条有向曲线 C, 平面场 $\boldsymbol{A}$ 在 C 上的环量可以看作是数量积 $\boldsymbol{A} \cdot (\Delta x, \Delta y)$ 的累加, 其中 $\Delta x, \Delta y$ 充分小. 所以它就是积分

$$\int_C u\,\mathrm{d}x + v\,\mathrm{d}y = \mathrm{Re}\left(\int_C \overline{A}\,\mathrm{d}z\right).$$

向量场 $\boldsymbol{A}$ 从 C 左侧穿越到右侧的流量可以看作是 z 轴上向量积 $\boldsymbol{A} \times (\Delta x, \Delta y)$ 的有向长度的累加, 即 $-v\,\Delta x + v\,\Delta y$, 其中 $\Delta x, \Delta y$

充分小. 所以它就是积分

$$\int_C -v\,\mathrm{d}x + u\,\mathrm{d}y = \mathrm{Im}\left(\int_C \overline{A}\,\mathrm{d}z\right).$$

换言之, $\overline{A}$ 的积分的实部是向量场 A 的环量, 虚部是向量场 A 的流量.

3.5.2　无源场、无旋场和调和场

我们先回顾一下向量场的有关理论. 设二元函数 u, v, φ 具有连续偏导数. 定义向量场 $A = (u, v)$ 的散度、旋度, 以及标量场 φ 的梯度分别为

$$\mathrm{div}\,A = u_x + v_y, \qquad \mathrm{rot}\,A = v_x - u_y, \qquad \mathrm{grad}\,\varphi = (\varphi_x, \varphi_y).$$

设 A 是单连通区域 D 上的向量场, C 是区域 D 内的一条闭路.

若向量场 A 的散度处处为零, 则称它是无源场. 例如, 不可压缩流体的速度场是无源场, 磁场也是无源场. 此时

$$\mathrm{div}\,A = u_x + v_y = 0, \qquad u_x = -v_y,$$

从而 $-v\,\mathrm{d}x + u\,\mathrm{d}y$ 是一个二元函数 $\psi(x, y)$ 的全微分, 即

$$\mathrm{d}\psi = -v\,\mathrm{d}x + u\,\mathrm{d}y, \qquad A = \psi_y - \psi_x \mathrm{i}.$$

由于切向量为 $(-v, u)$, 因此, 等值线 $\psi(x, y) = c_1$ 上的点处向量场 A 与等值线相切. 我们称 $\psi(x, y)$ 为向量场 A 的流函数. 于是向量场 A 在闭路 C 上的流量为

$$\mathrm{Im}\left(\oint_C \overline{A}\,\mathrm{d}z\right) = \int_C \psi_x\,\mathrm{d}x + \psi_y\,\mathrm{d}y = \iint_D (\psi_{yx} - \psi_{xy})\,\mathrm{d}x\,\mathrm{d}y = 0.$$

所以无源场在闭路上流量为零. 称两条流线围成的区域叫作矢量管, 那么矢量管的任意两个截面 C_1, C_2 上向量场 A 的流量都是相等的, 叫作矢量管的强度. 这就像经过一根水管的水流, 进出的流量必然是相同的.

若向量场 A 的旋度处处为零, 则称它是无旋场. 例如, 静电场是无旋场. 类似地, 此时存在一个二元函数 φ, 使得 $A = \varphi_x + \varphi_y \mathrm{i}$, 即 $A = \mathrm{grad}\,\varphi$. 称 φ 是它的势函数. 于是向量场 A 在闭路 C 的环量为

$$\mathrm{Re}\left(\oint_C \overline{A}\,\mathrm{d}z\right) = \oint_C \varphi_x\,\mathrm{d}x + \varphi_y\,\mathrm{d}y = \iint_D (\varphi_{yx} - \varphi_{xy})\,\mathrm{d}x\,\mathrm{d}y = 0.$$

散度、旋度、梯度也可以分别用记号 $\nabla \cdot A, \nabla \times A, \nabla\varphi$ 来表示. 注意和三维空间中的向量场的差异和联系.

无源场也叫管型场.

无旋场也叫有势场. 势函数也叫位函数. 显然不同的流函数 (或势函数) 可以相差一个常数.

所以无旋场在闭路上环量为零.

若向量场 $\boldsymbol{A}$ 既无源又无旋, 则称它是调和场. 此时它的势函数 φ 满足

$$\Delta\varphi = \operatorname{div}\operatorname{\mathbf{grad}}\varphi = 0,$$

从而 φ 是调和函数且

$$\boldsymbol{A} = (\varphi_x, \varphi_y) = (\psi_y, -\psi_x),$$

即流函数 ψ 是势函数 φ 的共轭调和函数. 它们组成一个解析函数

$$f(z) = \varphi + \mathrm{i}\psi.$$

称函数 $f(z)$ 为调和场 $\boldsymbol{A}$ 的复势. 由 $f'(z) = \varphi_x + \psi_x\mathrm{i}$ 可知, 我们可以用 $\boldsymbol{A} = \overline{f'(z)}$ 来表示调和场 $\boldsymbol{A}$. 由例 2.9 可知, 当 $\boldsymbol{A} \ne \boldsymbol{O}$ 时, 流线 $\psi(x,y) = c_1$ 和等势线 $\varphi(x,y) = c_2$ 正交. 由于向量场 $\boldsymbol{A}$ 既无源又无旋, 因此

$$\oint_C \overline{A}\,\mathrm{d}z = 0.$$

事实上, 由于 $\overline{A}$ 就是复势 $f(z)$ 的导数, 因此, 它也是解析函数, 从而由柯西-古萨定理可知, 它绕闭路的积分为零.

对于复合闭路情形, 也有类似结论.

3.5.3　应用举例

【例 3.29】 求向量场 $\boldsymbol{A} = (y, x)$ 的流函数和势函数.

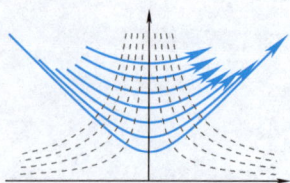

图 3.18 向量场 $\boldsymbol{A} = (y, x)$

解: 容易看出向量场 $\boldsymbol{A}$ 是调和场, 它对应复变函数 $A = y + x\mathrm{i}$. 设函数 $f(z)$ 为它的复势, 则

$$\overline{f'(z)} = y + x\mathrm{i}, \qquad f'(z) = y - x\mathrm{i} = -\mathrm{i}z.$$

于是

$$f(z) = -\frac{\mathrm{i}}{2}z^2 = xy + \frac{y^2 - x^2}{2}\mathrm{i}.$$

因此向量场 $\boldsymbol{A}$ 的流函数为 $\psi(x,y) = \dfrac{y^2 - x^2}{2}$, 势函数为 $\varphi(x,y) = xy$. 流线和等势线如图 3.18 所示.

有时也称 $\operatorname{div}\boldsymbol{A} > 0$ 的点为**源点**, $\operatorname{div}\boldsymbol{A} < 0$ 的点为**涡点**或**洞**.

称散度 $\operatorname{div}\boldsymbol{A} \ne 0$ 的点为源点.

【例 3.30】 求含单个源点的向量场的流函数和势函数.

解: 不妨设源点位于复平面的原点. 由对称性容易看出, 向量场 $\boldsymbol{A}$ 具有形式 $(xg(r), yg(r))$, 其中 $g(r)$ 是 $r = |z|$ 的函数. 也就是说 $A = zg(r)$.

由于在 0 以外, 向量场 $\boldsymbol{A}$ 是无源的, 因此, 向量场 $\boldsymbol{A}$ 在 $|z| = r$ 上的流量与 r 无关, 称为源点的**强度**, 设为 N. 那么

$$N = \oint_{|z|=r} g(r)(-y\,\mathrm{d}x + x\,\mathrm{d}y) = \int_0^{2\pi} r^2 g(r)\,\mathrm{d}\theta = 2\pi r^2 g(r).$$

从而

$$g(r) = \frac{N}{2\pi r^2}, \qquad A = \frac{N}{2\pi \bar{z}}.$$

由于复势满足 $f'(z) = \overline{A}$, 因此, 复势在每个不含零的单连通区域内为多值函数

$$f(z) = \frac{N}{2\pi}\operatorname{Ln} z$$

的一个单值分支, 从而流函数和势函数分别为

$$\psi(x,y) = \frac{N}{2\pi}\operatorname{Arg} z, \qquad \varphi(x,y) = \frac{N}{2\pi}\ln|z|.$$

流线和等势线如图 3.19 所示.

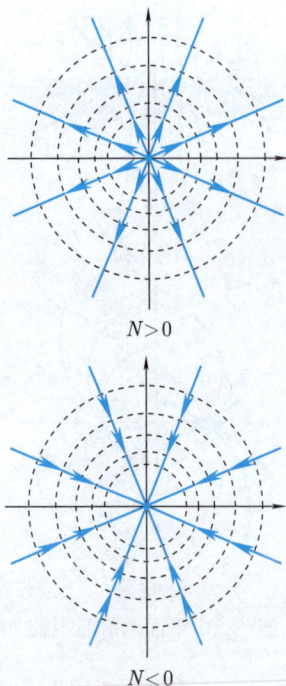

$N > 0$

$N < 0$

图 3.19 单个源点

【例 3.31】 两根平行的无限长的细金属导线带有相同的电荷量, 分别求如下情形的复势:

    (i) 它们带同种电荷;   (ii) 它们带异种电荷.

解: 显然这个静电场是平面场. 不妨设两个电荷分别位于 $-1, 1$.

    (i) 若两个电荷的强度都是 N, 则平面上一点的电场为

$$A = \frac{N}{2\pi}\left(\frac{1}{z+1} + \frac{1}{z-1}\right).$$

由 $f'(z) = \overline{A}$ 可知复势为

$$f(z) = \frac{N}{2\pi}\operatorname{Ln}(z^2 - 1),$$

流函数和势函数分别为

$$\psi(x,y) = \frac{N}{2\pi}\operatorname{Arg}(z^2 - 1), \qquad \varphi(x,y) = \frac{N}{2\pi}\ln|z^2 - 1|.$$

    (ii) 若两个电荷的强度分别是 $N, -N$, 则平面上一点的电场为

$$A = \frac{N}{2\pi}\left(\frac{1}{z+1} - \frac{1}{z-1}\right).$$

由 $f'(z) = \overline{A}$ 可知复势为

$$f(z) = \frac{N}{2\pi} \operatorname{Ln} \frac{z+1}{z-1},$$

流函数和势函数分别为

$$\psi(x,y) = \frac{N}{2\pi} \operatorname{Arg} \frac{z+1}{z-1}, \qquad \varphi(x,y) = \frac{N}{2\pi} \ln \left| \frac{z+1}{z-1} \right|.$$

流线和等势线如图 3.20 所示.

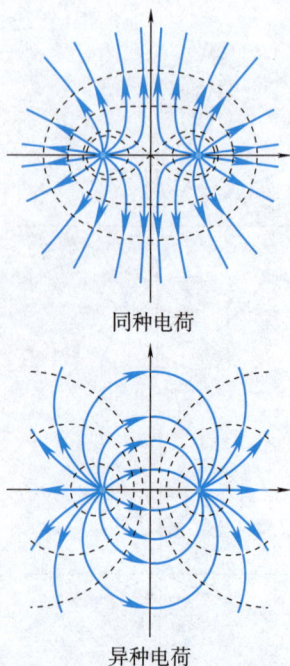

同种电荷

异种电荷

图 3.20 平面两等量电荷

尽管从数学角度复数理论已较为完善, 然而在自然科学学科中, 人们更多的只是将复数当作一种方便的工具来使用. 2022 年, 我国物理学家潘建伟及其团队用超导量子方法验证了复数在量子理论中的必要性, 意味着仅用实数版量子力学无法完整描述不同源多对纠缠量子的测量结果, 参考 [文献 16]. 这也再次体现了数学理论发展在科学发展中的先导作用.

❧ 本章小结 ❧

本章所需掌握的知识点:

1. 理解柯西-古萨定理和复合闭路定理, 并能熟练使用这两个定理. 设 C 是一条闭路或复合闭路, D 是闭路 C 的内部或复合闭路 C 围成的区域. 若函数 $f(z)$ 在 C 上连续, 区域 D 内解析, 则 $\oint_C f(z)\,\mathrm{d}z = 0$. 由复合闭路定理, 我们可以得到连续变形定理, 它告诉我们计算函数 $f(z)$ 绕闭路 C 的积分时, 闭路 C 的形状不重要, 重要的是它内部包含的函数 $f(z)$ 的奇点.

2. 能熟练使用有向曲线的参数方程来计算复积分: $\int_C f(z)\,\mathrm{d}z = \int_a^b f[z(t)]z'(t)\,\mathrm{d}t$, 其中 $C: z = z(t)$, t 从 a 到 b. 该方法适用于曲线的参数方程比较简单, 函数 $f[z(t)]z'(t)$ 的原函数容易计算的情形.

3. 能熟练使用原函数法计算单连通区域内解析函数的积分. 若函数 $f(z)$ 在单连通区域 D 内解析, 且函数 $F(z)$ 是它的一个原函数, 则对于区域 D 内从 z_1 到 z_2 的曲线, 函数 $f(z)$ 在该曲线上的积分与路径无关, 总等于 $\int_{z_1}^{z_2} f(z)\,\mathrm{d}z = F(z_2) - F(z_1)$.

4. 能熟练使用柯西积分公式计算适用情形的复积分. 对于分母为有理函数而分子在闭路 C 及其内部解析的函数 $f(z)$, 分别在闭路 C 内部函数 $f(z)$ 的奇点处使用柯西积分公式来计算绕该奇点的一个小闭路的积分, 最后将积分相加. 不过, 柯西积分公式仅在本章中作为该类型积分的计算方法, 在后面的章节中我们会用留数定理来计算此类型积分.

5. 熟知解析函数和调和函数的相关性质.

(1) 解析函数具有任意阶导数, 调和函数具有任意阶偏导数.

(2) 若解析函数在区域 D 内存在原函数, 则它绕闭路积分为零, 积分与路径无关. 特别地, 单连通区域上的解析函数具有这些性质.

(3) 对于单连通区域内的连续函数, 若它绕闭路积分为零, 或者积分与路径无关, 则它是解析函数.

(4) 解析函数的实部和虚部都是调和函数.

(5) 单连通区域内的调和函数 u 总存在共轭调和函数 v, 即函数 $u + iv$ 是解析函数.

6. 会求共轭调和函数. 可以使用偏积分法或不定积分法计算.

(1) 偏积分法: 通过 $v_y = u_x$ 解得 $v = \varphi(x, y) + \psi(x)$, 其中 $\psi(x)$ 待定. 再代入 $u_y = -v_x$ 中解出 $\psi(x)$.

(2) 不定积分法: 对 $f'(z) = u_x - iu_y = v_y + iv_x$ 求不定积分得到 $f(z)$.

本章不易理解和易错的知识点:

(1) 容易在使用定理时, 忽视单连通的要求; 或在一些并不需要单连通的情形误以为要单连通. 本章中的以下结论需要区域 D 是单连通的: 函数 $f(z)$ 绕区域 D 内任意闭路积分为零; 函数 $f(z)$ 在区域 D 内积分与路径无关; 解析函数一定存在原函数; 莫累拉定理; 调和函数在区域 D 内存在共轭调和函数; 调和函数可作为区域 D 内解析函数实部 (或虚部).

(2) 复合闭路的含义, 以及复合闭路相应结论的使用方法. 复合闭路不是闭路, 而是由一些不相连的闭路组合而成. 其中最外面有一个大的闭路, 方向为逆时针方向, 内部有很多分离的小闭路, 方向为顺时针方向. 这样定向可保证其围成的区域内有与柯西-黎曼定理类似的复合闭路定理.

(3) 使用柯西积分公式时记错求导次数, 或记错系数. 当奇点在分母上出现的次数为 n 时, 需要将剩余的解析部分在奇点处求 $n-1$ 阶导数, 并除以 $(n-1)!$. 这里的阶乘总是伴随着高阶导数一同出现, 而 $2\pi i$ 则是作为积分的一部分出现的.

(4) 对于可以使用牛顿-莱布尼茨定理的情形, 却使用曲线的参数方程来计算. 在少量情形下, 这样做也有可能能计算出来, 但往往计算量非常大. 因此, 在计算时需要审清题干, 明确被积函数的特点.

(5) 误以为实部 u 也是虚部 v 的共轭调和函数. 事实上函数 $-u$ 才是函数 v 的共轭调和函数, 这是由于 C-R 方程中不能随意交换 u 和 v 的位置.

❦ 本章作业 ❦

一、单选题.

1. 函数 $f(z) = \dfrac{1}{z}$ 在区域(　　)内有原函数.

  (A) $0 < |z| < 1$ (B) $\operatorname{Re} z > 0$

  (C) $|z-1| > 2$ (D) $|z+1|+|z-1| > 4$

2. 函数(　　)在区域 $\operatorname{Re} z > 0$ 内的积分与路径**有关**.

  (A) $x^2 - y^2 + 2xy\mathrm{i}$ (B) $\dfrac{1}{z+1}$

  (C) $\sin \mathrm{e}^z$ (D) $2x + 3y\mathrm{i}$

3. 设 $f(z) = \displaystyle\oint_{|\zeta|=2} \dfrac{\sin \zeta}{\zeta - z}\,\mathrm{d}\zeta$, 则 $f'\!\left(\dfrac{\pi}{3}\right) = ($　　$)$.

  (A) $\pi\mathrm{i}$ (B) $-\pi\mathrm{i}$ (C) 0 (D) $2\pi\mathrm{i}$

4. 设 $f(z) = \displaystyle\oint_{|\zeta|=4} \dfrac{\sin \zeta - \cos \zeta}{\zeta - z}\,\mathrm{d}\zeta$, 则 $f'(\pi) = ($　　$)$.

  (A) 0 (B) $2\pi\mathrm{i}$ (C) $-2\pi\mathrm{i}$ (D) $\pi\mathrm{i}$

5. 下列函数中(　　)**不是**调和函数.

  (A) $3x - y$ (B) $x^2 - y^2$

  (C) $\ln(x^2 + y^2)$ (D) $\sin x \cos y$

6. 函数(　　)**不能**作为解析函数的虚部.

  (A) $2x + 3y$ (B) $2x^2 + 3y^2$

  (C) $x^2 - xy - y^2$ (D) $\mathrm{e}^x \cos y$

7. 下列命题一定正确的是(　　).

  (A) 设函数 v_1, v_2 在区域 D 内均为函数 u 的共轭调和函数, 则必有 $v_1 = v_2$

  (B) 解析函数的实部是虚部的共轭调和函数

  (C) 以调和函数为实部与虚部的函数是解析函数

  (D) 若函数 $f(z) = u + \mathrm{i}v$ 在区域 D 内解析, 则函数 u_x 为区域 D 内的调和函数

8. 设函数 $f(z)$ 是区域 D 内的解析函数, 下述命题一定正确的是(　　).

  (A) 若 C_1, C_2 都是区域 D 中从 z_1 到 z_2 的曲线, 则积分 $\displaystyle\int_{C_1} f(z)\,\mathrm{d}z = \int_{C_2} f(z)\,\mathrm{d}z$

  (B) 若 C 是区域 D 中的闭合曲线, 则积分 $\displaystyle\oint_C f(z)\,\mathrm{d}z = 0$

  (C) 存在区域 D 内的解析函数 $F(z)$, 使得 $F'(z) = f(z)$

  (D) 函数 $f(z)$ 的实部 $u(x,y)$ 有任意阶连续偏导数

二、填空题.

1. 计算 $\displaystyle\oint_{|z|=1} (\mathrm{e}^z - |z|\cos z)\,\mathrm{d}z = $ _____.

2. 计算 $\displaystyle\oint_{|z|=1} \left(\dfrac{1+z+z^2}{z^3}\right)\mathrm{d}z = $ _____.

3. 计算 $\displaystyle\oint_{|z|=1} \overline{z}\,\mathrm{d}z = $ _____.

4. 计算 $\displaystyle\oint_{|z|=2} \dfrac{\overline{z}}{|z|}\,\mathrm{d}z = $ _____.

5. 计算 $\displaystyle\oint_C \dfrac{f''(z) + 2f'(z) + f(z)}{f(z)}\,\mathrm{d}z = $ _____, 其中函数 $f(z)$ 处处解析且不为零.

6. 计算 $\displaystyle\oint_{|z|=2} \dfrac{1}{(z+\mathrm{i})^{100}}\,\mathrm{d}z = $ _____.

三、解答题.

1. 计算下列积分:

  (i) $\displaystyle\int_C |z|\,\mathrm{d}z$, 其中 C 是从 0 到 $3+\mathrm{i}$ 的直线段;

  (ii) $\displaystyle\int_C \overline{z}\,\mathrm{d}z$, 其中 C 是从 0 到 3 再到 $3+\mathrm{i}$ 的折线段;

  (iii) $\displaystyle\int_C \dfrac{3z-2}{z}\,\mathrm{d}z$, 其中 C 是圆周 $|z| = 2$ 的上半部分, 方向从 -2 到 2;

  (iv) $\displaystyle\int_C (\operatorname{Re} z + \operatorname{Im} z)\,\mathrm{d}z$, 其中 C 是从 i 到 $2+\mathrm{i}$ 的直线段.

2. 直接写出下列积分的值 (其中 $C: |z| = 1$):

  (i) $\displaystyle\oint_C \dfrac{\mathrm{d}z}{z-2}$;   (ii) $\displaystyle\oint_C \dfrac{\mathrm{d}z}{\cos z}$;

  (iii) $\displaystyle\oint_C \dfrac{\mathrm{e}^z}{(z-2\mathrm{i})^2}\,\mathrm{d}z$;   (iv) $\displaystyle\oint_C \mathrm{e}^z \sin z\,\mathrm{d}z$;

  (v) $\displaystyle\oint_C \dfrac{1}{\overline{z}}\,\mathrm{d}z$;   (vi) $\displaystyle\oint_C \dfrac{\sin z}{|z|^2}\,\mathrm{d}z$;

  (vii) $\displaystyle\oint_C (|z| + \mathrm{e}^z \cos z)\,\mathrm{d}z$;

  (viii) $\displaystyle\oint_C \dfrac{\mathrm{d}z}{(z^2-2)(z^3-2)}$.

3. 计算下列积分:

(i) $\int_C (z+1)^2 \, \mathrm{d}z$, 其中 C 是从原点到 $1+\mathrm{i}$ 的直线段;

(ii) $\int_C z^2 \, \mathrm{d}z$, 其中 C 是从原点到 2 再到 $2+\mathrm{i}$ 的折线段;

(iii) $\int_C \cos^2 z \, \mathrm{d}z$, 其中 C 是从 i 到 $\mathrm{i}-\pi$ 再到 $-\pi$ 的折线段;

(iv) $\int_C \mathrm{e}^z \, \mathrm{d}z$, 其中 C 是圆周 $|z|=2$ 的右半部分, 方向从 $-2\mathrm{i}$ 到 $2\mathrm{i}$;

(v) $\int_C (3z^2+1) \, \mathrm{d}z$, 其中 C 是从 $1+\mathrm{i}$ 到 $1-\mathrm{i}$ 的直线段;

(vi) $\int_C z \mathrm{e}^z \, \mathrm{d}z$, 其中 C 是 $z(t)=\sin t + \mathrm{i}t$, t 从 0 到 π.

4. 计算下列积分:

(i) $\int_{-\pi\mathrm{i}}^{3\pi\mathrm{i}} \mathrm{e}^{2z} \, \mathrm{d}z$; 　　(ii) $\int_{-\pi\mathrm{i}}^{\pi\mathrm{i}} \sin^2 z \, \mathrm{d}z$;

(iii) $\int_{-\mathrm{i}}^{\mathrm{i}} (z^2+1) \, \mathrm{d}z$; 　　(iv) $\int_0^{\mathrm{i}} (z-\mathrm{i})\mathrm{e}^{-z} \, \mathrm{d}z$;

(v) $\int_{-\pi\mathrm{i}}^{\pi\mathrm{i}} (\mathrm{e}^z+1) \, \mathrm{d}z$; 　　(vi) $\int_0^{\pi} (z+\cos 2z) \, \mathrm{d}z$.

5. 计算下列积分:

(i) $\oint_{|z-2|=1} \dfrac{\mathrm{e}^z}{z-2} \, \mathrm{d}z$;

(ii) $\oint_{|z+\mathrm{i}|=2} \dfrac{\sin z}{z+2\mathrm{i}} \, \mathrm{d}z$;

(iii) $\oint_{|z|=4} \dfrac{z-6}{z^2+9} \, \mathrm{d}z$;

(iv) $\oint_{|z-1|=4} \dfrac{\sin z}{z^2+1} \, \mathrm{d}z$;

(v) $\oint_{|z|=2} \dfrac{1}{(z^2+1)(z^2+9)} \, \mathrm{d}z$;

(vi) $\oint_{|z-3|=4} \dfrac{\mathrm{e}^{\mathrm{i}z}}{z^2-3\pi z + 2\pi^2} \, \mathrm{d}z$;

(vii) $\oint_{|z|=2} \dfrac{\sin z}{\left(z-\frac{\pi}{2}\right)^2} \, \mathrm{d}z$;

(viii) $\oint_{|z|=1} \dfrac{\cos z}{z^{2023}} \, \mathrm{d}z$;

(ix) $\oint_{|z|=2} \dfrac{\ln(z+3)}{(z-1)^3} \, \mathrm{d}z$;

(x) $\oint_{|z+1|=4} \dfrac{\sin z + 2z}{(z+\pi)^2} \, \mathrm{d}z$;

(xi) $\oint_{|z|=3} \dfrac{\mathrm{d}z}{z(z-1)^2(z-5)}$;

(xii) $\oint_{|z|=3} \dfrac{\mathrm{e}^z}{(z+1)^2(z-2)^3}$;

(xiii) $\oint_C \dfrac{\cos z}{z^3} \, \mathrm{d}z$, 其中 $C = C_1 + C_2^-$ 是复合闭路, C_1 是正向圆周 $|z|=2$, C_2^- 是负向圆周 $|z|=3$;

(xiv) $\oint_C \dfrac{1}{z-\mathrm{i}} \, \mathrm{d}z$, 其中 C 是以 $\pm 1, \pm 2\mathrm{i}$ 为顶点的菱形.

6. 设 $f(z) = \oint_C \dfrac{\zeta^3+\zeta+1}{(\zeta-z)^2} \, \mathrm{d}\zeta$, 其中闭路 C 是正向圆周 $|\zeta|=2$. 计算 $f'(1+\mathrm{i})$ 和 $f'(4)$.

7. 设闭路 C 是正向圆周 $|\zeta|=4$, $f(z) = \oint_C \dfrac{\sin\zeta}{z-\zeta} \, \mathrm{d}\zeta$. 计算 $f^{(n)}(\pi)$.

8. 已知函数 $v(x,y) = x^3 + y^3 - axy(x+y)$ 是调和函数, 求实数 a 以及解析函数 $f(z)$ 使得函数 $v(x,y)$ 是它的虚部.

9. 已知函数 $u(x,y) = x^2 + 4xy + ay^2$ 是调和函数, 求实数 a 以及解析函数 $f(z)$ 使得函数 $u(x,y)$ 是函数 $f(z)$ 的实部.

10. 已知函数 $v(x,y) = ax^2 y - y^3 + x + y$ 是调和函数, 求实数 a 以及解析函数 $f(z)$ 使得函数 $v(x,y)$ 是它的虚部, 其中 $f(0)=0$.

11. 已知函数 $f(z) = u + \mathrm{i}v$ 是解析函数, 其中 $u(x,y) = x^2 + axy - y^2, v = 2x^2 - 2y^2 + 2xy$, 求实数 a 以及 $f'(z)$.

12. 已知函数 $u(x,y) = x^3 + ax^2 y + bxy^2 - 3y^3$ 是调和函数, 求实数 a, b 以及 u 的共轭调和函数 $v(x,y)$ 使得 $v(0,0)=0$.

13. 求证: 函数 $u(x,y) = x^3 - 6x^2 y - 3xy^2 + 2y^3$ 是调和函数, 并求它的共轭调和函数.

14. 设函数 v 是函数 u 的共轭调和函数, 求证: 函数 $\sin u \operatorname{ch} v$ 也是调和函数, 并求它的共轭调和函数.

15. 设函数 u 为区域 D 内的调和函数, 函数 $f(z) = u_x - \mathrm{i}u_y$. 求证: 函数 $f(z)$ 是区域 D 内的解析函数.

16. 设 C_1 和 C_2 为两条分离的闭路, 求证:

$$\oint_{C_1} \frac{z^2\,\mathrm{d}z}{z-z_0} + \oint_{C_2} \frac{\sin z\,\mathrm{d}z}{z-z_0}$$

$$= \begin{cases} 2\pi\mathrm{i}z_0^2, & \text{若 } z_0 \text{ 在闭路 } C_1 \text{ 内部,} \\ 2\pi\mathrm{i}\sin z_0, & \text{若 } z_0 \text{ 在闭路 } C_2 \text{ 内部.} \end{cases}$$

17. 设函数 $f(z)$ 和函数 $g(z)$ 在区域 D 内处处解析, C 为区域 D 内任意一条闭路, 且闭路 C 的内部完全包含在区域 D 中. 若 $f(z) = g(z)$ 在闭路 C 上所有的点处成立, 求证: 在闭路 C 内部所有点处 $f(z) = g(z)$ 也成立.

18. (刘维尔定理) 求证: 若函数 $f(z)$ 在复平面内处处解析且有界, 则对任意 $a \in \mathbb{C}$, 有

$$\oint_{|z|=R} \frac{f(z)}{(z-a)^2}\,\mathrm{d}z = 0,$$

其中 $R > |a|$. 由此说明 $f(z)$ 是常数函数. 提示: 利用长大不等式.

19. 设函数 $f(z)$ 是区域 $|z| > r > 0$ 上的解析函数, 求证: 若存在 a 使得 $|a| > R > r$, $\lim\limits_{z\to\infty} f(z) = f(a)$, 则积分

$$\oint_{|z|=R} \frac{f(z)}{z-a}\,\mathrm{d}z = 0.$$

提示: 利用长大不等式.

20. 设函数 $f(z)$ 在闭圆盘 $|z-z_0| \leqslant R$ 内解析, 且在圆周 $|z-z_0| = R$ 上 $|f(z)| \leqslant C$, 求证:

$$|f^{(n)}(z_0)| \leqslant \frac{n!C}{R^n}.$$

提示: 利用长大不等式.

21. (选做) 若平面流速场的复势 $f(z)$ 为

(i) $(z-1)^2$,　　　(ii) $\dfrac{z^2+1}{z}$,

求流速场、流线和等势线.

第 4 章 级数

复变函数的级数理论研究如何将复变函数展开成幂级数或双边幂级数的形式, 这样复变函数的一些性质就显得较为简单或容易研究. 与实变量情形有所不同, 只要复变函数在圆域或圆环域内处处解析, 就一定能展开成幂级数或双边幂级数的形式. 这些展开均来自于柯西积分公式, 其中圆环域内解析函数的双边幂级数展开, 即洛朗展开, 可与该函数绕闭路积分联系, 这便引出了复变函数的留数理论. 最后, 我们针对不同洛朗级数的特点给出孤立奇点的分类, 为留数的计算做好准备.

4.1 复数项级数

4.1.1 复数项级数及其敛散性

和数列类似, 我们可仿照实数域上级数得到复数域上级数.

> **定义 4.1**
>
> (1) 设 $\{z_n\}_{n \geqslant 1}$ 是复数列. 称表达式 $\sum\limits_{n=1}^{\infty} z_n$ 为复数项无穷级数, 简称级数.
>
> (2) 称 $s_n = z_1 + z_2 + \cdots + z_n$ 为该级数的部分和.
>
> (3) 若部分和数列 $\{s_n\}_{n \geqslant 1}$ 极限存在, 则称级数 $\sum\limits_{n=1}^{\infty} z_n$ 收敛, 并记
> $$\sum_{n=1}^{\infty} z_n = \lim_{n \to \infty} s_n$$
> 为它的和. 否则称该级数发散.

复数列或无穷级数的下标也可以从 0 或任意整数开始.

若级数 $\sum\limits_{n=1}^{\infty} z_n = A$ 收敛, 则

$$\lim_{n \to \infty} z_n = \lim_{n \to \infty} s_n - \lim_{n \to \infty} s_{n-1} = A - A = 0.$$

因此, 极限 $\lim\limits_{n \to \infty} z_n = 0$ 是级数 $\sum\limits_{n=1}^{\infty} z_n$ 收敛的必要条件.

> **定理 4.2**
>
> 设 $z_n = x_n + y_n \mathrm{i}$, 则对于实数 a 和 b,
> $$\sum_{n=1}^{\infty} z_n = a + b\mathrm{i} \iff \sum_{n=1}^{\infty} x_n = a \text{ 且 } \sum_{n=1}^{\infty} y_n = b.$$

证明: 设部分和

$$\sigma_n = x_1 + x_2 + \cdots + x_n, \quad \tau_n = y_1 + y_2 + \cdots + y_n,$$

$$s_n = z_1 + z_2 + \cdots + z_n = \sigma_n + \mathrm{i}\tau_n.$$

由复数列的敛散性判定定理 1.13, 可知

$$\lim_{n\to\infty} s_n = a + b\mathrm{i} \iff \lim_{n\to\infty} \sigma_n = a \text{ 且 } \lim_{n\to\infty} \tau_n = b.$$

由此, 命题得证.

> **定理 4.3**
>
> 若实数项级数
> $$\sum_{n=1}^{\infty} |z_n| = |z_1| + |z_2| + \cdots$$
>
> 收敛, 则级数 $\sum\limits_{n=1}^{\infty} z_n$ 也收敛, 且 $\left| \sum\limits_{n=1}^{\infty} z_n \right| \leqslant \sum\limits_{n=1}^{\infty} |z_n|$.

　　此即 绝对收敛蕴涵收敛.

证明: 因为 $|x_n|, |y_n| \leqslant |z_n|$, 由正项级数的比较审敛法, 可知实数项级数 $\sum\limits_{n=1}^{\infty} x_n, \sum\limits_{n=1}^{\infty} y_n$ 绝对收敛, 从而收敛. 故级数 $\sum\limits_{n=1}^{\infty} z_n$ 也收敛.

　　由三角不等式, 可知

$$\left| \sum_{k=1}^{n} z_k \right| \leqslant \sum_{k=1}^{n} |z_k|.$$

> **练习 4.1**
>
> 等式
> $$\left| \sum_{n=1}^{\infty} z_n \right| = \sum_{n=1}^{\infty} |z_n|$$
> 什么时候成立?

两边同时取极限, 即得级数的不等式关系

$$\left| \sum_{n=1}^{\infty} z_n \right| = \left| \lim_{n\to\infty} \sum_{k=1}^{n} z_k \right| = \lim_{n\to\infty} \left| \sum_{k=1}^{n} z_k \right| \leqslant \lim_{n\to\infty} \sum_{k=1}^{n} |z_k| = \sum_{n=1}^{\infty} |z_n|,$$

其中第二个等式成立是因为绝对值函数 $|z|$ 连续.

定义 4.4

(1) 若级数 $\sum\limits_{n=1}^{\infty} |z_n|$ 收敛, 则称级数 $\sum\limits_{n=1}^{\infty} z_n$ 绝对收敛.

(2) 称收敛但不绝对收敛的级数 条件收敛.

定理 4.5

级数 $\sum\limits_{n=1}^{\infty} z_n$ 绝对收敛当且仅当它的实部和虚部级数都绝对收敛.

证明: 必要性由定理 4.3 的证明已经知道, 充分性由 $|z_n| \leqslant |x_n| + |y_n|$, 以及正项级数的比较审敛法可得.

由此, 我们得到复数项级数与实部级数、虚部级数敛散性的关系表 4.1.

表 4.1 复数项级数与实部级数、虚部级数敛散性的关系

实部级数	虚部级数	复数项级数
绝对收敛	绝对收敛	绝对收敛
绝对收敛	条件收敛	条件收敛
条件收敛	绝对收敛	条件收敛
条件收敛	条件收敛	条件收敛
发散	任意情形	发散
任意情形	发散	发散

绝对收敛的复数项级数各项可以任意重排次序而不改变其绝对收敛性以及和. 一般的级数重排有限项不改变其敛散性与和, 但若重排无限项, 则可能会改变其敛散性与和.

> 实数项条件收敛级数重排后可以收敛到任意实数, 也可发散到 $+\infty$, 还可发散到 $-\infty$, 此即**黎曼重排定理**.

> 对于复数项条件收敛级数, 重排后能取到的和为全体复数 (也可发散到 ∞), 或者为复平面内一条直线 (也可发散到 ∞), 此即**列维-斯坦尼兹定理**.

【**例 4.1**】 级数 $\sum\limits_{n=1}^{\infty} \dfrac{1 + \mathrm{i}^n}{n}$ 发散, 条件收敛, 还是绝对收敛?

> 这里, 正项级数可以任意重排而不改变敛散性以及和.

解: 因为实部级数

$$\sum_{n=1}^{\infty} x_n = 1 + \frac{1}{3} + \frac{2}{4} + \frac{1}{5} + \frac{1}{7} + \frac{2}{8} + \cdots = \sum_{n=1}^{\infty} \frac{1}{n}$$

发散, 所以该级数发散.

【**例 4.2**】 级数 $\sum\limits_{n=1}^{\infty} \dfrac{\mathrm{i}^n}{n}$ 发散, 条件收敛, 还是绝对收敛?

练习 4.2

级数

$$\sum_{n=1}^{\infty} \left[\frac{(-1)^n}{n} + \frac{\mathrm{i}}{2^n} \right]$$

发散, 条件收敛, 还是绝对收敛?

解: 因为它的实部级数和虚部级数

$$\sum_{n=1}^{\infty} x_n = -\frac{1}{2} + \frac{1}{4} + \frac{1}{6} - \frac{1}{8} + \cdots,$$

$$\sum_{n=1}^{\infty} y_n = 1 - \frac{1}{3} + \frac{1}{5} - \frac{1}{7} + \cdots$$

均条件收敛, 所以原级数条件收敛.

4.1.2 判别法

由正项级数的比值审敛法可得

比值审敛法又名**达朗贝尔判别法**. 在使用该判别法之前, 可以先移除级数中所有的零项, 该判别法仍然适用.

> **定理 4.6** (比值审敛法)
>
> 若极限 $\lambda = \lim\limits_{n \to \infty} \left| \dfrac{z_{n+1}}{z_n} \right|$ 存在或为 $+\infty$, 则
>
> (1) 当 $\lambda < 1$ 时, 级数 $\sum\limits_{n=0}^{\infty} z_n$ 绝对收敛;
>
> (2) 当 $\lambda > 1$ 时, 级数 $\sum\limits_{n=0}^{\infty} z_n$ 发散.

当 $\lambda = 1$ 时, 无法使用该方法判断敛散性.

将上述结论中的 λ 换成 $\lambda = \lim\limits_{n \to \infty} \sqrt[n]{|z_n|}$ 也成立, 叫作**根式审敛法**.

根式审敛法又名**柯西判别法**. 一般情形下, 我们有**柯西-阿达马判别法**:

$$\lambda = \lim_{k \to \infty} \max_{n \geqslant k} \sqrt[n]{|z_n|},$$

换言之, λ 是该数列收敛子数列的极限的最大值, 也叫作**上极限**.

【例 4.3】 级数 $\sum\limits_{n=0}^{\infty} \dfrac{(8\mathrm{i})^n}{n!}$ 发散, 条件收敛, 还是绝对收敛?

解: 由

$$\lim_{n \to \infty} \left| \frac{z_{n+1}}{z_n} \right| = \lim_{n \to \infty} \left| \frac{8\mathrm{i}}{n+1} \right| = 0 < 1,$$

可知该级数绝对收敛.

实际上, 它的实部级数和虚部级数分别为

$$1 - \frac{8^2}{2!} + \frac{8^4}{4!} - \cdots = \cos 8, \quad 8 - \frac{8^3}{3!} + \frac{8^5}{5!} - \cdots = \sin 8,$$

因此

$$\sum_{n=0}^{\infty} \frac{(8\mathrm{i})^n}{n!} = \cos 8 + \mathrm{i} \sin 8 = \mathrm{e}^{8\mathrm{i}}.$$

我们能否像高等数学的情形一样, 直接将函数 e^z 进行幂级数展开来得到该级数的和呢? 事实上任意解析函数都可以在解析点处展开成幂级数.

4.2 幂级数

4.2.1 幂级数及其收敛圆

复变函数项级数与实变量函数项级数也是类似的.

> **定义 4.7**
>
> (1) 设 $\{f_n(z)\}_{n\geqslant 1}$ 是一个复变函数列, 其中每一项都在区域 D 上有定义. 称表达式 $\sum\limits_{n=1}^{\infty} f_n(z)$ 为**复变函数项级数**.
>
> (2) 对于 $z_0 \in D$, 若级数 $\sum\limits_{n=1}^{\infty} f_n(z_0)$ 收敛, 则称级数 $\sum\limits_{n=1}^{\infty} f_n(z)$ **在 z_0 处收敛**. 所有收敛点形成的集合叫作**收敛域**.
>
> (3) 若级数 $\sum\limits_{n=1}^{\infty} f_n(z)$ 在区域 D 内处处收敛, 则随着 z 的变化, 该级数的和形成了一个函数, 称为**和函数**.

收敛域未必是区域.

> **定义 4.8**
>
> 称形如 $\sum\limits_{n=0}^{\infty} c_n(z-a)^n$ 的函数项级数为**幂级数**.

尽管 $z = a$ 时 $(z-a)^0$ 无意义, 但为了简便, 我们约定幂级数在 $z = a$ 时取值为 c_0.

我们只需要考虑 $a = 0$ 情形的幂级数, 因为这和对应的一般情形幂级数的收敛域以及和函数只是差一个平移.

和实变量情形相同, 复幂级数也有阿贝尔定理.

> **定理 4.9 (阿贝尔定理)**
>
> (1) 若级数 $\sum\limits_{n=0}^{\infty} c_n z^n$ 在 $z_0 \neq 0$ 处收敛, 则对任意满足 $|z| < |z_0|$ 的 z, 该级数必绝对收敛.
>
> (2) 若级数 $\sum\limits_{n=0}^{\infty} c_n z^n$ 在 $z_0 \neq 0$ 处发散, 则对任意满足 $|z| > |z_0|$ 的 z, 该级数必发散.

证明: (1) 因为级数 $\sum\limits_{n=0}^{\infty} c_n z^n$ 收敛, 所以 $\lim\limits_{n\to\infty} c_n z_0^n = 0$. 故存在

M, 使得 $|c_n z_0^n| \leqslant M$. 对于 $|z| < |z_0|$,

$$\sum_{n=0}^{\infty} |c_n z^n| = \sum_{n=0}^{\infty} |c_n z_0^n| \cdot \left|\frac{z}{z_0}\right|^n$$

$$\leqslant M \sum_{n=0}^{\infty} \left|\frac{z}{z_0}\right|^n = \frac{M}{1 - |z/z_0|},$$

所以级数在 z 处绝对收敛.

(2) 即 (1) 的逆否命题.

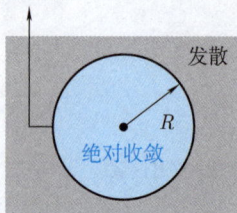

图 4.1 幂级数的收敛域

设 R 是实幂级数 $\sum_{n=0}^{\infty} |c_n| x^n$ 的收敛半径.

(1) 若 $R = +\infty$, 由阿贝尔定理, 可知级数 $\sum_{n=0}^{\infty} c_n z^n$ 处处绝对收敛.

(2) 若 $0 < R < +\infty$, 则级数 $\sum_{n=0}^{\infty} c_n z^n$ 在 $|z| < R$ 内绝对收敛, 在 $|z| > R$ 内发散.

(3) 若 $R = 0$, 则级数 $\sum_{n=0}^{\infty} c_n z^n$ 仅在 $z = 0$ 处收敛, 在任意 $z \neq 0$ 处发散.

我们称 R 为该幂级数的收敛半径. 当 $R > 0$ 时, 称圆周 $|z| = R$ 为该幂级数的收敛圆周, 称圆域 $|z| < R$ 为该幂级数的收敛圆. 收敛圆是收敛域的所有内点形成的区域, 如图 4.1 所示.

【例 4.4】 求幂级数 $\sum_{n=0}^{\infty} z^n = 1 + z + z^2 + \cdots$ 的收敛半径与和函数.

解: 若该幂级数收敛, 则由 $\lim_{n \to \infty} z^n = 0$, 可知 $|z| < 1$. 当 $|z| < 1$ 时, 该幂级数的和函数为

$$\lim_{n \to \infty} s_n = \lim_{n \to \infty} \frac{1 - z^{n+1}}{1 - z} = \frac{1}{1 - z}.$$

因此, 收敛半径为 1.

使用定义来得到幂级数的收敛半径较为繁琐. 我们可以利用实幂级数的收敛半径计算公式来求复幂级数的收敛半径.

4.2.2 收敛半径的计算

由计算实幂级数收敛半径的**比值法**可得

> **定理 4.10**
>
> 若极限
>
> $$r = \lim_{n \to \infty} \left| \frac{c_{n+1}}{c_n} \right|$$
>
> 存在或为 $+\infty$, 则 $\sum\limits_{n=0}^{\infty} c_n z^n$ 的收敛半径为
>
> $$R = \frac{1}{r}.$$
>
> 若 $r = 0$ 或 $+\infty$, 则相应地 $R = +\infty$ 或 0.

该公式又名**达朗贝尔公式**.

将上述结论中的 r 换成 $r = \lim\limits_{n \to \infty} \sqrt[n]{|c_n|}$ 也成立, 叫作**根式法**.

该公式又名**柯西公式**. 一般情形下, 我们有柯西-阿达马公式:

$$r = \lim_{k \to +\infty} \max_{n \geqslant k} \sqrt[n]{|c_n|}.$$

【例 4.5】 求幂级数 $\sum\limits_{n=1}^{\infty} \dfrac{(z-1)^n}{n}$ 的收敛半径, 并讨论 $z = 0$ 和 2 的敛散性.

解: 由

$$\lim_{n \to \infty} \left| \frac{c_{n+1}}{c_n} \right| = \lim_{n \to \infty} \frac{n}{n+1} = 1,$$

可知收敛半径为 1. 当 $z = 2$ 时,

$$\sum_{n=1}^{\infty} \frac{(z-1)^n}{n} = \sum_{n=1}^{\infty} \frac{1}{n}$$

为调和级数, 从而发散. 当 $z = 0$ 时,

$$\sum_{n=1}^{\infty} \frac{(z-1)^n}{n} = \sum_{n=1}^{\infty} \frac{(-1)^n}{n}$$

为交错级数且通项趋于 0, 从而收敛.

事实上, 收敛圆周上既可能处处收敛, 也可能处处发散, 还可能既有收敛的点也有发散的点.

例如

$$\sum_{n=1}^{\infty} z^n, \quad \sum_{n=1}^{\infty} \frac{z^n}{n^2},$$
$$\sum_{n=1}^{\infty} \frac{(-1)^{[\sqrt{n}]} z^n}{n}$$

收敛半径均为 1, 但这三者分别在 $|z| = 1$ 上处处发散、处处绝对收敛、处处条件收敛. 这里 $[\alpha]$ 表示不超过 α 的最大整数.

【例 4.6】 求幂级数 $\sum\limits_{n=0}^{\infty} \cos(in) z^n$ 的收敛半径.

解: 我们有

$$c_n = \cos(in) = \frac{\mathrm{e}^n + \mathrm{e}^{-n}}{2}.$$

由

$$\lim_{n\to\infty}\left|\frac{c_{n+1}}{c_n}\right| = \lim_{n\to\infty}\frac{\mathrm{e}^{n+1}+\mathrm{e}^{-n-1}}{\mathrm{e}^n+\mathrm{e}^{-n}}$$

$$= \mathrm{e}\lim_{n\to\infty}\frac{1+\mathrm{e}^{-2n-2}}{1+\mathrm{e}^{-2n}} = \mathrm{e},$$

可知收敛半径为 $\dfrac{1}{\mathrm{e}}$.

> **练习 4.3**
>
> 幂级数 $\sum\limits_{n=0}^{\infty}(1+\mathrm{i})^n z^n$ 的收敛半径为 _____.

4.2.3 幂级数的运算性质

以下定理是显然的.

> **定理 4.11**
>
> 设幂级数
>
> $$f(z) = \sum_{n=0}^{\infty}a_n z^n, \qquad g(z) = \sum_{n=0}^{\infty}b_n z^n$$
>
> 的收敛半径分别为 R_1, R_2. 那么当 $|z| < R = \min\{R_1, R_2\}$ 时,
>
> $$(f\pm g)(z) = \sum_{n=0}^{\infty}(a_n \pm b_n)z^n,$$
>
> $$(fg)(z) = \sum_{n=0}^{\infty}\left(\sum_{k=0}^{n}a_k b_{n-k}\right)z^n.$$

设 $c_n = a_n + b_n$. 当 $R_1 \neq R_2$ 时, 级数 $\sum\limits_{n=0}^{\infty}c_n z^n$ 的收敛半径为 $\min\{R_1, R_2\}$. 这是因为当 $|z|$ 位于 R_1, R_2 之间时 (不妨设 $R_1 > R_2$), 若级数 $\sum\limits_{n=0}^{\infty}c_n z^n$ 收敛, 则由级数 $\sum\limits_{n=0}^{\infty}a_n z^n$ 收敛可知级数

$$\pm\sum_{n=0}^{\infty}b_n z^n = \sum_{n=0}^{\infty}(c_n - a_n)z^n$$

收敛, 这与 $|z| > R_2$ 矛盾.

但是若 $R_1 = R_2$, 则级数 $\sum\limits_{n=0}^{\infty}(a_n \pm b_n)z^n$ 的收敛半径可以比 R_1 大. 我们只需取一收敛半径大于 R_1 的幂级数 $\sum\limits_{n=0}^{\infty}c_n z^n$, 并令 $b_n = c_n - a_n$, 则级数 $\sum\limits_{n=0}^{\infty}a_n z^n$ 和级数 $\sum\limits_{n=0}^{\infty}b_n z^n$ 的收敛半径相同, 而

级数 $\sum\limits_{n=0}^{\infty}(a_n+b_n)z^n$ 的收敛半径更大.

该定理证明省略.

> **定理 4.12**
>
> 若幂级数 $\sum\limits_{n=0}^{\infty}c_nz^n$ 的收敛半径为 R, 则在 $|z|<R$ 内:
>
> (1) 它的和函数 $f(z)=\sum\limits_{n=0}^{\infty}c_nz^n$ 解析;
>
> (2) $f'(z)=\sum\limits_{n=1}^{\infty}nc_nz^{n-1}$;
>
> (3) $\displaystyle\int_0^z f(\zeta)\,\mathrm{d}\zeta=\sum\limits_{n=0}^{\infty}\frac{c_n}{n+1}z^{n+1}$.

也就是说, 在收敛圆内, 幂级数的和函数解析, 且可以逐项求导, 逐项积分.

【例 4.7】 将函数 $\dfrac{1}{z-b}$ 表示成形如 $\sum\limits_{n=0}^{\infty}c_n(z-a)^n$ 的幂级数, 其中 $a\neq b$.

解: 注意到

$$\frac{1}{z-b}=\frac{1}{(z-a)-(b-a)}=\frac{1}{a-b}\cdot\frac{1}{1-\dfrac{z-a}{b-a}}.$$

当 $|z-a|<|b-a|$ 时,

$$\frac{1}{z-b}=\frac{1}{a-b}\sum_{n=0}^{\infty}\left(\frac{z-a}{b-a}\right)^n,$$

即

$$\frac{1}{z-b}=-\sum_{n=0}^{\infty}\frac{(z-a)^n}{(b-a)^{n+1}},\quad |z-a|<|b-a|.$$

【例 4.8】 求幂级数 $\sum\limits_{n=1}^{\infty}(2^n-1)z^{n-1}$ 的收敛半径与收敛圆内的和函数.

解: 由

$$\lim_{n\to\infty}\left|\frac{c_{n+1}}{c_n}\right|=\lim_{n\to\infty}\frac{2^{n+1}-1}{2^n-1}=2\lim_{n\to\infty}\frac{1-2^{-n-1}}{1-2^{-n}}=2,$$

可知收敛半径为 $\dfrac{1}{2}$. 当 $|z| < \dfrac{1}{2}$ 时, $|2z| < 1$, 从而

$$\sum_{n=1}^{\infty}(2^n - 1)z^{n-1} = \sum_{n=1}^{\infty}2^n z^{n-1} - \sum_{n=1}^{\infty}z^{n-1}$$

$$= \frac{2}{1 - 2z} - \frac{1}{1 - z}$$

$$= \frac{1}{(1 - 2z)(1 - z)}.$$

【例 4.9】 求幂级数 $\displaystyle\sum_{n=0}^{\infty}(n + 1)z^n$ 的收敛半径与收敛圆内的和函数.

解: 由

$$\lim_{n\to\infty}\left|\frac{c_{n+1}}{c_n}\right| = \lim_{n\to\infty}\frac{n + 1}{n} = \lim_{n\to\infty}\left(1 + \frac{1}{n}\right) = 1,$$

可知收敛半径为 1. 当 $|z| < 1$ 时,

$$\sum_{n=0}^{\infty}z^{n+1} = \frac{z}{1 - z} = -1 - \frac{1}{z - 1},$$

因此

$$\sum_{n=0}^{\infty}(n + 1)z^n = \left(-\frac{1}{z - 1}\right)' = \frac{1}{(z - 1)^2}, \quad |z| < 1.$$

练习 4.4

求幂级数 $\displaystyle\sum_{n=1}^{\infty}\frac{z^n}{n}$ 的收敛半径与收敛圆内的和函数.

如果函数 $f(z)$ 能够表达成幂级数的形式, 那么它在收敛圆内处处解析, 从而在其内部任一闭路上的积分均为零. 如果函数 $f(z)$ 能表达成一个幂级数和一个简单函数之和, 那么相应的积分计算也会变得更简单.

【例 4.10】 求 $\displaystyle\oint_{|z|=\frac{1}{2}}\sum_{n=-1}^{\infty}z^n\,\mathrm{d}z$.

解: 由于级数 $\displaystyle\sum_{n=0}^{\infty}z^n$ 在 $|z| < 1$ 收敛, 它的和函数解析, 因此

$$\oint_{|z|=\frac{1}{2}}\sum_{n=-1}^{\infty}z^n\,\mathrm{d}z = \oint_{|z|=\frac{1}{2}}\frac{1}{z}\,\mathrm{d}z + \oint_{|z|=\frac{1}{2}}\sum_{n=0}^{\infty}z^n\,\mathrm{d}z$$

$$= 2\pi\mathrm{i} + 0 = 2\pi\mathrm{i}.$$

4.3 泰勒级数

我们知道, 幂级数在它的收敛圆内的和函数是一个解析函数. 反过来, 解析函数是不是也一定可以在解析点展开成幂级数呢? 也就是说, 是否存在泰勒级数展开? 答案是肯定的. 使用幂级数表示解析函数这一方法是由魏尔斯特拉斯 (见图 4.2) 最先给出的.

在高等数学中我们知道, 一个实变量函数即使在一点附近无限次可导, 它的泰勒级数也未必收敛到原来的函数. 例如, 函数

$$f(x) = \begin{cases} \mathrm{e}^{-1/x^2}, & x \neq 0, \\ 0, & x = 0 \end{cases}$$

处处可导, 但是它在 0 处的各阶导数都是 0. 因此, 它的泰勒级数是 0, 余项恒为 $f(x)$. 除 0 之外它的泰勒级数均不收敛到 $f(x)$.

即使是泰勒级数能收敛到原来的函数的情形, 它成立的范围也很难从函数本身读出. 例如

$$\frac{1}{1+x} = 1 - x + x^2 - x^3 + \cdots$$

成立的范围是 $|x| < 1$, 这可以从该函数在 $x = -1$ 处无定义看出. 而

$$\frac{1}{1+x^2} = 1 - x^2 + x^4 - x^6 + \cdots$$

成立的范围也是 $|x| < 1$, 但这个函数处处任意阶可导. 为什么它的麦克劳林展开成立的最大区间也是 $(-1, 1)$ 呢? 这些问题在本节可以得到回答.

图 **4.2** 魏尔斯特拉斯 (Weierstrass)

4.3.1 泰勒展开的形式与性质

设函数 $f(z)$ 在区域 D 内解析, $z_0 \in D$ 到区域 D 边界的距离为 d (可以为 $+\infty$). 如图 4.3 所示, 在区域 D 内作一圆周 $K : |\zeta - z_0| = r < d$. 对于圆周 K 内部一点 z, $|z - z_0| < |\zeta - z_0| = r$. 由 $\dfrac{1}{\zeta - z}$ 的幂级数展开的部分和可得

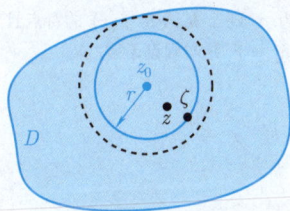

图 **4.3** 函数在解析点附近的泰勒展开

$$\frac{1}{\zeta - z} - \frac{1}{\zeta - z}\left(\frac{z - z_0}{\zeta - z_0}\right)^N = \frac{1}{\zeta - z_0} \cdot \frac{1 - \left(\dfrac{z - z_0}{\zeta - z_0}\right)^N}{1 - \dfrac{z - z_0}{\zeta - z_0}}$$

$$= \sum_{n=0}^{N-1} \frac{(z - z_0)^n}{(\zeta - z_0)^{n+1}}.$$

由柯西积分公式, 可知

$$f(z) = \frac{1}{2\pi\mathrm{i}} \oint_K \frac{f(\zeta)}{\zeta - z} \,\mathrm{d}\zeta$$

$$= R_N(z) + \sum_{n=0}^{N-1} \left[\frac{1}{2\pi\mathrm{i}} \oint_K \frac{f(\zeta)}{(\zeta - z_0)^{n+1}} \,\mathrm{d}\zeta \right] (z - z_0)^n$$

$$= R_N(z) + \sum_{n=0}^{N-1} \frac{f^{(n)}(z_0)}{n!} (z - z_0)^n,$$

其中

$$R_N(z) = \frac{1}{2\pi\mathrm{i}} \oint_K \frac{f(\zeta)}{\zeta - z} \cdot \left(\frac{z - z_0}{\zeta - z_0} \right)^N \mathrm{d}\zeta.$$

由于函数 $f(\zeta)$ 在区域 $D \supseteq K$ 内解析, 从而在圆周 K 上连续且有界. 设对任意 $\zeta \in K$, 有 $|f(\zeta)| \leqslant M$, 则由长大不等式和 $|z - z_0| < |\zeta - z_0|$ 可知, 当 $N \to \infty$ 时,

$$|R_N(z)| \leqslant \frac{1}{2\pi} \oint_K \left| \frac{f(\zeta)}{\zeta - z} \cdot \left(\frac{z - z_0}{\zeta - z_0} \right)^N \right| \mathrm{d}s$$

$$\leqslant \frac{1}{2\pi} \cdot \frac{M}{r - |z - z_0|} \cdot \left| \frac{z - z_0}{\zeta - z_0} \right|^N \cdot 2\pi r \to 0.$$

由此得到泰勒展开:

> **定理 4.13**
>
> 若函数 $f(z)$ 在 z_0 处解析, 则
>
> $$f(z) = \sum_{n=0}^{\infty} \frac{f^{(n)}(z_0)}{n!} (z - z_0)^n, \quad |z - z_0| < d,$$
>
> 其中 d 是 z_0 到函数 $f(z)$ 最近奇点的距离.

称在 $z_0 = 0$ 处的泰勒展开为麦克劳林展开.

由于幂级数的和函数在收敛圆内解析, 因此, 函数 $f(z)$ 的泰勒展开成立的圆域不包含函数 $f(z)$ 的奇点. 由此可知, 解析函数在 z_0 处泰勒展开成立的最大圆域半径是 z_0 到最近奇点的距离 d.

需要注意的是, 泰勒级数的收敛半径可能大于 d, 而且泰勒展开也可能对一些满足 $|z - z_0| \geqslant d$ 的点 z 成立. 不过对于有理函数 (分子分母没有公共零点), 其泰勒展开的收敛半径的确就是 d, 更多分析见 4.3.4 小节.

现在我们来看本节开头提出的问题. 尽管函数

$$f(z) = \begin{cases} \mathrm{e}^{-1/z^2}, & z \neq 0, \\ 0, & z = 0 \end{cases}$$

若函数 $f(z)$ 在复平面内处处解析, 则 $d = +\infty$. 若函数 $f(z)$ 有奇点, 则一定存在距离解析点 z_0 距离最近的奇点.

不妨设 $z_0 = 0$. 假设不存在这样的奇点, 则存在 $r \geqslant 0$, 使得函数 $f(z)$ 在 $|z| \leqslant r$ 内解析, 且存在一串奇点 $z_1, z_2, \cdots$, 使得 $|z_k|$ 严格单调减趋于 r. 由魏尔斯特拉斯聚点定理, 存在 $\{z_n\}_{n \geqslant 1}$ 的一个收敛的子数列. 设该子数列的极限为 c, 则 c 是函数 $f(z)$ 的奇点且 $|c| = r$, 这与假设矛盾.

在 $z = x$ 沿实轴方向趋于 0 时极限是 0, 但当 $z = y\mathrm{i} \to 0$ 时, $f(z) = \mathrm{e}^{1/y^2} \to \infty$, 因此, 0 是奇点, 函数 $f(z)$ 无法在该点处展开成幂级数.

对函数 $f(z) = \dfrac{1}{1 + z^2}$ 而言, 它的奇点为 $\pm\mathrm{i}$. 所以它的麦克劳林展开成立的最大圆域半径是 $d = 1$. 这就解释了为什么对应的实变量函数 $f(x) = \dfrac{1}{1 + x^2}$ 的麦克劳林展开成立的最大开区间是 $(-1, 1)$.

4.3.2 泰勒展开的计算方法

【例 4.11】 由于

$$\left.(\mathrm{e}^z)^{(n)}\right|_{z=0} = \left.\mathrm{e}^z\right|_{z=0} = 1,$$

因此

$$\mathrm{e}^z = \sum_{n=0}^{\infty} \frac{z^n}{n!} = 1 + z + \frac{z^2}{2!} + \frac{z^3}{3!} + \cdots, \quad |z| < +\infty.$$

这表明 2.3.1 小节中复指数函数可以通过该幂级数定义得到.

【例 4.12】 由

$$(\cos z)^{(n)} = \cos\left(z + \frac{n\pi}{2}\right),$$

可知

$$\left.(\cos z)^{(2n+1)}\right|_{z=0} = 0, \quad \left.(\cos z)^{(2n)}\right|_{z=0} = (-1)^n,$$

因此

$$\cos z = \sum_{n=0}^{\infty} (-1)^n \frac{z^{2n}}{(2n)!} = 1 - \frac{z^2}{2!} + \frac{z^4}{4!} - \frac{z^6}{6!} + \cdots, \quad |z| < +\infty.$$

若函数 $f(z)$ 在解析点 z_0 处展开为幂级数 $\displaystyle\sum_{n=0}^{\infty} c_n(z - z_0)^n$, 则由幂级数的逐项求导性质可知

$$f^{(m)}(z_0) = \left.\sum_{n=m}^{\infty} c_n n(n-1) \cdots (n-m+1)(z - z_0)^{n-m}\right|_{z=z_0} = m!c_m.$$

所以, 解析函数的幂级数展开是唯一的. 因此, 解析函数的泰勒展开不仅可以通过求各阶导数得到, 也可以利用幂级数的运算法则得到.

【例 4.13】 由 e^z 的泰勒展开可得

$$\sin z = \frac{e^{iz} - e^{-iz}}{2i} = \sum_{n=0}^{\infty} \frac{(iz)^n - (-iz)^n}{2i \cdot n!}$$

$$= \sum_{n=0}^{\infty} (-1)^n \frac{z^{2n+1}}{(2n+1)!} = z - \frac{z^3}{3!} + \frac{z^5}{5!} - \frac{z^7}{7!} + \cdots, \quad |z| < +\infty.$$

可以发现, 奇函数的麦克劳林展开只有奇数幂次项, 没有偶数幂次项, 而偶函数的麦克劳林展开只有偶数幂次项, 没有奇数幂次项.

【例 4.14】 函数 $\ln(1+z)$ 在去掉射线 $z = x \leqslant -1$ 的区域内解析, 因此, 它在 $|z| < 1$ 内解析, 且此时

$$\left[\ln(1+z) \right]' = \frac{1}{1+z} = \sum_{n=0}^{\infty} (-1)^n z^n.$$

逐项积分, 得到

$$\ln(1+z) = \sum_{n=0}^{\infty} \frac{(-1)^n z^{n+1}}{n+1} = \sum_{n=1}^{\infty} \frac{(-1)^{n+1} z^n}{n}, \quad |z| < 1.$$

注意, 这里由于 $\ln(1+z)$ 在零处取值为零, 因此逐项积分后没有常数项.

【例 4.15】 设函数 $f(z)$ 为幂函数 $(1+z)^a$ 的主值 $e^{a \ln(1+z)}$. 它在去掉射线 $z = x \leqslant -1$ 的区域内解析. 我们有 (以下均取主值)

$$f'(z) = a(1+z)^{a-1}, \quad f''(z) = a(a-1)(1+z)^{a-2},$$

一般地,

$$f^{(n)}(z) = a(a-1)\cdots(a-n+1)(1+z)^{a-n}.$$

因此

$$f^{(n)}(0) = a(a-1)\cdots(a-n+1),$$

$$(1+z)^a = \sum_{n=0}^{\infty} \frac{a(a-1)\cdots(a-n+1)}{n!} z^n$$

$$= 1 + az + \frac{a(a-1)}{2} z^2 + \frac{a(a-1)(a-2)}{3!} z^3 + \cdots,$$

其中 $|z| < 1$, 如图 4.4 所示.

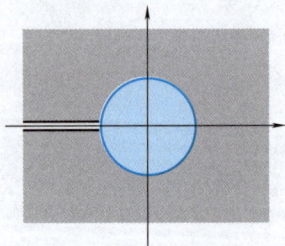

图 4.4 $\ln(z+1)$ 和 $(1+z)^a$ 主值泰勒展开成立的最大圆域, $a \notin \mathbb{Z}$

当 $a = m$ 是正整数时, 上述麦克劳林展开成立的范围为整个复平面. 此时展开式中幂次大于 m 的项系数为 0, 从而得到牛顿二项式展开

$$(1+z)^m = \sum_{n=0}^{m} C_m^n z^n = C_m^0 + C_m^1 z + \cdots + C_m^m z^m,$$

其中 $C_m^n = \dfrac{m!}{n!(m-n)!}$ 是组合数.

为了简便, 也可对任意复数 a 记组合数

$$C_a^n = \frac{a(a-1)\cdots(a-n+1)}{n!}.$$

此外, 也用记号 $\begin{pmatrix} a \\ n \end{pmatrix}$ 表示组合数.

【例 4.16】 求函数 $\dfrac{1}{3z-2}$ 的麦克劳林展开.

解: 由于函数 $\dfrac{1}{3z-2}$ 的奇点为 $z = \dfrac{2}{3}$, 因此, 它在 $|z| < \dfrac{2}{3}$ 内解析. 此时

$$\frac{1}{3z-2} = -\frac{1}{2} \cdot \frac{1}{1 - \dfrac{3z}{2}} = -\frac{1}{2} \sum_{n=0}^{\infty} \left(\frac{3z}{2}\right)^n$$

$$= -\sum_{n=0}^{\infty} \frac{3^n}{2^{n+1}} z^n, \quad |z| < \frac{2}{3}.$$

【例 4.17】 将函数 $\dfrac{1}{(1+z)^2}$ 展开成 z 的幂级数.

解法一: 由例 4.15 中幂函数的展开可知, 当 $|z| < 1$ 时,

$$(1+z)^{-2} = \sum_{n=0}^{\infty} \frac{(-2)(-3)\cdots(-1-n)}{n!} z^n = \sum_{n=0}^{\infty} (-1)^n (n+1) z^n.$$

解法二: 由于函数 $\dfrac{1}{(1+z)^2}$ 的奇点为 $z = -1$, 因此它在 $|z| < 1$ 内解析. 由于

$$\frac{1}{1+z} = 1 - z + z^2 - z^3 + \cdots = \sum_{n=0}^{\infty} (-1)^n z^n,$$

因此

$$\frac{1}{(1+z)^2} = -\left(\frac{1}{1+z}\right)' = -\sum_{n=1}^{\infty} (-1)^n n z^{n-1}$$

$$= \sum_{n=0}^{\infty} (-1)^n (n+1) z^n, \quad |z| < 1.$$

练习 4.5

求函数 $\dfrac{1}{1-3z+2z^2}$ 的麦克劳林展开.

如 2.3.5 小节所言, 若一个有理函数的奇点均可求出, 则可将它写成一个多项式与一些部分分式之和. 而部分分式可以展开为

$$\frac{1}{(\lambda - z)^k} = \sum_{n=0}^{\infty} \frac{(n+k-1)\cdots(n+2)(n+1)}{(k-1)!} \lambda^{-(n+k)} z^n,$$

其中 $|z| < |\lambda|$. 由此可得到该有理函数的泰勒展开.

解析函数的泰勒展开还说明了幂级数的和函数无论怎样扩充定义域, 它在收敛圆周上一定有奇点. 设幂级数 $\sum_{n=0}^{\infty} c_n(z-z_0)^n$ 的收敛半径为 $R > 0$, 且在 $|z| < R$ 时和函数等于函数 $f(z)$. 注意到函数 $f(z)$ 在 $|z - z_0| < d$ 上可以展开为幂级数, 其中 d 是 z_0 到函数 $f(z)$ 最近奇点的距离. 由泰勒展开的唯一性可知该幂级数就是 $\sum_{n=0}^{\infty} c_n(z-z_0)^n$, 从而 $R = d$, 函数 $f(z)$ 一定在 $|z| = R$ 上有奇点.

4.3.3　泰勒展开在级数中的应用 (选读)

解析函数的泰勒展开可以帮助我们计算级数的和.

【例 4.18】 计算级数 $\sum_{n=0}^{\infty} \frac{(8\mathrm{i})^n}{n!}$ 的和.

解: 由 e^z 的泰勒展开可知

$$\sum_{n=0}^{\infty} \frac{(8\mathrm{i})^n}{n!} = \mathrm{e}^{8\mathrm{i}} = \cos 8 + \mathrm{i}\sin 8.$$

相应地, 前述阿贝尔定理被称为**阿贝尔第一定理**. 阿贝尔第二定理结论的一般形式: 对任意 $0 \leqslant \theta < \frac{\pi}{2}$,

$$\lim_{\substack{z \to a, |z| < R \\ -\theta \leqslant \arg(1 - z/a) \leqslant \theta}} f(z) = f(a),$$

也就是说, z 在图 4.5 阴影区域内趋于 a.

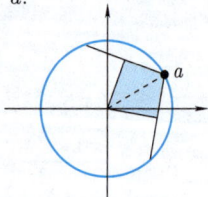

图 4.5

但是对于幂级数收敛圆周上的收敛点, 如何计算相应的和呢? 我们有如下定理:

> **定理 4.14 (阿贝尔第二定理)**
>
> 设幂级数 $f(z) = \sum_{n=0}^{\infty} c_n z^n$ 的收敛半径为 R. 若函数 $f(z)$ 在收敛圆周 $|z| = R$ 上一点 $z = a$ 处收敛, 则
>
> $$\lim_{t \to 1^-} f(ta) = f(a).$$

注意一般情形下, 即使极限 $\lim_{t \to 1^-} f(ta)$ 存在也不能保证幂级数在 a 处一定收敛. 例如, 函数 $f(z) = \sum_{n=0}^{\infty} (-1)^n z^n$ 在 1 处的左极限

存在且为 $\frac{1}{2}$，但该幂级数在 1 处发散.

证明： 设幂级数 $g(z) = f(az)$，则 $g(z)$ 的收敛半径为 1，我们只需证明 $\lim\limits_{t \to 1^-} g(t) = g(1)$. 因此，我们可不妨设 $R = 1, a = 1$.

对于 $0 < t < 1$，令

$$S_N = \sum_{n=0}^{N} c_n, \quad T_N = \sum_{n=1}^{N} c_n(t^n - 1).$$

对于任意 $\varepsilon > 0$，存在正整数 M，使得当 $N > M$ 时，$|S_N - f(1)| < \varepsilon$. 于是

$$T_N = \sum_{n=0}^{M} c_n(t^n - 1) + \sum_{n=M+1}^{N} (S_n - S_{n-1})(t^n - 1)$$

$$= \sum_{n=0}^{M} c_n(t^n - 1) + \sum_{n=M+1}^{N} S_n(t^n - 1) - \sum_{n=M}^{N-1} S_n(t^{n+1} - 1)$$

$$= \sum_{n=0}^{M} c_n(t^n - 1) + S_M(1 - t^M) + S_N(t^N - 1) +$$

$$(1-t)\sum_{n=M}^{N-1} S_n t^n$$

$$= \sum_{n=0}^{M} c_n(t^n - t^M) + S_N(t^N - 1) + (t^M - t^N)f(1) +$$

$$(1-t)\sum_{n=M}^{N-1} [S_n - f(1)]t^n.$$

满足

$$|T_N| \leqslant \left| \sum_{n=0}^{M} c_n(t^n - t^M) + [S_N - f(1)](t^N - 1) \right| +$$

$$(1 - t^M)|f(1)| + (t^M - t^N)\varepsilon.$$

注意到

$$\lim_{N\to\infty} S_N = f(1), \quad \lim_{N\to\infty} T_N = f(t) - f(1).$$

令 $N \to \infty$，我们得到

$$|f(t) - f(1)| \leqslant \left| \sum_{n=0}^{M} c_n(t^n - t^M) \right| + (1 - t^M)|f(1)| + t^M\varepsilon.$$

令 $t \to 1^-$，并由 ε 的任意性，可知 $\lim\limits_{t \to 1^-} f(t) = f(1)$.

【例 4.19】 计算级数 $\displaystyle\sum_{n=0}^{\infty} \frac{(-1)^n}{3n+1}$ 的和.

解： 该级数是交错级数且通项趋于 0, 因此收敛. 设

$$\omega = \mathrm{e}^{\frac{2\pi i}{3}} = \frac{-1 + \sqrt{3}i}{2}$$

是三次单位根, 则 $\omega^2 = \overline{\omega}$, $1 + \omega + \omega^2 = 0$. 当 $|z| < 1$ 时,

$$\ln(1 + z) = \sum_{n=1}^{\infty} \frac{(-1)^{n+1} z^n}{n}.$$

为了消去 $3n$ 和 $3n+2$ 幂次的项, 考虑

$$
\begin{aligned}
f(z) &= \ln(1 + z) + \omega^2 \ln(1 + \omega z) + \omega \ln(1 + \omega^2 z) \\
&= \sum_{n=1}^{\infty} \frac{(-1)^{n+1}(1 + \omega^{n+2} + \omega^{2n+4}) z^n}{n} \\
&= 3 \sum_{n=0}^{\infty} \frac{(-1)^n z^{3n+1}}{3n+1}.
\end{aligned}
$$

显然函数 $f(z)$ 在 $z = 1$ 处连续, 因此, 由阿贝尔第二定理可得

$$
\begin{aligned}
\sum_{n=1}^{\infty} \frac{(-1)^n}{3n+1} &= \frac{1}{3} f(1) \\
&= \frac{1}{3} \left[\ln 2 + \omega^2 \ln(1 + \omega) + \omega \ln(1 + \omega^2) \right] \\
&= \frac{1}{3} \ln 2 + \frac{\sqrt{3}}{9} \pi.
\end{aligned}
$$

4.3.4　泰勒展开成立的范围 (选读)

本节中我们来研究泰勒展开成立的最大圆域半径 d 与泰勒级数的收敛半径 R 的关系, 其中 d 等于 z_0 与函数 $f(z)$ 最近奇点的距离.

【例 4.20】 函数

$$
f(z) = \begin{cases} \mathrm{e}^z, & z \neq 1, \\ 0, & z = 1 \end{cases}
$$

的麦克劳林展开为

$$f(z) = \sum_{n=0}^{\infty} \frac{z^n}{n!}, \quad |z| < d = 1,$$

而右侧幂级数的收敛半径为 $R = +\infty$. 可以看出

$$\lim_{z \to 1} f(z) = \lim_{z \to 1} g(z) = g(1) = \mathrm{e}$$

不等于 $f(1)$.

【例 4.21】 设

$$f(z) = \ln(z - 1 - \mathrm{i}), \quad g(z) = \ln\left(1 - \frac{z}{1 + \mathrm{i}}\right) + \ln(-1 - \mathrm{i}).$$

不难知道函数 $f(z)$ 和 $g(z)$ 的实部相等, 虚部相等或相差 2π. 如图 4.6 所示, 分情况讨论, 可知

$$f(z) = \begin{cases} g(z), & \text{若 } \arg(z - 1 - \mathrm{i}) \leqslant \pi/4, \\ g(z) + 2\pi\mathrm{i}, & \text{若 } \arg(z - 1 - \mathrm{i}) > \pi/4. \end{cases}$$

函数 $f(z)$ 在射线 $z - 1 - \mathrm{i} \leqslant 0$ 之外解析, 因此, 其麦克劳林展开成立的半径为 1. 当 $|z| < d = 1$ 时, 由对数函数的麦克劳林展开可知

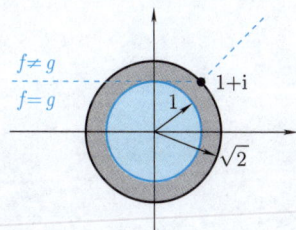

图 4.6 函数 $f(z)$ 与 $g(z)$ 在不同区域的表现

$$f(z) = g(z) = \ln(-1 - \mathrm{i}) - \sum_{n=1}^{\infty} \frac{1}{n(1 + \mathrm{i})^n} z^n,$$

而右侧幂级数的收敛半径为 $\sqrt{2}$, 和函数为 $g(z)$. 当 z 属于圆域 $D = \{z : |z| < \sqrt{2}\}$ 的子集

$$D \cap \left\{z : \arg(z - 1 - \mathrm{i}) > \frac{\pi}{4}\right\} = D \cap \{z : \operatorname{Im} z \geqslant 1\}$$

时, 函数 $f(z) = g(z) + 2\pi\mathrm{i}$. 因此

$$\lim_{\substack{z \to \mathrm{i} \\ |z| < 1}} f(z) = g(\mathrm{i}) = -\pi\mathrm{i}$$

不等于 $f(\mathrm{i})$.

可以看出在这两个例子中, 之所以泰勒级数的收敛半径 $R > d$, 是因为函数 $f(z)$ 在 $|z - z_0| = d$ 上的奇点是可以 "消去" 的, 只需要在奇点的一个邻域内将函数 $f(z)$ 换成泰勒级数的和函数 $g(z)$, 函数 $f(z)$ 便可以 "解析延拓" 到更大的区域. 若奇点 $z = a$ 无法通

过上述方式消除, 则一定有 $R = d$.

定理 4.15

设 a 是函数 $f(z)$ 距离解析点 z_0 最近的奇点, $d = |a - z_0|$. 若极限

$$\lim_{\substack{z \to a \\ |z - z_0| < d}} f(z)$$

不存在, 则函数 $f(z)$ 在 z_0 处泰勒级数的收敛半径等于 d.

【例 4.22】 设函数 $f(z) = \dfrac{p(z)}{q(z)}$ 是有理函数, 且分子 $p(z)$、分母 $q(z)$ 没有公共零点. 对于函数 $q(z)$ 的零点 $z = a$, 我们有 $\lim\limits_{z \to a} f(z) = \infty$. 因此, 函数 $f(z)$ 在解析点 z_0 处泰勒级数的收敛半径就是 z_0 到最近奇点的距离 d.

【例 4.23】 设 $f(z) = \mathrm{e}^{\frac{1}{z}}$. 由于 $\lim\limits_{x \to 0^+} f(x) = \infty$, 因此, 函数 $f(z)$ 在 $z_0 \neq 0$ 处泰勒级数的收敛半径就是 z_0 到奇点 0 的距离 $d = |z_0|$.

4.4　洛朗级数

4.4.1　双边幂级数

若函数 $f(z)$ 在 z_0 处解析, 则 $f(z)$ 可以展开成 $z - z_0$ 的幂级数. 若函数 $f(z)$ 在 z_0 处不解析呢? 则 $f(z)$ 一定不能展开成 $z - z_0$ 的幂级数, 然而它可能可以展开为双边幂级数

> 非负幂次部分叫作它的**解析部分**, 负幂次部分叫作它的**主要部分**.

$$\sum_{n=-\infty}^{+\infty} c_n (z - z_0)^n = \underbrace{\sum_{n=1}^{\infty} c_{-n} (z - z_0)^{-n}}_{\text{负幂次部分}} + \underbrace{\sum_{n=0}^{\infty} c_n (z - z_0)^n}_{\text{非负幂次部分}}.$$

为了保证双边幂级数的收敛范围有一个好的性质以便于我们使用, 我们对它的敛散性作如下定义:

定义 4.16

若双边幂级数的非负幂次部分和负幂次部分作为函数项级数都收敛, 则称这个双边幂级数收敛. 否则称之为发散.

注意双边幂级数的敛散性不能像幂级数那样通过部分和形成的数列的极限来定义, 因为使用不同的部分和选取方式会影响到其敛散性和极限值.

现在我们来研究双边幂级数的敛散性. 设 $\sum\limits_{n=0}^{\infty} c_n(z-z_0)^n$ 的收敛半径为 R_2, 则它在 $|z-z_0| < R_2$ 内收敛, 在 $|z-z_0| > R_2$ 内发散.

对于负幂次部分, 令 $\zeta = \dfrac{1}{z-z_0}$, 则负幂次部分是 ζ 的一个幂级数 $\sum\limits_{n=1}^{\infty} c_{-n}\zeta^n$. 设该幂级数的收敛半径为 R, 则它在 $|\zeta| < R$ 内收敛, 在 $|\zeta| > R$ 内发散. 设 $R_1 = \dfrac{1}{R}$, 则负幂次部分在 $|z-z_0| > R_1$ 内收敛, 在 $|z-z_0| < R_1$ 内发散.

(1) 若 $R_1 > R_2$, 则该双边幂级数处处不收敛.

(2) 若 $R_1 = R_2$, 则该双边幂级数只在圆周 $|z-z_0| = R_1$ 上可能有收敛的点.

(3) 若 $R_1 < R_2$, 则该双边幂级数在 $R_1 < |z-z_0| < R_2$ 内收敛, 在 $|z-z_0| < R_1$ 和 $> R_2$ 内发散, 在圆周 $|z-z_0| = R_1$ 和 R_2 上既可能发散也可能收敛.

若 $R_1 < R_2$, 则称圆环域 $R_1 < |z-z_0| < R_2$ 为该双边幂级数的收敛圆环. 收敛圆环是收敛域的所有内点形成的区域.

当 $R_1 = 0$ 或 $R_2 = +\infty$ 时, 圆环域的形状会有所不同, 如图 4.7 所示.

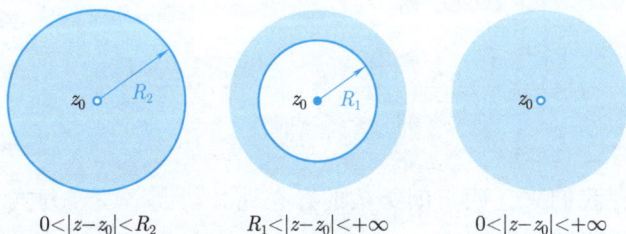

图 4.7 特殊的圆环域

双边幂级数的非负幂次部分和负幂次部分在收敛圆环内都收敛, 并注意到函数 $\zeta = \dfrac{1}{z-z_0}$ 关于 z 解析. 因此, 它们的和函数都解析, 且可以逐项求导、逐项积分. 从而双边幂级数的和函数在收敛圆环内是解析的, 且可以逐项求导、逐项积分.

【例 4.24】 求双边幂级数
$$\sum_{n=1}^{\infty} \frac{2^n}{z^n} + \sum_{n=0}^{\infty} \frac{z^n}{(2+\mathrm{i})^n}$$
的收敛圆环及收敛圆环内的和函数.

解: 不难知道, 非负幂次部分收敛圆为 $|z| < |2+\mathrm{i}| = \sqrt{5}$, 负幂次部分收敛圆为 $\left|\dfrac{1}{z}\right| < \dfrac{1}{2}$, 即 $|z| > |2|$. 因此, 该双边幂级数的收敛圆环为 $2 < |z| < \sqrt{5}$. 此时

$$\sum_{n=1}^{\infty} \frac{2^n}{z^n} + \sum_{n=0}^{\infty} \frac{z^n}{(2+\mathrm{i})^n} = \frac{\frac{2}{z}}{1 - \frac{2}{z}} + \frac{1}{1 - \frac{z}{2+\mathrm{i}}}$$
$$= \frac{-\mathrm{i}z}{(z-2)(z-2-\mathrm{i})}.$$

4.4.2　洛朗展开的形式

双边幂级数的和函数是其收敛圆环内的解析函数. 反过来, 在圆环域内解析的函数也一定能展开为双边幂级数, 被称为**洛朗级数**. 例如, 函数 $f(z) = \dfrac{1}{z(1-z)}$ 在 $z = 0, 1$ 以外解析. 在圆环域 $0 < |z| < 1$ 内,

$$f(z) = \frac{1}{z} + \frac{1}{1-z} = \frac{1}{z} + 1 + z + z^2 + z^3 + \cdots$$

在圆环域 $1 < |z| < +\infty$ 内,

$$f(z) = \frac{1}{z} - \frac{1}{z} \cdot \frac{1}{1 - \frac{1}{z}} = -\frac{1}{z^2} - \frac{1}{z^3} - \frac{1}{z^4} - \cdots$$

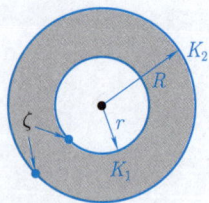

图 4.8 函数在圆环域内的洛朗展开

现在我们来证明洛朗级数的存在性并得到洛朗展开式. 设函数 $f(z)$ 在圆环域 $R_1 < |z - z_0| < R_2$ 内解析. 如图 4.8 所示, 设 $R_1 < r < R < R_2$,

$$K_1 : |z - z_0| = r, \quad K_2 : |z - z_0| = R$$

是该圆环域内的两个圆周. 对于 $r < |z - z_0| < R$, 由复合闭路定理和柯西积分公式, 得

$$f(z) = \frac{1}{2\pi\mathrm{i}} \oint_{K_2} \frac{f(\zeta)}{\zeta - z} \,\mathrm{d}\zeta - \frac{1}{2\pi\mathrm{i}} \oint_{K_1} \frac{f(\zeta)}{\zeta - z} \,\mathrm{d}\zeta.$$

和泰勒级数的推导类似,

$$\frac{1}{2\pi\mathrm{i}} \oint_{K_2} \frac{f(\zeta)}{\zeta - z} \,\mathrm{d}\zeta = \sum_{n=0}^{\infty} \left[\frac{1}{2\pi\mathrm{i}} \oint_{K_2} \frac{f(\zeta)}{(\zeta - z_0)^{n+1}} \,\mathrm{d}\zeta \right] (z - z_0)^n$$

可以表达为幂级数的形式. 类似地, K_1 上的积分部分可由

$$\frac{1}{z-\zeta} - \frac{1}{z-\zeta}\left(\frac{\zeta-z_0}{z-z_0}\right)^N = \frac{1}{z-z_0} \cdot \frac{1-\left(\frac{\zeta-z_0}{z-z_0}\right)^N}{1-\frac{\zeta-z_0}{z-z_0}}$$

$$= \sum_{n=0}^{N-1} \frac{(\zeta-z_0)^n}{(z-z_0)^{n+1}}$$

得到

$$-\frac{1}{2\pi i}\oint_{K_1}\frac{f(\zeta)}{\zeta-z}\,\mathrm{d}\zeta = R_N + \sum_{n=1}^{N}\left[\frac{1}{2\pi i}\oint_{K_1}\frac{f(\zeta)\,\mathrm{d}\zeta}{(\zeta-z_0)^{-n+1}}\right](z-z_0)^{-n},$$

其中

$$R_N(z) = \frac{1}{2\pi i}\oint_{K_1}\frac{f(\zeta)}{z-\zeta}\cdot\left(\frac{\zeta-z_0}{z-z_0}\right)^{N-1}\mathrm{d}\zeta.$$

由于函数 $f(\zeta)$ 在 $D \supseteq K_1$ 内解析, 从而在 K_1 上连续且有界. 设对任意 $\zeta \in K$, $|f(\zeta)| \leqslant M$. 由长大不等式和 $|\zeta-z_0| = r < |z-z_0|$ 可知, 当 $N \to \infty$ 时,

$$|R_N(z)| \leqslant \frac{1}{2\pi}\oint_{K_1}\left|\frac{f(\zeta)}{z-\zeta}\cdot\left(\frac{\zeta-z_0}{z-z_0}\right)^N\right|\mathrm{d}s$$

$$\leqslant \frac{1}{2\pi}\cdot\frac{M}{|z-z_0|-r}\cdot\left|\frac{\zeta-z_0}{z-z_0}\right|^N\cdot 2\pi r \to 0.$$

故

$$f(z) = \sum_{n=0}^{\infty}\left[\frac{1}{2\pi i}\oint_{K_2}\frac{f(\zeta)}{(\zeta-z_0)^{n+1}}\,\mathrm{d}\zeta\right](z-z_0)^n +$$

$$\sum_{n=1}^{\infty}\left[\frac{1}{2\pi i}\oint_{K_1}\frac{f(\zeta)}{(\zeta-z_0)^{-n+1}}\,\mathrm{d}\zeta\right](z-z_0)^{-n},$$

其中 $r < |z-z_0| < R$.

由复合闭路定理, 得 K_1, K_2 可以换成任意一条在圆环域中内部包含 z_0 的闭路 C. 由此我们得到 <u>洛朗展开</u>:

定理 4.17

若函数 $f(z)$ 在圆环域 $R_1 < |z-z_0| < R_2$ 内解析, 则 $f(z)$ 可以在该圆环域内展开成双边幂级数

$$f(z) = \sum_{n=-\infty}^{+\infty}\left[\frac{1}{2\pi i}\oint_{C}\frac{f(\zeta)}{(\zeta-z_0)^{n+1}}\,\mathrm{d}\zeta\right](z-z_0)^n,$$

其中 C 是该圆环域中内部包含 z_0 的闭路.

注意这里和泰勒展开不同, 系数不能表达为函数 $f(z)$ 的高阶导数形式, 因为 $f(z)$ 在闭路 C 的内部不一定解析.

4.4.3　洛朗展开的计算方法

设在圆环域 $R_1 < |z - z_0| < R_2$ 内解析的函数 $f(z)$ 可以表达为双边幂级数

$$f(z) = \sum_{n=-\infty}^{+\infty} c_n (z - z_0)^n.$$

逐项积分, 并由定理 3.13, 得到

$$\oint_C \frac{f(\zeta)\,\mathrm{d}\zeta}{(\zeta - z_0)^{m+1}} = \sum_{n=-\infty}^{+\infty} c_n \oint_C (\zeta - z_0)^{n-m-1}\,\mathrm{d}\zeta = 2\pi\mathrm{i}c_m.$$

从而 c_m 就是洛朗展开的系数. 因此, 函数 $f(z)$ 在一固定圆环域内的双边幂级数展开是唯一的, 一定是洛朗级数. 注意, 解析函数在不同圆环域内的洛朗展开可能是不同的, 这和双边幂级数展开的唯一性无关.

用积分来计算洛朗展开的系数, 过程往往较为繁琐. 因此, 我们通常利用双边幂级数展开的唯一性, 通过使用双边幂级数的代数、求导、求积分运算来得到洛朗级数.

【例 4.25】 将函数 $f(z) = \dfrac{\mathrm{e}^z - 1}{z^2}$ 展开为以 0 为圆心的洛朗级数.

解: 由于函数 $f(z)$ 在 0 以外处处解析, 因此, 它可以在 $0 < |z| < +\infty$ 内展开成洛朗级数:

$$\frac{\mathrm{e}^z - 1}{z^2} = \frac{1}{z^2}\left(z + \frac{z^2}{2!} + \frac{z^3}{3!} + \cdots\right)$$
$$= \frac{1}{z} + \frac{1}{2!} + \frac{z}{3!} + \cdots = \frac{1}{z} + \sum_{n=0}^{\infty} \frac{1}{(n+2)!} z^n.$$

【例 4.26】 在下列圆环域内将函数 $f(z) = \dfrac{1}{(z-1)(z-2)}$ 展开为洛朗级数:

(i)　$0 < |z| < 1$;　　　　(ii)　$1 < |z| < 2$;

(iii)　$2 < |z| < +\infty$.

解: 由于函数 $f(z)$ 的奇点为 $z = 1, 2$, 因此, 在这些圆环域内函数 $f(z)$ 都可以展开为洛朗级数. 注意到

$$f(z) = \frac{1}{z-2} - \frac{1}{z-1},$$

我们可以根据 $|z|$ 的范围来将其展开成等比级数.

(i) 由于 $|z| < 1$, $\left|\frac{z}{2}\right| < 1$, 因此

$$f(z) = -\frac{1}{2-z} + \frac{1}{1-z} = -\frac{1}{2} \cdot \frac{1}{1-\frac{z}{2}} + \frac{1}{1-z}$$

$$= -\frac{1}{2} \sum_{n=0}^{\infty} \left(\frac{z}{2}\right)^n + \sum_{n=0}^{\infty} z^n = \sum_{n=0}^{\infty} \left(1 - \frac{1}{2^{n+1}}\right) z^n$$

$$= \frac{1}{2} + \frac{3}{4} z + \frac{7}{8} z^2 + \cdots.$$

(ii) 由于 $\left|\frac{1}{z}\right| < 1$, $\left|\frac{z}{2}\right| < 1$, 因此

$$f(z) = \frac{1}{1-z} - \frac{1}{2-z} = -\frac{1}{z} \cdot \frac{1}{1-\frac{1}{z}} - \frac{1}{2} \cdot \frac{1}{1-\frac{z}{2}}$$

$$= -\frac{1}{z} \sum_{n=0}^{\infty} \left(\frac{1}{z}\right)^n - \frac{1}{2} \sum_{n=0}^{\infty} \left(\frac{z}{2}\right)^n$$

$$= -\sum_{n=1}^{\infty} \frac{1}{z^n} - \sum_{n=0}^{\infty} \frac{1}{2^{n+1}} z^n$$

$$= \cdots - \frac{1}{z^2} - \frac{1}{z} - \frac{1}{2} - \frac{1}{4} z - \frac{1}{8} z^2 - \cdots.$$

(iii) 由于 $\left|\frac{1}{z}\right| < 1$, $\left|\frac{2}{z}\right| < 1$, 因此

$$f(z) = \frac{1}{1-z} - \frac{1}{2-z} = -\frac{1}{z} \cdot \frac{1}{1-\frac{1}{z}} + \frac{1}{z} \cdot \frac{1}{1-\frac{2}{z}}$$

$$= -\frac{1}{z} \sum_{n=0}^{\infty} \left(\frac{1}{z}\right)^n + \frac{1}{z} \sum_{n=0}^{\infty} \left(\frac{2}{z}\right)^n$$

$$= \sum_{n=0}^{\infty} \frac{2^n - 1}{z^{n+1}} = \frac{1}{z^2} + \frac{3}{z^3} + \frac{7}{z^4} + \cdots.$$

【例 4.27】 将函数 $f(z) = \dfrac{z+1}{(z-1)^2}$ 在圆环域 $0 < |z| < 1$ 内展开成洛朗级数.

解法一： 由于

$$f(z) = \frac{z-1+2}{(z-1)^2} = \frac{1}{z-1} + \frac{2}{(z-1)^2}$$

$$= -\frac{1}{1-z} + 2\left(\frac{1}{1-z}\right)',$$

因此，当 $0 < |z| < 1$ 时，

$$f(z) = -\sum_{n=0}^{\infty} z^n + 2\left(\sum_{n=0}^{\infty} z^n\right)'$$

$$= -\sum_{n=0}^{\infty} z^n + 2\sum_{n=1}^{\infty} nz^{n-1}$$

$$= -\sum_{n=0}^{\infty} z^n + 2\sum_{n=0}^{\infty} (n+1)z^n = \sum_{n=0}^{\infty} (2n+1)z^n.$$

解法二： 由于当 $0 < |z| < 1$ 时，

$$\frac{1}{(z-1)^2} = \left(\frac{1}{1-z}\right)' = \left(\sum_{n=0}^{\infty} z^n\right)' = \sum_{n=1}^{\infty} nz^{n-1},$$

因此

$$f(z) = z\sum_{n=1}^{\infty} nz^{n-1} + \sum_{n=1}^{\infty} nz^{n-1}$$

$$= \sum_{n=1}^{\infty} nz^n + \sum_{n=0}^{\infty} (n+1)z^n = \sum_{n=0}^{\infty} (2n+1)z^n.$$

> **练习 4.6**
>
> 将函数 $f(z) = \dfrac{z+1}{(z-1)^2}$ 在圆环域 $1 < |z| < +\infty$ 内展开成洛朗级数.

可以看出，有理函数的洛朗展开通常需要将其分解成部分分式 $\dfrac{1}{(z-a)^m}$ 的线性组合. 根据 z 所处的圆环域，选取 $\dfrac{z-z_0}{a-z_0}$ 和 $\dfrac{a-z_0}{z-z_0}$ 中模小于 1 的数作为公比来求得函数 $\dfrac{1}{z-a}$ 的洛朗展开. 然后对其求 $m-1$ 阶导数，最后合并相同幂次项的系数.

洛朗展开的一些特点可以帮助我们检验计算的正确性.

(1) 若函数 $f(z)$ 在 $|z-z_0| < R_2$ 内解析，则函数 $f(z)$ 可以展开为泰勒级数. 由唯一性可知，泰勒级数等于洛朗级数，因此，此时洛朗展开一定没有负幂次项.

(2) 若有理函数 (分子、分母没有公共零点) 在圆周 $|z-z_0| = R_1 > 0$ 和 $|z-z_0| = R_2 > 0$ 上都有奇点，则在圆环域 $R_1 < |z-z_0| < R_2$ 内的洛朗展开一定有无穷多负幂次和无穷多正幂次项.

(3) 有理函数在解析区域 $0 < |z - z_0| < r$ 内的洛朗展开最多只有有限多负幂次项, 且最低负幂次是 $z - z_0$ 在分母因式分解中出现的次数; 在解析区域 $R < |z - z_0| < +\infty$ 内的洛朗展开最多只有有限多正幂次项, 且最高正幂次是分子次数减去分母次数.

更多有关结论可阅读 4.4.4 小节.

注意到当 $n = -1$ 时, 洛朗展开的系数

$$c_{-1} = \frac{1}{2\pi i} \oint_C f(\zeta) \, d\zeta,$$

因此, 洛朗展开可以用来帮助计算函数的积分.

【例 4.28】 求 $\oint_{|z|=3} \dfrac{1}{z(z+1)^2} \, dz$.

解: 如图 4.9 所示, 闭路 $|z| = 3$ 落在 $1 < |z + 1| < +\infty$ 内, 我们在这个圆环域内求函数 $f(z) = \dfrac{1}{z(z+1)^2}$ 的洛朗展开, 得

$$f(z) = \frac{1}{z(z+1)^2} = \frac{1}{(z+1)^3} \cdot \frac{1}{1 - \dfrac{1}{z+1}}$$

$$= \frac{1}{(z+1)^3} \sum_{n=0}^{\infty} \frac{1}{(z+1)^n} = \sum_{n=3}^{\infty} \frac{1}{(z+1)^n}.$$

故

$$\oint_C f(z) \, dz = 2\pi i c_{-1} = 0.$$

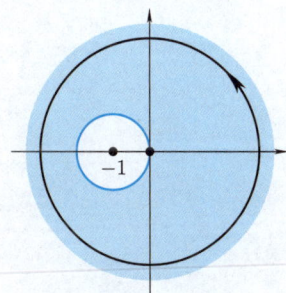

图 **4.9** 函数 $\dfrac{1}{z(z+1)^2}$ 解析的圆环域

【例 4.29】 求 $\oint_{|z|=1} \dfrac{z}{\sin z^2} \, dz$.

可以看出, 该积分无法使用柯西积分公式直接计算.

解: 如图 4.10 所示, 注意到闭路 $|z| = 1$ 落在 $0 < |z| < \sqrt{\pi}$ 内, 我们在这个圆环域内求函数 $f(z) = \dfrac{z}{\sin z^2}$ 的洛朗展开, 得

$$f(z) = \frac{z}{\sin z^2} = \frac{z}{z^2 - \dfrac{z^6}{3!} + \dfrac{z^{10}}{5!} + \cdots} = \frac{1}{z} + \frac{z^3}{6} + \cdots.$$

故

$$\oint_C f(z) \, dz = 2\pi i c_{-1} = 2\pi i.$$

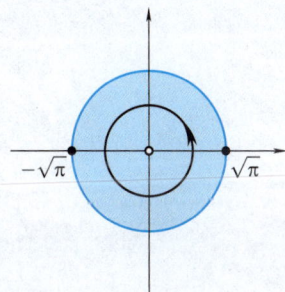

图 **4.10** 函数 $\dfrac{z}{\sin z^2}$ 解析的圆环域

每次使用洛朗级数来计算积分略显繁琐, 因为实际上我们只需要 c_{-1} 而并不需要其他系数. 针对不同奇点的特点, 我们的确有一些计算方法来直接得到 c_{-1} 而不用求出整个洛朗展开, 这也引出了留数的概念.

4.4.4　有理函数的泰勒展开和洛朗展开 (选读)

在讨论有理函数的泰勒展开和洛朗展开之前, 我们先将 4.3.4 小节的结论推广到洛朗展开的情形.

> **定理 4.18**
>
> 设函数 $f(z)$ 在圆环域 $D : R_1 < |z - z_0| < R_2$ 内解析, 其中 $0 < R_1 < R_2 < +\infty$.
>
> (1) 若函数 $f(z)$ 在圆周 $|z - z_0| = R_1$ 上有满足极限
>
> $$\lim_{\substack{z \to a \\ z \in D}} f(z)$$
>
> 不存在的奇点 a, 则函数 $f(z)$ 在圆环域 $R_1 < |z - z_0| < R_2$ 内的洛朗展开有无穷多负幂次项.
>
> (2) 若函数 $f(z)$ 在圆周 $|z - z_0| = R_2$ 上有满足极限
>
> $$\lim_{\substack{z \to a \\ z \in D}} f(z)$$
>
> 不存在的奇点 a, 则函数 $f(z)$ 在圆环域 $R_1 < |z - z_0| < R_2$ 内的洛朗展开有无穷多正幂次项.

证明: 设函数 $f(z)$ 的洛朗展开为

$$f(z) = \sum_{n=-\infty}^{+\infty} c_n (z - z_0)^n.$$

(1) 若函数 $f(z)$ 的洛朗展开只有有限多个负幂次项, 且最低幂次为 $-m$, 则幂级数

$$\sum_{n=-m}^{+\infty} c_n (z - z_0)^{n+m} = \sum_{n=0}^{\infty} c_{n-m} (z - z_0)^n$$

的和函数 $g(z)$ 在 $|z - z_0| < R_2$ 内解析. 从而

$$\lim_{\substack{z \to a \\ z \in D}} f(z) = \lim_{\substack{z \to a \\ z \in D}} \frac{g(z)}{(z - z_0)^m} = \frac{g(a)}{(a - z_0)^m}$$

存在. 这与假设矛盾, 因此, 函数 $f(z)$ 的洛朗展开有无穷多负幂次项.

(2) 考虑函数 $h(z) = f\left(\dfrac{1}{z} + z_0\right)$, 则 $h(z)$ 在圆环域 $\dfrac{1}{R_2} < |z| < \dfrac{1}{R_1}$ 内满足 (1) 中的条件, 从而其洛朗展开

$$h(z) = \sum_{n=-\infty}^{+\infty} c_n z^{-n}$$

有无穷多负幂次项, 即函数 $f(z)$ 的洛朗展开有无穷多正幂次项.

【例 4.30】 设函数 $f(z) = \dfrac{p(z)}{q(z)}$ 是有理函数, 且分子、分母没有公共零点. 若函数 $f(z)$ 在圆环域 $0 < R_1 < |z - z_0| < R_2 < +\infty$ 内解析, 且在圆周 $|z - z_0| = R_1$ 和 $|z - z_0| = R_2$ 上都有奇点, 则 $f(z)$ 在圆环域 $R_1 < |z - z_0| < R_2$ 内的洛朗展开有无穷多负幂次项和无穷多正幂次项.

不仅如此, 有理函数 $f(z)$ 在不同圆环域内的洛朗展开系数还具有一定的联系. 由 2.3.5 小节的讨论不难知道, 函数 $f(z)$ 可以拆分成

$$f(z) = g(z) + \sum_{j=1}^{k} \sum_{r=1}^{m_j} \frac{c_{j,r}}{(1 - z/\lambda_j)^r},$$

其中函数 $g(z)$ 是一个只有有限项的双边幂级数, λ_j 为函数 $q(z)$ 的 m_j 重非零零点.

1. 泰勒展开和幂级数

假设 $q(0) \neq 0$. 此时 $g(z)$ 是多项式, 函数 $f(z)$ 有麦克劳林展开. 由

$$\frac{1}{1 - z} = 1 + z + z^2 + \cdots, \quad |z| < 1,$$

逐项求 $k - 1$ 阶导数, 并将 z 换成 z/λ, 得到

$$\frac{1}{(1 - z/\lambda)^k} = \sum_{n=0}^{\infty} \frac{(n + k - 1) \cdots (n + 2)(n + 1)}{(k - 1)!} \lambda^{-n} z^n,$$

其中 $|z| < |\lambda|$. 因此, 若函数 $f(z)$ 的麦克劳林展开为

$$f(z) = \sum_{n=0}^{\infty} c_n z^n, \quad |z| < \min\{|\lambda_1|, \cdots, |\lambda_k|\},$$

则除去至多有限项外, 麦克劳林展开的系数为

$$c_n = p_1(n)\lambda_1^{-n} + \cdots + p_k(n)\lambda_k^{-n},$$

其中

$$p_j(n) = \sum_{r=1}^{m_j} (n+r-1)\cdots(n+2)(n+1)c_{j,r}$$

是 n 的 $m_j - 1$ 次多项式.

反过来, 若一个幂级数 $\sum_{n=0}^{\infty} c_n z^n$ 的系数具有上述形式, 则它的和函数必然是有理函数, 且分母为

$$q(z) = (z-\lambda_1)^{m_1} \cdots (z-\lambda_k)^{m_k},$$

其中 m_j 为多项式 p_j 的次数 $+1$.

2. 洛朗展开

由

$$\frac{1}{1-z} = -\left(\frac{1}{z} + \frac{1}{z^2} + \frac{1}{z^3} + \cdots\right), \quad |z| > 1,$$

逐项求 $k-1$ 阶导数, 并将 z 换成 z/λ, 得到

$$\frac{1}{(1-z/\lambda)^k} = -\sum_{n<0} \frac{(n+k-1)\cdots(n+2)(n+1)}{(k-1)!}\lambda^{-n}z^n,$$

其中 $|z| > |\lambda|$. 因此, 函数 $f(z)$ 在其解析的圆环域 $r < |z| < R$ 内的洛朗展开为

$$f(z) = g(z) + \sum_{n\geqslant 0}\sum_{|\lambda_j|\geqslant R} p_j(n)\lambda_j^{-n}z^n - \sum_{n<0}\sum_{0<|\lambda_j|\leqslant r} p_j(n)\lambda_j^{-n}z^n.$$

由于 $p_j(n)$ 的形式可以从函数 $f(z)$ 在任一圆环域内的洛朗展开读出, 因此, 我们有如下结论:

定理 4.19

设有理函数 $f(z)$ 在其解析的圆环域 $r < |z| < R$ 内有前述形式的洛朗展开

$$f(z) = g(z) + \sum_{n \geqslant 0} a_n z^n - \sum_{n < 0} b_n z^n.$$

(1) 函数 $f(z)$ 在其解析的另一圆环域 $0 \leqslant r' < |z| < R' \leqslant r$ 内有洛朗展开

$$f(z) = g(z) + \sum_{n \geqslant 0} (a_n + b_n - c_n) z^n - \sum_{n < 0} c_n z^n,$$

其中 c_n 是 b_n 通项形式中满足 $0 < |\lambda_j| \leqslant r'$ 的奇点 λ_j 所对应的项.

(2) 函数 $f(z)$ 在其解析的另一圆环域 $R \leqslant r' < |z| < R' \leqslant +\infty$ 内有洛朗展开

$$f(z) = g(z) + \sum_{n \geqslant 0} c_n z^n - \sum_{n < 0} (a_n + b_n - c_n) z^n,$$

其中 c_n 是 a_n 通项形式中满足 $|\lambda_j| \geqslant R'$ 的奇点 λ_j 所对应的项.

该定理给出的有理函数在不同圆环域内洛朗展开系数联系的结论, 可以用来帮助计算有理函数的洛朗展开. 更多结论和例子参见 [文献 20].

特别地, 当 $r' = 0$ 或 $R' = +\infty$ 时, 可以得到如下推论:

推论 4.20

设有理函数 $f(z)$ 在其解析的圆环域 $r < |z| < R$ 内有前述形式的洛朗展开

$$f(z) = g(z) + \sum_{n \geqslant 0} a_n z^n - \sum_{n < 0} b_n z^n.$$

那么函数 $f(z)$ 有洛朗展开

$$f(z) = g(z) + \sum_{n \geqslant 0} (a_n + b_n) z^n, \quad 0 < |z| < \delta;$$
$$f(z) = g(z) - \sum_{n < 0} (a_n + b_n) z^n, \quad |z| > X,$$

其中 $f(z)$ 在这两个圆环域内解析.

以上结论中将 z 换成 $z - z_0$ 自然也成立.

【例 4.31】 将函数

$$f(z) = \frac{z^3}{(z-1)(z-2)}$$

在各个以 0 为圆心的圆环域内展开为洛朗级数.

解: (i) 设 $0 < |z| < 1$, 则

$$f(z) = z + 3 + \frac{1}{1-z} - \frac{8}{2-z}$$

$$= 3 + z + \sum_{n \geqslant 0}(1 - 2^{-n+2})z^n$$

$$= \sum_{n \geqslant 2}(1 - 2^{-n+2})z^n.$$

(ii) 设 $1 < |z| < 2$. 由定理 4.19, c_n 是 $a_n = 1 - 2^{-n+2}$ 中 $|\lambda| \geqslant 2$ 对应的项, 即 $c_n = -2^{-n+2}$. 从而

$$f(z) = 3 + z - \sum_{n \geqslant 0}2^{-n+2}z^n - \sum_{n \leqslant -1}z^n$$

$$= -\sum_{n \geqslant 2}2^{-n+2}z^n - \sum_{n \leqslant 1}z^n.$$

(iii) 设 $|z| > 2$. 由定理 4.19 或推论 4.20, 得到

$$f(z) = 3 + z - \sum_{n \leqslant -1}(1 - 2^{-n+2})z^n = -\sum_{n \leqslant 1}(1 - 2^{-n+2})z^n.$$

【例 4.32】 将函数 $f(z) = \frac{1}{(z-\eta)^2} + \frac{1}{z-\xi}$ 在各个以 0 为圆心的圆环域内展开为洛朗级数, 其中 $|\eta| > |\xi| > 0$.

解: (i) 设 $0 < |z| < |\xi|$, 则

$$f(z) = \frac{1}{\eta}\left(\frac{1}{1-z/\eta}\right)' - \frac{1}{\xi} \cdot \frac{1}{1-z/\xi}$$

$$= \sum_{n \geqslant 0}\left(\frac{n+1}{\eta^{n+2}} - \frac{1}{\xi^{n+1}}\right)z^n.$$

(ii) 设 $|\xi| < |z| < |\eta|$. 由定理 4.19, c_n 是 $a_n = \frac{n+1}{\eta^{n+2}} - \frac{1}{\xi^{n+1}}$

中 $|\lambda| \geqslant |\eta|$ 对应的项, 即 $c_n = \dfrac{n+1}{\eta^{n+2}}$. 从而

$$f(z) = \sum_{n \geqslant 0} \frac{n+1}{\eta^{n+2}} z^n + \sum_{n \leqslant -1} \frac{1}{\xi^{n+1}} z^n.$$

(iii) 设 $|z| > 2$. 由定理 4.19 或推论 4.20, 得到

$$f(z) = -\sum_{n \leqslant -1} \left(\frac{n+1}{\eta^{n+2}} - \frac{1}{\xi^{n+1}} \right) z^n.$$

4.5 孤立奇点

我们根据奇点附近洛朗展开的特点来对其进行分类, 以便后面分类计算留数.

4.5.1 孤立奇点的类型

【例 4.33】 考虑函数 $f(z) = \dfrac{1}{\sin(1/z)}$. 如图 4.11 所示, 显然 0 和 $z_k = \dfrac{1}{k\pi}$ 是奇点, k 是非零整数. 因为 $\lim\limits_{k \to +\infty} z_k = 0$, 所以 0 的任何一个去心邻域内都有奇点. 此时无法选取一个圆环域 $0 < |z| < \delta$ 作函数 $f(z)$ 的洛朗展开, 我们不考虑这类奇点.

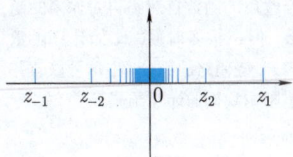

图 4.11 函数 $\dfrac{1}{\sin(1/z)}$ 的奇点分布

定义 4.21

若 z_0 是函数 $f(z)$ 的一个奇点, 且 z_0 的某个邻域内没有其他奇点, 则称 z_0 是函数 $f(z)$ 的一个孤立奇点.

【例 4.34】 (i) $z = 0$ 是函数 $e^{\frac{1}{z}}$, $\dfrac{\sin z}{z}$ 的孤立奇点.

(ii) $z = -1$ 是函数 $\dfrac{1}{z(z+1)}$ 的孤立奇点.

(iii) $z = 0$ 不是函数 $\dfrac{1}{\sin(1/z)}$ 的孤立奇点.

若函数 $f(z)$ 只有有限多个奇点, 则这些奇点都是孤立奇点.

若函数 $f(z)$ 在孤立奇点 z_0 的去心邻域 $0 < |z - z_0| < \delta$ 内解析, 则函数 $f(z)$ 可以在该邻域内作洛朗展开. 根据该洛朗级数负幂次部分的项数, 我们将孤立奇点分为三类, 见表 4.2.

表 4.2 孤立奇点的分类

孤立奇点类型	洛朗级数特点	$\lim\limits_{z \to z_0} f(z)$
可去奇点	没有负幂次部分	存在
m 阶极点	负幂次部分只有有限项非零 最低次为 $-m$ 次	∞
本性奇点	负幂次部分有无限项非零	不存在且不为 ∞

1.　可去奇点

> **定义 4.22**
>
> 若函数 $f(z)$ 在孤立奇点 z_0 去心邻域 $0 < |z - z_0| < \delta$ 内的洛朗展开没有负幂次部分, 即
>
> $$f(z) = c_0 + c_1(z - z_0) + c_2(z - z_0)^2 + \cdots$$
>
> 是幂级数, 则称 z_0 是函数 $f(z)$ 的 **可去奇点**.

修改后的函数自然不再是原来的函数, 但在很多时候, 比如计算函数 $f(z)$ 绕闭路的积分时, 这种修改并不影响我们的计算结果.

设函数 $g(z)$ 为右侧幂级数的和函数, 则函数 $g(z)$ 在 $|z - z_0| < \delta$ 内解析, 且除 z_0 之外 $f(z) = g(z)$. 通过补充或修改定义 $f(z_0) = g(z_0) = c_0$, 可使得函数 $f(z)$ 也在 z_0 处解析. 这就是 "可去" 的含义.

> **定理 4.23**
>
> 若 z_0 是函数 $f(z)$ 的孤立奇点, 则下列结论等价:
>
> (1) z_0 是函数 $f(z)$ 的可去奇点;
>
> (2) $\lim\limits_{z \to z_0} f(z)$ 存在;
>
> (3) $\lim\limits_{z \to z_0} (z - z_0) f(z) = 0$.

证明: (1) $\Longrightarrow$ (2) $\Longrightarrow$ (3) 是容易的. 假设 $\lim\limits_{z \to z_0} (z - z_0) f(z) = 0$. 对于任意 $\varepsilon > 0$, 存在 $\delta > 0$, 使得当 $0 < |z - z_0| < \delta$ 时, $|(z - z_0) f(z)| < \varepsilon$. 取闭路

$$C : |z - z_0| = r < \min\{1, \delta\}.$$

由长大不等式, 可知函数 $f(z)$ 在 z_0 去心邻域内洛朗展开的系数 c_n 满足

$$|c_n| = \left| \frac{1}{2\pi\mathrm{i}} \oint_C \frac{f(\zeta)}{(\zeta - z_0)^{n+1}} \, \mathrm{d}z \right| \leqslant \frac{1}{2\pi} \cdot \frac{\varepsilon}{r^{n+2}} \cdot 2\pi r = \varepsilon r^{-n-1}.$$

当 n 是负整数时, 我们得到 $|c_n| \leqslant \varepsilon$. 再由 ε 的任意性, 得到 $c_n = 0$. 因此, z_0 是函数 $f(z)$ 的可去奇点.

【例 4.35】 (i) 函数

$$f(z) = \frac{\sin z}{z} = 1 - \frac{z^2}{3!} + \frac{z^4}{5!} + \cdots$$

在孤立奇点 0 处的洛朗展开没有负幂次项, 因此, 0 是可去奇点. 也可以从 $\lim\limits_{z \to 0} z f(z) = \sin 0 = 0$ 看出.

(ii) 函数

$$f(z) = \frac{\mathrm{e}^z - 1}{z} = 1 + \frac{z}{2!} + \frac{z^2}{3!} + \cdots$$

在孤立奇点 0 处的洛朗展开没有负幂次项, 因此, 0 是可去奇点. 也可以从 $\lim\limits_{z \to 0} z f(z) = \mathrm{e}^0 - 1 = 0$ 看出.

在这两个例子中, 我们也可以使用洛必达法则得到

$$\lim_{z \to 0} f(z) = 1$$

来说明 0 是可去奇点.

2. 极点

定义 4.24

若函数 $f(z)$ 在孤立奇点 z_0 去心邻域 $0 < |z - z_0| < \delta$ 内的洛朗展开负幂次部分只有有限多项非零, 且非零的最低幂次项是 $-m \leqslant -1$, 即

$$f(z) = c_{-m}(z - z_0)^{-m} + \cdots + c_0 + c_1(z - z_0) + \cdots,$$

其中, $c_{-m} \neq 0$, 则称 z_0 是函数 $f(z)$ 的 **m 阶极点**.

m 阶极点也叫 m 级极点.

设函数

$$g(z) = c_{-m} + c_{-m+1}(z - z_0) + c_{-m+2}(z - z_0)^2 + \cdots,$$

则函数 $g(z)$ 在 z_0 处解析且非零, 而且

$$f(z) = \frac{g(z)}{(z - z_0)^m}, \quad 0 < |z - z_0| < \delta.$$

由此可以得到:

> **定理 4.25**
>
> (1) z_0 是函数 $f(z)$ 的 m 阶极点当且仅当 $\lim\limits_{z \to z_0} (z - z_0)^m f(z)$ 存在且非零.
>
> (2) z_0 是函数 $f(z)$ 的极点当且仅当 $\lim\limits_{z \to z_0} f(z) = \infty$.

证明: (1) 证明和定理 4.23 的证明类似, 这里省略.

(2) 若 z_0 是函数 $f(z)$ 的 m 阶极点, 则

$$\lim_{z \to z_0} \frac{1}{f(z)} = \lim_{z \to z_0} \frac{(z - z_0)^m}{g(z)} = \frac{0}{c_{-m}} = 0.$$

因此 $\lim\limits_{z \to z_0} f(z) = \infty$. 反之, 若 $\lim\limits_{z \to z_0} f(z) = \infty$, 则

$$\lim_{z \to z_0} (z - z_0) \cdot \frac{1}{(z - z_0)f(z)} = \lim_{z \to z_0} \frac{1}{f(z)} = 0.$$

由定理 4.23, 可知 z_0 是函数 $\dfrac{1}{(z - z_0)f(z)}$ 的可去奇点. 设函数 $\dfrac{1}{(z - z_0)f(z)}$ 在 $0 < |z - z_0| < \delta$ 内的洛朗展开为

$$\frac{1}{(z - z_0)f(z)} = a_m(z - z_0)^m + a_{m+1}(z - z_0)^{m+1} + \cdots,$$

其中 $m \geqslant 0, a_m \neq 0$. 那么

$$\lim_{z \to z_0} (z - z_0)^{m+1} f(z) = \frac{1}{a_m} \neq 0.$$

从而 z_0 是函数 $f(z)$ 的 $m + 1$ 阶极点.

【例 4.36】 设函数

$$f(z) = \frac{\sin z}{z^2(z + 2)^3},$$

由于

$$\lim_{z \to -2} (z + 2)^3 f(z) = \lim_{z \to -2} \frac{\sin z}{z^2} = -\frac{1}{4}\sin 2 \neq 0,$$

因此, -2 是三阶极点. 由于

$$\lim_{z \to 0} z f(z) = \lim_{z \to 0} \frac{\sin z}{z} \cdot \frac{1}{(z + 2)^3} = \frac{1}{8} \neq 0,$$

因此, 0 是一阶极点.

> **练习 4.7**
>
> 求函数
> $$f(z) = \frac{1}{z^3 - z^2 - z + 1}$$
> 的奇点, 并指出极点的阶.

3. 本性奇点

定义 4.26

若函数 $f(z)$ 在孤立奇点 z_0 的去心邻域内的洛朗展开负幂次部分有无限多项非零, 则称 z_0 是函数 $f(z)$ 的**本性奇点**.

【例 4.37】 由洛朗展开

$$e^{\frac{1}{z}} = 1 + \frac{1}{z} + \frac{1}{2z^2} + \cdots$$

可知 0 是函数 $e^{\frac{1}{z}}$ 的本性奇点. 若函数 $f(z)$ 在复平面内处处解析, 且 $f(z)$ 不是多项式, 由其泰勒展开, 可知 0 是函数 $f\left(\dfrac{1}{z}\right)$ 的本性奇点.

由定理 4.23 和定理 4.25, 可得

定理 4.27

z_0 是函数 $f(z)$ 的本性奇点当且仅当 $\lim\limits_{z \to z_0} f(z)$ 不存在也不是 ∞.

> 事实上, 我们有**皮卡大定理**: 对于本性奇点 z_0 的任何一个去心邻域, 函数 $f(z)$ 的像取遍所有复数, 至多有一个取不到. 例如, 函数 $e^{\frac{1}{z}}$ 在 0 的任何一个去心邻域内都能取到所有非零复数.

4.5.2 零点与极点

可去奇点的性质比较简单, 而本性奇点的性质又较为复杂, 因此, 我们主要关心极点的情形. 我们来研究极点与零点的联系, 并给出极点的阶的一种计算方法.

定义 4.28

若函数 $f(z)$ 在解析点 z_0 处的泰勒级数非零的最低幂次项是 $m \geqslant 1$, 即

$$f(z) = c_m(z - z_0)^m + c_{m+1}(z - z_0)^{m+1} + \cdots, \quad 0 < |z - z_0| < \delta,$$

其中 $c_m \neq 0$, 则称 z_0 是函数 $f(z)$ 的 **m 阶零点**.

> m 阶零点也叫 m **级零点**.

此时 $f(z) = (z - z_0)^m g(z)$, 函数 $g(z)$ 在 z_0 处解析且 $g(z_0) \neq 0$. 由泰勒展开的系数与高阶导数的关系可得:

定理 4.29

设函数 $f(z)$ 在 z_0 处解析. 那么 z_0 是函数 $f(z)$ 的 m 阶零点当且仅当

$$f(z_0) = f'(z_0) = \cdots = f^{(m-1)}(z_0) = 0, \quad f^{(m)}(z_0) \neq 0.$$

【例 4.38】 (i) 函数 $f(z)=z(z-1)^3$ 有一阶零点 0 和三阶零点 1.

(ii) 设函数 $f(z)=\sin z - z$. 由于

$$f(z)=\frac{z^3}{3!}-\frac{z^5}{5!}+\cdots,$$

因此, 0 是三阶零点.

(iii) 若 z_0 是函数 $f(z)$ 的 m 阶零点, 则 z_0 是函数 $f(z)^k$ 的 km 阶零点.

(iv) 若 0 是函数 $f(z)$ 的 m 阶零点, 则 0 是函数 $f(z^k)$ 的 km 阶零点.

> **定理 4.30**
>
> 非零的解析函数的零点总是孤立的.

证明: 设函数 $f(z)$ 是区域 D 上的非零解析函数, $z_0 \in D$ 是 $f(z)$ 的一个零点. 由于 $f(z)$ 不恒为零, 因此可设 z_0 是 $f(z)$ 的 m 阶零点. 从而存在函数 $g(z)$ 使得在 z_0 的一个邻域内 $f(z)=(z-z_0)^m g(z)$, 且 $g(z)$ 在 z_0 处解析且非零. 于是存在 z_0 的一个去心邻域, 使得在这个去心邻域内 $g(z) \neq 0$. 从而 $f(z) \neq 0$.

设 $\{z_n\}_{n \geqslant 1}$ 是一个收敛数列, 极限为 z_0. 若解析函数 $f_1(z)$ 和 $f_2(z)$ 满足对任意 $n \geqslant 1$ 均有 $f_1(z_n)=f_2(z_n)$, 则所有的 z_n 以及该数列极限 z_0 都是函数 $f_1 - f_2$ 的零点, 而且 z_0 不是孤立零点. 这意味着 $f_1 \equiv f_2$. 由此可知, 一旦我们知道了解析函数在一个收敛数列上的所有值, 这个解析函数本身就被唯一决定了.

例如, 若 $f(z)$ 是解析函数, 且对任意实数 x 均有 $f(x)=\mathrm{e}^x$, 则 $f(z)$ 一定是指数函数 e^z. 这说明了 2.3.1 小节中指数函数的解析延拓定义和其他定义等价. 例如, 由于 $f(z)=\sin^2 z + \cos^2 z$ 是解析函数, 且对任意实数 x 均有 $f(x)=1$, 因此, $f(z) \equiv 1$.

下面我们给出分式的奇点和分子、分母的零点的联系.

> **定理 4.31** (可去奇点和极点判定方法)
>
> 设 z_0 是函数 $f(z)$ 的 m 阶零点, 函数 $g(z)$ 的 n 阶零点. 那么
>
> (1) z_0 是函数 $f(z)g(z)$ 的 $m+n$ 阶零点;
>
> (2) 若 $m \geqslant n$, 则 z_0 是函数 $\dfrac{f(z)}{g(z)}$ 的可去奇点;
>
> (3) 若 $m < n$, 则 z_0 是函数 $\dfrac{f(z)}{g(z)}$ 的 $n-m$ 阶极点.

若 z_0 是函数 $f(z)$ 的解析点但不是零点, 我们可以取 $m = 0$, 结论依然成立.

证明: 由题设知存在解析函数 $f_0(z), g_0(z)$ 满足在 z_0 的一个邻域内

$$f(z) = (z - z_0)^m f_0(z), \quad g(z) = (z - z_0)^n g_0(z),$$

且 $f_0(z_0) \neq 0, g_0(z_0) \neq 0$. 从而函数 $f_0(z)g_0(z)$ 在 z_0 处解析且非零. 由

$$f(z)g(z) = (z - z_0)^{m+n} f_0(z)g_0(z), \quad \frac{f(z)}{g(z)} = (z - z_0)^{m-n} \frac{f_0(z)}{g_0(z)},$$

可知命题成立.

【例 4.39】 $z = 0$ 是下列函数的几阶极点?

(i) $\quad f(z) = \dfrac{e^z - 1}{z^2}$; (ii) $\quad f(z) = \dfrac{(e^z - 1)^3 z^2}{\sin z^7}$.

解: (i) 由于

$$e^z - 1 = z + \frac{z^2}{2!} + \cdots,$$

因此, 0 是函数 $e^z - 1$ 的一阶零点, 函数 $f(z)$ 的一阶极点.

(ii) 由于 $(\sin z)'|_{z=0} = \cos 0 = 1$, 因此, 0 是函数 $\sin z$ 的一阶零点, 函数 $\sin z^7$ 的 7 阶零点. 由于 0 是 $(e^z - 1)^3 z^2$ 的 5 阶零点, 因此, 0 是函数 $f(z)$ 的二阶极点.

> **练习 4.8**
>
> 求函数
> $$\frac{(z-5)\sin z}{(z-1)^2 z^2 (z+1)^3}$$
> 的奇点以及极点的阶.

4.5.3 孤立奇点 ∞ 的分类 (选读)

当我们将无穷远点 ∞ 添加到复平面使其变成扩充复平面后, 从几何上看它变成了一个球面. 这样的球面是一种封闭的曲面, 它具有某些整体性质.

当我们需要计算一个闭路上函数的积分的时候, 我们需要研究闭路内部每一个奇点处的洛朗展开, 从而得到相应的小闭路上的积分. 当在这个闭路内部的奇点比较多, 而外部的奇点比较少时, 这样计算就不太方便. 此时如果通过变量替换 $z = \dfrac{1}{t}$, 转而研究闭路外部奇点处的洛朗展开, 就可减少所需考虑的奇点个数, 从而降低所需的计算量. 因此, 我们需要研究函数在无穷远点 ∞ 的行为.

定义 4.32

若函数 $f(z)$ 在 ∞ 的去心邻域 $R < |z| < +\infty$ 内没有奇点, 则称 ∞ 是函数 $f(z)$ 的**孤立奇点**.

设 $g(t) = f\left(\dfrac{1}{t}\right)$, 则函数 $g(t)$ 在圆环域 $0 < |t| < \dfrac{1}{R}$ 内解析, 0 是它的孤立奇点. 研究函数 $f(z)$ 在 ∞ 的性质可以转为研究函数 $g(t)$ 在 0 的性质.

定义 4.33

若 0 是函数 $g(t)$ 的可去奇点 (m 阶极点, 或本性奇点), 则称 ∞ 是函数 $f(z)$ 的**可去奇点** (m **阶极点**, 或**本性奇点**).

设函数 $f(z)$ 在圆环域 $R < |z| < +\infty$ 内的洛朗展开为

$$f(z) = \cdots + \frac{c_{-2}}{z^2} + \frac{c_{-1}}{z} + c_0 + c_1 z + c_2 z^2 + \cdots,$$

则 $g(t)$ 在圆环域 $0 < |t| < \dfrac{1}{R}$ 内的洛朗展开为

$$g(t) = \cdots + \frac{c_2}{t^2} + \frac{c_1}{t} + c_0 + c_{-1} t + c_{-2} t^2 + \cdots.$$

由此得到 ∞ 的奇点类型和 $f(z)$ 在 ∞ 的去心邻域洛朗展开的关系, 见表 4.3.

表 4.3 孤立奇点 ∞ 的分类

∞ 类型	洛朗级数特点	$\lim\limits_{z\to\infty} f(z)$
可去奇点	没有正幂次部分	存在
m 阶极点	正幂次部分只有有限项非零 最高次为 m 次	∞
本性奇点	正幂次部分有无限项非零	不存在且不为 ∞

【例 4.40】　(i) 设 $f(z) = \dfrac{z}{z+1}$. 由 $\lim\limits_{z\to\infty} f(z) = 1$, 可知 ∞ 是可去奇点. 事实上, 此时函数 $f(z)$ 在 $1 < |z| < +\infty$ 内的洛朗展开为

$$f(z) = \frac{1}{1 + \dfrac{1}{z}} = 1 - \frac{1}{z} + \frac{1}{z^2} - \frac{1}{z^3} + \cdots.$$

(ii) 函数 $f(z) = z^2 + \dfrac{i}{z}$ 含有正幂次项且最高次为 2, 因此, ∞ 是 2 阶极点.

一般地, 若 $f(z) = \dfrac{p(z)}{q(z)}$ 是有理函数, 其中多项式 $p(z), q(z)$ 的次数分别为 m, n, 则当 $m > n$ 时, ∞ 是函数 $f(z)$ 的 $m - n$ 阶极

点; 当 $m \leqslant n$ 时, ∞ 是函数 $f(z)$ 的可去奇点. 特别地, ∞ 是 $n \geqslant 1$ 次多项式的 n 阶极点.

【例 4.41】 函数

$$\sin z = z - \frac{z^3}{3!} + \frac{z^5}{5!} - \frac{z^7}{7!} + \cdots$$

幂级数展开含有无限多正次幂项, 因此, ∞ 是 $\sin z$ 的本性奇点. 一般地, 若函数 $f(z)$ 在复平面内处处解析, 且 $f(z)$ 不是多项式, 则 ∞ 是它的本性奇点.

【例 4.42】 求函数

$$f(z) = \frac{(z^2 - 1)(z - 2)^3}{(\sin \pi z)^3}$$

在扩充复平面内的奇点和奇点类型, 并指出极点的阶.

解: (i) 整数 $z = k \neq \pm 1, 2$ 是函数 $\sin \pi z$ 的一阶零点, 是函数 $f(z)$ 的三阶极点.

(ii) $z = \pm 1$ 是函数 $z^2 - 1$ 的一阶零点, 是函数 $f(z)$ 的二阶极点.

(iii) $z = 2$ 是函数 $(z - 2)^3$ 的三阶零点, 是函数 $f(z)$ 的可去奇点.

(iv) 由于奇点 $1, 2, 3, \cdots \to \infty$, 因此, ∞ 不是孤立奇点.

> **—— 练习 4.9 ——**
>
> 求函数
>
> $$f(z) = \frac{z^2 + 4\pi^2}{z^3(e^z - 1)}$$
>
> 在扩充复平面内的奇点和奇点类型, 并指出极点的阶.

【例 4.43】 (代数学基本定理) 求证: 非常数复系数多项式 $p(z)$ 总有复零点.

证明: 假设多项式 $p(z)$ 没有复零点, 则函数 $f(z) = \dfrac{1}{p(z)}$ 在复平面内处处解析. 从而函数 $f(z)$ 在 0 处可以展开为幂级数. 由于 ∞ 是多项式 $p(z)$ 的极点, $\lim\limits_{z \to \infty} p(z) = \infty$. 因此 $\lim\limits_{z \to \infty} f(z) = 0$, ∞ 是函数 $f(z)$ 的可去奇点. 这意味着函数 $f(z)$ 在 0 处的洛朗展开没有正幂次项. 二者结合可知函数 $f(z)$ 只能是常数, 矛盾.

该定理最先由高斯于 1799 年严格证明. 参考 [文献 6, 第 25 章 1 节]. 图 4.12 为带有高斯头像的 10 德国马克纸币.

后面我们还可以看到该定理的其他证明方式.

图 4.12 高斯 (Gauss)

❦ 本章小结 ❦

本章所需掌握的知识点:

1. 会判断简单的复数项级数 $\sum\limits_{n=1}^{\infty} z_n$ 的敛散性.

(1) 若实部级数和虚部级数至少有一个发散, 则原级数发散; 若二者都绝对收敛, 则原级数发散; 其他情形原级数条件收敛.

(2) 若 $\lim\limits_{n\to\infty} z_n = 0$ 不成立, 则级数发散.

(3) 若 $\lambda = \lim\limits_{n\to\infty} \left| \dfrac{z_{n+1}}{z_n} \right|$ 或 $\lambda = \lim\limits_{n\to\infty} \sqrt[n]{|z_n|}$ 存在 (或为 $+\infty$), 则当 $\lambda < 1$ 时级数绝对收敛; 当 $\lambda < 1$ 时级数发散; 当 $\lambda = 1$ 时都有可能.

2. 能熟练使用比值法和根式法计算幂级数的收敛半径.

(1) 幂级数的收敛区域是一个圆域.

(2) 幂级数 $\sum\limits_{n=0}^{\infty} c_n(z-z_0)^n$ 的收敛圆的半径, 也就是收敛半径 $R = \dfrac{1}{r}$, 其中,

$$r = \lim_{n\to\infty} \left| \frac{c_{n+1}}{c_n} \right| \text{ 或 } \lim_{n\to\infty} \sqrt[n]{|c_n|},$$

极限要求存在或为 $+\infty$.

(3) 幂级数在其收敛圆周上的敛散性各种情况都有可能.

3. 熟知泰勒展开和洛朗展开成立的条件、形式、常见性质.

(1) 函数 $f(z)$ 在解析的圆域内可以展开为幂级数, 在解析的圆环域内可以展开为双边幂级数.

(2) 泰勒展开形式为

$$f(z) = \sum_{n=0}^{\infty} \frac{f^{(n)}(z_0)}{n!}(z-z_0)^n.$$

本章不易理解和易错的知识点:

(1) 混淆比值法及根式法中的 r 和幂级数的收敛半径 R, 二者互为倒数.

(2) 混淆泰勒展开成立的最大圆域半径和泰勒级数的收敛半径, 二者并不总是相等.

(3) 洛朗展开形式为

$$f(z) = \sum_{n=-\infty}^{+\infty} \left[\oint_C \frac{f(z)}{(z-z_0)^{n+1}} dz \right] (z-z_0)^n,$$

其中 C 为圆环域内任意一条内部包含 z_0 的闭路.

4. 掌握简单函数的泰勒展开和洛朗展开. 特别地, 要掌握有理函数情形的计算方法.

(1) 幂级数在其收敛圆域内、双边幂级数在其收敛圆环内的和函数是解析函数, 且可以进行各种代数运算、逐项求导、逐项积分.

(2) 解析函数的幂级数展开和双边幂级数展开是唯一的, 所以我们可以通过对简单函数的展开进行各种运算来得到解析函数的泰勒展开或洛朗展开.

(3) 有理函数的展开可以通过拆分为部分分式之和进行展开来计算.

5. 会判断简单的奇点分类, 会利用零点的阶判断分式的极点的阶.

(1) 通过在奇点 z_0 去心邻域内洛朗展开的特点来判断.

(2) 若 $\lim\limits_{z\to z_0} f(z)$ 存在 (为 ∞, 或既不存在也不是 ∞), 则 z_0 是可去奇点 (极点, 或本性奇点).

(3) 若 $\lim\limits_{z\to z_0}(z-z_0)f(z) = 0$, 则 z_0 是可去奇点.

(4) 若 $\lim\limits_{z\to z_0}(z-z_0)^m f(z)$ 存在且非零, 则 z_0 是 m 阶极点.

(5) 若 z_0 分别是函数 $f(z), g(z)$ 的 m, n 阶零点, 则当 $m \geqslant n$ 时, z_0 是函数 $\dfrac{f(z)}{g(z)}$ 的可去奇点; 当 $m < n$ 时, z_0 是函数 $\dfrac{f(z)}{g(z)}$ 的 $n-m$ 阶极点.

(3) 在计算洛朗展开时, 错误地选取模大于 1 的数作为公比来展开成等比级数. 应当根据圆环域的范围来选择公比.

一、单选题.

1. 若级数 $\sum\limits_{n=0}^{\infty} z_n$ 条件收敛, 则下列选项**不可能**成立的是(　　).

   (A) 实部级数 $\sum\limits_{n=0}^{\infty} x_n$ 条件收敛

   (B) 实部级数 $\sum\limits_{n=0}^{\infty} x_n$ 绝对收敛

   (C) 虚部级数 $\sum\limits_{n=0}^{\infty} y_n$ 条件收敛

   (D) 虚部级数 $\sum\limits_{n=0}^{\infty} y_n$ 发散

2. 设 $z_n \neq 0$ 且级数 $\sum\limits_{n=0}^{\infty} z_n$ 绝对收敛, 则下列选项**不可能**成立的是(　　).

   (A) $\lim\limits_{n \to \infty} \left| \dfrac{z_{n+1}}{z_n} \right| < 1$ 　　(B) $\lim\limits_{n \to \infty} \left| \dfrac{z_{n+1}}{z_n} \right| = 1$

   (C) $\lim\limits_{n \to \infty} \sqrt[n]{|z_n|} = 1$ 　　(D) $\lim\limits_{n \to \infty} \sqrt[n]{|z_n|} > 1$

3. 以下表述正确的是(　　).

   (A) 幂级数总在它的收敛圆周上处处收敛

   (B) 幂级数的和函数在收敛圆内可能有奇点

   (C) 幂级数在它的收敛圆周上可能处处绝对收敛

   (D) 任一在 z_0 处可导的函数一定可以在 z_0 的邻域内展开成泰勒级数

4. 幂级数在其收敛圆周上(　　).

   (A) 一定处处绝对收敛

   (B) 一定处处条件收敛

   (C) 一定有发散的点

   (D) 可能处处收敛也可能有发散的点

5. 若级数 $\sum\limits_{n=0}^{\infty} a_n(z-1)^n$ 在点 $z = 3$ 处发散, 则(　　).

   (A) 在点 $z = -1$ 收敛

   (B) 在点 $z = -3$ 发散

   (C) 在点 $z = 2$ 收敛

   (D) 以上都不对

6. 函数 $f(z) = \dfrac{z-1}{z^2 - z - 2}$ 不能在(　　)内作洛朗展开.

   (A) $0 < |z| < 2$ 　　(B) $2 < |z| < 4$

   (C) $0 < |z+1| < 2$ 　　(D) $1 < |z+1| < 3$

7. 若 z_0 是函数 $f(z)$ 的一阶极点, 函数 $g(z)$ 的一阶零点, 则 z_0 是函数 $f(z)^3 g(z)^2$ 的(　　).

   (A) 一阶极点 　　(B) 一阶零点

   (C) 可去奇点 　　(D) 三阶极点

8. 若 z_0 是函数 $f(z)$ 的二阶零点, 函数 $g(z)$ 的一阶零点, 则 z_0 是函数 $\dfrac{f(z)}{g(z)}$ 的(　　).

   (A) 一阶极点 　　(B) 一阶零点

   (C) 可去奇点 　　(D) 三阶极点

二、填空题.

1. 函数 $f(z) = \dfrac{e^{1/z}}{z+1}$ 在 $z_0 = i$ 处的泰勒展开成立的最大圆域是 $|z - i| <$ _____.

2. 函数 $f(z) = \dfrac{e^z - 1}{z}$ 在 $z_0 = 0$ 处的泰勒级数的收敛半径为 _____.

3. 若函数 $f(z) = \dfrac{1}{(z+5)\sin z}$ 可以在圆环域 $0 < |z| < R$ 内作洛朗展开, 则 R 的最大值为 _____.

4. 若函数 $f(z) = \dfrac{\ln(z+2)}{z+i}$ 可以在圆环域 $r < |z| < 2$ 内作洛朗展开, 则 r 的最小值为 _____.

5. 0 是函数 $(\cos z + \operatorname{ch} z - 2)^2$ 的 _____ 阶零点.

6. 0 是函数 $\dfrac{1}{(\sin z + \operatorname{sh} z - 2z)^2}$ 的 _____ 阶极点.

三、解答题.

1. 判断下列级数是绝对收敛、条件收敛还是发散:

   (i) $\sum\limits_{n=2}^{\infty} \dfrac{i^n}{\ln n}$;　　(ii) $\sum\limits_{n=0}^{\infty} \dfrac{(6+5i)^n}{8^n}$;

   (iii) $\sum\limits_{n=1}^{\infty} \dfrac{i^n}{n}$;　　(iv) $\sum\limits_{n=1}^{\infty} \left[\dfrac{1}{\ln(in)} \right]^n$;

   (v) $\sum\limits_{n=0}^{\infty} \dfrac{(1+i)^n}{5^n}$;　　(vi) $\sum\limits_{n=0}^{\infty} \dfrac{\cos(in)}{2^n}$;

(vii) $\sum\limits_{n=1}^{\infty}\dfrac{n^2}{5^n}(1+2i)^n$;

(viii) $\sum\limits_{n=1}^{\infty}\left[\dfrac{1}{n}+\dfrac{(-1)^n i}{\sqrt{n}}\right]$.

2. 计算下列幂级数的收敛半径:

(i) $\sum\limits_{n=1}^{\infty}(iz)^n$;

(ii) $\sum\limits_{n=1}^{\infty}\dfrac{z^n}{(1+i)^n}$;

(iii) $\sum\limits_{n=1}^{\infty}\dfrac{n!}{n^n}z^n$;

(iv) $\sum\limits_{n=1}^{\infty}\dfrac{1}{n}(z-1)^n$;

(v) $\sum\limits_{n=1}^{\infty}e^{\frac{\pi i}{n}}z^n$;

(vi) $\sum\limits_{n=1}^{\infty}\left[\dfrac{z-2}{\ln(in)}\right]^n$;

(vii) $\sum\limits_{n=0}^{\infty}(1+i)^n(z+i)^n$;

(viii) $\sum\limits_{n=1}^{\infty}\dfrac{z^n}{n^p}$, 其中 p 是正整数;

(ix) $\sum\limits_{n=1}^{\infty}(n+a^n)z^n$, 其中 a 是正实数;

(x) $\sum\limits_{n=1}^{\infty}(a^n+b^n)z^n$, 其中 $|a|>|b|>0$.

3. 将下列各函数在 z_0 处展开成幂级数, 并指出它们的收敛半径:

(i) $\dfrac{1}{(1+z^2)^2}, z_0=0$;

(ii) $\dfrac{1}{(z-1)(z-2)}, z_0=0$;

(iii) $e^z\cos z, z_0=0$;

(iv) $\dfrac{1}{z-2}+e^{-z}, z_0=0$;

(v) $\dfrac{z}{(z+1)(z+2)}, z_0=2$;

(vi) $\dfrac{1}{z^2}, z_0=-1$;

(vii) $\arctan z=-\dfrac{i}{2}\ln\dfrac{1+iz}{1-iz}, z_0=0$;

(viii) $\sqrt{z+2}$ 的主值, $z_0=-1$.

4. 将下列函数在 $0<|z|<1$ 和 $1<|z|<2$ 内展开成洛朗级数:

(i) $\dfrac{\sin z}{z^2}$;

(ii) $\dfrac{e^{\frac{1}{z}}}{z-1}$;

(iii) $\dfrac{z+1}{z^2(z-1)}$;

(iv) $\dfrac{1}{(1-z)(z-2)}$;

(v) $\dfrac{z+1}{(z-1)^2}$;

(vi) $\dfrac{2}{z(z+2)}$.

5. 将下列函数在 $0<|z-1|<1$ 和 $2<|z-1|<+\infty$ 内展开成洛朗级数:

(i) $\sin z$;

(ii) $\dfrac{z+1}{(z-1)(z-2)}$;

(iii) $\dfrac{1}{z^3+z^2}$;

(iv) $\dfrac{z}{z^2-3z+2}$.

6. 若 C 为正向圆周 $|z|=3$, 求积分 $\oint_C f(z)\,\mathrm{d}z$ 的值, 其中函数 $f(z)$ 为:

(i) $\dfrac{1}{z(z+2)}$;

(ii) $\dfrac{e^{\frac{1}{z}}}{z-1}$.

7. 求数列
$$a_0=a_1=1,\quad a_{n+2}=2a_{n+1}-2a_n$$
的通项公式. 提示: 先求出 $\sum\limits_{n=0}^{\infty}a_n z^n$ 的和函数.

8. 指出下述推理的错误之处:
我们有
$$\dfrac{z}{1-z}=z+z^2+z^3+z^4+\cdots,$$
$$\dfrac{z}{z-1}=1+\dfrac{1}{z}+\dfrac{1}{z^2}+\dfrac{1}{z^3}+\cdots.$$
因为 $\dfrac{z}{1-z}+\dfrac{z}{z-1}=0$, 因此
$$\cdots+\dfrac{1}{z^3}+\dfrac{1}{z^2}+\dfrac{1}{z}+1+z+z^2+z^3+z^4+\cdots=0.$$

9. 求证: 当 $|z|<1$ 时,

(i) $\sum\limits_{n=0}^{\infty}\dfrac{z^{2^n}}{1-z^{2^{n+1}}}=\dfrac{z}{1-z}$;

(ii) $\sum\limits_{n=0}^{\infty}\dfrac{2^n z^{2^n}}{1+z^{2^n}}=\dfrac{z}{1-z}$.

10. 下列函数有哪些奇点? 若是极点, 请指出它的阶:

(i) $\dfrac{1}{(z-2)^3(z^2+1)^2}$;

(ii) $\dfrac{z}{(1+z^2)(1+e^{\pi z})}$;

(iii) $\dfrac{1}{z^3+z^2-z-1}$;

(iv) $\dfrac{\cos z-1}{z^3}$;

(v) $\dfrac{1}{e^{z-1}}$;

(vi) $\dfrac{1}{z^2(e^z-1)}$;

(vii) $\dfrac{z^6}{1+z^4}$;

(viii) $\dfrac{1}{\sin z^2}$;

(ix) $\dfrac{z\sin z^3}{\ln(1-z^4)}$;

(x) $\dfrac{\sin z}{(z-\pi)^2}$.

(xi) $\dfrac{(e^z-1)^2 z^3}{\sin z^8}$;　　(xii) $\dfrac{z-\pi}{(\sin z)^3}$.

11. 设解析函数 $f(z)$ 满足 $f(\zeta z)=\zeta^m f(z)$, 其中 $\zeta=e^{\frac{2\pi i}{n}}$ 是 n 次单位根, 求证: 函数 $f(z)$ 的麦克劳林展开只有 $nk+m$ 次项, $k\in\mathbb{Z}$.

12. 求证: 若 z_0 是函数 $f(z)$ 的 $m>1$ 阶零点, 则 z_0 是函数 $f^{(k)}(z)$ 的 $m-k$ 阶零点, 其中 $1\leqslant k<m$.

13. 证明下列幂级数的收敛半径相同:

(i) $\displaystyle\sum_{n=0}^{\infty} c_n z^n$;　　(ii) $\displaystyle\sum_{n=0}^{\infty}\dfrac{c_n}{n+1}z^{n+1}$;

(iii) $\displaystyle\sum_{n=1}^{\infty} nc_n z^{n-1}$.

14. 求证: 若级数 $\displaystyle\sum_{n=0}^{\infty} z_n$ 绝对收敛, 则 $\displaystyle\sum_{n=0}^{\infty} z_n^2$ 也绝对收敛.

15. 设 a 是函数 $\varphi(z)$ 和 $\psi(z)$ 的 m 阶极点和 n 阶极点, 求证:

(i) 当 $m>n$ 时, a 是函数 $\varphi(z)+\psi(z)$ 的 m 阶极点;

(ii) 当 $m=n$ 时, a 是函数 $\varphi(z)+\psi(z)$ 的 $\leqslant m$ 阶极点或可去奇点.

16. (选做) 设函数 $f(z)$ 在扩充复平面上只有有限多个奇点, 且这些奇点都是极点. 当 ∞ 是 $\dfrac{1}{f(z)}$ 的 n 阶极点时, 称 ∞ 为 $f(z)$ 的 n 阶零点. 求证: 函数 $f(z)$ 在扩充复平面上所有零点的阶之和与所有极点的阶之和相等. 提示: 函数 $f(z)$ 一定是有理函数.

17. (选做) 计算如下级数的和:

(i) $\displaystyle\sum_{n=0}^{\infty}\dfrac{1}{(3n+1)!}$;　　(ii) $\displaystyle\sum_{n=0}^{\infty}\dfrac{(-1)^n}{2n+1}$.

18. (选做) 已知有理函数 $f(z)$ 在 $0<|z|<1$ 内的洛朗展开为

$$f(z)=\sum_{n=0}^{\infty}(n^3+12n^2+47n+60)z^n,$$

求它在 $1<|z|<+\infty$ 内的洛朗展开.

19. (选做) 已知有理函数 $f(z)$ 在 $0<|z|<1$ 内的洛朗展开为

$$f(z)=\sum_{n=0}^{\infty}\left[-5+\dfrac{2}{(-2)^{n+1}}+\dfrac{6}{2^{n+1}}-\dfrac{1}{(-3)^{n+1}}-\dfrac{2}{3^{n+1}}\right]z^n,$$

求它在其他解析的圆环域内的洛朗展开.

第 5 章 留数及其应用

复变函数的留数理论是其解析理论应用的重要方法, 将复变函数绕闭路积分转化为计算奇点处的留数问题. 我们将针对不同的奇点采取不同的留数计算方式, 然后介绍留数在积分计算和级数求和中的应用.

5.1 留数

5.1.1 留数定理

定义 5.1

若函数 $f(z)$ 在孤立奇点 z_0 的某个去心邻域内的洛朗展开为

$$f(z) = \cdots + c_{-1}(z - z_0)^{-1} + c_0 + c_1(z - z_0) + \cdots,$$

称 c_{-1} 为函数 $f(z)$ 在 z_0 的留数, 记作 $\mathrm{Res}[f(z), z_0]$.

由洛朗展开的系数形式, 可知

$$\mathrm{Res}[f(z), z_0] = \frac{1}{2\pi\mathrm{i}} \oint_C f(z)\,\mathrm{d}z,$$

其中 C 为该去心邻域中内部包含 z_0 的一条闭路. 可以看出, 知道留数之后可以用来计算积分.

定理 5.2 (积分计算方法 III: 留数定理)

若函数 $f(z)$ 在闭路 C 上处处解析, 在闭路 C 内部的奇点为 z_1, $z_2, \cdots, z_n$, 则

$$\oint_C f(z)\,\mathrm{d}z = 2\pi\mathrm{i} \sum_{k=1}^{n} \mathrm{Res}[f(z), z_k].$$

证明: 如图 5.1 所示, 设 $C_1, C_2, \cdots, C_n$ 是闭路 C 内部绕 $z_1, z_2, \cdots, z_n$ 的分离闭路. 由复合闭路定理, 得

$$\oint_C f(z)\,\mathrm{d}z = \sum_{k=1}^{n} \oint_{C_k} f(z)\,\mathrm{d}z = 2\pi\mathrm{i} \sum_{k=1}^{n} \mathrm{Res}[f(z), z_k].$$

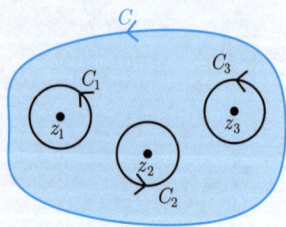

图 5.1 留数定理

有了留数定理和后文的留数计算公式, 我们就不必像之前那样在计算函数绕闭路积分时, 实施划分闭路、运用柯西积分公式等步骤, 而是直接计算留数并相加, 然后乘以 $2\pi i$ 得到.

5.1.2 留数的计算方法

若 z_0 为函数 $f(z)$ 的可去奇点, 则由可去奇点的定义, 可知

$$\operatorname{Res}[f(z), z_0] = 0.$$

【例 5.1】 设函数

$$f(z) = \frac{z^3(\mathrm{e}^z - 1)^2}{\sin z^4}.$$

由于 0 是分子的 5 阶零点、分母的 4 阶零点, 因此, 0 是函数 $f(z)$ 的可去奇点. 从而 $\operatorname{Res}[f(z), 0] = 0$.

若 z_0 为函数 $f(z)$ 的本性奇点, 一般只能从定义, 也就是洛朗展开来计算.

【例 5.2】 设函数

$$f(z) = z^4 \sin \frac{1}{z}.$$

由

$$f(z) = z^4 \left(\frac{1}{z} - \frac{1}{3!z^3} + \frac{1}{5!z^5} + \cdots \right)$$
$$= z^3 - \frac{z}{3!} + \frac{1}{5!z} + \cdots,$$

可知 $\operatorname{Res}[f(z), 0] = \frac{1}{120}$.

对极点而言, 我们有如下计算公式:

定理 5.3 (留数计算公式 I)

若 z_0 是函数 $f(z)$ 的 $\leqslant m$ 阶极点, 则

$$\operatorname{Res}[f(z), z_0] = \frac{1}{(m-1)!} \lim_{z \to z_0} \left[(z - z_0)^m f(z) \right]^{(m-1)}.$$

这里的 m 可以比极点的阶更高, 可根据计算需要来选择合适的 m, 参见例 5.4.

特别地, 当 $m = 1$ 时, 我们有

> **定理 5.4 (留数计算公式 II)**
>
> 若 z_0 是函数 $f(z)$ 的一阶极点, 则
> $$\mathrm{Res}[f(z), z_0] = \lim_{z \to z_0} (z - z_0) f(z).$$

以上公式对可去奇点和解析点也是成立的, 此时计算结果必定是零.

证明: 设函数 $f(z)$ 在 z_0 的去心邻域 $0 < |z - z_0| < \delta$ 内的洛朗展开为

$$f(z) = c_{-m}(z - z_0)^{-m} + \cdots + c_{-1}(z - z_0)^{-1} + c_0 + \cdots,$$

设 $g(z)$ 为幂级数

$$c_{-m} + \cdots + c_{-1}(z - z_0)^{m-1} + c_0(z - z_0)^m + \cdots$$

的和函数, 则在 z_0 的去心邻域 $0 < |z - z_0| < \delta$ 范围内, 有 $g(z) = (z - z_0)^m f(z)$. 由泰勒展开的系数形式, 可知

$$\begin{aligned}\mathrm{Res}[f(z), z_0] = c_{-1} &= \frac{1}{(m-1)!} g^{(m-1)}(z_0) \\ &= \frac{1}{(m-1)!} \lim_{z \to z_0} g^{(m-1)}(z) \\ &= \frac{1}{(m-1)!} \lim_{z \to z_0} \left[(z - z_0)^m f(z)\right]^{(m-1)}(z).\end{aligned}$$

这里需要取极限是因为函数 $(z - z_0)^m f(z)$ 在 z_0 处没有定义. 在实际计算中, 若函数 $(z - z_0)^m f(z)$ 的表达形式已经在 z_0 处连续, 则该表达式实际上就是 $g(z)$, 从而取极限和在 z_0 处取值是一回事.

【例 5.3】 计算函数 $f(z) = \dfrac{\mathrm{e}^z}{(z-1)^n}$ 在 1 处的留数.

解: 显然 1 是函数 $f(z)$ 的 n 阶极点, 因此

$$\begin{aligned}\mathrm{Res}[f(z), 1] &= \frac{1}{(n-1)!} \lim_{z \to 1} (\mathrm{e}^z)^{(n-1)} \\ &= \frac{1}{(n-1)!} \lim_{z \to 1} \mathrm{e}^z = \frac{\mathrm{e}}{(n-1)!}.\end{aligned}$$

【例 5.4】 计算函数 $f(z) = \dfrac{z - \sin z}{z^6}$ 在 0 处的留数.

解： 因为 0 是函数 $z - \sin z$ 的三阶零点，所以它是函数 $f(z)$ 的三阶极点. 若用定理 5.3 并取 $m = 3$ 来求

$$\mathrm{Res}[f(z), 0] = \frac{1}{2!} \lim_{z \to 0} \left(\frac{z - \sin z}{z^3} \right)'',$$

则计算会很繁琐.

我们取 $m = 6$，则

$$\mathrm{Res}[f(z), 0] = \frac{1}{5!} \lim_{z \to 0} (z - \sin z)^{(5)}$$

$$= \frac{1}{5!} \lim_{z \to 0} (-\cos z) = -\frac{1}{120}.$$

> **练习 5.1**
>
> 计算函数
>
> $$f(z) = \frac{\mathrm{e}^{-z} - 1}{(z - 2\pi\mathrm{i})^5}$$
>
> 在 $2\pi\mathrm{i}$ 处的留数.

对于一类特殊的分式，其留数可通过如下公式计算：

> **定理 5.5（留数计算公式 III）**
>
> 设函数 $P(z), Q(z)$ 在 z_0 处解析且 z_0 是函数 $Q(z)$ 的一阶零点，则
>
> $$\mathrm{Res}\left[\frac{P(z)}{Q(z)}, z_0 \right] = \frac{P(z_0)}{Q'(z_0)}.$$

证明： 不难看出 z_0 是函数 $\dfrac{P(z)}{Q(z)}$ 的一阶极点或可去奇点. 因此

$$\mathrm{Res}\left[\frac{P(z)}{Q(z)}, z_0 \right] = \lim_{z \to z_0} P(z) \cdot \frac{z - z_0}{Q(z)}.$$

注意到 $\dfrac{z - z_0}{Q(z)}$ 是 $\dfrac{0}{0}$ 型不定式，由洛必达法则可知

$$\mathrm{Res}\left[\frac{P(z)}{Q(z)}, z_0 \right] = P(z_0) \lim_{z \to z_0} \frac{1}{Q'(z)} = \frac{P(z_0)}{Q'(z_0)}.$$

【例 5.5】 计算 $\mathrm{Res}[f(z), z_0]$，其中

$$f(z) = \frac{z}{z^8 - 1}, \qquad z_0 = \frac{1 + \mathrm{i}}{\sqrt{2}}.$$

解： 由 z_0 是分母的 1 阶零点可知

$$\mathrm{Res}[f(z), z_0] = \lim_{z \to z_0} \frac{z}{(z^8 - 1)'}$$

$$= \lim_{z \to z_0} \frac{z}{8z^7} = \frac{z_0^2}{8} = \frac{\mathrm{i}}{8}.$$

【例 5.6】 计算积分 $\oint_{|z|=2} f(z)\,\mathrm{d}z$, 其中 $f(z) = \dfrac{\mathrm{e}^z}{z(z-1)^2}$.

解: 函数 $f(z)$ 在 $|z| < 2$ 内有奇点 $z = 0, 1$, 且

$$\mathrm{Res}[f(z), 0] = \lim_{z \to 0} \frac{\mathrm{e}^z}{(z-1)^2} = 1,$$

$$\mathrm{Res}[f(z), 1] = \lim_{z \to 1} \left(\frac{\mathrm{e}^z}{z}\right)' = \lim_{z \to 1} \frac{\mathrm{e}^z(z-1)}{z^2} = 0,$$

由留数定理, 可知

$$\oint_{|z|=2} \frac{\mathrm{e}^z}{z(z-1)^2}\,\mathrm{d}z = 2\pi\mathrm{i}\big(\mathrm{Res}[f(z), 0] + \mathrm{Res}[f(z), 1]\big) = 2\pi\mathrm{i}.$$

> **练习 5.2**
>
> 计算积分
> $$\oint_{|z|=4} \frac{\sin z}{z(z - \pi/2)}\,\mathrm{d}z.$$

5.1.3 在 ∞ 的留数

> **定义 5.6**
>
> 若函数 $f(z)$ 在 ∞ 的某个去心邻域 $R < |z| < +\infty$ 内解析, 且洛朗展开为
>
> $$f(z) = \cdots + c_{-1}z^{-1} + c_0 + c_1 z + \cdots,$$
>
> 则称 $-c_{-1}$ 为函数 $f(z)$ 在 ∞ 的 **留数**, 记作 $\mathrm{Res}[f(z), \infty]$.

由洛朗展开的系数公式, 可知

$$\mathrm{Res}[f(z), \infty] = \frac{1}{2\pi\mathrm{i}} \oint_{C^-} f(z)\,\mathrm{d}z,$$

其中 C^- 为该去心邻域中内部包含 0 的一条闭路的反方向.
由

$$f\left(\frac{1}{z}\right) \frac{1}{z^2} = \cdots + \frac{c_1}{z^3} + \frac{c_0}{z^2} + \frac{c_{-1}}{z} + c_{-2} + \cdots$$

可得

> **定理 5.7 (留数计算公式 IV)**
>
> $$\mathrm{Res}[f(z), \infty] = -\mathrm{Res}\left[f\left(\frac{1}{z}\right)\frac{1}{z^2}, 0\right].$$

这样我们就可以利用留数计算公式 I-III 来计算函数在 ∞ 的留数. 需要注意的是, 和通常的复数不同, 即便 ∞ 是可去奇点, 也不意味着 $\mathrm{Res}[f(z), \infty] = 0$.

定理 5.8

若函数 $f(z)$ 只有有限个奇点, 则 $f(z)$ 在扩充复平面内各奇点处的留数之和为 0.

证明: 设闭路 C 内部包含函数 $f(z)$ 除 ∞ 外的所有奇点 $z_1, \cdots, z_n$, 由留数定理和在 ∞ 的留数定义, 得

$$-2\pi i\, \text{Res}[f(z), \infty] = \oint_C f(z)\, \mathrm{d}z = 2\pi i \sum_{k=1}^{n} \text{Res}[f(z), z_k].$$

故

$$\sum_{k=1}^{n} \text{Res}[f(z), z_k] + \text{Res}[f(z), \infty] = 0.$$

【例 5.7】 计算 $\oint_{|z|=2} f(z)\, \mathrm{d}z$, 其中

$$f(z) = \frac{\sin(1/z)}{(z+\mathrm{i})^{10}(z-1)(z-3)}.$$

我们发现闭路 $C: |z| = 2$ 的内部有奇点 $0, -\mathrm{i}, 1$, 其中 0 是本性奇点, 其留数不易计算; 计算在 10 阶极点 $-\mathrm{i}$ 处的留数需要求

$$\frac{\sin(1/z)}{(z-1)(z-3)}$$

的 9 阶导数, 也很难计算. 因此, 我们使用定理 5.8 将问题转化为计算闭路 C 外部的奇点处留数.

解: 函数 $f(z)$ 在 $|z| > 2$ 内有奇点 $3, \infty$, 且

$$\text{Res}[f(z), 3] = \lim_{z \to 3}(z-3)f(z) = \frac{1}{2(3+\mathrm{i})^{10}} \sin \frac{1}{3},$$

$$\text{Res}[f(z), \infty] = -\text{Res}\left[f\left(\frac{1}{z}\right)\frac{1}{z^2}, 0\right]$$

$$= -\text{Res}\left[\frac{z^{10} \sin z}{(1+\mathrm{i}z)^{10}(1-z)(1-3z)}, 0\right] = 0.$$

因此

$$\oint_{|z|=2} f(z)\, \mathrm{d}z = 2\pi i\big(\text{Res}[f(z), -\mathrm{i}] + \text{Res}[f(z), 1] + \text{Res}[f(z), 0]\big)$$

$$= -2\pi i\big(\text{Res}[f(z), 3] + \text{Res}[f(z), \infty]\big)$$

$$= -\frac{\pi i}{(3+\mathrm{i})^{10}} \sin \frac{1}{3}.$$

练习 5.3

计算积分

$$\oint_{|z|=5} \frac{z^3}{f(z)}\, \mathrm{d}z,$$

其中 $f(z) = (z-1)(z-2)(z-3)(z-4)$.

实际上, 这种计算方法和进行变量替换 $t = \dfrac{1}{z-a}$ 是一回事, 其中 a 是闭路 C 内部任意一点.

下面我们来对学习过的复积分计算方法做一个小结.

复积分计算方法小结

定积分 $I = \displaystyle\int_C f(z)\,\mathrm{d}z$ 的计算:

(1) **原函数法**: 若函数 $f(z)$ 在一包含 C 的单连通区域内解析, 则 $I = F(b) - F(a)$, 其中函数 $F(z)$ 为函数 $f(z)$ 的一个原函数, a,b 分别为闭路 C 的起点和终点.

(2) **留数法 (内部)**: 若 C 是闭路, 且内部只有有限多个奇点, 则 $I = 2\pi\mathrm{i}\sum\limits_{a} \operatorname{Res}[f(z), a]$, 其中 a 取遍闭路 C 内部所有奇点.

(3) **留数法 (外部)**: 若 C 是闭路, 且外部只有有限多个奇点, 则 $I = -2\pi\mathrm{i}\sum\limits_{a} \operatorname{Res}[f(z), a]$, 其中 a 取遍闭路 C 外部所有奇点 (包括 ∞).

(4) **参变量法**: 若不满足上述情形, 则 $I = \displaystyle\int_a^b f\big[z(t)\big] z'(t)\,\mathrm{d}t$, 其中有向曲线 C 的方程为 $z = z(t), a \leqslant t \leqslant b$, $z(a), z(b)$ 分别为 C 的起点和终点, 可能需要分段计算并相加.

若函数 $f(z)$ 包含 $|z|, \bar{z}$, 可先尝试通过有向曲线 C 的方程将其换成 z 的表达式, 然后再利用上述计算方法.

5.2　留数的应用

5.2.1　留数在定积分中的应用

本小节中我们将使用留数来计算若干种不易直接计算的定积分和广义积分.

1.　三角函数的有理函数的积分

考虑积分 $\displaystyle\int_0^{2\pi} P(\cos\theta, \sin\theta)\,\mathrm{d}\theta$, 其中函数 $P(x,y)$ 是一个有理函数. 令 $z = \mathrm{e}^{\mathrm{i}\theta}$, 则 $\mathrm{d}z = \mathrm{i}z\,\mathrm{d}\theta$,

$$\cos\theta = \frac{1}{2}\left(z + \frac{1}{z}\right) = \frac{z^2+1}{2z}, \quad \sin\theta = \frac{1}{2\mathrm{i}}\left(z - \frac{1}{z}\right) = \frac{z^2-1}{2\mathrm{i}z}.$$

因此

$$\int_0^{2\pi} P(\cos\theta, \sin\theta)\,\mathrm{d}\theta = \oint_{|z|=1} P\left(\frac{z^2+1}{2z}, \frac{z^2-1}{2\mathrm{i}z}\right)\frac{1}{\mathrm{i}z}\,\mathrm{d}z. \qquad (5.1)$$

由于被积函数是一个有理函数, 因此, 它的积分可以由 $|z| < 1$ 内奇点留数得到.

【例 5.8】 计算积分 $I = \displaystyle\int_0^{2\pi} \frac{\sin^2\theta}{5 - 3\cos\theta}\, d\theta$.

解： 令 $z = \mathrm{e}^{\mathrm{i}\theta}$, 则

$$I = \oint_{|z|=1} \left(\frac{z^2-1}{2\mathrm{i}z}\right)^2 \cdot \frac{1}{5 - 3\dfrac{z^2+1}{2z}} \cdot \frac{dz}{\mathrm{i}z}$$

$$= -\frac{\mathrm{i}}{6} \oint_{|z|=1} \frac{(z^2-1)^2}{z^2(z-3)(z-1/3)}\, dz.$$

设

$$f(z) = \frac{(z^2-1)^2}{z^2(z-3)(z-1/3)},$$

则 $\dfrac{1}{3}$ 是一阶极点, 0 是二阶极点. 于是

$$\mathrm{Res}\left[f(z), \frac{1}{3}\right] = \lim_{z \to \frac{1}{3}} \frac{(z^2-1)^2}{z^2(z-3)} = -\frac{8}{3},$$

$$\mathrm{Res}[f(z), 0] = \lim_{z \to 0} \left[\frac{(z^2-1)^2}{(z-3)(z-1/3)}\right]'$$

$$= \lim_{z \to 0} \frac{(z^2-1)^2}{(z-3)(z-1/3)} \left(\frac{2}{z+1} + \frac{2}{z-1} - \frac{1}{z-3} - \frac{1}{z-1/3}\right)$$

$$= \frac{10}{3}.$$

> 计算 $\mathrm{Res}[f(z),0]$ 时我们利用了对数求导法.

因此

$$I = -\frac{\mathrm{i}}{6} \cdot 2\pi\mathrm{i}\left(\mathrm{Res}[f(z),0] + \mathrm{Res}\left[f(z), \frac{1}{3}\right]\right) = \frac{2\pi}{9}.$$

---

2. 有理函数以及与正弦、余弦之积的广义积分

设 $f(x)$ 是一个有理函数, 分母的次数至少比分子的次数高 2, 且分母没有实根.

如图 5.2 所示, 考虑广义积分 $\displaystyle\int_{-\infty}^{+\infty} f(x)\, dx$, 容易证明该广义积分收敛, 从而积分值等于其柯西主值

$$\mathrm{P.V.}\int_{-\infty}^{+\infty} f(x)\, dx := \lim_{r \to +\infty} \int_{-r}^{r} f(x)\, dx.$$

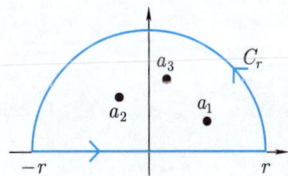

图 5.2 半圆形闭路

选择闭路 $C = C_r + [-r, r]$, 其中 C_r 为圆心在原点的上半圆周. 令 r 充分大, 使得函数 $f(z)$ 在上半平面内的奇点均位于闭路 C

的内部. 由函数 $f(x)$ 分母的次数比分子的次数至少高 2, 可知 $\lim\limits_{z \to +\infty} z f(z) = 0$. 于是由大圆弧引理, 可知

$$\lim_{r \to +\infty} \int_{C_r} f(z)\,\mathrm{d}z = 0.$$

故

$$\int_{-\infty}^{+\infty} f(x)\,\mathrm{d}x = \lim_{r \to +\infty} \oint_C f(z)\,\mathrm{d}z = 2\pi\mathrm{i} \sum_{\operatorname{Im} a > 0} \operatorname{Res}[f(z), a].$$

定理 5.9

设 $f(x)$ 是一个有理函数, 分母的次数至少比分子的次数高 2, 且分母没有实根, 则

$$\int_{-\infty}^{+\infty} f(x)\,\mathrm{d}x = 2\pi\mathrm{i} \sum_{\operatorname{Im} a > 0} \operatorname{Res}[f(z), a].$$

【例 5.9】 计算积分 $I = \displaystyle\int_{-\infty}^{+\infty} \frac{\mathrm{d}x}{(x^2 + a^2)^3}$, 其中 $a > 0$.

解: 函数 $f(z) = \dfrac{1}{(z^2 + a^2)^3}$ 在上半平面内的奇点为三阶极点 $a\mathrm{i}$. 于是

$$
\begin{aligned}
\operatorname{Res}[f(z), a\mathrm{i}] &= \frac{1}{2!} \lim_{z \to a\mathrm{i}} \left[\frac{1}{(z + a\mathrm{i})^3} \right]'' \\
&= \frac{1}{2} \lim_{z \to a\mathrm{i}} \frac{12}{(z + a\mathrm{i})^5} = \frac{3}{16a^5\mathrm{i}},
\end{aligned}
$$

故

$$I = 2\pi\mathrm{i}\operatorname{Res}[f(z), a\mathrm{i}] = \frac{3\pi}{8a^5}.$$

考虑广义积分 $\displaystyle\int_{-\infty}^{+\infty} f(x) \cos \lambda x\,\mathrm{d}x$, $\displaystyle\int_{-\infty}^{+\infty} f(x) \sin \lambda x\,\mathrm{d}x$, 其中函数 $f(x)$ 如前文所述. 容易证明这两个广义积分也是收敛的.

不妨设 $\lambda > 0$. 当 $z \to \infty$ 且 $y = \operatorname{Im} z \geqslant 0$ 时,

$$|z f(z) \mathrm{e}^{\mathrm{i}\lambda z}| = |z f(z) \mathrm{e}^{\mathrm{i}\lambda(x + y\mathrm{i})}| = |z f(z) \mathrm{e}^{-\lambda y}| \leqslant |z f(z)| \to 0.$$

和前一种情形类似, 由大圆弧引理可知

$$\lim_{r \to +\infty} \int_{C_r} f(z) \mathrm{e}^{\mathrm{i}\lambda z}\,\mathrm{d}z = 0.$$

故

$$\int_{-\infty}^{+\infty} f(x) \mathrm{e}^{\mathrm{i}\lambda x}\,\mathrm{d}x = \lim_{r \to +\infty} \oint_C f(z)\,\mathrm{d}z = 2\pi\mathrm{i} \sum_{\operatorname{Im} a > 0} \operatorname{Res}[f(z) \mathrm{e}^{\mathrm{i}\lambda z}, a].$$

欲求的广义积分分别为它的实部和虚部.

定理 5.10

设 $f(x)$ 是一个有理函数, 分母的次数至少比分子的次数高 2, 且分母没有实根, 则对任意 $\lambda > 0$,

$$\int_{-\infty}^{+\infty} f(x)\mathrm{e}^{\mathrm{i}\lambda x}\,\mathrm{d}x = 2\pi\mathrm{i} \sum_{\operatorname{Im} a > 0} \operatorname{Res}[f(z)\mathrm{e}^{\mathrm{i}\lambda z}, a].$$

【例 5.10】 计算积分 $I = \displaystyle\int_{-\infty}^{+\infty} \frac{\cos x\,\mathrm{d}x}{(x^2 + a^2)^2}$, 其中 $a > 0$.

解: 函数 $f(z) = \dfrac{\mathrm{e}^{\mathrm{i}z}}{(z^2 + a^2)^2}$ 在上半平面内的奇点为二阶极点 $a\mathrm{i}$. 于是

$$\begin{aligned}
\operatorname{Res}[f(z), a\mathrm{i}] &= \lim_{z \to a\mathrm{i}} \left[\frac{\mathrm{e}^{\mathrm{i}z}}{(z + a\mathrm{i})^2} \right]' \\
&= \lim_{z \to a\mathrm{i}} \frac{\mathrm{e}^{\mathrm{i}z}\left[\mathrm{i}(z + a\mathrm{i}) - 2\right]}{(z + a\mathrm{i})^3} \\
&= -\frac{\mathrm{e}^{-a}(a + 1)\mathrm{i}}{4a^3}.
\end{aligned}$$

于是

$$\int_{-\infty}^{+\infty} \frac{\mathrm{e}^{\mathrm{i}x}\,\mathrm{d}x}{(x^2 + a^2)^2} = 2\pi\mathrm{i}\operatorname{Res}[f(z), a\mathrm{i}] = \frac{\pi\mathrm{e}^{-a}(a + 1)}{2a^3},$$

它的实部为

$$I = \frac{\pi\mathrm{e}^{-a}(a + 1)}{2a^3}.$$

3. 含对数函数和幂函数的积分

考虑广义积分 $\displaystyle\int_0^{+\infty} f(x)x^p\,\mathrm{d}x$, 其中实数 p 不是整数, $f(x)$ 是一个有理函数, 分母没有正实根, 且满足

$$\lim_{x \to 0} x^{p+1}f(x) = 0, \quad \lim_{x \to \infty} x^{p+1}f(x) = 0.$$

为了构造复变函数在正实轴取值与该积分关联, 设

$$g(z) = f(z)(-z)^p = f(z)\mathrm{e}^{p\ln(-z)},$$

并选择如图 5.3 所示的闭路, 其中 C_r, C_R 分别是以 0 为圆心, r, R 为半径的圆周去掉一小段弧, ℓ_1, ℓ_2 分别是正实轴和 $\operatorname{Im} z = \varepsilon > 0$ 上的线段 (从左往右). 它们形成一个闭路 C.

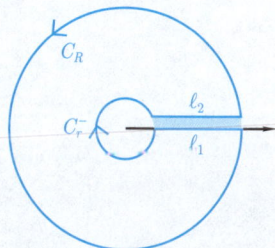

图 5.3 大小圆周带负实轴沿岸闭路

我们来研究函数 $g(z)$ 在线段 ℓ_1 和 ℓ_2 上积分的联系. 由假设不难知道,

$$\lim_{z \to 0} z^{p+1} f(z) = 0, \quad \lim_{z \to \infty} z^{p+1} f(z) = 0.$$

将 $f(z)$ 换成 $g(z)$ 或 $h(z) = f(z)\mathrm{e}^{p \ln z + p\pi \mathrm{i}}$ 也是成立的. 注意到与 C_r^- 互补的小段圆弧, 与 C_R^- 互补的小段圆弧, 以及 ℓ_1, ℓ_2^- 形成一个闭路, 且 ε 充分小时, 函数 $h(z)$ 在该闭路及其内部解析 (见图 5.3 阴影部分). 由小圆弧引理可知当 $\varepsilon \to 0^+$ 时, 函数 $h(z)$ 在这两小段圆弧上的积分趋于 0. 因此

$$\mathrm{e}^{2p\pi \mathrm{i}} \int_{\ell_2} g(z)\,\mathrm{d}z - \int_{\ell_1} g(z)\,\mathrm{d}z = \int_{\ell_2} h(z)\,\mathrm{d}z - \int_{\ell_1} h(z)\,\mathrm{d}z \to 0,$$

即

$$\lim_{\varepsilon \to 0^+} \int_{\ell_2} g(z)\,\mathrm{d}z = \mathrm{e}^{-2p\pi \mathrm{i}} \int_{\ell_1} g(z)\,\mathrm{d}z.$$

我们将 $\varepsilon \to 0^+$ 时的 ℓ_2 叫作正实轴的 "上沿岸", 函数 $g(z)$ 在上沿岸的积分则是指上述极限. 以后我们省略 $\varepsilon \to 0^+$ 这一表述.

由小圆弧引理和大圆弧引理可知

$$\lim_{r \to 0^+} \int_{C_r} g(z)\,\mathrm{d}z = 0, \quad \lim_{R \to +\infty} \int_{C_R} g(z)\,\mathrm{d}z = 0.$$

令 r 充分小, R 充分大, 使得函数 $g(z)$ 除正实轴和零之外的所有奇点都包含在闭路 C 中, 则由留数定理, 得

$$\oint_C g(z)\,\mathrm{d}z = 2\pi \mathrm{i} \sum_a \mathrm{Res}[g(z), a]$$

$$= -\int_{C_r} g(z)\,\mathrm{d}z + \int_{C_R} g(z)\,\mathrm{d}z - \int_{\ell_1} g(x)\,\mathrm{d}x + \int_{\ell_2} g(x)\,\mathrm{d}x$$

$$= -\int_{C_r} g(z)\,\mathrm{d}z + \int_{C_R} g(z)\,\mathrm{d}z - \int_r^R g(x)\,\mathrm{d}x + \mathrm{e}^{-2p\pi \mathrm{i}} \int_r^R g(x)\,\mathrm{d}x$$

$$= -\int_{C_r} g(z)\,\mathrm{d}z + \int_{C_R} g(z)\,\mathrm{d}z - \mathrm{e}^{p\pi \mathrm{i}} \int_r^R f(x) x^p\,\mathrm{d}x + \mathrm{e}^{-p\pi \mathrm{i}} \int_r^R f(x) x^p\,\mathrm{d}x,$$

其中 a 取遍函数 $g(z)$ 除正实轴和零之外的奇点.

令 $r \to 0^+, R \to +\infty$, 我们得到

$$(\mathrm{e}^{-p\pi \mathrm{i}} - \mathrm{e}^{p\pi \mathrm{i}}) \int_0^{+\infty} f(x) x^p\,\mathrm{d}x = 2\pi \mathrm{i} \sum_a \mathrm{Res}[g(z), a].$$

显然 $\mathrm{e}^{-p\pi \mathrm{i}} - \mathrm{e}^{p\pi \mathrm{i}} = -2\mathrm{i} \sin p\pi.$

定理 5.11

设实数 p 不是整数, $f(x)$ 是一个有理函数, 分母没有正实根, 且满足

$$\lim_{x\to 0} x^{p+1} f(x) = 0, \quad \lim_{x\to\infty} x^{p+1} f(x) = 0,$$

则

$$\int_0^{+\infty} f(x) x^p \, dx = -\frac{\pi}{\sin p\pi} \sum_a \mathrm{Res}\big[e^{p\ln(-z)} f(z), a\big],$$

其中 a 取遍函数 $f(z)$ 的非零奇点.

该定理说明了该广义积分收敛.

若读者觉得沿岸积分这一概念不易理解, 则可对积分作变量替换 $x = e^t$. 然后选择相应的闭路为连接 $-R_1, R_2, R_2+2\pi i, -R_1+2\pi i$ 的矩形闭路, 这样也可以得到该广义积分的值. 读者可自行推导.

【例 5.11】 计算积分 $\int_0^{+\infty} \dfrac{x^p}{x(x+1)} \, dx$, 其中 $0 < p < 1$.

解: 设函数

$$f(z) = \frac{e^{p\ln(-z)}}{z(z+1)},$$

则 $f(z)$ 在除正实轴和零之外的奇点为 $a = -1$, 且

$$\mathrm{Res}[f(z), -1] = \lim_{z\to -1} \frac{e^{p\ln(-z)}}{z} = -e^{p\ln 1} = -1.$$

因此, 由定理 5.11 可得

$$\int_0^{+\infty} \frac{x^p}{x(x+1)} \, dx = \frac{\pi}{\sin p\pi}.$$

考虑广义积分 $\int_0^{+\infty} f(x) \ln x \, dx$, 其中函数 $f(x)$ 是一个有理函数, 分母没有正实根, 且分母的次数至少比分子的次数高 2. 设函数 $g(z) = \ln^2(-z) f(z)$. 考虑如图 5.3 所示的闭路, 不难知道

$$\lim_{r\to 0^+} \int_{C_r} g(z) \, dz = 0, \quad \lim_{R\to +\infty} \int_{C_R} g(z) \, dz = 0.$$

若 $z \in \ell_1$ 位于正实轴上, 则

$$g(z) = (\ln z + \pi i)^2 f(z) = (\ln^2 z + 2\pi i \ln z - \pi^2) f(z).$$

若 $z \in \ell_2$ 位于正实轴上沿岸, 则

$$g(z) = (\ln z - \pi i)^2 f(z) = (\ln^2 z - 2\pi i \ln z - \pi^2) f(z).$$

令 r 充分小, R 充分大, 使得函数 $g(z)$ 除正实轴和零之外的所

有奇点都包含在闭路 C 中, 则由留数定理, 得

$$\oint_C g(z)\,\mathrm{d}z = 2\pi\mathrm{i}\sum_a \mathrm{Res}[g(z),a]$$

$$= -\int_{C_r} g(z)\,\mathrm{d}z + \int_{C_R} g(z)\,\mathrm{d}z - \int_{\ell_1} g(x)\,\mathrm{d}x + \int_{\ell_2} g(x)\,\mathrm{d}x$$

$$= -\int_{C_r} g(z)\,\mathrm{d}z + \int_{C_R} g(z)\,\mathrm{d}z - \int_r^R (\ln^2 z + 2\pi\mathrm{i}\ln z - \pi^2)f(x)\,\mathrm{d}x +$$

$$\int_r^R (\ln^2 z - 2\pi\mathrm{i}\ln z - \pi^2)f(x)\,\mathrm{d}x$$

$$= -\int_{C_r} g(z)\,\mathrm{d}z + \int_{C_R} g(z)\,\mathrm{d}z - 4\pi\mathrm{i}\int_r^R f(x)\ln x\,\mathrm{d}x,$$

其中 a 取遍函数 $g(z)$ 除正实轴和零之外的奇点.

令 $r\to 0^+, R\to +\infty$, 我们得到:

> **定理 5.12**
>
> 设 $f(x)$ 是一个有理函数, 分母没有正实根, 且分母的次数至少比分子的次数高 2, 则
>
> $$\int_0^{+\infty} f(x)\ln x\,\mathrm{d}x = -\frac{1}{2}\sum_a \mathrm{Res}\big[\ln^2(-z)f(z),a\big],$$
>
> 其中 a 取遍函数 $f(z)$ 的奇点.

含 $(\ln x)^n$ 的积分也可类似处理, 此时需要考虑所有的 $\ln^k(-z)f(z)$ 绕闭路 C 的积分, 其中 $k=2,\cdots,n+1$.

【例 5.12】 计算积分 $I = \int_0^{+\infty} \dfrac{\ln x}{x^2-2x+2}\,\mathrm{d}x$.

解: 设函数

$$f(z) = \frac{\ln^2(-z)}{z^2-2z+2},$$

则 $f(z)$ 在除正实轴和零之外的奇点为 $1\pm\mathrm{i}$, 且

$$\mathrm{Res}[f(z),1+\mathrm{i}] = \lim_{z\to 1+\mathrm{i}} \frac{\ln^2(-z)}{z-(1-\mathrm{i})} = \frac{1}{2\mathrm{i}}\Big(\frac{1}{2}\ln 2 - \frac{3\pi\mathrm{i}}{4}\Big)^2,$$

$$\mathrm{Res}[f(z),1-\mathrm{i}] = \lim_{z\to 1-\mathrm{i}} \frac{\ln^2(-z)}{z-(1+\mathrm{i})} = -\frac{1}{2\mathrm{i}}\Big(\frac{1}{2}\ln 2 + \frac{3\pi\mathrm{i}}{4}\Big)^2.$$

由于二者互为共轭, 二者之和为

$$2\,\mathrm{Re}\Big[\frac{1}{2\mathrm{i}}\Big(\frac{1}{2}\ln 2 - \frac{3\pi\mathrm{i}}{4}\Big)^2\Big] = -\frac{3\pi}{4}\ln 2,$$

因此

$$I = \frac{3\pi}{8}\ln 2.$$

---

4. 奇点处理 (选读)

在前面几个例子中, 如果被积函数在积分区间内有瑕点, 就无法直接通过前述公式得到. 此时我们需要对闭路作适当调整.

设 $P(x, y)$ 是一个二元有理函数. 若积分 $\int_0^{2\pi} P(\cos\theta, \sin\theta)\,\mathrm{d}\theta$ 有瑕点, 则有理函数

$$f(z) = P\Big(\frac{z^2+1}{2z}, \frac{z^2-1}{2\mathrm{i}z}\Big)\frac{1}{\mathrm{i}z}$$

在单位圆周 $|z| = 1$ 上有奇点. 此时该瑕积分一定发散, 我们无法使用公式 (5.1) 计算. 不过, 我们可以考虑去掉所有瑕点 t 的邻域 $(t-\varepsilon, t+\varepsilon)$ 之后的积分, 再令 $\varepsilon \to 0^+$ 得到该瑕积分的柯西主值.

设函数 $f(z)$ 在单位圆周上的奇点为 $t_1, \cdots, t_k$. 构造如图 5.4 所示的闭路 C, 其中在每个瑕点 t_j 附近是半径为 ε_j 的圆弧 Γ_j (沿着整个闭路的逆时针方向). 若 t_j 是函数 $f(z)$ 的一阶极点, 则

$$\lim_{z \to t_j} (z - t_j)f(z) = \mathrm{Res}[f(z), t_j].$$

注意到 $\varepsilon_j \to 0^+$ 时, Γ_j 的弧度 $2\arcsin\dfrac{\varepsilon}{2} - \pi \to -\pi$ (相对于 t_j 是顺时针方向), 所以由小圆弧引理, 可知

$$\lim_{\varepsilon_j \to 0^+} \int_{\Gamma_j} f(z)\,\mathrm{d}z = -\pi\mathrm{i}\,\mathrm{Res}[f(z), t_j].$$

将函数 $f(z)$ 在 C 上的积分减去在 Γ_j 上的积分, 并令 $\varepsilon_j \to 0^+$, 我们得到:

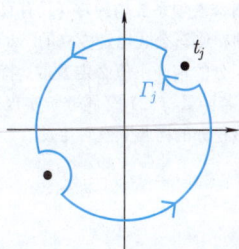

图 5.4 绕过瑕点的圆形闭路

定理 5.13

对于有理函数 $P(x, y)$, 若

$$f(z) = P\Big(\frac{z^2+1}{2z}, \frac{z^2-1}{2\mathrm{i}z}\Big)\frac{1}{\mathrm{i}z}$$

在单位圆周上的极点都是一阶的, 则

$$\mathrm{P.\,V.} \int_0^{2\pi} P(\cos\theta, \sin\theta)\,\mathrm{d}\theta$$
$$= 2\pi\mathrm{i} \sum_{|a|<1} \mathrm{Res}[f(z), a] + \pi\mathrm{i} \sum_{|a|=1} \mathrm{Res}[f(z), a].$$

对于有理函数 $f(z)$ 的分母在单位圆周上的重根, 若 $f(z)$ 在该点去心邻域洛朗展开的负偶幂次项系数均为零 (只有有限多项), 则该公式也是成立的. 否则, 该积分的柯西主值必定发散. 特别地, 若 $f(z)$ 在单位圆周上有偶数阶极点, 则该积分的柯西主值必定发散.

设 $f(x)$ 是一个有理函数 (分子、分母没有公共零点), 且分母的次数至少比分子的次数高 2. 若函数 $f(z)$ 在实轴上有奇点 t, 则对广义积分 $\int_{-\infty}^{+\infty} f(x)\,\mathrm{d}x$ 的讨论也是类似的. 此时我们构造如图 5.5 所示的闭路, 其中在每个瑕点 t_j 附近是半径为 ε_j 的上半圆周 Γ_j (从左往右). 若 t_j 是函数 $f(z)$ 的一阶极点, 则

$$\lim_{z \to t_j}(z - t_j)f(z) = \mathrm{Res}[f(z), t_j].$$

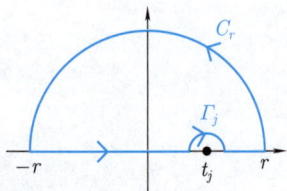

图 5.5 绕过瑕点的半圆形闭路

从而由小圆弧引理可知

$$\lim_{\varepsilon_j \to 0^+}\int_{\Gamma_j} f(z)\,\mathrm{d}z = -\pi\mathrm{i}\,\mathrm{Res}[f(z), t_j].$$

其余推导和 5.2.1.2 小节类似, 最终我们得到:

对于分母的实重根, 若有理函数 $f(z)$ 在该点去心邻域洛朗展开的负偶幂次项系数均为零 (只有有限多项), 则该公式也是成立的. 否则, 该积分的柯西主值必定发散. 特别地, 若函数 $f(z)$ 有偶数阶实极点, 则该积分的柯西主值必定发散.

定理 5.14

设 $f(x)$ 是一个有理函数, 分母的次数至少比分子的次数高 2, 且分母没有实重根, 则

$$\mathrm{P.\,V.}\int_{-\infty}^{+\infty} f(x)\,\mathrm{d}x$$
$$= 2\pi\mathrm{i}\sum_{\mathrm{Im}\,a>0}\mathrm{Res}[f(z), a] + \pi\mathrm{i}\sum_{\mathrm{Im}\,a=0}\mathrm{Res}[f(z), a].$$

同理:

定理 5.15

设 $f(x)$ 是一个有理函数, 分母的次数至少比分子的次数高 2, 且分母没有实重根, 则对任意 $\lambda > 0$,

$$\mathrm{P.\,V.}\int_{-\infty}^{+\infty} f(x)\mathrm{e}^{\mathrm{i}\lambda x}\,\mathrm{d}x$$
$$= 2\pi\mathrm{i}\sum_{\mathrm{Im}\,a>0}\mathrm{Res}[f(z)\mathrm{e}^{\mathrm{i}\lambda z}, a] + \pi\mathrm{i}\sum_{\mathrm{Im}\,a=0}\mathrm{Res}[f(z)\mathrm{e}^{\mathrm{i}\lambda z}, a].$$

5. 杂例 (选读)

可以看出, 在使用留数定理计算定积分的过程中, 最重要的是选择合适的函数 $f(z)$ 以及闭路 C, 使得 $f(z)$ 在闭路 C 的部分路径的积分极限为零, 其他部分的积分与待求的定积分相关. 根据积分的不同, 闭路 C 的选择有多种可能, 如圆周、半圆周、矩形、正方形、扇形、三角形等. 有时候遇到奇点还需要添加圆弧绕过奇点.

【例 5.13】 计算积分 $I = \displaystyle\int_0^{+\infty} \mathrm{e}^{-x^2} \cos 2\lambda x \, \mathrm{d}x$.

解： 我们只需要考虑 $\lambda \geqslant 0$ 的情形. 设 $f(z) = \mathrm{e}^{-z^2}$. 如图 5.6 所示, 令 C 为连接 $-R_1, R_2, R_2 + \lambda\mathrm{i}, -R_1 + \lambda\mathrm{i}$ 的矩形闭路.

对于 $z = -R_1 + y\mathrm{i} \in \ell_1$, 当 $R_1 \to +\infty$ 时,

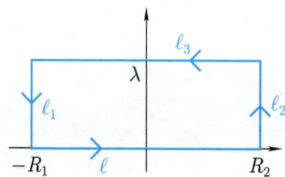

图 **5.6** 矩形闭路

$$
\begin{aligned}
|f(z)| &= |\mathrm{e}^{-(R_1^2 - 2R_1 y\mathrm{i} - y^2)}| \\
&= \mathrm{e}^{-R_1^2 + y^2} \leqslant \mathrm{e}^{-R_1^2 + \lambda^2} \to 0.
\end{aligned}
$$

由于 ℓ_1 长度为常值 λ, 因此, 由长大不等式可知

$$
\lim_{R_1 \to +\infty} \int_{\ell_1} f(z) \, \mathrm{d}z = 0.
$$

同理可知

$$
\lim_{R_2 \to +\infty} \int_{\ell_2} f(z) \, \mathrm{d}z = 0.
$$

对于 $z = x + \lambda\mathrm{i} \in \ell_3$, 有 $f(z) = \mathrm{e}^{-(x^2 + 2\lambda x\mathrm{i} - \lambda^2)}$. 因此

$$
\int_{\ell_3} f(z) \, \mathrm{d}z = -\mathrm{e}^{\lambda^2} \int_{-R_1}^{R_2} \mathrm{e}^{-x^2 - 2\lambda x\mathrm{i}} \, \mathrm{d}x.
$$

由于函数 $f(z)$ 处处解析, 因此

$$
\begin{aligned}
0 &= \oint_C f(z) \, \mathrm{d}z \\
&= \int_{\ell_1} f(z) \, \mathrm{d}z + \int_{\ell_2} f(z) \, \mathrm{d}z + \int_{\ell} f(z) \, \mathrm{d}x + \int_{\ell_3} f(z) \, \mathrm{d}x \\
&= \int_{\ell_1} f(z) \, \mathrm{d}z + \int_{\ell_2} f(z) \, \mathrm{d}z + \int_{-R_1}^{R_2} \mathrm{e}^{-x^2} \, \mathrm{d}x - \mathrm{e}^{\lambda^2} \int_{-R_1}^{R_2} \mathrm{e}^{-x^2 - 2\lambda x\mathrm{i}} \, \mathrm{d}x.
\end{aligned}
$$

令 $R_1, R_2 \to +\infty$, 我们得到

$$
\int_{-\infty}^{+\infty} \mathrm{e}^{-x^2 - 2\lambda x\mathrm{i}} \, \mathrm{d}x = \mathrm{e}^{-\lambda^2} \int_{-\infty}^{+\infty} \mathrm{e}^{-x^2} \, \mathrm{d}x = \mathrm{e}^{-\lambda^2} \sqrt{\pi}.
$$

故

$$
I = \frac{1}{2} \mathrm{e}^{-\lambda^2} \sqrt{\pi}.
$$

通过变量替换, 可知

$$
\int_0^{+\infty} \mathrm{e}^{-ax^2} \cos bx \, \mathrm{d}x = \frac{1}{2} \exp\left(-\frac{b^2}{4a}\right) \sqrt{\frac{\pi}{a}}. \tag{5.2}
$$

【例 5.14】(菲涅耳积分) 计算积分 $I = \displaystyle\int_0^{+\infty} \sin x^2 \, \mathrm{d}x$.

解: 设函数 $f(z) = \mathrm{e}^{\mathrm{i}z^2}$, 如图 5.7 所示, 令 C 为连接 $0, R, R(1+\mathrm{i})$ 的三角形闭路. 对于 $z = R + y\mathrm{i} \in \ell_1$, 当 $R \to +\infty$ 时, 由长大不等式, 得

$$|f(z)| = |\mathrm{e}^{\mathrm{i}(R^2 + 2Ry\mathrm{i} - y^2)}| = \mathrm{e}^{-2Ry}.$$

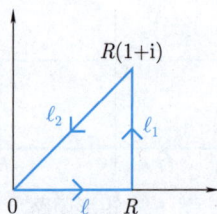

图 5.7 三角形闭路

从而

$$\left| \int_{\ell_1} f(z) \, \mathrm{d}z \right| \leqslant \int_0^R \mathrm{e}^{-2Ry} \, \mathrm{d}y = \frac{1}{2R}(1 - \mathrm{e}^{-2R^2}) \to 0.$$

对于 $z = (1+\mathrm{i})t \in \ell_2$, 有 $f(z) = \mathrm{e}^{-2t^2}$. 因此

$$\int_{\ell_2} f(z) \, \mathrm{d}z = - \int_0^R \mathrm{e}^{-2t^2}(1+\mathrm{i}) \, \mathrm{d}t.$$

由于函数 $f(z)$ 是处处解析的, 因此

$$\begin{aligned}
0 &= \oint_C f(z) \, \mathrm{d}z \\
&= \int_{\ell_1} f(z) \, \mathrm{d}z + \int_{\ell_2} f(z) \, \mathrm{d}z + \int_\ell f(x) \, \mathrm{d}x \\
&= \int_{\ell_1} f(z) \, \mathrm{d}z - (1+\mathrm{i}) \int_0^R \mathrm{e}^{-2t^2} \, \mathrm{d}t + \int_0^R f(x) \, \mathrm{d}x.
\end{aligned}$$

令 $R \to +\infty$, 我们得到

$$\int_0^{+\infty} f(x) \, \mathrm{d}x = (1+\mathrm{i}) \int_0^{+\infty} \mathrm{e}^{-2t^2} \, \mathrm{d}t = \frac{\sqrt{2\pi}}{4}(1+\mathrm{i}),$$

它的虚部为 $I = \dfrac{\sqrt{2\pi}}{4}$.

5.2.2 留数在级数中的应用 (选读)

下述定理可用于计算级数求和.

定理 5.16

设函数 $f(z)$ 只有有限多个奇点, 其中不是整数的奇点为 $a_1, \cdots, a_k$, 且满足 $\displaystyle\lim_{z \to \infty} z f(z) = 0$, 则

$$\sum_{n=-\infty}^{+\infty} \mathrm{Res}\big[f(z) \cot \pi z, n\big] = - \sum_{j=1}^k \mathrm{Res}\big[f(z) \cot \pi z, a_j\big].$$

这里, 左侧的求和是指柯西主值

$$\mathrm{P.\,V.}\sum_{n=-\infty}^{+\infty}\mathrm{Res}\big[f(z)\cot\pi z,n\big]=\lim_{N\to+\infty}\sum_{n=-N}^{N}\mathrm{Res}[f(z)\cot\pi z,n].$$

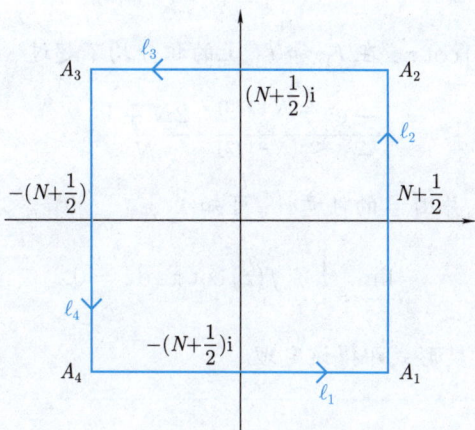

图 5.8 正方形闭路

证明： 对于任意 $\varepsilon>0$, 存在正整数 N, 使得当 $|z|>N$ 时, $|f(z)|\leqslant \varepsilon/N$. 如图 5.8 所示, 设

$$A_1=\left(N+\frac{1}{2}\right)(1-\mathrm{i}),\qquad A_2=\left(N+\frac{1}{2}\right)(1+\mathrm{i}),$$

$$A_3=\left(N+\frac{1}{2}\right)(-1+\mathrm{i}),\qquad A_4=\left(N+\frac{1}{2}\right)(-1-\mathrm{i}),$$

设 C_N 是经过这四个点的正方形闭路. 我们有

$$\cot\pi z=\frac{\cos\pi z}{\sin\pi z}=\mathrm{i}\frac{\mathrm{e}^{\pi\mathrm{i}z}+\mathrm{e}^{-\pi\mathrm{i}z}}{\mathrm{e}^{\pi\mathrm{i}z}-\mathrm{e}^{-\pi\mathrm{i}z}}$$

$$=\mathrm{i}\frac{\mathrm{e}^{2\pi\mathrm{i}z}+1}{\mathrm{e}^{2\pi\mathrm{i}z}-1}=\mathrm{i}\frac{\mathrm{e}^{2\pi\mathrm{i}x}\mathrm{e}^{-2\pi y}+1}{\mathrm{e}^{2\pi\mathrm{i}x}\mathrm{e}^{-2\pi y}-1}.$$

对于 $x=\pm\left(N+\frac{1}{2}\right)$,

$$|f(z)\cot\pi z|=\frac{1-\mathrm{e}^{-2\pi|y|}}{1+\mathrm{e}^{-2\pi|y|}}|f(z)|$$

$$\leqslant|f(z)|\leqslant\frac{\varepsilon}{N},$$

从而函数 $f(z)\cot\pi z$ 在 ℓ_2 和 ℓ_4 上的积分均不超过

$$\frac{2N+1}{N}\varepsilon.$$

对于 $y = \pm\left(N + \dfrac{1}{2}\right)$,

$$|f(z)\cot\pi z| \leqslant \frac{1 + \mathrm{e}^{-2\pi(N+1/2)}}{1 - \mathrm{e}^{-2\pi(N-1/2)}}|f(z)|$$

$$\leqslant \frac{1 + \mathrm{e}^{-2\pi(N+1/2)}}{1 - \mathrm{e}^{-2\pi(N-1/2)}} \cdot \frac{\varepsilon}{N},$$

从而函数 $f(z)\cot\pi z$ 在 ℓ_1 和 ℓ_3 上的积分均不超过

$$\frac{1 + \mathrm{e}^{-2\pi(N+1/2)}}{1 - \mathrm{e}^{-2\pi(N-1/2)}} \cdot \frac{2N+1}{N}\varepsilon.$$

令 $N \to +\infty$, 并由 ε 的任意性, 可知

$$\lim_{N\to+\infty}\oint_{C_N} f(z)\cot\pi z\,\mathrm{d}z = 0.$$

将其表达为留数形式即得该定理.

【例 5.15】计算级数 $\displaystyle\sum_{n=1}^{\infty}\frac{1}{n^2}$.

解: 设 $f(z) = \dfrac{1}{z^2}$, 则非零整数 n 是函数 $f(z)\cot\pi z$ 的一阶极点, 且

$$\mathrm{Res}\big[f(z)\cot\pi z, n\big] = \lim_{z\to n}\frac{1}{z^2}\cdot\frac{z-n}{\tan\pi z}$$

$$= \frac{1}{n^2}\lim_{z\to 0}\frac{z}{\tan\pi z} = \frac{1}{\pi n^2}.$$

由

$$\cos z = 1 - \frac{1}{2}z^2 + \cdots, \qquad \sin z = z - \frac{1}{6}z^3 + \cdots,$$

和待定系数法可知

$$\cot z = \frac{1}{z} - \frac{1}{3}z + \cdots.$$

于是

$$f(z)\cot\pi z = \frac{1}{\pi z^3} - \frac{\pi}{3z} + \cdots.$$

从而

$$\mathrm{Res}\big[f(z)\cot\pi z, 0\big] = -\frac{\pi}{3}.$$

显然函数 $f(z)$ 满足定理 5.16 条件, 且没有非整数奇点. 因此

$$\sum_{n=-\infty}^{+\infty}\frac{1}{\pi n^2} - \frac{\pi}{3} = 0, \qquad \sum_{n=1}^{\infty}\frac{1}{n^2} = \frac{\pi^2}{6}.$$

一般地, 若 n 不是函数 $f(z)$ 的奇点, 则有

$$\text{Res}[f(z)\cot \pi z, n] = \frac{1}{\pi}f(n).$$

5.2.3 儒歇定理 (选读)

从留数理论可以得到辐角原理和儒歇定理, 这可用于解决某些函数的零点计数问题.

> **定理 5.17 (辐角原理)**
>
> 设函数 $f(z)$ 在闭路 C 上处处解析且非零, 在闭路 C 内部的奇点均为极点, 则
>
> $$\frac{1}{2\pi i}\oint_C \frac{f'(z)}{f(z)}\,\mathrm{d}z = N - P,$$
>
> 其中 N 表示闭路 C 内部 $f(z)$ 所有零点的阶之和, P 表示闭路 C 内部 $f(z)$ 所有极点的阶之和.

证明: 设 a 是函数 $f(z)$ 的 m 阶零点. 由 a 附近的洛朗展开, 可知存在 a 的邻域内的解析函数 $g(z)$ 使得 $f(z) = (z-a)^m g(z)$ 且 $g(a) \neq 0$. 于是

$$\frac{f'(z)}{f(z)} = \frac{m}{z-a} + \frac{g'(z)}{g(z)}.$$

由于函数 $\dfrac{g'(z)}{g(z)}$ 在 a 处解析, 因此

$$\text{Res}\left[\frac{f'(z)}{f(z)}, a\right] = \text{Res}\left[\frac{m}{z-a}, a\right] = m.$$

类似地, 若 a 是函数 $f(z)$ 的 n 阶极点, 则 $\text{Res}\left[\dfrac{f'(z)}{f(z)}, a\right] = -n$.

由留数定理, 得

$$\frac{1}{2\pi i}\oint_C \frac{f'(z)}{f(z)}\,\mathrm{d}z = \sum_a \text{Res}\left[\frac{f'(z)}{f(z)}, a\right] = N - P,$$

其中 a 取遍函数 $f(z)$ 在闭路 C 内部的所有零点和极点.

- -

> **定理 5.18 (儒歇定理)**
>
> 设函数 $f(z)$ 及 $g(z)$ 在闭路 C 及其内部解析, 且在闭路 C 上满足 $|f(z)| > |f(z) - g(z)|$, 则在闭路 C 的内部函数 $f(z)$ 与 $g(z)$ 的所有零点阶数之和相等.

证明: 设 $h(z) = f(z) - g(z)$. 由于在闭路 C 上,

$$|f(z)| > |h(z)| > 0, \quad |g(z)| \geqslant |f(z)| - |h(z)| > 0,$$

因此, 函数 $f(z)$ 和 $g(z)$ 在闭路 C 上都没有零点. 设

$$\varphi(z) = \frac{g(z)}{f(z)} = 1 - \frac{h(z)}{f(z)},$$

则由假设, 可知函数 $\varphi(z)$ 落在区域 $|w - 1| < 1$ 内. 从而函数 $F(z) = \ln \varphi(z)$ 是闭路 C 上 $\dfrac{\varphi'(z)}{\varphi(z)}$ 的原函数. 由牛顿-莱布尼茨公式, 可知

$$0 = \oint_C \frac{\varphi'(z)}{\varphi(z)} \, \mathrm{d}z = \oint_C \left[\frac{g'(z)}{g(z)} - \frac{f'(z)}{f(z)} \right] \mathrm{d}z.$$

由定理 5.17 可知函数 $f(z)$ 和 $g(z)$ 在闭路 C 内部零点阶数之和相同.

【例 5.16】 多项式 $f(z) = z^5 - z^4 + 5z^2 + 1$ 在区域 $|z| < 1$ 内有多少零点 (计算重数)?

> **练习 5.4**
>
> 求多项式 $z^8 - 6z^4 - z^2 + 3 = 0$ 在 $|z| < 1$ 内的零点个数 (计算重数).

解: 设 $g(z) = 5z^2$, 则在圆周 $|z| = 1$ 上,

$$|f(z) - g(z)| = |z^5 - z^4 + 1| \leqslant 3 < |g(z)| = 5.$$

因此函数 $f(z)$ 和 $g(z)$ 在区域 $|z| < 1$ 内的零点个数相等, 即为 2.

通过联立 $f(z) = f'(z) = 0$ 可以发现函数 $f(z)$ 没有重根, 所以函数 $f(z)$ 在区域 $|z| < 1$ 内有两个不同的一阶零点.

我们也可以利用儒歇定理证明代数学基本定理.

【例 5.17】 (代数学基本定理) 求证: n 次复系数多项式 $p(z)$ 总有 n 个复零点 (计算重数).

证明: 设

$$p(z) = a_n z^n + a_{n-1} z^{n-1} + \cdots + a_0,$$

其中 $a_n \neq 0$. 设 $f(z) = a_n z^n$. 由于

$$\lim_{z \to \infty} \frac{p(z) - f(z)}{f(z)} = 0,$$

存在 $R > 0$ 使得当 $|z| = R$ 时,

$$\left| \frac{p(z) - f(z)}{f(z)} \right| < 1.$$

因此, 函数 $f(z)$ 和 $p(z)$ 在区域 $|z| < R$ 内的零点个数相等, 均为 n 个.

儒歇定理刻画了复变函数的零点和极点分布问题, 相关的理论在复变函数理论中被称为值分布理论. 20 世纪六七十年代, 在艰苦的客观条件下, 我国数学家张广厚和杨乐在该领域作出了一系列重要结果. 他们发现了值分布理论中的 "亏值" 和 "奇异方向" 之间的具体联系, 这一发现被数学界定名为张-杨定理, 相关成果总结在 [文献 17, 文献 18, 文献 19].

✧❀✧ **本章小结** ✧❀✧

本章所需掌握的知识点:

1. 会计算留数, 会利用留数计算函数绕闭路的积分.

(1) 本性奇点一般需要从洛朗展开得到留数 c_{-1}.

(2) 若 z_0 是解析点或可去奇点, 则 $\text{Res}[f, z_0] = 0$.

(3) 若 z_0 是一阶极点, 则 $\text{Res}[f(z), z_0] = \lim\limits_{z \to z_0}(z - z_0)f(z)$.

(4) 若 z_0 是至多 m 阶极点, 则 $\text{Res}[f(z), z_0] = \dfrac{1}{(m-1)!}\lim\limits_{z \to z_0}\big[(z - z_0)^m f(z)\big]^{(m-1)}$.

(5) 设函数 $P(z)$ 在 z_0 处解析, z_0 是函数 $Q(z)$ 的一阶零点, 则 $\text{Res}\left[\dfrac{P(z)}{Q(z)}, z_0\right] = \dfrac{P(z_0)}{Q'(z_0)}$.

(6) 在 ∞ 的留数:

$$\text{Res}[f(z), \infty] = -\text{Res}\left[f\left(\dfrac{1}{z}\right)\dfrac{1}{z^2}, 0\right].$$

2. 会利用留数计算函数绕闭路的积分.

(1) 若函数 $f(z)$ 在闭路 C 内部只有有限多个奇点 $z_1, z_2, \cdots, z_n$, 则

$$\oint_C f(z)\,\mathrm{d}z = 2\pi\mathrm{i}\sum_{k=1}^{n}\text{Res}[f(z), z_k].$$

(2) 若函数 $f(z)$ 在闭路 C 外部只有有限多个奇点 $z_1, z_2, \cdots, z_n$, 则

$$\oint_C f(z)\,\mathrm{d}z = -2\pi\mathrm{i}\left\{\sum_{k=1}^{n}\text{Res}[f(z), z_k] + \text{Res}[f(z), \infty]\right\}.$$

3. 会使用公式计算由留数得到的几类实积分.

(1) 设 $P(x, y)$ 是有理函数. 使用欧拉公式将 $P(\cos\theta, \sin\theta)$ 化为 $z = \mathrm{e}^{\mathrm{i}\theta}$ 的有理函数, 于是

$$\int_0^{2\pi} P(\cos\theta, \sin\theta)\,\mathrm{d}\theta = 2\pi\mathrm{i}\sum_{|a|<1}\text{Res}\left[P\left(\dfrac{z^2+1}{2z}, \dfrac{z^2-1}{2\mathrm{i}z}\right)\dfrac{1}{\mathrm{i}z}, a\right].$$

(2) 设 $f(x)$ 是一个有理函数, 分母的次数至少比分子的次数高 2, 且分母没有实根, 则

$$\int_{-\infty}^{+\infty} f(x)\,\mathrm{d}x = 2\pi\mathrm{i}\sum_{\text{Im }a>0}\text{Res}[f(z), a].$$

(3) 设 $f(x)$ 是一个有理函数, 分母的次数至少比分子高 2, 且分母没有实根, 则对任意 $\lambda > 0$,

$$\int_{-\infty}^{+\infty} f(x)\mathrm{e}^{\mathrm{i}\lambda x}\,\mathrm{d}x = 2\pi\mathrm{i}\sum_{\text{Im }a>0}\text{Res}[f(z)\mathrm{e}^{\mathrm{i}\lambda z}, a].$$

它的实部和虚部分别为函数 $f(x)\cos\lambda x$ 和 $f(x)\sin\lambda x$ 的积分.

(4) 设实数 p 不是整数, $f(x)$ 是一个有理函数, 分母没有正实根, 且满足

$$\lim_{x\to 0} x^{p+1}f(x) = 0, \quad \lim_{x\to\infty} x^{p+1}f(x) = 0,$$

则

$$\int_0^{+\infty} f(x)x^p\,\mathrm{d}x = -\dfrac{\pi}{\sin p\pi}\sum_a\text{Res}\big[\mathrm{e}^{p\ln(-z)}f(z), a\big],$$

其中 a 取遍函数 $f(z)$ 的奇点.

(5) 设 $f(x)$ 是一个有理函数, 分母没有正实根, 且分母的次数至少比分子高 2, 则

$$\int_0^{+\infty} f(x)\ln x\,\mathrm{d}x = -\dfrac{1}{2}\sum_a\text{Res}\big[\ln^2(-z)f(z), a\big],$$

其中 a 取遍函数 $f(z)$ 的奇点.

本章不易理解和易错的知识点:

(1) 错误地判断奇点的类型, 以至于用错留数计算公式.

(2) 使用定理 5.3 计算极点留数时, 需要选择合适的 m, m 可以不是极点的阶. 当函数是分式形式且分母包含 $(z-z_0)^m$ 项时, 若函数 $(z-z_0)^m f(z)$ 的导数相对容易计算, 则我们就选择这个幂次 m 来计算.

(3) 如果函数是分式形式, 且分母因式分解的项较多, 如 $\dfrac{1}{z^8-1}$; 或者分母不是多项式形式, 如 $\dfrac{\sin z+1}{\cos z}$, 就可利用定理 5.5 计算在一阶极点的留数.

(4) 使用相应公式计算实积分时, 注意需要计算留数的奇点所处的范围.

一、解答题.

1. 求下列各函数 $f(z)$ 在奇点处的留数:

(i) $\dfrac{z-1}{z^2+2z}$;

(ii) $\dfrac{1-e^{2z}}{z^5}$;

(iii) $\dfrac{z}{\cos z}$;

(iv) $\cos\dfrac{1}{1-z}$;

(v) $\operatorname{th} z$;

(vi) $\dfrac{z-\sin z}{z^8}$;

(vii) $\dfrac{e^{iz}}{1+z^2}$;

(viii) $\dfrac{\cos z}{z^2(z^2-\pi^2)}$;

(ix) $\dfrac{e^z}{z(z-1)}$;

(x) $\dfrac{e^z}{(z-\pi i)(z-2\pi i)^2}$.

2. 利用留数计算下列积分:

(i) $\displaystyle\oint_{|z|=2}\dfrac{e^{2z}}{z(z-1)^2}\,dz$;

(ii) $\displaystyle\oint_{|z|=1}\dfrac{1-\cos z}{z^m}\,dz,\quad m\geqslant 2$ 为整数;

(iii) $\displaystyle\oint_{|z|=1}\dfrac{1}{(z-1/2)^9(z-2)^9}\,dz$;

(iv) $\displaystyle\oint_{|z-3|=4}\dfrac{e^{iz}}{z^2-3\pi z+2\pi^2}\,dz$;

(v) $\displaystyle\oint_{|z|=2}\dfrac{\sin z}{z(z-1)}\,dz$;

(vi) $\displaystyle\oint_{|z|=3}\dfrac{1}{(z+1)(z+2)^2}\,dz$;

(vii) $\displaystyle\oint_{|z|=2}\dfrac{1}{z^2\cos z}\,dz$;

(viii) $\displaystyle\oint_{|z|=2}\dfrac{dz}{z^3(z-1)^3(z-3)^5}$;

(ix) $\displaystyle\oint_{|z|=4}\dfrac{dz}{(z+6)(z-5)\sin z}$.

3. 利用留数计算下列积分:

(i) $\displaystyle\int_0^{2\pi}\dfrac{\cos^2\theta}{13+5\sin\theta}\,d\theta$;

(ii) $\displaystyle\int_0^{\pi/2}\dfrac{d\theta}{(1+2\sin^2\theta)^2}$;

(iii) $\displaystyle\int_0^{2\pi}\dfrac{d\theta}{a+\cos\theta},\ a>1$;

(iv) $\displaystyle\int_0^{2\pi}\dfrac{d\theta}{(a+\cos\theta)^2},\ a>1$;

(v) $\displaystyle\int_{-\infty}^{+\infty}\dfrac{\cos x}{x^2+2x+5}\,dx$;

(vi) $\displaystyle\int_{-\infty}^{+\infty}\dfrac{1}{x^{2k}+1}\,dx,\ k$ 是正整数;

(vii) $\displaystyle\int_0^{+\infty}\dfrac{\ln x}{x^2+1}\,dx$;

(viii) $\displaystyle\int_0^{+\infty}\dfrac{x^p}{x^2+1}\,dx,\ 0<p<1$.

4. (选做) 计算积分

$$\int_0^{+\infty}\dfrac{1-\cos x}{x^2}\,dx.$$

提示: 考虑函数 $f(z)=\dfrac{1-e^{iz}}{z^2}$ 在线段 $[r,R]$, $[-R,-r]$ 以及半径为 r,R 的上半圆周组成的闭路的积分.

5. (选做) 计算积分

$$\int_0^{+\infty}\dfrac{x}{e^{\pi x}-e^{-\pi x}}\,dx.$$

提示: 考虑函数 $f(z)=\dfrac{z}{e^{\pi z}-e^{-\pi z}}$ 在 $\pm R,\pm R+2i$ 组成的闭路的积分.

6. (选做) 利用留数计算下列级数:

(i) $\displaystyle\sum_{n=-\infty}^{+\infty}\dfrac{1}{n^2+1}$;

(ii) $\displaystyle\sum_{n=2}^{\infty}\dfrac{1}{n^2-1}$.

7. (选做) 求下列函数在相应范围内的零点个数 (计算重数):

(i) $z^9-2z^6+z^2-8z-2,\ |z|<1$;

(ii) $2z^5-z^3+3z^2-z+8,\ |z|<1$;

(iii) $e^z-4z^n+1,\ |z|<1$;

(iv) $z^8+e^z+6z+1,\ 1<|z|<2$.

8. 指出下列陈述的错误: 函数 $f(z)=\dfrac{1}{z(z-1)^2}$ 在 $z=1$ 处有一个二阶极点. 因为这个函数有下列洛朗展开式

$$\dfrac{1}{z(z-1)^2}=\cdots+\dfrac{1}{(z-1)^5}-\dfrac{1}{(z-1)^4}+\dfrac{1}{(z-1)^3},$$

其中 $|z-1| > 1$, 所以 $z = 1$ 是函数 $f(z)$ 的本性奇点. 由于其中不含 $(z-1)^{-1}$ 幂, 因此, $\text{Res}[f(z), 1] = 0$.

9. 求证:

$$\int_{-\infty}^{+\infty} \frac{1}{(x^2+1)^{n+1}} = \frac{1 \cdot 3 \cdot 5 \cdots (2n-1)}{2 \cdot 4 \cdot 6 \cdots (2n)} \cdot \pi.$$

10. 求证:

$$\int_0^{2\pi} \cos^{2n}\theta \, \mathrm{d}\theta = \frac{(2n)!}{2^{2n-1}(n!)^2}\pi.$$

第 6 章　保形映射

保形映射是一个函数, 它能将边界不规则、不易研究的区域映射到边界规则、易研究的区域. 我们将从解析函数在导数非零点处的几何意义出发, 得到保形映射的定义. 然后讨论分式线性映射、幂函数、指数函数和儒可夫斯基函数所对应的映射特点, 并利用它们得到一些情形下区域的保形映射. 最后介绍保形映射在平面向量场的应用.

6.1　保形映射的概念

6.1.1　导数的几何意义

在例 2.9 中我们提到, 对于解析函数 $f(z)$, 当 $f'(z_0) \neq 0$ 时, 经过 z_0 的两条曲线 C_1, C_2 的夹角和它们的像 C_1', C_2' 在 $f(z_0)$ 处的夹角总是相同的, 如图 6.1 所示. 大致来说, 这是因为 $\mathrm{d}f = f'(z_0)\mathrm{d}z$, 从复数乘法的几何意义可知, 局部上映射 $w = f(z)$ 将 z_0 附近的点以 z_0 为中心放缩 $|f'(z_0)|$ 倍并逆时针旋转 $\arg f'(z_0)$. 我们来严格表述这一性质.

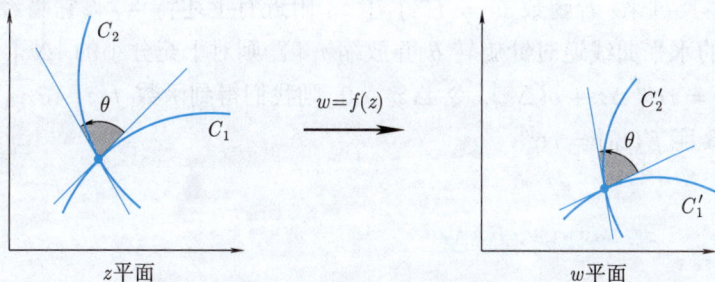

图 6.1 解析函数的保角性

设
$$C : z = z(t) = x(t) + \mathrm{i}y(t), \quad a \leqslant t \leqslant b$$
是区域 D 内过 $z_0 = z(t_0)$ 的一条有向曲线. 若 $z'(t_0) \neq 0$, 则曲线 C 在 z_0 处的切向量为 $z'(t_0)$ 对应的向量, 即 $(x'(t_0), y'(t_0))$, 切线方程为
$$\ell : z = z(t_0) + z'(t_0)s, \quad s \in \mathbb{R}.$$

设 $w = f(z)$ 是区域 D 上的解析函数, 且对任意 $z_0 \in D$ 均有 $f'(z_0) \neq 0$. 通过映射 $w = f(z)$ 作用之后, 曲线 C 的像 C' 的参数

方程为

$$C': w = f(t) = f[z(t)], \quad a \leqslant t \leqslant b,$$

它在 $w_0 = f(z_0)$ 处的切向量为 $\dfrac{\mathrm{d}w}{\mathrm{d}t} = f'(z_0)z'(t_0)$, 切线方程为

$$\ell': z = f(t_0) + f'(z_0)z'(t_0)s, \quad s \in \mathbb{R}.$$

由此可知, 函数 $f(z)$ 将切线的角度逆时针旋转了 $\arg f'(z_0)$. 自然地, 若在 z 平面内有两条不同的经过 z_0 的曲线 C_1, C_2, 它们的夹角与它们在 w 平面内的像 C_1', C_2' 的夹角是相同. 这种性质被称为保角性. 不仅如此, 由 $\mathrm{d}f = f'(z_0)\,\mathrm{d}z$ 可知映射 $w = f(z)$ 还将 z_0 附近的点做了伸缩, 伸缩率为 $|f'(z_0)|$. 注意保角性不仅要保持夹角不变, 也要保持夹角的方向.

定理 6.1

设映射 $w = f(z)$ 在 z_0 处解析且 $f'(z_0) \neq 0$, 那么 $w = f(z)$ 在 z_0 处满足如下性质:

(1) 保角性: 经过 z_0 的两条曲线的夹角和它们在映射 $w = f(z)$ 下的像的夹角大小和方向都相同;

(2) 伸缩率不变性: 连接 z_0 与其附近点的曲线, 经过映射后被伸缩了 $|f'(z_0)|$ 倍, 这个倍率与具体曲线无关.

反过来, 若函数 $w = f(z)$ 在 z_0 附近有上述特点, 设它将经过 z_0 的水平曲线逆时针旋转 θ 并放缩 r 倍, 则对于充分小的 $|\Delta z|$, 有 $\Delta w = r\mathrm{e}^{\mathrm{i}\theta}\Delta z + o(\Delta z)$. 令 $\Delta z \to 0$, 则我们得到函数 $f(z)$ 在 z_0 处可微且 $f'(z_0) = r\mathrm{e}^{\mathrm{i}\theta}$.

6.1.2　保形映射的定义

定义 6.2

(1) 若映射 $w = f(z)$ 在 z_0 处解析, 并具有保角性和伸缩率不变性, 则称它是 z_0 处的保角映射.

(2) 若映射 $w = f(z)$ 在区域 D 内处处都是保角映射, 则称它是区域 D 内的保角映射.

由定理 6.1 立即得知:

定理 6.3

若映射 $w = f(z)$ 在区域 D 内解析且导数处处非零, 则它是区域 D 内的保角映射.

若函数 $f(z)$ 在 z_0 处解析且 $f'(z_0) = 0$, 则映射 $w = f(z)$ 一定不保角. 不妨设 $f(z_0) = 0$, z_0 是函数 $f(z)$ 的 m 阶零点, $a = m!f^{(m)}(z_0) \neq 0$, 则

$$f(z_0 + r\mathrm{e}^{\mathrm{i}\theta}) = ar^m\mathrm{e}^{m\mathrm{i}\theta} + o(r^m).$$

于是经过 z_0 的曲线 C 的像 C' 的切线可以选择 $s = r^m$ 为参数, 切线方程为

$$\ell': z = f(z_0) + a\mathrm{e}^{m\mathrm{i}\theta}s.$$

从而映射 $w = f(z)$ 将曲线夹角放大为 m 倍.

"附近" 并不是严格的数学概念, 这里实际上就是指

$$|\Delta w| = |f'(z_0)| \cdot |\Delta z| + o(\Delta z).$$

若函数 $f(z)$ 在 z_0 处可导但不解析, 且 $f'(z_0) = 0$, 映射 $w = f(z)$ 有可能在 z_0 处保持夹角 (伸缩率为 0). 例如, $f(z) = z|z|$, 即 $f(r\mathrm{e}^{\mathrm{i}\theta}) = r^2\mathrm{e}^{\mathrm{i}\theta}$ 满足 $f'(0) = 0$ 且在 0 处保持夹角. 不过这不是我们关心的情形.

很多时候, 我们需要将一个复杂区域上的问题通过保角映射化为简单区域上的问题. 例如, 单位圆域 $\mathbb{D}: |z| \leqslant 1$ 或上半平面 $\mathbb{H}: \operatorname{Im} z > 0$. 因此, 我们要求所使用的映射是一一对应.

> **定义 6.4**
>
> 若映射 $w = f(z)$ 是区域 D 内的一一保角映射, 则称函数 $f(z)$ 是区域 D 内的 保形映射.

保形映射也叫保形变换或共形映射. 部分文献将本书中的保形映射称为共形等价, 而将保角映射称为保形映射, 注意结合上下文甄别.

显然保形映射的逆以及复合也是保形映射. 我们常常利用这一点, 使用多个简单的保形映射将一个区域逐步简化.

若映射 $w = f(z)$ 是区域 D 内的保形映射, 则它一定是区域 D 内的解析函数, 且导数处处非零. 注意映射 $w = f(z)$ 在区域 D 的边界上可以导数为 0 甚至无定义.

若我们不要求映射 $w = f(z)$ 保持夹角的方向, 则它可以不是解析函数. 例如, 映射 $w = \bar{z}$ 也保持夹角大小和伸缩率不变, 但是它改变了夹角的方向. 本书中考虑的保形映射都是保持夹角方向的.

6.1.3 扩充复平面上的保形映射

我们来讨论扩充复平面 $\mathbb{C}^*$ 上的保形映射. 本章中我们做如下约定:

(1) 将 $\lim\limits_{z \to a} f(z) = \infty$ 简记为 $f(a) = \infty$, 将 $\lim\limits_{z \to \infty} f(z) = A \in \mathbb{C}^*$ 简记为 $f(\infty) = A$;

(2) 所有的复变函数都看作是 $D \subseteq \mathbb{C}^*$ 到 $\mathbb{C}^*$ 的映射.

若曲线

$$C: z = z(t), \ a < t < b$$

满足 $\lim\limits_{t \to a^+} z(t) = \infty$ 或 $\lim\limits_{t \to b^-} z(t) = \infty$, 则称曲线 C 延伸至 ∞. 此时我们将 ∞ 也看作是 C 上的一个点. 这里的 a, b 也可以为 $-\infty, +\infty$.

> **定义 6.5**
>
> (1) 若 $f(z_0) = \infty$ 且映射 $\dfrac{1}{w} = \dfrac{1}{f(z)}$ 是 z_0 处的保角映射, 则称函数 $w = f(z)$ 是 z_0 处的保角映射.
>
> (2) 若 $f(\infty) = w_0$ 且映射 $w = f\left(\dfrac{1}{t}\right)$ 是 $t = 0$ 处的保角映射, 则称函数 $w = f(z)$ 是 ∞ 处的保角映射.
>
> (3) 若 $f(\infty) = \infty$ 且映射 $\dfrac{1}{w} = \dfrac{1}{f(1/t)}$ 是 $t = 0$ 处的保角映射, 则称函数 $w = f(z)$ 是 ∞ 处的保角映射.

对于复球面上的相交曲线, 也可以定义夹角和保形映射. 这些概念通过球极投影和上述对应方式与我们在通常复平面上定义的概念是一致的.

【例 6.1】 设映射 $w = f(z) = az + b\ (a \neq 0)$ 是线性函数, 是整个复平面内的保形映射. 它实际上可以分解成旋转、相似和平移三个映射的复合. 由于 $f(\infty) = \infty$, 且

$$\frac{1}{w} = \frac{1}{f(z)} = \frac{1}{f(1/t)} = \frac{t}{a + bt}.$$

在 $t = 0$ 处解析, 因此, 映射 $w = f(z)$ 是 ∞ 处的保角映射. 显然映射 $w = f(z)$ 是一一的, 故函数 $w = f(z)$ 是扩充复平面上的保形映射.

【例 6.2】 设映射 $w = f(z) = \dfrac{1}{z}$ 是倒数映射. 它在任意非零点的导数 $f'(z) = -\dfrac{1}{z^2}$ 非零, 因此, 在这些点处是保角映射. 由于 $f(0) = \infty$, 且映射 $\dfrac{1}{w} = z$ 在 $z = 0$ 处是保角映射, 因此, 映射 $w = f(z)$ 是 0 处的保角映射. 由于 $f(\infty) = 0$, 且映射 $w = f\left(\dfrac{1}{t}\right) = t$ 在 $t = 0$ 处是保角映射, 因此, 映射 $w = f(z)$ 是 ∞ 处的保角映射. 显然映射 $w = f(z)$ 是一一的, 故映射 $w = f(z)$ 是扩充复平面上的保形映射.

对于扩充复平面上的单连通区域, 我们有如下定理:

定理 6.6 (黎曼映射定理)

若区域 $D \neq \mathbb{C}^*$ 是扩充复平面中的非空单连通区域, 且区域 D 不是扩充复平面去掉一个点, 则存在区域 D 到单位圆域 $\mathbb{D}$ 的保形映射 $w = f(z)$. 对于任意常数 θ_0 和区域 D 中任意一点 z_0, 若要求 $f(z_0) = 0, \arg f'(z_0) = \theta_0$, 则存在唯一一个这样的映射.

由保形映射是一一对应, 且它的逆也是保形映射, 可得

推论 6.7

若区域 $D_1 \neq \mathbb{C}^*, D_2 \neq \mathbb{C}^*$ 是扩充复平面中的非空单连通区域, 且它们不是扩充复平面去掉一个点, 则存在区域 D_1 到区域 D_2 的保形映射 $w = f(z)$. 对于任意常数 θ_0 和区域 D_1, D_2 中任意两点 z_1, z_2, 若要求 $f(z_1) = z_2, \arg f'(z_1) = \theta_0$, 则存在唯一一个这样的映射.

不过, 黎曼映射定理只表明存在这样的映射, 具体映射的构造往往需要使用各种函数组合得到.

练习 6.1

以下映射中( )是 0 处的保角映射.
(A) $w = \bar{z}$
(B) $w = z^2$
(C) $w = \ln z$
(D) $w = \dfrac{1}{z}$

扩充复平面内区域的定义和复平面内区域的定义类似, 只不过需要额外考虑 ∞ 的情形. 若区域 D 内任意一条闭路的内部或外部 (包含 ∞) 都完全属于该区域, 则称该区域为**单连通区域**. 例如, 圆周外部 (包含 ∞) 是扩充复平面内的单连通区域. 从复球面的角度来看更明显. 对于单连通区域 $D \neq \mathbb{C}^*$, 通过对应球面上一点 $z_0 \notin D$ 的球极投影, 区域 D 可以对应到复平面的一个单连通区域.

6.2 分式线性映射

形如

$$w = f(z) = \frac{az+b}{cz+d}, \quad ad - bc \neq 0$$

的映射叫作**分式线性映射**. 它是保形映射中比较简单也比较容易研究的一种映射. 不难看出, 若 $ad - bc = 0$, 则 w 是一常数, 这不是保形映射也不是我们感兴趣的.

分式线性映射的逆和复合仍然是分式线性映射. 设

$$f(z) = \frac{az+b}{cz+d}, \quad g(z) = \frac{a'z+b'}{c'z+d'},$$

则

$$f^{-1}(z) = \frac{dz-c}{-bz+a}, \quad (f \circ g)(z) = \frac{(aa'+bc')z + (ab'+bd')}{(ca'+dc')z + (cb'+dd')}.$$

分式线性映射也叫**莫比乌斯映射**.

6.2.1 分式线性映射的性质

1. 保形性

我们将分式线性映射改写为如下形式:

$$w = \frac{az+b}{cz+d} = -\frac{ad-bc}{c^2} \cdot \frac{1}{z+d/c} + \frac{a}{c}.$$

于是它可由三类比较简单的分式线性映射复合得到:

(1) 平移映射 $w = z + b$;

(2) 相似映射 $w = az$;

(3) 倒数映射 $w = \dfrac{1}{z}$.

由例 6.1 和例 6.2, 我们立即得到:

> **定理 6.8**
>
> 分式线性映射是扩充复平面内的保形映射.

2. 保圆性

由于保形映射具有保角性和伸缩率不变性, 因此, 它在局部保持图形的形状不变. 不过这种不变只是在一定的程度下的近似. 而对于分式线性映射, 它总是将圆周和直线映成圆周或直线. 我们也可以将直线视为扩充复平面中经过 ∞ 的半径无限大的圆周.

球极投影总将复球面中的圆周映成复平面中的圆周或直线 (含 ∞).

> **定理 6.9**
>
> 分式线性映射将圆周或直线映成圆周或直线.

证明: 显然平移映射和相似映射将圆周映成圆周, 直线映成直线. 对于倒数映射 $w = \dfrac{1}{z}$, 注意到圆周和直线的方程都可以表示为

$$A(x^2 + y^2) + Bx + Cy + D = 0,$$

其中 $B^2 + C^2 - 4AD > 0$. 由

$$z = \frac{1}{w} = \frac{u}{u^2 + v^2} - \mathrm{i}\frac{v}{u^2 + v^2},$$

得到

$$A + Bu - Cv + D(u^2 + v^2) = 0.$$

因此, 倒数映射将圆周和直线映成圆周或直线, 命题得证.

─────────────────────────────────────

不难看出, 分式线性映射 $w = f(z)$ 将圆周或直线 C 映成直线, 当且仅当 C 上的一点的像为 ∞, 即 $-\dfrac{d}{c} \in C$. 它也总将直线映成经过点 $\dfrac{a}{c}$ 的圆周或直线.

3.　保对称点

点 z_1, z_2 的垂直平分线是直线 ℓ, 或者它们重合且都在直线 ℓ 上, 则称 z_1, z_2 关于直线 ℓ 对称. 对于圆周, 我们也可以定义对称点. 设 $C : |z - z_0| = R$ 是一圆周, 若 z_1, z_2 在从点 z_0 出发的同一条射线上, 且 $|z_1 - z_0| \cdot |z_2 - z_0| = R^2$, 则称 z_1, z_2 关于圆周 C 对称. 圆周上的点总和其自身对称, 除此之外, 关于圆周对称的点一定是一个在圆周内, 一个在圆周外. 我们还规定 z_0 和 ∞ 关于圆周 C 对称.

> **引理 6.10**
>
> 点 z_1, z_2 关于圆周 $C : |z - z_0| = R$ 对称, 当且仅当经过 z_1, z_2 的任一圆周和 C 正交, 即在交点处切线垂直.

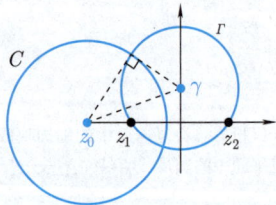

图 6.2 过对称点圆周与原圆周正交

证明: 不妨设 $z_1 = -1, z_2 = 1$. 如图 6.2 所示, 经过 z_1, z_2 的圆周 Γ 的圆心可设为 $\gamma = \lambda\mathrm{i}(\lambda \in \mathbb{R})$, 半径为 $r = \sqrt{1 + \lambda^2}$. 注意 C 和 Γ 正交等价于

$$|z_0 - \lambda\mathrm{i}|^2 = R^2 + r^2 = R^2 + 1 + \lambda^2,$$
$$|z_0|^2 + \lambda(z_0 - \overline{z_0})\mathrm{i} = R^2 + 1. \tag{6.1}$$

若经过 z_1, z_2 的所有圆周 Γ 都与圆周 C 正交, 则上式对任意 $\lambda \in \mathbb{R}$ 均成立, 从而 $z_0 = \overline{z_0}$, $z_0 = \pm\sqrt{R^2+1}$ 为实数,

$$|z_1 - z_0| \cdot |z_2 - z_0| = |z_0^2 - 1| = R^2$$

且点 z_1, z_2 在点 z_0 同侧, 即 z_1, z_2 关于圆周 C 对称.

反过来, 若 z_1, z_2 关于圆周 C 对称, 则 $z_0 \in \mathbb{R}$ 满足

$$R^2 = (z_1 - z_0)(z_2 - z_0) = z_0^2 - 1.$$

于是 (6.1) 恒成立, 即圆周 C 和 Γ 正交.

将上述命题的圆周换成圆周或直线也成立.

定理 6.11

分式线性映射具有保对称点性, 即若 z_1, z_2 关于圆周或直线 C 对称, 则 $f(z_1), f(z_2)$ 关于 C 的像对称.

证明: 过 $w_1 = f(z_1), w_2 = f(z_2)$ 作圆周或直线 Γ'. 由保圆性, 可知 Γ' 的原像 Γ 也是圆周或直线. 由引理 6.10, 可知 C 和 Γ 正交. 再由保角性, 可知 C 的像 C' 和 Γ' 正交. 最后由引理 6.10, 可知 $f(z_1), f(z_2)$ 关于 C' 对称.

---

4. 约束条件

尽管分式线性映射的表达式中有四个参数, 但将它们都换成非零常数倍之后对应的是同一个分式线性映射, 所以应当只需要三个约束条件就可以确定分式线性映射. 下述定理说明的确如此.

定理 6.12

设 z_1, z_2, z_3 是 z 平面三个不同的点, w_1, w_2, w_3 是 w 平面三个不同的点. 那么存在唯一一个分式线性映射 $w = f(z)$, 使得 $f(z_k) = w_k$ $(k=1,2,3)$, 它满足

$$\frac{w - w_1}{w - w_2} \cdot \frac{w_3 - w_2}{w_3 - w_1} = \frac{z - z_1}{z - z_2} \cdot \frac{z_3 - z_2}{z_3 - z_1}.$$

证明: 显然该等式确定了一个满足题设的分式线性映射, 下证唯一性. 设 $w = \dfrac{az+b}{cz+d}$ 是满足题设的一个分式线性映射, 则

$$w - w_k = \frac{az + b}{cz + d} - \frac{az_k + b}{cz_k + d} = \frac{(ad - bc)(z - z_k)}{(cz + d)(cz_k + d)}.$$

于是对于 $k = 1, 2$, 有

$$w_3 - w_k = \frac{(ad - bc)(z_3 - z_k)}{(cz_3 + d)(cz_k + d)}.$$

从而

$$\frac{w - w_k}{w_3 - w_k} = \frac{z - z_k}{z_3 - z_k} \cdot \frac{cz_3 + d}{cz + d}.$$

分别代入 $k = 1, 2$, 并将两式相除即可得到定理中的等式.

实际上, 等式右侧分式线性映射分别将 z_1, z_2, z_3 映成 $0, \infty, 1$, 代入后解得左侧的 w 将右侧的 $0, \infty, 1$ 映成 w_1, w_2, w_3.

推论 6.13

若分式线性映射 $w = f(z)$ 将 z_1, z_2 映成 w_1, w_2, 则存在常数 k 使得

$$\frac{w - w_1}{w - w_2} = k\frac{z - z_1}{z - z_2}.$$

特别地, 若 $f(a) = 0, f(b) = \infty$, 则 $w = k\frac{z - a}{z - b}$.

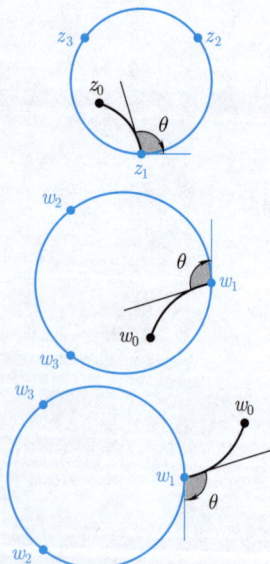

图 6.3 分式线性映射将圆周内部映成圆周内部或外部

在 z 平面和 w 平面分别给定圆周 C, C'. 那么我们可以利用定理 6.12 构造出分式线性映射 $w = f(z)$ 将圆周 C 映成圆周 C', 只需要分别在圆周 C, C' 上任取三个不同的点即可. 由于映射 $w = f(z)$ 是扩充复平面内的连续一一对应, 因此, 圆周 C 内部的连续曲线在该映射下的像还是一条连续曲线, 且与圆周 C' 没有交点. 这意味着该映射将圆周 C 的内部映射为圆周 C' 的内部或外部.

若希望该映射将圆周 C 的内部映成圆周 C' 的内部, 我们只需要在圆周 C 上逆时针依次选择 z_1, z_2, z_3, 在圆周 C' 上也逆时针依次选择 w_1, w_2, w_3 即可. 这是因为对于圆周 C 内部任意一点 z_0, 连接 z_0, z_1 的曲线 Γ 到逆时针圆弧 $\widehat{z_1 z_2}$ 一定是顺时针旋转角度 $\theta < \pi$. 由于分式线性映射具有保角性, 因此曲线 Γ 的像到逆时针圆弧 $\widehat{w_1 w_2}$ 也是顺时针旋转角度 θ, 从而 $f(z_0)$ 只能在圆周 C' 内部. 若希望分式线性映射将圆周 C 的内部映射为圆周 C' 的外部, 只需顺时针依次选择 w_1, w_2, w_3. 若 C 或 C' 不是圆周而是直线, 只需将圆周内部替换为三个点顺序所指方向的左侧即可.

6.2.2　分式线性映射举例

【例 6.3】 分式线性映射

$$w = f(z) = \frac{z + i}{z - i}$$

将圆心分别在 $\pm\frac{\sqrt{3}}{3}$、半径为 $\frac{2\sqrt{3}}{3}$ 的圆弧围成的区域 D 映成什么区域 D'?

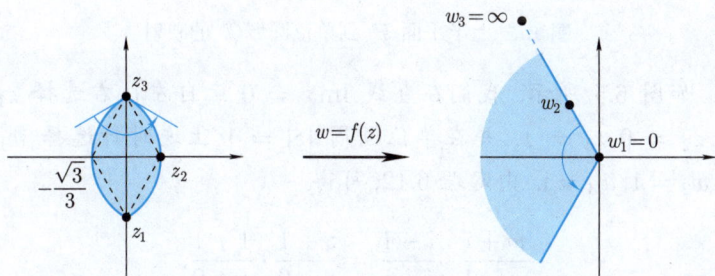

图 6.4 两圆弧围成的区域到角形区域的映射

解: 如图 6.4 所示, 由于

$$f(i) = \infty, \quad f(-i) = 0, \quad f\left(\pm\frac{\sqrt{3}}{3}\right) = -\frac{1}{2} \pm \frac{\sqrt{3}}{2}i,$$

因此, 它将两段圆弧映成两条经过 $0, -\frac{1}{2} \pm \frac{\sqrt{3}}{2}i, \infty$ 的射线, 即 $\arg w = \pm\frac{2\pi}{3}$. 由于

$$z_1 = -i, \quad z_2 = \frac{\sqrt{3}}{3}, \quad z_3 = i$$

在圆弧上逆时针排列, 区域 D' 在它们的像

$$w_1 = 0, \quad w_2 = -\frac{1}{2} + \frac{\sqrt{3}}{2}i, \quad w_3 = \infty$$

所指方向的左侧, 因此, 区域 D' 为射线 $\arg w = \pm\frac{2\pi}{3}$ 所夹成的夹角为 $\frac{2\pi}{3}$ 的角形区域

$$D' : \frac{2\pi}{3} < \operatorname{Arg} w < \frac{4\pi}{3}.$$

若要求将特定区域映成另一区域的分式线性映射, 我们可分别在它们的边界上选择三个点得到相应映射. 需要注意选择的点的次序.

【例 6.4】 求将上半平面 $\mathbb{H}: \operatorname{Im} z > 0$ 映成单位圆域 $\mathbb{D}: |w| < 1$ 的分式线性映射 $w = f(z)$.

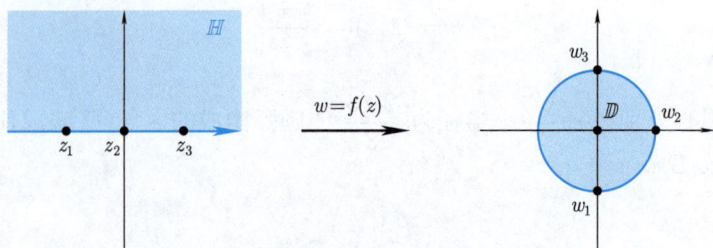

图 **6.5** 上半平面 $\mathbb{H}$ 到单位圆域 $\mathbb{D}$ 的映射

解: 如图 6.5 所示, 我们在直线 $\operatorname{Im} z = 0$ 上自左往右选择 $z_1 = -1, z_2 = 0, z_3 = 1$, 并在单位圆周 $|z| = 1$ 上逆时针选择 $w_1 = -\mathrm{i}, w_2 = 1, w_3 = \mathrm{i}$. 由定理 6.12, 可得

$$\frac{w + \mathrm{i}}{w - 1} \cdot \frac{\mathrm{i} - 1}{\mathrm{i} + \mathrm{i}} = \frac{z + 1}{z - 0} \cdot \frac{1 + 1}{1 - 0}.$$

解得

$$w = -\frac{z - \mathrm{i}}{z + \mathrm{i}}.$$

若我们换一组点, 则可能会得到不同的分式线性映射. 若 f_1, f_2 是两个这样的分式线性映射, 则 $f_2 \circ f_1^{-1}$ 是单位圆域 $\mathbb{D}$ 到自身的分式线性映射.

【例 6.5】 求单位圆域 $\mathbb{D}$ 到自身的所有分式线性映射 $w = f(z)$.

解: 设 $w = f(z) = \dfrac{az + b}{cz + d}$. 若 $\alpha = f^{-1}(0)$, 则 $|\alpha| < 1$. 由于分式线性映射保对称点, 因此, 映射 f 将 α 的对称点 $\dfrac{1}{\bar{\alpha}}$ 映成 0 的对称点 ∞. 这意味着

$$w = k \frac{z - \alpha}{z - 1/\bar{\alpha}} = k' \frac{z - \alpha}{1 - \bar{\alpha} z}.$$

由于 $f(1) = k' \dfrac{1 - \alpha}{1 - \bar{\alpha}}$ 的模为 1, 因此 $|k'| = 1$. 设 $k' = \mathrm{e}^{\mathrm{i}\theta}$, 则

$$w = \mathrm{e}^{\mathrm{i}\theta} \frac{z - \alpha}{1 - \bar{\alpha} z}, \quad |\alpha| < 1.$$

不难知道该映射将单位圆周映成单位圆周, 且 $|f(0)| < 1$. 因此, 这就是单位圆域 $\mathbb{D}$ 到自身的所有分式线性映射.

事实上, 单位圆域到自身的保形映射一定是分式线性映射, 见定理 6.6. 由此也不难知道例 6.4 中所有可能的分式线性映射是

$$w = \mathrm{e}^{\mathrm{i}\theta}\frac{z+\overline{\beta}}{z+\beta}, \quad \mathrm{Im}\,\beta > 0. \tag{6.2}$$

【例 6.6】求将右半平面 $D: \mathrm{Re}\,z > 0$ 映成圆域 $D': |w-2| < 2$ 的分式线性映射 $w = f(z)$, 使得 $f(0) = 0, f(1) = 2$.

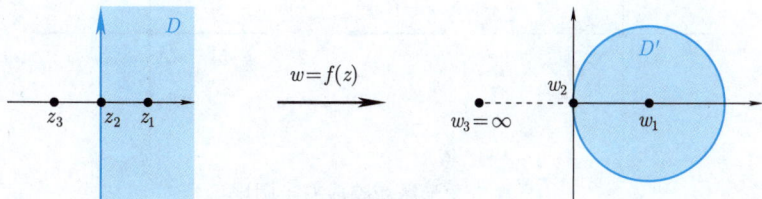

图 6.6 右半平面到圆域的映射

解法一: 通过 $s = \mathrm{i}z$ 可以将右半平面 D 映成上半平面 $\mathbb{H}$, 再由公式 (6.2), 得映射

$$t = \mathrm{e}^{\mathrm{i}\theta}\frac{s+\overline{\beta}}{s+\beta}, \quad \mathrm{Im}\,\beta > 0$$

将上半平面 $\mathbb{H}$ 映成单位圆域 $\mathbb{D}$. 最后映射 $w = 2 + 2t$ 将单位圆域 $\mathbb{D}$ 映成圆域 D'. 将三者复合, 得到

$$w = 2 + 2\mathrm{e}^{\mathrm{i}\theta}\frac{\mathrm{i}z+\overline{\beta}}{\mathrm{i}z+\beta}.$$

由 $f(0) = 0$, 可知 $\mathrm{e}^{\mathrm{i}\theta} = -\dfrac{\beta}{\overline{\beta}}$. 于是

$$w = 2 - 2\frac{\beta}{\overline{\beta}} \cdot \frac{\mathrm{i}z+\overline{\beta}}{\mathrm{i}z+\beta} = 2\left(1 - \frac{\beta}{\overline{\beta}}\right) \cdot \frac{z}{z - \mathrm{i}\beta}.$$

再由 $f(1) = 2$, 可得 $\beta = \mathrm{i}$. 故 $w = \dfrac{4z}{z+1}$.

解法二: 如图 6.6 所示, 由于 $1, -1$ 关于直线 $\mathrm{Re}\,z = 0$ 对称, 因此, $w = f(-1)$ 为 2 关于圆周 $|w-2| = 2$ 的对称点, 即 ∞. 由于 $f(0) = 0$, 因此, 存在 k, 使得 $w = \dfrac{kz}{z+1}$. 再由 $f(1) = 2$, 可得 $k = 4$. 故

$$w = \frac{4z}{z+1}.$$

练习 6.2

求将右半平面

$$D: \mathrm{Re}\,z > 0$$

映成圆周外部

$$D': |w-2| > 2$$

的分式线性映射 $w = f(z)$, 使得

$$f(0) = 0, f(-1) = 2.$$

对于两个圆周或直线围成的区域, 我们需要将交点映射为交点, 然后再选择第三个点.

【例 6.7】 求将角形区域 $D: -\dfrac{\pi}{4} < \arg z < \dfrac{\pi}{4}$ 映成右半单位圆域 $D': |w| < 1, \operatorname{Re} w > 0$ 的分式线性映射 $w = f(z)$.

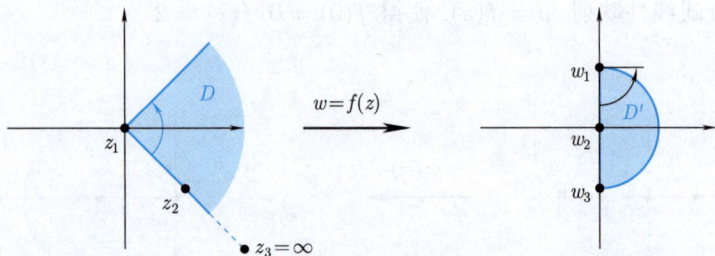

图 6.7 角形区域映成右半圆域

解: 如图 6.7 所示, 该映射将圆周或直线的交点映成交点, 不妨设 $f(0) = \mathrm{i}, f(\infty) = -\mathrm{i}$. 于是可设

$$w = -\mathrm{i}\frac{z-k}{z+k}.$$

为了保证映射 $w = f(z)$ 将 $\arg z = -\dfrac{\pi}{4}$ 所在直线的右上侧映成 $\operatorname{Re} w = 0$ 的右侧, 我们选择 $f(1-\mathrm{i}) = 0$. 于是

$$0 = f(1-\mathrm{i}) = -\mathrm{i} \cdot \frac{1-\mathrm{i}-k}{1-\mathrm{i}+k}, \quad k = 1-\mathrm{i},$$

故 $w = -\mathrm{i} \cdot \dfrac{z-1+\mathrm{i}}{z+1-\mathrm{i}}$.

- -

【例 6.8】 求将偏心圆环域 $D: |z| > 1, |z-1| < \dfrac{3\sqrt{2}}{2}$ 映成圆环域 $D': 1 < |w| < 2$ 的分式线性映射 $w = f(z)$.

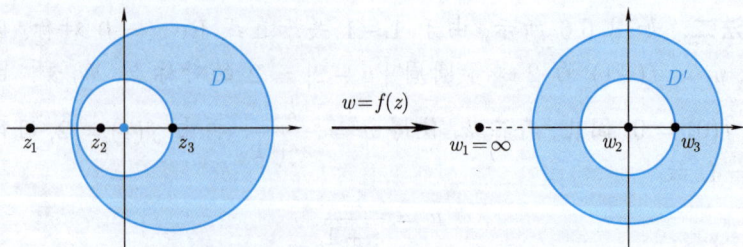

图 6.8 偏心圆环域到圆环域的映射

解：如图 6.8 所示, 我们首先求偏心圆环域 D 边界两个圆周的公共对称点 z_1, z_2. 由于它们和两圆圆心都共线, 因此, 它们位于两圆圆心的连线上. 也就是说 z_1, z_2 是实数. 不仅如此, 它们一定在两圆圆心的同一侧, 从而

$$(z_1 - 0) \cdot (z_2 - 0) = 1, \quad (z_1 - 1) \cdot (z_2 - 1) = \frac{9}{2}.$$

整理得到 $z_1 + z_2 = -\dfrac{5}{2}$. 于是 z_1, z_2 是一元二次方程 $z^2 + \dfrac{5}{2}z + 1 = 0$ 的两个解, 即 $-\dfrac{1}{2}$ 和 -2. 注意到圆环域 D' 边界两个同心圆的公共对称点只能是圆心 0 和无穷远点 ∞. 因此, $-\dfrac{1}{2}$ 和 -2 的像就是 0 和 ∞.

若 $f\left(-\dfrac{1}{2}\right) = 0, f(-2) = \infty$, 则 $w = k\dfrac{2z+1}{z+2}$. 由于 $-\dfrac{1}{2}$ 在偏心圆环域 D 内圆内部, 它的像 0 在圆环域 D' 内圆内部, 因此, 映射 $w = f(z)$ 将偏心圆环域 D 内圆内部映到圆环域 D' 内圆内部. 从而将内圆 $|z| = 1$ 映到内圆 $|w| = 1$. 设 $f(1) = \mathrm{e}^{\mathrm{i}\theta}$, 则

$$w = \mathrm{e}^{\mathrm{i}\theta}\frac{2z+1}{z+2}.$$

同理, 若 $f\left(-\dfrac{1}{2}\right) = 0, f(-2) = \infty$, 则

$$w = \mathrm{e}^{\mathrm{i}\theta}\frac{2z+4}{2z+1}.$$

6.2.3 分式线性映射的其他表现 (选读)

分式线性映射的复合和逆变换的形式与矩阵的乘法和逆的形式很相像. 事实上这并非偶然. 我们将分式线性映射 $w = f(z) = \dfrac{az+b}{cz+d}$ 对应到矩阵 $\boldsymbol{A} = \begin{pmatrix} a & b \\ c & d \end{pmatrix}$. 显然矩阵 $\boldsymbol{A}$ 和它的常数倍对应同一个分式线性映射. 对于 $z \in \mathbb{C}^*$, 定义复直线

$$V_z = \begin{cases} \{(zt, t)^{\mathrm{T}} \mid t \in \mathbb{C}\}, & z \in \mathbb{C}, \\ \{(t, 0)^{\mathrm{T}} \mid t \in \mathbb{C}\}, & z = \infty, \end{cases}$$

它是二维空间 $\mathbb{C}^2$ 中的一维线性子空间. 由于

$$\boldsymbol{A}(zt, t)^{\mathrm{T}} = \begin{pmatrix} a & b \\ c & d \end{pmatrix}\begin{pmatrix} zt \\ t \end{pmatrix} = \begin{pmatrix} (az+b)t \\ (cz+d)t \end{pmatrix} \in V_{f(z)},$$

$$\boldsymbol{A}(t, 0)^{\mathrm{T}} = \begin{pmatrix} a & b \\ c & d \end{pmatrix}\begin{pmatrix} t \\ 0 \end{pmatrix} = \begin{pmatrix} at \\ ct \end{pmatrix} \in V_{f(\infty)},$$

因此, 矩阵 $\boldsymbol{A}$ 将直线 V_z 映成直线 $V_{f(z)}$. 若分式线性映射 f, g 分别对应矩阵 $\boldsymbol{A}, \boldsymbol{B}$, 则 $f \circ g$ 就是矩阵 $\boldsymbol{AB}$ 所对应的分式线性映射, f^{-1} 就是矩阵 $\boldsymbol{A}^{-1}$ 所对应的分式线性映射.

【例 6.9】 设 $f(z) = \dfrac{iz+1}{iz-1}$, 求证: $f \circ f \circ f$ 是恒等映射.

证明: 映射 f 对应的矩阵为 $\boldsymbol{A} = \begin{pmatrix} i & 1 \\ i & -1 \end{pmatrix}$. 由于

$$\boldsymbol{A}^2 = \begin{pmatrix} -1+i & -1+i \\ -1-i & 1+i \end{pmatrix}, \quad \boldsymbol{A}^3 = \begin{pmatrix} -2-2i & \\ & -2-2i \end{pmatrix},$$

因此, $f \circ f \circ f$ 是恒等映射.

由于分式线性映射是扩充复平面 $\mathbb{C}^*$ 到自身的变换, 因此, 它也诱导了复球面 S 上的变换. 如果矩阵 $\boldsymbol{A}$ 满足 $\boldsymbol{A}\overline{\boldsymbol{A}}^{\mathrm{T}} = \boldsymbol{E}$, 我们称之为 **酉矩阵**. 此时它具有形式

$$\boldsymbol{A} = \begin{pmatrix} z_1 & -z_2 \\ \overline{z_2} & \overline{z_1} \end{pmatrix},$$

其中 $|z_1|^2 + |z_2|^2 = 1$. 它所对应的分式线性映射 f 诱导了复球面 S 上的旋转变换. 为了使该分式线性映射与其对应的四元数 $q = z_1 + z_2 j$ 表示的旋转一致, 我们重新选择复球面 S 所在空间的 x, y, z 轴如图 6.9 所示. 那么球极投影 (1.6) 变为

$$\varphi : \mathbb{C}^* \longrightarrow S$$

$$x + yi \longmapsto \left(\frac{|z|^2-1}{|z|^2+1}, \frac{2y}{|z|^2+1}, -\frac{2x}{|z|^2+1} \right),$$

$$\frac{c-bi}{a-1} \longmapsto (a, b, c).$$

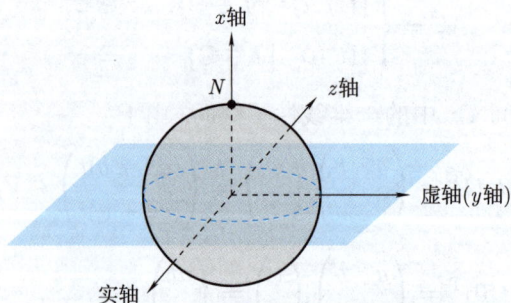

图 6.9 复球面所在空间的坐标系

特别地,
$$\varphi(\infty) = (1, 0, 0), \quad \varphi(\mathrm{i}) = (0, 1, 0), \quad \varphi(-1) = (0, 0, 1).$$
此时, 由式 (1.8) 定义的 q 对应的 $\mathbb{R}^3$ 上的旋转变换 $\Phi_q(\boldsymbol{a}) = q\boldsymbol{a}q^{-1}$ 和 $w = f(z)$ 诱导的复球面 S 上的旋转变换 $F = \varphi \circ f \circ \varphi^{-1}$ 是相同的.

【例 6.10】 (i) 设 $q = \cos\dfrac{\theta}{2} + \mathrm{i}\sin\dfrac{\theta}{2}$. 那么 $z_1 = \mathrm{e}^{\frac{\mathrm{i}\theta}{2}}, z_2 = 0$, 它对应的分式线性映射为
$$w = f(z) = \mathrm{e}^{\mathrm{i}\theta} z.$$
我们有
$$F(1, 0, 0) = \varphi\big[f(\infty)\big] = (1, 0, 0),$$
$$F(0, 1, 0) = \varphi\big[f(\mathrm{i})\big] = (0, \cos\theta, \sin\theta),$$
$$F(0, 0, 1) = \varphi\big[f(-1)\big] = (0, -\sin\theta, \cos\theta),$$
即 F 是绕 x 轴逆时针旋转 θ 的变换.

(ii) 设 $q = \cos\dfrac{\theta}{2} + \mathrm{j}\sin\dfrac{\theta}{2}$. 那么 $z_1 = \cos\dfrac{\theta}{2}, z_2 = \sin\dfrac{\theta}{2}$, 它对应的分式线性映射为
$$w = f(z) = \frac{\cos\dfrac{\theta}{2} \cdot z - \sin\dfrac{\theta}{2}}{\sin\dfrac{\theta}{2} \cdot z + \cos\dfrac{\theta}{2}}.$$
我们有
$$F(1, 0, 0) = \varphi\big[f(\infty)\big] = (\cos\theta, 0, -\sin\theta),$$
$$F(0, 1, 0) = \varphi\big[f(\mathrm{i})\big] = (0, 1, 0),$$
$$F(0, 0, 1) = \varphi\big[f(-1)\big] = (\sin\theta, 0, \cos\theta),$$
即 F 是绕 y 轴逆时针旋转 θ 的变换.

(iii) 设 $q = \cos\dfrac{\theta}{2} + \mathrm{k}\sin\dfrac{\theta}{2}$. 那么 $z_1 = \cos\dfrac{\theta}{2}, z_2 = \mathrm{i}\sin\dfrac{\theta}{2}$, 它对应的分式线性映射为
$$w = f(z) = \frac{\cos\dfrac{\theta}{2} \cdot z - \mathrm{i}\sin\dfrac{\theta}{2}}{-\mathrm{i}\sin\dfrac{\theta}{2} \cdot z + \cos\dfrac{\theta}{2}}.$$
我们有
$$F(1, 0, 0) = \varphi\big[f(\infty)\big] = (\cos\theta, \sin\theta, 0),$$
$$F(0, 1, 0) = \varphi\big[f(\mathrm{i})\big] = (-\sin\theta, \cos\theta, 0),$$
$$F(0, 0, 1) = \varphi\big[f(-1)\big] = (0, 0, 1),$$
即 F 是绕 z 轴逆时针旋转 θ 的变换.

由于任一旋转均可分解为上述三类旋转的复合, 任一模为 1 的四元数也可以分解为上述三类四元数的乘积, 因此, 所有酉矩阵对应的分式线性映射就对应复球面 S 的所有旋转. 设 $|z_1|^2 + |z_2|^2 = 1$. 我们将上述讨论的对应总结成表 6.1.

表 6.1 分式线性映射的不同表现

表达形式	作用的集合	表 现
$w = f(z) = \dfrac{z_1 z - z_2}{\overline{z_2} z + \overline{z_1}}$	扩充复平面 $\mathbb{C}^* \ni z$	分式线性映射
$w = f(z) = \dfrac{z_1 z - z_2}{\overline{z_2} z + \overline{z_1}}$	复球面 $S \ni (a, b, c)$	旋转
酉矩阵 $\boldsymbol{A} = \begin{pmatrix} z_1 & -z_2 \\ \overline{z_2} & \overline{z_1} \end{pmatrix}$	$\mathbb{C}^2$ 的所有一维子空间 V_z	线性变换
四元数 $q = z_1 + z_2 \mathrm{j}$	三维向量空间 $\mathbb{R}^3 \ni ci + bj - ak$	旋转 Φ_q

6.3　初等函数对应的映射

本节中我们将研究在保形映射中常用的初等函数对应的映射.

6.3.1　幂函数

设函数 $w = f(z) = z^n$ ($n \geqslant 2$ 为正整数). 这个函数是处处解析的, 导数为 $f'(z) = n z^{n-1}$. 因此, 在 $z \neq 0$ 处它是保角映射. 对于 $z = 0$, 不难看出该映射将圆周 $|z| = r$ 映成圆周 $|w| = r^n$, 将射线 $\operatorname{Arg} z = \theta$ 映成射线 $\operatorname{Arg} w = n\theta$. 因此, 它将角形区域 $\theta_1 < \operatorname{Arg} z < \theta_2$ 映成角形区域 $n\theta_1 < \operatorname{Arg} z < n\theta_2$, 且在这两个区域上是一一对应的, 其中 $0 < \theta_2 - \theta_1 < \dfrac{2\pi}{n}$. 所以映射 $w = z^n$ 在 $z = 0$ 处没有保角性.

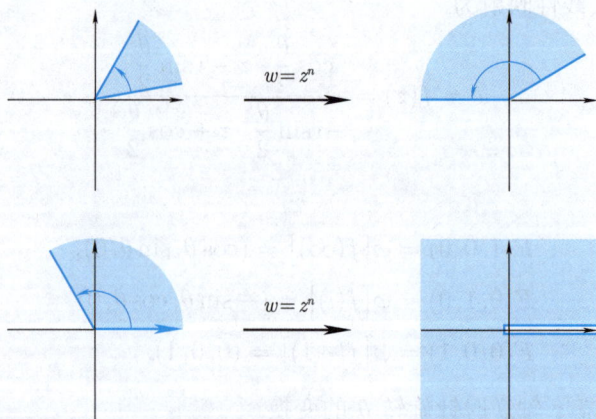

图 6.10 幂函数在角形区域上的映射

幂函数 $w = z^n$ 将角形区域 $0 < \operatorname{Arg} z < \dfrac{2\pi}{n}$ 映成去掉正实轴和零的复平面 $0 < \operatorname{Arg} z < 2\pi$, 其中 $\operatorname{Arg} z = 0$ 被映射为 w 平面正实轴的 "上沿岸", $\operatorname{Arg} z = \dfrac{2\pi}{n}$ 被映射为 w 平面正实轴的 "下沿岸". 该映射在这两个区域上是一一对应的, 如图 6.10 所示.

对于正实数幂次情形的主值, 我们也有类似的结论.

【例 6.11】 求将角形区域 $D : \dfrac{\pi}{4} < \arg z < \dfrac{3\pi}{4}$ 映成单位圆域 $\mathbb{D}$ 的映射 $w = f(z)$.

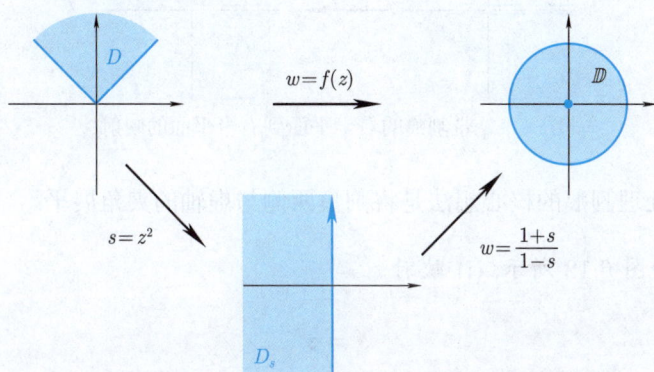

图 6.11 角形区域到单位圆域 $\mathbb{D}$ 的映射

由于角形区域 D 的边界是两条射线, 不可能通过分式线性映射映成单位圆周, 因此, 不可能单纯使用分式线性映射将角形区域 D 映成单位圆域 $\mathbb{D}$. 我们考虑将角形区域 D 的边界映成一条直线, 那么幂函数就可以做到这一点.

解: 如图 6.11 所示, 幂函数

$$s = z^2$$

将角形区域 D 映成左半平面 $D_s : \operatorname{Re} s < 0$. 由例 6.4 可知, 映射

$$w = \frac{1+s}{1-s}$$

将左半平面 D_s 映成单位圆域 $\mathbb{D}$. 故映射

$$w = \frac{1+z^2}{1-z^2}$$

将角形区域 D 映成单位圆域 $\mathbb{D}$.

【例 6.12】 求将带割痕的右半平面 $D : \operatorname{Re} z > 0, z \notin [0,1]$ 映成右半平面 $D' : \operatorname{Re} w > 0$ 的映射 $w = f(z)$.

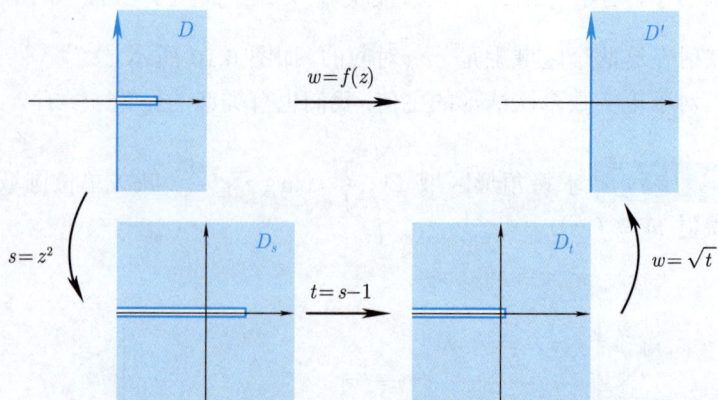

图 6.12 带割痕的右半平面到右半平面的映射

处理割痕的核心想法是将割痕两侧与虚轴的夹角展平.

解: 如图 6.12 所示, (i) 映射

$$s = z^2$$

将区域 D 映成复平面带割痕 $s \leqslant 1$ 的区域 D_s.

(ii) 映射

$$t = s - 1$$

将区域 D_s 映成复平面带割痕 $t \leqslant 0$ 的区域 D_t.

(iii) 映射

$$w = \sqrt{t} \ (\text{取主值})$$

将区域 D_t 映成右半平面 D'.

故映射

$$w = \sqrt{z^2 - 1}$$

将右半平面 D 映成右半平面 D'.

> **练习 6.3**
>
> 通过哪些映射的复合可以将带正实轴割痕的单位圆域 D 映成上半平面 $\mathbb{H}$?

6.3.2 指数函数

设 $w = f(z) = \mathrm{e}^z$ 为指数函数. 由于 $f'(z) = \mathrm{e}^z$ 处处非零, 因此, 它是整个复平面上的保角映射. 指数函数将直线族 $\operatorname{Re} z = c$ 映成圆周族 $|w| = \mathrm{e}^c$, 将直线族 $\operatorname{Im} z = c$ 映成射线族 $\operatorname{Arg} w = c$. 如图 6.13 所示. 所以它将水平带状区域 $\theta_1 < \operatorname{Im} z < \theta_2$ 映成角

形区域 $\theta_1 < \operatorname{Arg} w < \theta_2$，其中 $0 < \theta_2 - \theta_1 < 2\pi$. 特别地，它将 $0 < \operatorname{Im} z < 2\pi$ 映成去掉正实轴和零的复平面.

若我们想求反过来的映射，则选取对数函数.

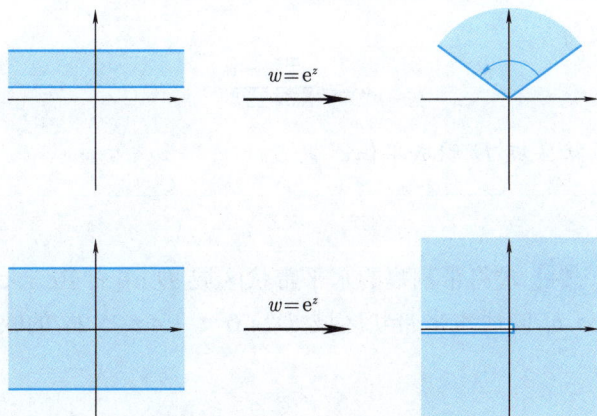

图 6.13 指数函数在带状区域上的映射

【例 6.13】 求将竖直带状区域 $D : 1 < \operatorname{Re} z < 2$ 映成单位圆域 $\mathbb{D}$ 的映射 $w = f(z)$.

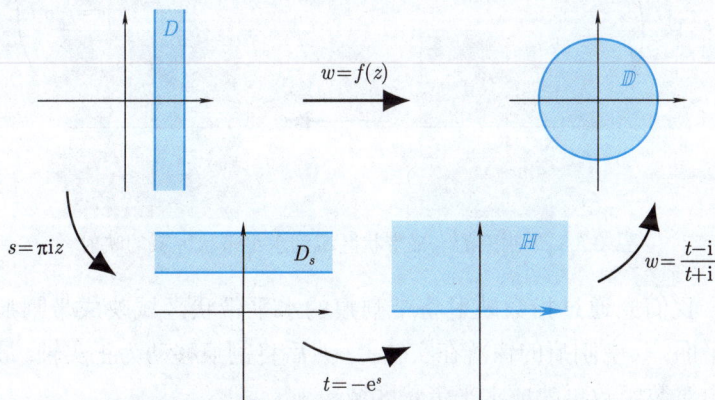

图 6.14 竖直带状区域到单位圆域 $\mathbb{D}$ 的映射

我们先将竖直带状区域映成宽度为 π 的水平带状区域，然后利用指数函数将其映成半平面，最后再映成圆域.

解： 如图 6.14 所示，(i) 映射

$$s = \pi \mathrm{i} z$$

将竖直带状区域 D 映成区域 $D_s : \pi < \operatorname{Im} s < 2\pi$.

(ii) 映射

$$t = -\mathrm{e}^s$$

将区域 D_s 映成上半平面 $\mathbb{H}$.

(iii) 映射

$$w = \frac{t - i}{t + i}$$

将上半平面 $\mathbb{H}$ 映成单位圆域 $\mathbb{D}$.

故映射

$$w = \frac{e^{\pi i z} + i}{e^{\pi i z} - i}$$

将竖直带状区域 D 映成单位圆域 $\mathbb{D}$.

【例 6.14】 求将带割痕的水平带状区域 $D : 0 < \operatorname{Re} z < 2a, z - ai \notin (-\infty, b]$ 映成水平带状区域 $D' : 0 < \operatorname{Re} z < 2a$ 的映射 $w = f(z)$.

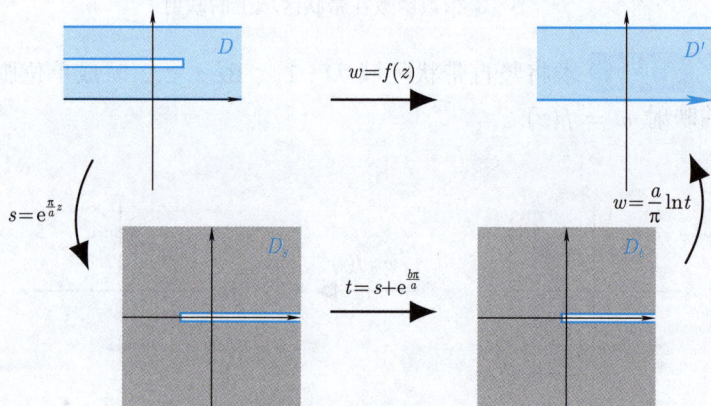

图 6.15 带割痕的水平带状区域到水平带状区域的映射

我们先通过指数映射将带割痕的水平带状区域映成带割痕的复平面, 其中割痕的像落在实轴上, 然后将割痕移动为正实轴, 最后利用对数函数再映成水平带状区域.

解: 如图 6.15 所示, (i) 映射

$$s = e^{\frac{\pi}{a} z}$$

将带割痕的水平带状区域 D 映成带水平割痕的复平面

$$D_s : s \notin [-e^{\frac{b\pi}{a}}, +\infty).$$

(ii) 映射

$$t = s + e^{\frac{b\pi}{a}}$$

将区域 D_s 映成带水平割痕的复平面

$$D_t : t \notin [0, +\infty).$$

(iii) 映射

$$w = \frac{a}{\pi} \ln t$$

将区域 D_t 映成水平带状区域 D'.

故映射

$$w = \frac{a}{\pi} \ln\left(e^{\frac{\pi}{a} z} + e^{\frac{b\pi}{a}}\right)$$

将带割痕的水平带状区域 D 映成水平带状区域 D'.

6.3.3　儒可夫斯基函数

称函数

$$w = f(z) = \frac{1}{2}\left(z + \frac{a^2}{z}\right) \quad (a > 0),$$

为儒可夫斯基函数. 它在 0 以外处处解析, 0 是它的一个一阶极点. 由于

$$f'(z) = \frac{1}{2}\left(1 - \frac{a^2}{z^2}\right),$$

因此, 它在 $z \neq 0, \pm a$ 处是保角映射.

不难知道 $f(z_1) = f(z_2)$ 当且仅当 $z_1 z_2 = a^2$. 所以映射 $w = f(z)$ 将圆域 $|z| < a$ 一一地映射到它的像, 且和 $|z| > a$ 的像相同. 若 $z = a e^{i\theta}$, 则 $w = a\cos\theta \in [-a, a]$. 所以它将圆周 $|z| = a$ 映成直线段 $[-a, a]$. 反过来, 对于 $w = a\cos\theta \in [-a, a]$, 由上述讨论, 它的原像只能是 $ae^{\pm i\theta}$. 所以映射 $w = f(z)$ 将圆域 $|z| < a$ 映成扩充复平面去掉割痕 $[-a, a]$.

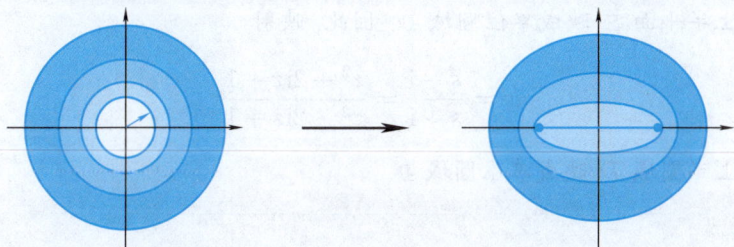

图 6.16　儒可夫斯基函数在圆环域上的映射

我们来看其他半径的圆 $|z| = r \neq a$ 的像. 设 $s = \dfrac{a^2}{r}$,

$z = re^{i\theta}$, 则

$$w = f(z) = \frac{1}{2}(re^{i\theta} + se^{-i\theta}) = \frac{r+s}{2}\cos\theta + \frac{r-s}{2}i\sin\theta.$$

这是椭圆的参数方程, 所以圆周 $|z| = r \neq a$ 和 $|z| = \dfrac{a^2}{r}$ 被映成一个椭圆, 如图 6.16 所示. 对于 $\theta \in (0, \pi)$, 当 $r < a$ 时, $r < s$, 从而 w 在下半平面. 因此, 圆周 $|z| = r < a$ 上半部分被映成椭圆的下半部分. 所以映射 $w = f(z)$ 将圆域 $|z| < a$ 的下半部分或区域 $|z| > a$ 的上半部分映成上半平面 $\mathbb{H}$.

【例 6.15】 求将上半圆域 $D : |z| < 1, \operatorname{Im} z > 0$ 映成单位圆域 $\mathbb{D}$ 的映射 $w = f(z)$.

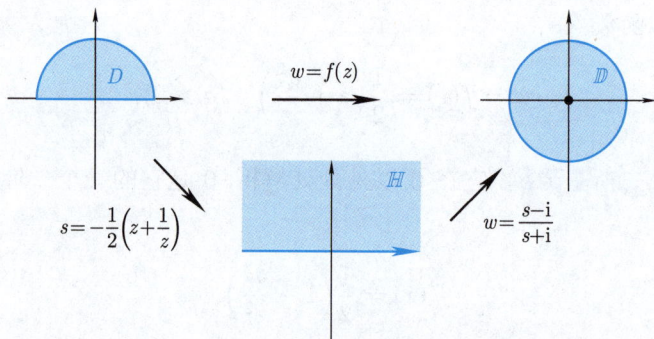

图 6.17 上半圆域到单位圆域 $\mathbb{D}$ 的映射

解: 如图 6.17 所示, 注意到映射

$$s = -\frac{1}{2}\left(z + \frac{1}{z}\right)$$

将上半圆域 D 映成上半平面 $\mathbb{H}$, 分式线性映射

$$w = \frac{s-i}{s+i}$$

将上半平面 $\mathbb{H}$ 映成单位圆域 $\mathbb{D}$. 因此, 映射

$$w = \frac{s-i}{s+i} = \frac{z^2 + 2iz + 1}{z^2 - 2iz + 1}$$

将上半圆域 D 映成单位圆域 $\mathbb{D}$.

【例 6.16】 求将上半平面去掉半圆 $|z| \leqslant 1, \operatorname{Im} z > 0$ 和射线 $x = 0, y \geqslant 2$ 的区域 D 映成上半平面 $\mathbb{H}$ 的映射 $w = f(z)$.

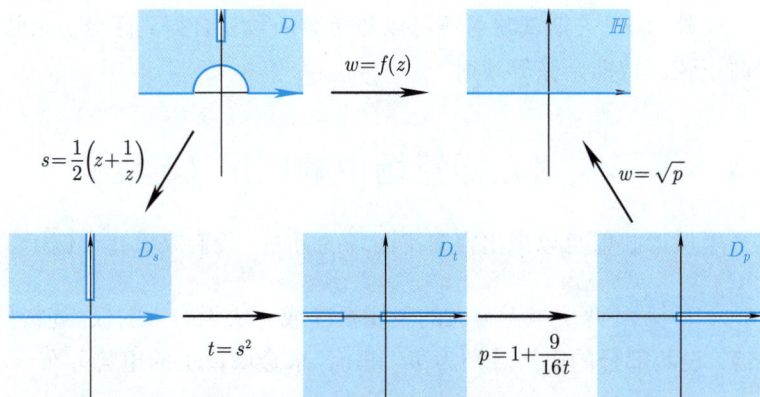

图 6.18 去掉半圆的带割痕上半平面到上半平面 $\mathbb{H}$ 的映射

解: 如图 6.18 所示, (i) 儒可夫斯基映射

$$s = \frac{1}{2}\left(z + \frac{1}{z}\right)$$

将上半单位圆周映成线段 $[-1,1]$, 将上半平面 $\mathbb{H}$ 在单位圆外部的区域映成上半平面 $\mathbb{H}$, 所以区域 D 被映成带割痕的上半平面

$$D_s : s \in \mathbb{H},\ s \notin \left\{ s \,\middle|\, \operatorname{Re} s = 0, \operatorname{Im} s \geqslant \frac{3}{4} \right\}.$$

(ii) 映射

$$t = s^2$$

将区域 D_s 映成带两条割痕的复平面

$$D_t : t \notin \left(-\infty, -\frac{9}{16}\right] \cup [0, +\infty).$$

(iii) 由于两条射线交于 ∞, 通过分式线性映射可以将它们映成一条射线. 取

$$z_1 = -\frac{9}{16}, \quad z_2 = 0, \quad z_3 = \infty,$$
$$w_1 = 0, \qquad w_2 = \infty, \quad w_3 = 1,$$

则对应分式线性映射为

$$p = \frac{t + \dfrac{9}{16}}{t} = 1 + \frac{9}{16t},$$

它将区域 D_t 映成区域 $D_p : p \notin [0, +\infty)$.

(iv) 映射 $w = \sqrt{p}$ 将区域 D_p 映成上半平面 $\mathbb{H}$.

故映射

$$w = \sqrt{1 + \frac{9}{4(z + 1/z)^2}} = \frac{\sqrt{4z^4 + 17z^2 + 4}}{2(z^2 + 1)}$$

将区域 D 映成上半平面 $\mathbb{H}$.

> **练习 6.4**
>
> 正弦函数 $w = \sin z$ 将半个带状区域 $D : -\dfrac{\pi}{2} < \operatorname{Re} z < \dfrac{\pi}{2}, \operatorname{Im} z < 0$ 映成什么?

此外, 儒可夫斯基映射还可以与指数函数复合得到正弦、余弦、双曲正弦、双曲余弦等映射.

6.4　保形映射在标量场中的应用 (选读)

用保形映射可以求出很多平面场的分布. 我们来看几个例子.

【例 6.17】 两块半无穷大的金属板连成一块无穷大的板, 连接处绝缘. 设两部分的电势分别为 v_1 和 v_2, 求金属板上的电势分布.

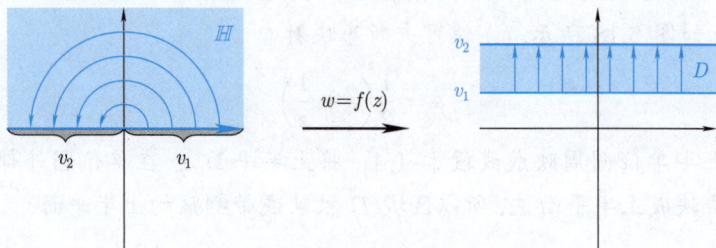

图 6.19 电势分布

解: 由于金属板是无穷大的, 在垂直于金属板和连接线的平面上, 静电场的分布情况完全相同, 因此, 这个静电场是一个平面场. 如图 6.19 所示, 以金属板在该平面的投影为实轴, 连接处为原点建立直角坐标系. 设 v_1, v_2 分别为正实轴和负实轴的电势.

若保形映射 $w = f(z)$ 将上半平面 $\mathbb{H}$ 映射为水平带状区域

$$D : v_1 < \operatorname{Im} w < v_2,$$

且将正实轴和负实轴分别映成 $\operatorname{Im} w = v_1$ 和 $\operatorname{Im} w = v_2$, 则从水平带状区域 D 上的电势分布 $v = \operatorname{Im} w$ 就可以得到上半平面 $\mathbb{H}$ 上的电势分布. 映射

$$s = \ln z$$

将上半平面 $\mathbb{H}$ 映成水平带状区域 $0 < \operatorname{Im} s < \pi$, 然后映射

$$w = \frac{v_2 - v_1}{\pi} s + \mathrm{i} v_1$$

将其映成水平带状区域 $v_1 < \operatorname{Im} w < v_2$. 所以映射

$$w = \frac{v_2 - v_1}{\pi} \ln z + \mathrm{i} v_1$$

将上半平面 $\mathbb{H}$ 映成水平带状区域 D, 从而上半平面 $\mathbb{H}$ 的电势分布为

$$v = \operatorname{Im}\left(\frac{v_2 - v_1}{\pi} \ln z + \mathrm{i} v_1 \right) = \frac{v_2 - v_1}{\pi} \arg z + v_1.$$

由对称性可知金属板外的电势分布为

$$v = \frac{v_2 - v_1}{\pi}|\arg z| + v_1.$$

【例 6.18】 如图 6.20 所示, 有一个圆形薄金属板, 上、下用两个热绝缘材料完全包裹. 若金属板边界上两个半圆周上的温度分别为 T_1, T_2, 求金属板上的温度分布.

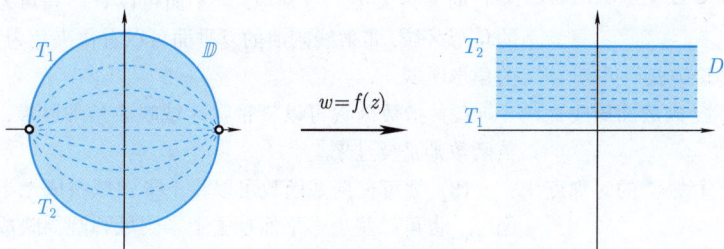

图 6.20 等温线

解: 由于金属板上、下热绝缘, 因此, 热流被严格限制在金属板内, 这个温度分布是一个平面场. 设金属板的半径为 1, 以金属板的圆心为原点建立直角坐标系, 使得上、下半圆周的温度分别为 T_1, T_2.

若保形映射 $w = f(z)$ 将单位圆域 $\mathbb{D}$ 映射为水平带状区域

$$D : T_1 < \operatorname{Im} w < T_2,$$

且将上、下半圆周分别映成 $\operatorname{Im} w = T_1$ 和 $\operatorname{Im} w = T_2$, 则从水平带状区域 D 上的温度分布 $T = \operatorname{Im} w$ 就可以得到单位圆域 $\mathbb{D}$ 的温度分布. 映射

$$s = \mathrm{i} \cdot \frac{1-z}{1+z}$$

将单位圆域 $\mathbb{D}$ 映成上半平面 $\mathbb{H}$, 然后映射

$$w = \frac{T_2 - T_1}{\pi} \ln s + \mathrm{i} T_1$$

将其映成水平带状区域 D. 所以映射

$$w = \frac{T_2 - T_1}{\pi} \ln\left(\mathrm{i} \cdot \frac{1-z}{1+z}\right) + \mathrm{i} T_1$$

将单位圆域 $\mathbb{D}$ 映成水平带状区域 D, 从而单位圆域 $\mathbb{D}$ 的温度分布为

$$\begin{aligned}
T &= \operatorname{Im}\left[\frac{T_2 - T_1}{\pi} \ln\left(\mathrm{i} \cdot \frac{1-z}{1+z}\right) + \mathrm{i} T_1\right] \\
&= T_1 + \frac{T_2 - T_1}{\pi} \operatorname{arccot} \frac{2y}{1 - x^2 - y^2}.
\end{aligned}$$

❧ 本章小结 ❧

本章所需掌握的知识点:

1. 理解保形映射的定义.

(1) 区域上的保形映射是一一的保角映射.

(2) 点 z 处的保角映射是指经过 z 的两条曲线的夹角和它们的像的夹角是相同的, 且角度的方向也相同; 而且 z 附近的点具有相同的伸缩率.

(3) 区域上的保角映射就是导数非零的解析函数.

(4) 与 ∞ 有关的保角映射需要通过倒数映射将其转化为 0 来讨论.

2. 掌握分式线性映射的性质和构造方式.

(1) 分式线性映射将圆周或直线 C 映成圆周或直线 C'.

(2) 分式线性映射将关于圆周或直线 C 的对称点映成关于圆周或直线 C' 的对称.

(3) 分式线性映射将圆域或半平面映成圆域、半平面或圆周外部.

(4) 平面上三个不同的点以及它们的像可以唯一确定一个分式线性映射:

$$\frac{w - w_1}{w - w_2} \cdot \frac{w_3 - w_2}{w_3 - w_1} = \frac{z - z_1}{z - z_2} \cdot \frac{z_3 - z_1}{z_3 - z_1}.$$

(5) 构造分式线性映射选择三个点时, 先选择圆

周或直线的交点, 或者关于圆周或直线的对称点, 最后再选择其他边界点, 并根据区域所处位置确定三个点的顺序.

3. 掌握幂函数、指数函数和儒可夫斯基函数所对应的映射特点.

(1) 幂函数可以将角形区域映成角形区域, 并改变它的夹角大小. 特别地, 半平面可以看作夹角为 π 的角形区域, 带射线割痕的复平面可以看作夹角为 2π 的角形区域.

(2) 指数函数可以将带状区域映成角形区域, 对数函数则是反过来.

(3) 儒可夫斯基函数可以将下半圆域映成上半平面 $\mathbb{H}$, 也可以将上半平面挖去上半圆域和圆周映成上半平面 $\mathbb{H}$.

4. 会利用上述函数构造简单的区域间的保形映射.

(1) 单连通区域之间总存在保形映射, 但一般情形往往很难构造.

(2) 不同的单连通区域之间可以通过上半平面 $\mathbb{H}$ 或单位圆域 $\mathbb{D}$ 为中介来构造映射.

本章不易理解和易错的知识点:

(1) 保角映射和保形映射的差异: 保形映射是一一的保角映射, 这是为了保证区域间的映射可逆.

(2) 与 ∞ 相关的保形映射: 作变量替换 $t = \dfrac{1}{z}$ 或 $s = \dfrac{1}{w}$ 来将其转化为普通复数情形的保形映射.

(3) 利用定理 6.12 构造分式线性映射时, 需要根

据区域在圆周内部还是外部、直线的哪一侧来确定三点的顺序.

(4) 带割痕的区域的处理, 需要使用幂函数将割痕与边界合并.

(5) 儒可夫斯基函数在处理带半圆边界的半平面中的应用.

❖ 本章作业 ❖

一、单选题.

1. 保形映射总能保持区域内图形的(　　).

    (A) 面积   (B) 周长

    (C) 夹角和方向   (D) 对称性

2. 下列命题正确的是(　　).

    (A) 若 $w = f(z)$ 是区域 D 内的解析函数,且导数处处非零,则它是区域 D 上的保形映射.

    (B) 若 $w = f(z)$ 是区域 D 内的解析函数,且导数处处非零,则它是区域 D 上的一一对应.

    (C) 若 $w = f(z)$ 是区域 D 内的解析函数,且导数处处非零,它是区域 D 上的保角映射.

    (D) 若函数 $w = f(z)$ 在 z_0 处解析且 $f'(z_0) \neq 0$,则它是 z_0 一邻域上的保形映射.

3. 分式线性映射总是(　　).

    (A) 将圆和直线都映射为圆

    (B) 将圆和直线都映射为直线

    (C) 将圆映射为圆或直线

    (D) 将直线映射为直线

4. 若(　　),且分式线性映射 $w = f(z)$ 将 z_1, z_2, z_3 映成 w_1, w_2, w_3,则它将单位圆映成上半平面.

    (A) $z_1 = 1, z_2 = i, z_3 = -i$, $w_1 = -1, w_2 = 0, w_3 = \infty$

    (B) $z_1 = 1, z_2 = -i, z_3 = -1$, $w_1 = -1, w_2 = 0, w_3 = 1$

    (C) $z_1 = 1, z_2 = i, z_3 = -1$, $w_1 = 1, w_2 = 0, w_3 = \infty$

    (D) $z_1 = 1, z_2 = -1, z_3 = -i$, $w_1 = 1, w_2 = 0, w_3 = -1$

5. (　　)可以将角形区域映成角形区域.

    (A) 分式线性映射   (B) 幂函数

    (C) 指数函数   (D) 儒可夫斯基函数

6. 儒可夫斯基函数可以将以原点为圆心的圆周映成(　　).

    (A) 直线段   (B) 圆周

    (C) 椭圆   (D) 直线段或椭圆

二、填空题.

1. 若分式线性映射 $w = f(z)$ 将上半平面映成单位圆域,且 $f(i) = 2$,则 $f(-i) =$____.

2. 若分式线性映射 $w = f(z)$ 将单位圆域映成右半平面,且 $f(0) = 1$,则 $f(\infty) =$____.

3. 若映射 $w = f(z)$ 将角形区域 $0 < \arg z < \dfrac{\pi}{6}$ 保形映射到上半平面,则 $f(z)$ 可以是____.

4. 若映射 $w = f(z)$ 将水平带状区域 $0 < \operatorname{Im} z < \pi$ 保形映射到上半平面,则 $f(z)$ 可以是____.

三、解答题.

1. 求以下区域在相应映射下的像:

    (i) $\operatorname{Re} z < 0, w = (1 - i)z + i$;

    (ii) $\operatorname{Im} z > 0, w = z - 1 - i$;

    (iii) $0 < \operatorname{Re} z < 1, w = \dfrac{1}{z - 1}$;

    (iv) $|z - 1| < 1, w = \dfrac{z}{z + 1}$;

    (v) $\dfrac{\pi}{2} < \arg z < \pi, w = \sqrt{z}$ (主值);

    (vi) $1 < \operatorname{Re} z < 2, w = e^z$;

    (vii) $|z| > 1, \operatorname{Im} z > 0, w = z + \dfrac{1}{z}$;

    (viii) $|z| < 1, \operatorname{Im} z < 0, w = z + \dfrac{1}{z}$.

2. 求将 $-1, \infty, i$ 分别映成下列各点的分式线性映射:

    (i) $i, 1, 1 + i$;   (ii) $1, i, \infty$;

    (iii) $0, \infty, 1$;   (iv) $\infty, -1, i$.

3. 求区域 $|z| > 1$ 到单位圆域 $\mathbb{D}$ 且满足
$$w(2) = 0, \quad \arg w'(2) = \pi.$$
的保形映射 $w = f(z)$.

4. 求圆环域 $1 < |z| < 2$ 到区域 $|w| > 1, |w + 1| < \dfrac{4\sqrt{3}}{3}$ 的保形映射 $w = f(z)$.

5. 求将下列区域 D 映成区域 D' 的分式线性映射:

    (i) $D = \mathbb{D}, D': |w - 1| < 1$;

    (ii) $D: |z + i| > 1, D': \operatorname{Im} w < 1$;

    (iii) $D: \operatorname{Re} z > -1, D': |w + 1| < 2$;

    (iv) $D: \operatorname{Re} z + \operatorname{Im} z < 2, D' = \mathbb{D}$.

6. 求将下列区域 D 映成上半平面 $\mathbb{H}$ 的保形映射:

(i) $D: \operatorname{Im} z > 1, |z| < 2$;

(ii) $D: |z| > 2, |z - \sqrt{2}| < \sqrt{2}$;

(iii) $D: |z| < 1, \dfrac{\pi}{4} < \arg z < \dfrac{\pi}{2}$;

(iv) $D: |z| > 2, 0 < \operatorname{Arg} z < \dfrac{3\pi}{2}$;

(v) $D: |z| < 1, z \notin [0, 1]$;

(vi) $D: |z| < 2, |z - 1| > 1$;

(vii) $D: \operatorname{Re} z > 0, |z| < 1$;

(viii) $D: \operatorname{Re} z > 0, 0 < \operatorname{Im} z < 1$.

7. 求将下列区域 D 映成上半平面 $\mathbb{H}$ 的保形映射:

(i) D 为带有割痕 $x = 0, 0 \leqslant y \leqslant a$ 的上半平面.

(ii) D 为带有割痕 $x = 0, y \leqslant -1$ 的单位圆周外部 $|z| > 1$.

(iii) D 为带有割痕 $\arg z = \dfrac{\pi}{4}, |z| < 2$ 的角形区域 $0 < \arg z < \dfrac{\pi}{2}$.

8. 求上半平面 $\mathbb{H}$ 到自身的所有分式线性映射.

9. (选做) 设 $w = f(z) = \dfrac{az + b}{cz + d}$ 是分式线性映射, 且 $f \circ f \circ f$ 是恒等映射. 求 a, b, c, d 所需满足的条件.

10. (选做) 有一个半圆形薄金属板, 边界直径两端用两个热绝缘材料完全包裹. 在半圆周上的温度为 T_1, 边界直径上的温度为 T_2, 求金属板上的温度分布.

11. (选做) 一块占满第一象限的金属板, 原点处由绝缘体隔开, 两条垂直的射线上的电势分别为 v_1, v_2, 求金属板上的电势分布.

第 7 章　积分变换

积分变换是现代科学与工程中广泛使用的数学工具. 我们将从离散的周期函数傅里叶级数出发, 得到连续的一般函数傅里叶变换. 然后我们将介绍傅里叶变换的各种性质, 以及它与傅里叶级数的联系. 最后我们介绍它在积分、级数, 以及微分方程中的应用.

傅里叶变换对函数要求较高, 为了解决该问题, 考虑函数与指数衰减函数乘积的傅里叶变换, 并由此得到拉普拉斯变换. 函数的拉普拉斯变换是复解析函数, 从而我们可以利用复变函数理论来研究. 我们将介绍拉普拉斯变换的各种性质, 以及它在微分方程中的应用.

7.1　傅里叶变换

7.1.1　积分变换的引入

在学习指数和对数的时候, 我们了解到利用对数可以将乘除、幂次运算转化为加减、乘除运算.

【例 7.1】 计算 $12\ 345 \times 67\ 890$.

解: 通过查对数表得到

$$\ln 12\ 345 \approx 9.421\ 0, \qquad \ln 67\ 890 \approx 11.125\ 6.$$

将二者相加并通过反查对数表得到原值

$$12\ 345 \times 67\ 890 \approx \exp(20.546\ 6) \approx 8.380\ 6 \times 10^8.$$

————————————————————————————————————

对函数而言, 我们常常要解函数的方程.

【例 7.2】 解微分方程

$$\begin{cases} y'' + y = t, \\ y(0) = y'(0) = 0. \end{cases}$$

————————————————————————————————————

我们希望能找到一种函数的变换 $\mathscr{L}$, 使得它可以将函数 y 的微分和积分运算变成 $\mathscr{L}[y]$ 的代数运算. 求得 $\mathscr{L}[y]$ 之后再通过反变换 $\mathscr{L}^{-1}$ 得到原来的函数 y. 这个变换最常见的就是我们将要介绍的傅里叶变换和拉普拉斯变换.

7.1.2 傅里叶级数

通常的线性组合是指有限项的求和. 若向量

$$v = \lim_{N \to +\infty} \sum_{n=1}^{N} \lambda_n v_n,$$

则称 v 是 $v_1, v_2, \cdots$ 的**可数线性组合**. 这样便可将通常的线性组合和基的概念进行推广. 如果一个线性空间中的每一个向量都可以被一组可数个线性无关的向量可数线性组合得到, 就称这组向量为该空间的一组**绍德尔基**. 注意这里会涉及该线性空间内收敛的含义. 不过我们只考虑函数, 收敛就是指无穷级数收敛.

我们先回顾一下傅里叶级数. 图 7.1 为傅里叶的纪念邮票. 考虑定义在区间 $(-\infty, +\infty)$ 上周期为 $T > 0$ 的函数 $f(t)$. 我们知道函数

$$1,\ \sin \omega t,\ \cos \omega t,\ \sin 2\omega t,\ \cos 2\omega t,\ \cdots$$

都是周期为 T 的函数, 其中 $\omega = \dfrac{2\pi}{T}$. 类似于线性组合的概念, 我们希望将函数 f 表达为上述函数的可数线性组合.

> **定理 7.1**
>
> 若函数 $f(t)$ 的周期为 T, 且在区间 $\left[-\dfrac{T}{2}, \dfrac{T}{2}\right]$ 上满足**狄利克雷条件**:
>
> (1) 间断点只有有限多个, 且均为第一类间断点;
>
> (2) 只有有限个极值点,
>
> 则函数 $f(t)$ 可以表达为级数
>
> $$f(t) = \frac{a_0}{2} + \sum_{n=1}^{\infty} \left(a_n \cos n\omega t + b_n \sin n\omega t \right).$$
>
> 当 t 是间断点时, 等式左侧需改为 $\dfrac{f(t^+) + f(t^-)}{2}$.

图 7.1 傅里叶 (Fourier)

工程中习惯使用 j 来表示虚数单位, 其含义和本书的 i 无差别.

上述级数被称为函数 $f(t)$ 的**傅里叶级数**, 我们来将其改写为复指数形式. 由

$$\cos x = \frac{e^{ix} + e^{-ix}}{2}, \quad \sin x = \frac{e^{ix} - e^{-ix}}{2i},$$

可知函数 $f(t)$ 的傅里叶级数可以改写为函数 $e^{in\omega t}$ 的可数线性组合

$$f(t) = \sum_{n=-\infty}^{+\infty} c_n e^{in\omega t}.$$

我们来计算**傅里叶系数** c_n.

对于定义在区间 $(-\infty, +\infty)$ 上周期为 $T > 0$ 的**复值**函数 f, g, 定义内积

积分范围可以换成任意长度为 T 的区间.

$$(f, g) := \frac{1}{T} \int_{-\frac{T}{2}}^{\frac{T}{2}} f(t)\overline{g}(t)\, dt.$$

那么

$$\left(e^{im\omega t}, e^{in\omega t}\right) = \frac{1}{T} \int_{-\frac{T}{2}}^{\frac{T}{2}} e^{i(m-n)\omega t}\, dt = \begin{cases} 1, & m = n, \\ 0, & m \neq n. \end{cases}$$

所以 $\{e^{in\omega t} \mid n \in \mathbb{Z}\}$ 全体构成一组标准正交基. 于是

$$c_n = \sum_{m=-\infty}^{+\infty} c_m \left(e^{im\omega t}, e^{in\omega t}\right) = \left(f, e^{in\omega t}\right) = \frac{1}{T} \int_{-\frac{T}{2}}^{\frac{T}{2}} f(t) e^{-in\omega t}\, dt,$$

我们得到周期函数**傅里叶级数的复指数形式**:

$$f(t) = \frac{1}{T} \sum_{n=-\infty}^{+\infty} \left[\int_{-\frac{T}{2}}^{\frac{T}{2}} f(\tau) e^{-in\omega\tau}\, d\tau\right] e^{in\omega t}.$$

不难知道,

$$(f, f) = \sum_{m=-\infty}^{+\infty} \sum_{n=-\infty}^{+\infty} c_m \overline{c_n} \left(e^{im\omega t}, e^{in\omega t}\right) = \sum_{n=-\infty}^{+\infty} |c_n|^2.$$

该等式本质上就是勾股定理的一种推广形式.

定理 7.2 (帕塞瓦尔恒等式)

对于周期为 T 的函数 $f(t)$, 我们有

$$\frac{1}{T} \int_{-\frac{T}{2}}^{\frac{T}{2}} |f(t)|^2\, dt = \sum_{n=-\infty}^{+\infty} |c_n|^2,$$

其中 c_n 是它的傅里叶系数, 即 $f(t) = \sum\limits_{n=-\infty}^{+\infty} c_n e^{in\omega t}$.

【例 7.3】 计算级数 $\sum\limits_{n=1}^{\infty} \dfrac{1}{n^2}$.

这个级数我们在例 5.15 中使用留数计算过, 现在我们用傅里叶级数的性质来计算它. 我们需要找一个傅里叶系数与 $\dfrac{1}{n}$ 有关的函数.

解: 设 $f(t)$ 是一个周期为 2π 的函数, 如图 7.2 所示, 当 $t \in [-\pi, \pi)$ 时, $f(t) = t$. 当 $n \neq 0$ 时,

$$c_n = \frac{1}{2\pi} \int_{\pi}^{\pi} t e^{-int}\, dt = \frac{1}{2\pi} \left(\frac{it}{n} + \frac{1}{n^2}\right) e^{-int} \Big|_{-\pi}^{\pi} = \frac{(-1)^n i}{n}.$$

当 $n = 0$ 时,

$$c_0 = \frac{1}{2\pi} \int_{-\pi}^{\pi} t\, dt = \frac{1}{2\pi} \cdot \frac{t^2}{2} \Big|_{-\pi}^{\pi} = 0.$$

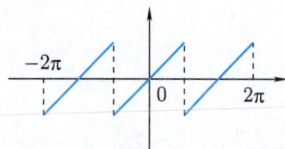

图 7.2 函数 $f(t)$ 的图像

因此

$$\sum_{n \neq 0} \frac{1}{n^2} = (f, f) = \frac{1}{2\pi} \int_{-\pi}^{\pi} t^2 \, \mathrm{d}t = \frac{\pi^2}{3}, \qquad \sum_{n=1}^{\infty} \frac{1}{n^2} = \frac{\pi^2}{6}.$$

7.1.3 傅里叶变换

1. 傅里叶积分公式

对于一般的函数 $f(t)$, 它未必是周期的. 此时它无法像前面的情形一样, 表达成可数多个函数 $\{\mathrm{e}^{\mathrm{i}n\omega t} \mid n \in \mathbb{Z}\}$ 的可数线性组合, 而是所有的 $\{\mathrm{e}^{\mathrm{i}\omega t} \mid \omega \in (-\infty, +\infty)\}$ 的某种 "线性组合". 由于我们有不可数无穷多个这样的函数, 因此, 这种 "线性组合的系数" 应当是 "微元", 求和自然需要换成积分. 若记 $\mathrm{e}^{\mathrm{i}\omega t}$ 的 "系数" 为函数 $\frac{1}{2\pi} F(\omega)$, 则

$$f(t) = \frac{1}{2\pi} \int_{-\infty}^{+\infty} F(\omega) \mathrm{e}^{\mathrm{i}\omega t} \, \mathrm{d}t.$$

实际上, $F(\omega)$ 反映了函数 $\mathrm{e}^{\mathrm{i}\omega t}$ 出现的权重.

我们来从傅里叶级数形式地推导出函数 $F(\omega)$. 考虑函数 $f(t)$ 在区间 $\left[-\frac{T}{2}, \frac{T}{2} \right]$ 上的限制, 并向两边扩展成一个周期函数 $f_T(t)$. 设

$$\omega_n = n\omega, \qquad \Delta\omega_n = \omega_n - \omega_{n-1} = \omega,$$

则

$$\begin{aligned}
f(t) &= \lim_{T \to +\infty} f_T(t) \\
&= \lim_{T \to +\infty} \frac{1}{T} \sum_{n=-\infty}^{+\infty} \left[\int_{-\frac{T}{2}}^{\frac{T}{2}} f(\tau) \mathrm{e}^{-\mathrm{i}\omega_n \tau} \, \mathrm{d}\tau \right] \mathrm{e}^{\mathrm{i}\omega_n t} \\
&= \frac{1}{2\pi} \lim_{\Delta\omega_n \to 0} \sum_{n=-\infty}^{+\infty} \left[\int_{-\frac{T}{2}}^{\frac{T}{2}} f(\tau) \mathrm{e}^{-\mathrm{i}\omega_n \tau} \, \mathrm{d}\tau \right] \mathrm{e}^{\mathrm{i}\omega_n t} \, \Delta\omega_n \\
&= \frac{1}{2\pi} \int_{-\infty}^{+\infty} \left[\int_{-\infty}^{+\infty} f(\tau) \mathrm{e}^{-\mathrm{i}\omega \tau} \, \mathrm{d}\tau \right] \mathrm{e}^{\mathrm{i}\omega t} \, \mathrm{d}\omega.
\end{aligned}$$

这个公式被称为傅里叶积分公式. 注意这个过程并不严谨, 只是大致陈述从傅里叶级数到傅里叶变换的过程, 其结论的严格表述如下:

定理 7.3 (傅里叶积分定理)

若函数 $f(t)$ 在区间 $(-\infty, +\infty)$ 上绝对可积, 且在任一有限区间上满足狄利克雷条件, 则

$$f(t) = \frac{1}{2\pi} \int_{-\infty}^{+\infty} \left[\int_{-\infty}^{+\infty} f(\tau) \mathrm{e}^{-\mathrm{i}\omega\tau} \, \mathrm{d}\tau \right] \mathrm{e}^{\mathrm{i}\omega t} \, \mathrm{d}\omega. \tag{7.1}$$

对于函数 $f(t)$ 的间断点, 左边改成 $\dfrac{f(t^+) + f(t^-)}{2}$.

一般情形下 $F(\omega)$ 可能不存在傅里叶变换, 此时傅里叶积分定理的等式右侧外层积分表示取柯西主值:

$$f(t)$$
$$= \frac{1}{2\pi} \int_{-\infty}^{+\infty} F(\omega) \mathrm{e}^{-\mathrm{i}\omega t} \mathrm{d}t$$
$$= \frac{1}{2\pi} \lim_{R \to +\infty} \int_{-R}^{R} F(\omega) \mathrm{e}^{-\mathrm{i}\omega t} \mathrm{d}t$$

定义 7.4

若函数 $f(t)$ 满足傅里叶积分定理的条件, 则称函数

$$F(\omega) = \int_{-\infty}^{+\infty} f(t) \mathrm{e}^{-\mathrm{i}\omega t} \, \mathrm{d}t$$

为函数 $f(t)$ 的**傅里叶变换**, 记作 $\mathscr{F}[f(t)]$. 称函数

$$f(t) = \frac{1}{2\pi} \int_{-\infty}^{+\infty} F(\omega) \mathrm{e}^{\mathrm{i}\omega t} \, \mathrm{d}\omega$$

为函数 $F(\omega)$ 的**傅里叶逆变换**, 记作 $\mathscr{F}^{-1}[F(\omega)]$.

若函数 $f(t)$ 是复值函数, 也可定义其傅里叶变换, 只要其实部和虚部都满足傅里叶积分定理的条件即可.

我们称函数 $f(t), F(\omega)$ 是一个**傅里叶变换对**, 函数 $f(t)$ 和 $F(\omega)$ 分别叫作**原函数**和**象函数**. 若函数 $f(t)$ 表示随时间 t 变化的函数, 则函数 $F(\omega)$ 表示的是频率 ω 的函数, 所以傅里叶变换是**时域到频域的转换**.

象函数也叫**原象函数**.

从定义出发, 不难发现傅里叶变换满足:

定理 7.5 (对称性质)

若 $\mathscr{F}[f(t)] = g(\omega)$, 则 $\mathscr{F}[g(t)] = 2\pi f(-\omega)$. 对于函数 f 的不连续点, 右侧值需要修改为左右极限平均值.

证明: 由傅里叶积分公式可知

$$f(t) = \frac{1}{2\pi} \int_{-\infty}^{+\infty} g(\omega) \mathrm{e}^{\mathrm{i}\omega t} \, \mathrm{d}\omega.$$

从而

$$2\pi f(-t) = \int_{-\infty}^{+\infty} g(\omega) \mathrm{e}^{-\mathrm{i}\omega t} \, \mathrm{d}\omega.$$

交换变量 t 和 ω, 即得该定理.

2.　傅里叶积分公式的变化形式

傅里叶积分公式有一些变化形式. 例如:

$$f(t) = \frac{1}{2\pi} \int_{-\infty}^{+\infty} \left[\int_{-\infty}^{+\infty} f(\tau) e^{-i\omega\tau} \, d\tau \right] e^{i\omega t} \, d\omega$$

$$= \frac{1}{2\pi} \int_{-\infty}^{+\infty} \int_{-\infty}^{+\infty} f(\tau) e^{i\omega(t-\tau)} \, d\tau \, d\omega$$

$$= \frac{1}{2\pi} \int_{-\infty}^{+\infty} \left[\underbrace{\int_{-\infty}^{+\infty} f(\tau) \cos\omega(t-\tau) \, d\tau}_{\omega \text{ 的偶函数}} + \right.$$

$$\left. i \underbrace{\int_{-\infty}^{+\infty} f(\tau) \sin\omega(t-\tau) \, d\tau}_{\omega \text{ 的奇函数}} \right] d\omega$$

$$= \frac{1}{\pi} \int_{0}^{+\infty} \left[\int_{-\infty}^{+\infty} f(\tau) \cos\omega(t-\tau) \, d\tau \right] d\omega.$$

于是得到傅里叶积分公式的三角形式:

$$f(t) = \frac{1}{\pi} \int_{0}^{+\infty} \left[\int_{-\infty}^{+\infty} f(\tau) \cos\omega(t-\tau) \, d\tau \right] d\omega.$$

若函数 $f(t)$ 是偶函数, 则函数 $f(t)\cos\omega t$ 是 t 的偶函数, 函数 $f(t)\sin\omega t$ 是 t 的奇函数, 函数

$$F(\omega) = \int_{-\infty}^{+\infty} f(t) e^{-i\omega t} \, dt = 2 \int_{0}^{+\infty} f(t) \cos\omega t \, dt$$

也是偶函数, 从而得到傅里叶余弦变换和傅里叶余弦积分公式:

$$f(t) = \frac{2}{\pi} \int_{0}^{+\infty} F_c(\omega) \cos\omega t \, d\omega,$$

其中

$$F_c(\omega) = \int_{0}^{+\infty} f(t) \cos\omega t \, dt.$$

类似地, 若函数 $f(t)$ 是奇函数, 则有傅里叶正弦变换和傅里叶正弦积分公式:

$$f(t) = \frac{2}{\pi} \int_{0}^{+\infty} F_s(\omega) \sin\omega t \, d\omega,$$

其中

$$F_s(\omega) = \int_{0}^{+\infty} f(\tau) \sin\omega\tau \, d\tau.$$

3. 傅里叶变换计算举例

【例 7.4】 求矩形脉冲数 $f(t) = \begin{cases} 1/2, & |t| \leqslant 1, \\ 0, & |t| > 1 \end{cases}$ 的傅里叶变换.

解: 由于函数 $f(t)$ 是偶函数, 因此

$$
\begin{aligned}
F(\omega) = \mathscr{F}[f(t)] &= \int_{-\infty}^{+\infty} f(t)\mathrm{e}^{-\mathrm{i}\omega t}\,\mathrm{d}t \\
&= 2\int_0^{+\infty} f(t)\cos\omega t\,\mathrm{d}t \\
&= \int_0^1 \cos\omega t\,\mathrm{d}t = \frac{\sin\omega}{\omega}.
\end{aligned}
$$

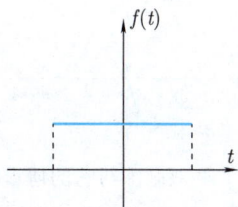

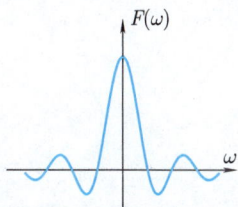

我们将它的傅里叶变换称为 sinc 函数 $\mathrm{sinc}(x) = \dfrac{\sin x}{x}$, 如图 7.3 所示. 注意到它是偶函数, 由傅里叶积分公式, 可知

$$
\begin{aligned}
f(t) = \mathscr{F}^{-1}[F(\omega)] &= \frac{1}{2\pi}\int_{-\infty}^{+\infty} F(\omega)\mathrm{e}^{\mathrm{i}\omega t}\,\mathrm{d}\omega \\
&= \frac{1}{\pi}\int_0^{+\infty} \frac{\sin\omega\cos\omega t}{\omega}\,\mathrm{d}\omega.
\end{aligned}
$$

图 7.3 矩形脉冲与 sinc 函数

当 $t = \pm 1$ 时, 左侧应替换为 $\dfrac{f(t^+) + f(t^-)}{2} = \dfrac{1}{4}$. 由此可得

$$
\int_0^{+\infty} \frac{\sin\omega\cos\omega t}{\omega}\,\mathrm{d}\omega = \begin{cases} \pi/2, & |t| < 1, \\ \pi/4, & |t| = 1, \\ 0, & |t| > 1. \end{cases}
$$

特别地, 我们可以得到狄利克雷积分 $\displaystyle\int_0^{+\infty} \frac{\sin\omega}{\omega}\,\mathrm{d}\omega = \frac{\pi}{2}$.

由对称性质可知

$$
\mathscr{F}[\mathrm{sinc}(t)] = \begin{cases} \pi, & |\omega| < 1, \\ \pi/2, & |\omega| = 1, \\ 0, & |\omega| > 1. \end{cases}
$$

【例 7.5】 求双脉冲 $f(t) = \begin{cases} 1, & t \in (0,1), \\ -1, & t \in (-1,0), \\ 0, & \text{其他情形} \end{cases}$ 的傅里叶变换.

解: 如图 7.4 所示, 由于函数 $f(t)$ 是奇函数, 因此

$$F(\omega) = \mathscr{F}[f(t)] = \int_{-\infty}^{+\infty} f(t) \mathrm{e}^{-\mathrm{i}\omega t}\, \mathrm{d}t = 2\mathrm{i} \int_0^{+\infty} f(t) \sin \omega t\, \mathrm{d}t$$

$$= 2\mathrm{i} \int_0^1 \sin \omega t\, \mathrm{d}t = -\frac{2\mathrm{i}(1 - \cos \omega)}{\omega}.$$

与例 7.4 类似可得

$$\int_0^{+\infty} \frac{(1 - \cos \omega) \sin \omega t}{\omega}\, \mathrm{d}\omega = \begin{cases} \pi/2, & 0 < t < 1, \\ \pi/4, & t = 1, \\ 0, & t > 1. \end{cases}$$

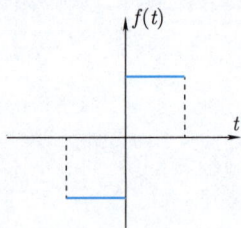

图 7.4 双脉冲与它的傅里叶
变换

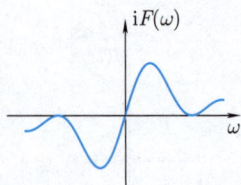

【例 7.6】 求指数衰减函数 $f(t) = \begin{cases} 0, & t < 0, \\ \mathrm{e}^{-\beta t}, & t \geqslant 0 \end{cases}$ 的傅里叶变
换, 其中 $\beta > 0$.

解: 如图 7.5 所示, 由定义可知

$$F(\omega) = \mathscr{F}[f(t)] = \int_{-\infty}^{+\infty} f(t) \mathrm{e}^{-\mathrm{i}\omega t}\, \mathrm{d}t = \int_0^{+\infty} \mathrm{e}^{-\beta t} \mathrm{e}^{-\mathrm{i}\omega t}\, \mathrm{d}t$$

$$= \int_0^{+\infty} \mathrm{e}^{-(\beta + \mathrm{i}\omega)t}\, \mathrm{d}t = -\frac{1}{\beta + \mathrm{i}\omega} \mathrm{e}^{-(\beta + \mathrm{i}\omega)t} \Big|_0^{+\infty} = \frac{1}{\beta + \mathrm{i}\omega}.$$

这里, 当 $t \to +\infty$ 时, $|\mathrm{e}^{-(\beta + \mathrm{i}\omega)t}| = \mathrm{e}^{-\beta t} \to 0$.

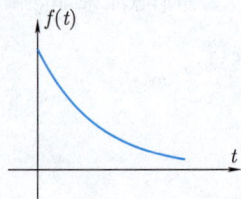

图 7.5 指数衰减函数与它的
傅里叶变换

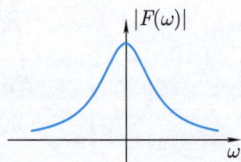

不难看出, 对于 $\operatorname{Re} \beta > 0$ 的情形, 也有相同的傅里叶变换形式. 由傅里叶积分公式, 可知

$$f(t) = \frac{1}{2\pi} \int_{-\infty}^{+\infty} \frac{1}{\beta + \mathrm{i}\omega} \mathrm{e}^{\mathrm{i}\omega t}\, \mathrm{d}\omega$$

$$= \frac{1}{2\pi} \int_{-\infty}^{+\infty} \frac{\beta \cos \omega t + \omega \sin \omega t}{\beta^2 + \omega^2}\, \mathrm{d}\omega$$

$$= \frac{1}{\pi} \int_0^{+\infty} \frac{\beta \cos \omega t + \omega \sin \omega t}{\beta^2 + \omega^2}\, \mathrm{d}\omega.$$

当 $t = 0$ 时, 左侧应替换为 $\dfrac{f(0^+) + f(0^-)}{2} = \dfrac{1}{2}$. 由此可得

$$\int_0^{+\infty} \frac{\beta \cos \omega t + \omega \sin \omega t}{\beta^2 + \omega^2}\, \mathrm{d}\omega = \begin{cases} 0, & t < 0, \\ \pi/2, & t = 0, \\ \pi \mathrm{e}^{-\beta t}, & t > 0. \end{cases}$$

【例 7.7】 求钟形脉冲函数 $f(t) = \mathrm{e}^{-\beta t^2}$ 的傅里叶变换, 其中 $\beta > 0$.

解: 由定义和式 (5.2) 可知

$$F(\omega) = \mathscr{F}[f(t)] = \int_{-\infty}^{+\infty} f(t)\mathrm{e}^{-\mathrm{i}\omega t}\,\mathrm{d}t$$

$$= \int_{-\infty}^{+\infty} \mathrm{e}^{-\beta t^2}\mathrm{e}^{-\mathrm{i}\omega t}\,\mathrm{d}t$$

$$= 2\int_{0}^{+\infty} \mathrm{e}^{-\beta t^2}\cos\omega t\,\mathrm{d}t = \sqrt{\frac{\pi}{\beta}}\mathrm{e}^{-\frac{\omega^2}{4\beta}}.$$

7.1.4 狄拉克 δ 函数

傅里叶变换存在的条件是比较苛刻的. 例如, 常值函数 $f(t)=1$ 在区间 $(-\infty, +\infty)$ 上不是绝对可积的, 所以它没有傅里叶变换, 这很影响我们使用傅里叶变换. 为此, 我们引入广义函数的概念.

设 $\mathscr{S}$ 是由一些函数构成的线性空间. 对于傅里叶变换理论, 我们取所有任意阶可导函数 $f(t)$, 且满足对任意非负整数 m, n, $\lim_{t\to\infty} f^{(m)}(t)t^n = 0$. 设函数 $\lambda(t)$ 是局部可积缓增函数, 也就是说, 它在任一有限区间上可积, 且存在 n, 使得 $\lim_{t\to\infty}\lambda(t)t^{-n}=0$. 那么对任意函数 $f(t)\in\mathscr{S}$, 函数 $\lambda(t)f(t)$ 是绝对可积的, 从而我们可以定义一个线性映射

$$\mathscr{S}\longrightarrow \mathbb{R}$$
$$f(t)\longmapsto \langle\lambda, f\rangle := \int_{-\infty}^{+\infty}\lambda(t)f(t)\,\mathrm{d}t. \tag{7.2}$$

反过来, 这个线性映射也 "几乎处处" 确定了函数 $\lambda(t)$ 本身.

广义函数就是指一个线性映射 $T:\mathscr{S}\to\mathbb{R}$. 为了和普通函数类比, 常常也将广义函数写成上述积分或配对形式:

$$T(f) = \int_{-\infty}^{+\infty}\lambda(t)f(t)\,\mathrm{d}t = \langle\lambda, f\rangle.$$

注意这里并不是真正的积分, 只是一种记号上的约定, $\lambda(t)$ 也并不是一个真正的函数.

每一个局部可积缓增函数 $\lambda(t)$ 都可以通过式 (7.2) 看作是一个广义函数.

"几乎处处" 是指若修改函数 $\lambda(t)$ 在一个零测集上的函数值, 则对应的线性映射不会改变. 若对任意 $\varepsilon > 0$, 集合 S 可以被包含在至多可数个总长度为 ε 的区间中, 则称集合 S 是一个零测集.

严格来说应该称之为缓增广义函数, 也叫缓增分布. 此外, 映射 T 还要求是连续的, 即对于任意非负整数 m, n 和任意 $\varepsilon > 0$, 存在 $\delta > 0$, 使得: 若对于任意 x, 均有 $|f^{(m)}(x)x^n - g^{(m)}(x)x^n| < \delta$, 则 $|T(f)-T(g)| < \varepsilon$.

狄拉克 δ 函数又名**单位脉冲函数**或**单位冲激函数**.

定义 7.6

狄拉克 δ 函数 是指广义函数

$$\langle \delta, f \rangle = \int_{-\infty}^{+\infty} \delta(t) f(t)\, \mathrm{d}t = f(0).$$

可以证明, 不存在局部可积缓增函数 $\lambda(t)$ 使得 $\langle \lambda, f \rangle = f(0)$. 也就是说, δ 函数不可能是真正的函数.

设

$$\delta_\varepsilon(t) = \begin{cases} 1/\varepsilon, & 0 \leqslant t \leqslant \varepsilon, \\ 0, & \text{其他情形,} \end{cases}$$

若

$$\lim_{\varepsilon \to 0} \langle \lambda_\varepsilon, f \rangle = \langle \lambda, f \rangle,$$

则称 λ 是 λ_ε 当 $\varepsilon \to 0$ 时的**弱极限**.

则

$$\langle \delta_\varepsilon, f \rangle = \frac{1}{\varepsilon} \int_0^\varepsilon f(t)\, \mathrm{d}t = f(\xi), \quad \xi \in (0, \varepsilon).$$

当 $\varepsilon \to 0$ 时, 右侧就趋于 $f(0)$. 因此, δ 可以看成 δ_ε 的弱极限.

通常用长度为 1 的向上有向线段来表示它, 而用长度为 k 的向上有向线段表示 $k\delta(t)$, 长度为 k 的向下有向线段表示 $-k\delta(t)$, 如图 7.6 所示.

对于广义函数 λ, 仿照函数积分的性质, 我们定义

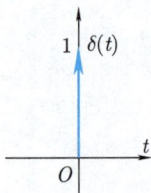

图 7.6 δ 函数

$$\langle \lambda(t - t_0), f \rangle = \int_{-\infty}^{+\infty} \lambda(t - t_0) f(t)\, \mathrm{d}t := \int_{-\infty}^{+\infty} \lambda(t) \cdot f(t + t_0)\, \mathrm{d}t,$$

$$\langle \lambda(at), f \rangle = \int_{-\infty}^{+\infty} \lambda(at) f(t)\, \mathrm{d}t := \int_{-\infty}^{+\infty} \lambda(t) \cdot \frac{1}{|a|} f\left(\frac{t}{a}\right) \mathrm{d}t,$$

$$\langle \lambda', f \rangle = \int_{-\infty}^{+\infty} \lambda'(t) f(t)\, \mathrm{d}t := -\int_{-\infty}^{+\infty} \lambda(t) f'(t)\, \mathrm{d}t.$$

显然 $\displaystyle\int_{-\infty}^{+\infty} \delta(t - t_0) f(t)\, \mathrm{d}t = f(t_0)$.

定理 7.7

δ 函数满足如下性质:

(1) **筛选性质**: $f(t)\delta(t - t_0) = f(t_0)\delta(t - t_0)$.

(2) $\delta(at) = \dfrac{1}{|a|}\delta(t)$. 特别地, $\delta(t) = \delta(-t)$.

(3) $\langle \delta^{(n)}, f \rangle = (-1)^n f^{(n)}(0)$.

(4) $u'(t) = \delta(t)$, 其中 $u(t) = \begin{cases} 1, & t \geqslant 0, \\ 0, & t < 0 \end{cases}$ 是**单位阶跃函数**.

单位阶跃函数又名**赫维赛德函数**.

证明: (1) 这是因为

$$\int_{-\infty}^{+\infty} \delta(t-t_0)f(t)\cdot g(t)\,\mathrm{d}t = f(t_0)g(t_0)$$
$$= \int_{-\infty}^{+\infty} \delta(t-t_0)f(t_0)\cdot g(t)\,\mathrm{d}t.$$

(2) 这是因为

$$\int_{-\infty}^{+\infty} \delta(at)f(t)\,\mathrm{d}t = \int_{-\infty}^{+\infty} \delta(t)\cdot\frac{1}{|a|}f\left(\frac{t}{a}\right)\mathrm{d}t = \frac{1}{|a|}f(0).$$

(3) 这是因为

$$\int_{-\infty}^{+\infty} \delta^{(n)}(t)f(t)\,\mathrm{d}t = -\int_{-\infty}^{+\infty} \delta^{(n-1)}(t)f'(t)\,\mathrm{d}t = \cdots$$
$$= (-1)^n \int_{-\infty}^{+\infty} \delta(t)f^{(n)}(t)\,\mathrm{d}t$$
$$= (-1)^n f^{(n)}(0).$$

(4) 由于 $\lim\limits_{t\to\infty} f(t) = 0$, 因此

$$\int_{-\infty}^{+\infty} u'(t)f(t)\,\mathrm{d}t = -\int_{-\infty}^{+\infty} u(t)f'(t)\,\mathrm{d}t = -\int_{0}^{+\infty} f'(t)\,\mathrm{d}t$$
$$= -f(t)\big|_0^{+\infty} = f(0).$$

δ 函数并非通常的函数, 自然也无法定义傅里叶变换. 对于 $f(t)\in\mathscr{S}$ 以及普通函数 λ, 我们发现

$$\langle\mathscr{F}[\lambda], f\rangle = \int_{-\infty}^{+\infty}\int_{-\infty}^{+\infty} \lambda(t)\mathrm{e}^{-\mathrm{i}\omega t}\,\mathrm{d}t f(\omega)\,\mathrm{d}\omega$$
$$= \int_{-\infty}^{+\infty} \lambda(t)\int_{-\infty}^{+\infty} \mathrm{e}^{-\mathrm{i}\omega t}f(\omega)\,\mathrm{d}\omega\,\mathrm{d}t = \langle\lambda, \mathscr{F}[f]\rangle.$$

从而我们可以按如下方式定义广义函数的广义傅里叶变换:

$$\langle\mathscr{F}[\lambda], f\rangle = \langle\lambda, \mathscr{F}[f]\rangle.$$

于是

$$\langle\mathscr{F}[\delta], f\rangle - \langle\delta, \mathscr{F}[f]\rangle = \mathscr{F}[f](0) = \int_{-\infty}^{+\infty} f(t)\,\mathrm{d}t = \langle 1, f\rangle,$$

即 $\mathscr{F}[\delta] = 1$. 我们也可以直接从 δ 函数的定义得到

$$\mathscr{F}[\delta(t)] = \int_{-\infty}^{+\infty} \delta(t)\mathrm{e}^{-\mathrm{i}\omega t}\,\mathrm{d}t = \mathrm{e}^{-\mathrm{i}\omega t}\big|_{t=0} = 1.$$

以后我们将省略 "广义" 二字. 同理可得其傅里叶逆变换.

> **定理 7.8**
>
> $$\mathscr{F}[\delta(t)] = 1, \qquad \mathscr{F}^{-1}[\delta(\omega)] = \frac{1}{2\pi}.$$

【例 7.8】 求证: $\mathscr{F}[u(t)] = \dfrac{1}{\mathrm{i}\omega} + \pi\delta(\omega)$.

证明: 由定义, 可知

$$\mathscr{F}^{-1}\left(\frac{1}{\mathrm{i}\omega}\right) = \frac{1}{2\pi}\int_{-\infty}^{+\infty}\frac{\mathrm{e}^{\mathrm{i}\omega t}}{\mathrm{i}\omega}\,\mathrm{d}\omega = \frac{1}{\pi}\int_{0}^{+\infty}\frac{\sin\omega t}{\omega}\,\mathrm{d}\omega.$$

通过变量替换, 不难从 $\displaystyle\int_{0}^{+\infty}\frac{\sin\omega}{\omega}\,\mathrm{d}\omega = \frac{\pi}{2}$ 得到

$$\int_{0}^{+\infty}\frac{\sin\omega t}{\omega}\,\mathrm{d}\omega = \frac{\pi}{2}\operatorname{sgn}(t).$$

故

$$\mathscr{F}^{-1}\left[\frac{1}{\mathrm{i}\omega} + \pi\delta(\omega)\right] = \frac{1}{2}\operatorname{sgn}(t) + \frac{1}{2} = u(t) \quad (t \neq 0).$$

7.1.5　傅里叶变换的性质

我们不可能也没必要每次都对需要变换的函数从定义出发计算傅里叶变换. 通过研究傅里叶变换的性质, 结合常见函数的傅里叶变换, 我们可以得到很多情形的傅里叶变换.

本节中总记 $\mathscr{F}[f] = F, \mathscr{F}[g] = G$. 由于积分本身具有线性性质, 因此, 积分变换也都满足线性性质.

> **定理 7.9 (线性性质)**
>
> 对于任意常数 α 和 β, 有
>
> $$\mathscr{F}[\alpha f + \beta g] = \alpha F + \beta G, \quad \mathscr{F}^{-1}[\alpha F + \beta G] = \alpha f + \beta g.$$

1.　位移性质

> **定理 7.10 (位移性质)**
>
> $$\mathscr{F}[f(t - t_0)] = \mathrm{e}^{-\mathrm{i}\omega t_0}F(\omega), \quad \mathscr{F}^{-1}[F(\omega - \omega_0)] = \mathrm{e}^{\mathrm{i}\omega_0 t}f(t).$$

由于傅里叶变换反映的是各个频率的 "线性组合系数", 而函数 $\mathrm{e}^{\mathrm{i}\omega_0 t}f(t)$ 是函数 $f(t)$ 各个频率增加 ω_0, 因此, 函数 $\mathrm{e}^{\mathrm{i}\omega_0 t}f(t)$ 的傅里叶变换图像自然就是函数 $f(t)$ 的傅里叶变换图像向右平移 ω_0.

证明： 由变量替换可知

$$\mathscr{F}[f(t-t_0)] = \int_{-\infty}^{+\infty} f(t-t_0)\mathrm{e}^{-\mathrm{i}\omega t}\,\mathrm{d}t$$

$$= \int_{-\infty}^{+\infty} f(t)\mathrm{e}^{-\mathrm{i}\omega(t+t_0)}\,\mathrm{d}t = \mathrm{e}^{-\mathrm{i}\omega t_0}F(\omega).$$

逆变换情形类似可得.

由此可得

$$\mathscr{F}[\delta(t-t_0)] = \mathrm{e}^{-\mathrm{i}\omega t_0}, \quad \mathscr{F}^{-1}[\delta(\omega-\omega_0)] = \frac{1}{2\pi}\mathrm{e}^{\mathrm{i}\omega_0 t}.$$

【例 7.9】 求函数 $\sin\omega_0 t$ 的傅里叶变换.

解： 由于

$$\mathscr{F}[\mathrm{e}^{\mathrm{i}\omega_0 t}] = 2\pi\delta(\omega-\omega_0),$$

因此

$$\mathscr{F}[\sin\omega_0 t] = \frac{1}{2\mathrm{i}}\left(\mathscr{F}[\mathrm{e}^{\mathrm{i}\omega_0 t}] - \mathscr{F}[\mathrm{e}^{-\mathrm{i}\omega_0 t}]\right)$$

$$= \frac{1}{2\mathrm{i}}\left[2\pi\delta(\omega-\omega_0) - 2\pi\delta(\omega+\omega_0)\right]$$

$$= \mathrm{i}\pi\left[\delta(\omega+\omega_0) - \delta(\omega-\omega_0)\right].$$

同理可得

$$\mathscr{F}[\cos\omega_0 t] = \pi\left[\delta(\omega+\omega_0) + \delta(\omega-\omega_0)\right].$$

我们作此汇总：

> **与 δ 函数有关的傅里叶变换汇总**
>
> (1) $\mathscr{F}[\delta(t)] = 1$, $\mathscr{F}[\delta(t-t_0)] = \mathrm{e}^{-\mathrm{i}\omega t_0}$;
> (2) $\mathscr{F}[1] = 2\pi\delta(\omega)$, $\mathscr{F}[\mathrm{e}^{\mathrm{i}\omega_0 t}] = 2\pi\delta(\omega-\omega_0)$;
> (3) $\mathscr{F}[\sin\omega_0 t] = \mathrm{i}\pi[\delta(\omega+\omega_0) - \delta(\omega-\omega_0)]$;
> (4) $\mathscr{F}[\cos\omega_0 t] = \pi[\delta(\omega+\omega_0) + \delta(\omega-\omega_0)]$;
> (5) $\mathscr{F}[u(t)] = \dfrac{1}{\mathrm{i}\omega} + \pi\delta(\omega)$.

练习 7.1

求函数 $\mathrm{i}\cos\omega_0 t + \sin\omega_0 t$ 的傅里叶变换.

2. 微分性质和积分性质

> **定理 7.11 (微分性质)**
>
> 若函数 $f(t)$ 在区间 $(-\infty, +\infty)$ 至多有有限多个点处不可导, 且
>
> $$\lim_{t\to\infty} f(t) = 0,$$
>
> 则
>
> $$\mathscr{F}[f'(t)] = \mathrm{i}\omega F(\omega), \qquad \mathscr{F}^{-1}[F'(\omega)] = -\mathrm{i}t f(t).$$
>
> 一般地, 若对于 $k = 0, 1, \cdots, n-1$, 函数 $f^{(k)}(t)$ 均在区间 $(-\infty, +\infty)$ 至多有有限多个点处不可导, 且 $\lim\limits_{t\to\infty} f^{(k)}(t) = 0$, 则
>
> $$\mathscr{F}[f^{(n)}(t)] = (\mathrm{i}\omega)^n F(\omega), \quad \mathscr{F}^{-1}[F^{(n)}(\omega)] = (-\mathrm{i}t)^n f(t).$$

证明: 由分部积分, 可知

$$\begin{aligned}
\mathscr{F}[f'] &= \int_{-\infty}^{+\infty} f'(t) \mathrm{e}^{-\mathrm{i}\omega t}\,\mathrm{d}t \\
&= f(t)\mathrm{e}^{-\mathrm{i}\omega t}\Big|_{-\infty}^{+\infty} - \int_{-\infty}^{+\infty} f(t)\frac{\mathrm{d}\mathrm{e}^{-\mathrm{i}\omega t}}{\mathrm{d}t}\,\mathrm{d}t \\
&= \mathrm{i}\omega \int_{-\infty}^{+\infty} f(t)\mathrm{e}^{-\mathrm{i}\omega t}\,\mathrm{d}t = \mathrm{i}\omega F(\omega),
\end{aligned}$$

这里, 当 $t \to \infty$ 时, $|f(t)\mathrm{e}^{-\mathrm{i}\omega t}| = |f(t)| \to 0$.

逆变换情形类似可得.

n 阶导数情形由归纳可得.

若
$$\lim_{t\to +\infty} f(t) = A,$$
$$\lim_{t\to -\infty} f(t) = B,$$
则 $\mathscr{F}[f'(t)] = \mathrm{i}\omega[F(\omega) - (A + B)\pi\delta(\omega)]$.

如果没有 $\lim\limits_{t\to\infty} f(t) = 0$ 这一条件, 那么该结论未必成立.

由微分性质自然得到函数乘多项式之后的傅里叶变换:

$$\mathscr{F}[tf(t)] = \mathrm{i}F'(\omega), \qquad \mathscr{F}^{-1}[\omega F(\omega)] = -\mathrm{i}f'(t),$$

$$\mathscr{F}[t^k f(t)] = \mathrm{i}^k F^{(k)}(\omega), \qquad \mathscr{F}^{-1}[\omega^k F(\omega)] = (-\mathrm{i})^k f^{(k)}(t).$$

【**例 7.10**】 求函数 $t^k \mathrm{e}^{-\beta t} u(t)$ 的傅里叶变换, 其中 $\beta > 0$.

解: 由于

$$\mathscr{F}[\mathrm{e}^{-\beta t} u(t)] = \frac{1}{\beta + \mathrm{i}\omega},$$

因此

$$\mathscr{F}[t^k \mathrm{e}^{-\beta t} u(t)] = \mathrm{i}^k \left(\frac{1}{\beta + \mathrm{i}\omega}\right)^{(k)} = \frac{k!}{(\beta + \mathrm{i}\omega)^{k+1}}.$$

> **练习 7.2**
>
> 函数 $f(t) = \delta'(t)$ 的傅里叶变换为 $F(\omega) = \underline{\qquad}$.

定理 7.12 (积分性质)

我们有

$$\mathscr{F}\left(\int_{-\infty}^{t} f(\tau)\,\mathrm{d}\tau\right) = \frac{1}{\mathrm{i}\omega}F(\omega) + \pi F(0)\delta(\omega),$$

$$= \frac{1}{\mathrm{i}\omega}F(\omega) + \pi\delta(\omega)\int_{-\infty}^{+\infty} f(t)\,\mathrm{d}t.$$

其中 $F(0) = \displaystyle\int_{-\infty}^{+\infty} f(t)\,\mathrm{d}t.$

证明: 设

$$g(t) = \int_{-\infty}^{t} f(\tau)\,\mathrm{d}\tau - F(0)u(t),$$

则

$$g'(t) = f(t) - F(0)\delta(t)$$

且 $\displaystyle\lim_{t\to\infty} g(t) = 0.$ 由微分性质, 可知 $\mathscr{F}[g'(t)] = \mathrm{i}\omega G(\omega).$ 从而

$$G(\omega) = \frac{1}{\mathrm{i}\omega}\mathscr{F}[g'(t)] = \frac{1}{\mathrm{i}\omega}\big[F(\omega) - F(0)\big].$$

再由例 7.8, 可得

$$\mathscr{F}\left[\int_{-\infty}^{t} f(\tau)\,\mathrm{d}\tau\right] = G(\omega) + F(0)\mathscr{F}[u(t)]$$

$$= \frac{1}{\mathrm{i}\omega}\big[F(\omega) - F(0)\big] + F(0)\left[\frac{1}{\mathrm{i}\omega} + \pi\delta(\omega)\right]$$

$$= \frac{1}{\mathrm{i}\omega}F(\omega) + \pi F(0)\delta(\omega).$$

傅里叶变换的微分性质和积分性质可以将微积分方程转化为象函数的代数方程, 从而可用于解微积分方程.

3. 相似性质

由变量替换易得

定理 7.13 (相似性质)

$$\mathscr{F}[f(at)] = \frac{1}{|a|}F\left(\frac{\omega}{a}\right), \quad \mathscr{F}^{-1}[F(a\omega)] = \frac{1}{|a|}f\left(\frac{t}{a}\right).$$

由例 7.10 和相似性质, 不难知道

$$\mathscr{F}^{-1}\left[\frac{1}{(\omega-\omega_0)^k}\right] = \begin{cases} \mathrm{i}\dfrac{(\mathrm{i}t)^{k-1}}{(k-1)!}\mathrm{e}^{\mathrm{i}\omega_0 t}u(t), & \operatorname{Im}\omega_0 > 0; \\[2mm] -\mathrm{i}\dfrac{(\mathrm{i}t)^{k-1}}{(k-1)!}\mathrm{e}^{\mathrm{i}\omega_0 t}u(-t), & \operatorname{Im}\omega_0 < 0. \end{cases} \qquad (7.3)$$

由对称性质, 可知

$$\mathscr{F}\left[\frac{1}{(t-t_0)^k}\right] = \begin{cases} -2\pi i \dfrac{(-i\omega)^{k-1}}{(k-1)!} e^{-i\omega t_0} u(\omega), & \operatorname{Im} t_0 < 0, \\[3mm] 2\pi i \dfrac{(-i\omega)^{k-1}}{(k-1)!} e^{-i\omega t_0} u(-\omega), & \operatorname{Im} t_0 > 0. \end{cases} \tag{7.4}$$

以上公式右侧在 0 处的值都需要改为左、右极限的平均值. 设 $f(z)$ 是有理函数, 分母的次数大于分子的次数, 且分母没有实根. 那么函数 $f(z)$ 可以拆分为部分分式之和, 从而可求得其傅里叶变换和傅里叶逆变换.

4. 周期函数的傅里叶变换

我们来看傅里叶变换与傅里叶级数之间的联系.

【例 7.11】 设 $\mathscr{F}[f(t)] = F(\omega)$, 求函数

$$g(t) = \sum_{n=-\infty}^{+\infty} f(t+nT)$$

的傅里叶变换.

解: 显然 $g(t)$ 是一个周期为 T 的函数. 设 $\omega_0 = \dfrac{2\pi}{T}$. 由于函数 $g(t)$ 的傅里叶展开系数为

$$c_n = \frac{1}{T}\int_{-\frac{T}{2}}^{\frac{T}{2}} f(t)e^{-in\omega_0 t}\,\mathrm{d}t = \frac{1}{T}F(n\omega_0),$$

因此

$$g(t) = \frac{1}{T}\sum_{n=-\infty}^{+\infty} F(n\omega_0)e^{in\omega_0 t}.$$

当 t 是间断点时, 等式左侧修改为 $\dfrac{g(t^+)+g(t^-)}{2}$. 从而可得

$$G(\omega) = \mathscr{F}[g(t)] = \frac{2\pi}{T}\sum_{n=-\infty}^{+\infty} F(n\omega_0)\delta(n-n\omega_0).$$

由此可知, 函数 $f(t)$ 的周期扩展 $g(t)$ 的傅里叶变换是一系列脉冲函数的组合, 而各个脉冲的强度正是由函数 $F(\omega)$ 所决定. 例如, 矩形脉冲函数作周期扩展后得到通断比为 $\dfrac{1}{2}$ 的方波信号, 它的傅里叶变换就是一系列脉冲函数的组合, 各个脉冲函数的强度为脉冲函数所在位置的辛克函数值的 $\dfrac{2\pi}{T}$ 倍. 如图 7.7 所示.

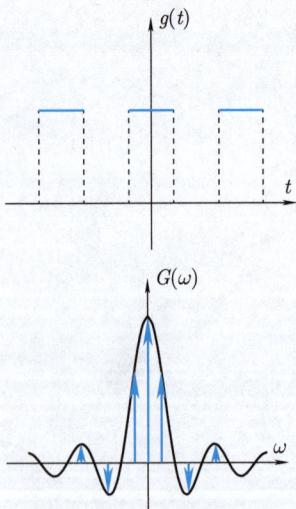

图 **7.7** 周期函数的傅里叶变换

7.1.6　傅里叶变换的应用

1.　乘积定理

> **定理 7.14 (乘积定理)**
>
> 若 $\mathscr{F}[f(t)] = F(\omega), \mathscr{F}[g(t)] = G(\omega)$, 则
>
> $$\int_{-\infty}^{+\infty} f(t)\overline{g(t)}\,\mathrm{d}t = \frac{1}{2\pi}\int_{-\infty}^{+\infty} F(\omega)\overline{G(\omega)}\,\mathrm{d}\omega.$$
>
> 特别地,
>
> $$\int_{-\infty}^{+\infty} |f(t)|^2\,\mathrm{d}t = \frac{1}{2\pi}\int_{-\infty}^{+\infty} |F(\omega)|^2\,\mathrm{d}\omega.$$

此即

$$(F, G) = 2\pi(f, g).$$

也就是说, $\dfrac{1}{\sqrt{2\pi}}\mathscr{F}$ 是正交变换, 它保持了函数的内积不变.

证明: 由

$$
\begin{aligned}
\int_{-\infty}^{+\infty} f(t)\overline{g(t)}\,\mathrm{d}t &= \frac{1}{2\pi}\int_{-\infty}^{+\infty}\int_{-\infty}^{+\infty} F(\omega)\mathrm{e}^{\mathrm{i}\omega t}\,\mathrm{d}\omega\,\overline{g(t)}\,\mathrm{d}t \\
&= \frac{1}{2\pi}\int_{-\infty}^{+\infty} F(\omega)\overline{\int_{-\infty}^{+\infty} g(t)\mathrm{e}^{-\mathrm{i}\omega t}\,\mathrm{d}t}\,\mathrm{d}\omega \\
&= \frac{1}{2\pi}\int_{-\infty}^{+\infty} F(\omega)\overline{G(\omega)}\,\mathrm{d}\omega
\end{aligned}
$$

得到.

【例 7.12】 计算积分 $\displaystyle\int_{-\infty}^{+\infty} \frac{\sin^4 x}{x^2}\,\mathrm{d}x$.

解: 由例 7.5 可知函数

$$f(t) = \begin{cases} 1, & t \in (0,1), \\ -1, & t \in (-1,0), \\ 0, & \text{其他情形} \end{cases}$$

的傅里叶变换为

$$F(\omega) = -2\mathrm{i}\frac{1 - \cos\omega}{\omega}.$$

因此

$$
\begin{aligned}
\int_{-\infty}^{+\infty} \frac{\sin^4 x}{x^2}\,\mathrm{d}x &= \frac{1}{2}\int_{-\infty}^{+\infty}\left(\frac{1 - \cos 2x}{2x}\right)^2\,\mathrm{d}(2x) = \frac{1}{8}\int_{-\infty}^{+\infty} |F(\omega)|^2\,\mathrm{d}\omega \\
&= \frac{1}{8}\times 2\pi\int_{-\infty}^{+\infty} |f(t)|^2\,\mathrm{d}t = \frac{\pi}{4}\int_{-1}^{1}\,\mathrm{d}t = \frac{\pi}{2}.
\end{aligned}
$$

----

2. 泊松求和公式

> **定理 7.15 (泊松求和公式)**
>
> 若 $\mathscr{F}[f(t)] = F(\omega)$, 则
>
> $$\sum_{n=-\infty}^{+\infty} f(n) = \sum_{n=-\infty}^{+\infty} F(2\pi n).$$
>
> 若 n 是函数 $f(t)$ 的间断点, 则 $f(n)$ 需要修改为 $\dfrac{f(n^+) + f(n^-)}{2}$.

证明: 设函数

$$g(t) = \sum_{n=-\infty}^{+\infty} f(t+n).$$

由例 7.11 的计算过程可知

$$g(t) = \sum_{n=-\infty}^{+\infty} F(2\pi n)\mathrm{e}^{2\pi\mathrm{i}nt}.$$

令 $t = 0$ 即得.

【例 7.13】 计算级数 $\displaystyle\sum_{n=-\infty}^{+\infty} \frac{1}{n^2+1}$.

解: 由式 (7.4), 可知函数 $f(t) = \dfrac{1}{t^2+1}$ 的傅里叶变换为

$$\begin{aligned}
\mathscr{F}[f(t)] &= \frac{\mathrm{i}}{2}\mathscr{F}\left[\frac{1}{t+\mathrm{i}} - \frac{1}{t-\mathrm{i}}\right] \\
&= \frac{\mathrm{i}}{2}\left[-2\pi\mathrm{i}\mathrm{e}^{-\omega}u(\omega) - 2\pi\mathrm{i}\mathrm{e}^{\omega}u(-\omega)\right] \\
&= \pi\mathrm{e}^{-|\omega|}.
\end{aligned}$$

这里注意第二个等式右侧在 $\omega = 0$ 处的值需要修改为 π. 由泊松求和公式可得

$$\begin{aligned}
\sum_{n=-\infty}^{+\infty} f(n) &= \sum_{n=-\infty}^{+\infty} F(2\pi n) \\
&= \pi + 2\pi\sum_{n=1}^{\infty} \mathrm{e}^{-2\pi n} \\
&= \pi + 2\pi\frac{\mathrm{e}^{-2\pi}}{1-\mathrm{e}^{-2\pi}} = \frac{\pi}{\mathrm{th}\,\pi}.
\end{aligned}$$

----

3. 卷积

定义 7.16

函数 $f_1(t)$ 和 $f_2(t)$ 的 卷积 是指函数

$$(f_1 * f_2)(t) = \int_{-\infty}^{+\infty} f_1(\tau) f_2(t - \tau)\, \mathrm{d}\tau.$$

卷积满足如下重要性质:

定理 7.17 (卷积定理)

若函数 f_1, f_2 的傅里叶变换分别为 F_1, F_2, 则

$$\mathscr{F}[f_1 * f_2] = F_1 \cdot F_2, \qquad \mathscr{F}^{-1}[F_1 * F_2] = \frac{1}{2\pi} f_1 \cdot f_2.$$

证明: 我们有

$$
\begin{aligned}
\mathscr{F}[f_1 * f_2] &= \int_{-\infty}^{+\infty} \int_{-\infty}^{+\infty} f_1(\tau) f_2(t - \tau)\, \mathrm{d}\tau \cdot \mathrm{e}^{-\mathrm{i}\omega t}\, \mathrm{d}t \\
&= \int_{-\infty}^{+\infty} \int_{-\infty}^{+\infty} f_1(\tau) \mathrm{e}^{-\mathrm{i}\omega\tau} \cdot f_2(t - \tau) \mathrm{e}^{-\mathrm{i}\omega(t-\tau)}\, \mathrm{d}t\, \mathrm{d}\tau \\
&= \int_{-\infty}^{+\infty} \int_{-\infty}^{+\infty} f_1(\tau) \mathrm{e}^{-\mathrm{i}\omega\tau} \cdot f_2(t) \mathrm{e}^{-\mathrm{i}\omega t}\, \mathrm{d}t\, \mathrm{d}\tau \\
&= \int_{-\infty}^{+\infty} f_1(\tau) \mathrm{e}^{-\mathrm{i}\omega\tau}\, \mathrm{d}\tau \int_{-\infty}^{+\infty} f_2(t) \mathrm{e}^{-\mathrm{i}\omega t}\, \mathrm{d}t = \mathscr{F}[f_1]\mathscr{F}[f_2].
\end{aligned}
$$

以下卷积的性质可由卷积的定义直接证明:

(1) $f_1 * f_2 = f_2 * f_1$, $(f_1 * f_2) * f_3 = f_1 * (f_2 * f_3)$;

(2) $f_1 * (f_2 + f_3) = f_1 * f_2 + f_1 * f_3$;

(3) $f * \delta = f$;

(4) $(f_1 * f_2)' = f_1' * f_2 = f_1 * f_2'$.

不过, 利用卷积定理可以更容易地理解这些等式. 因为这些等式的傅里叶变换实际上是在说象函数满足乘法交换律、结合律、分配律, 且 $F \cdot 1 = F$, 以及

$$\mathrm{i}\omega(F_1 F_2) = (\mathrm{i}\omega F_1)F_2 = F_1(\mathrm{i}\omega F_2).$$

这里我们用到了 $\mathscr{F}(\delta) = 1$ 以及微分性质.

【**例 7.14**】 设函数 $f_1(t) = u(t)$, $f_2(t) = \mathrm{e}^{-t} u(t)$, 求卷积 $f_1 * f_2$.

解: 由定义可知

$$(f_1 * f_2)(t) = \int_{-\infty}^{+\infty} f_2(\tau) f_1(t - \tau) \, \mathrm{d}\tau = \int_0^{+\infty} \mathrm{e}^{-\tau} u(t - \tau) \, \mathrm{d}\tau.$$

当 $t < 0$ 时, $(f_1 * f_2)(t) = 0$; 当 $t \geqslant 0$ 时,

$$(f_1 * f_2)(t) = \int_0^t \mathrm{e}^{-\tau} \, \mathrm{d}\tau = 1 - \mathrm{e}^{-t}.$$

故 $(f_1 * f_2)(t) = (1 - \mathrm{e}^{-t})u(t)$.

我们来看卷积在广义积分中的一个应用.

【例 7.15】 计算积分 $I = \displaystyle\int_{-\infty}^{+\infty} \frac{\sin \omega}{\omega} \cdot \frac{\sin(\omega/3)}{\omega/3} \, \mathrm{d}\omega$.

解: 设

$$F(\omega) = \mathrm{sinc}(\omega), \qquad G(\omega) = \mathrm{sinc}\left(\frac{\omega}{3}\right).$$

由傅里叶逆变换的定义可知

$$\mathscr{F}^{-1}(FG)(0) = \frac{1}{2\pi} \int_{-\infty}^{+\infty} F(\omega) G(\omega) \mathrm{e}^{\mathrm{i}\omega t} \, \mathrm{d}\omega \Big|_{\omega=0} = \frac{1}{2\pi} I.$$

由例 7.4 可知

$$f(t) = \mathscr{F}^{-1}[F(\omega)] = \begin{cases} 1/2, & |t| < 1, \\ 1/4, & |t| = 1, \\ 0, & |t| > 1. \end{cases}$$

由相似性质可知

$$g(t) = \mathscr{F}^{-1}[G(\omega)] = 3f(3t).$$

由卷积定理可知

$$\begin{aligned} \mathscr{F}^{-1}(FG)(0) &= (f * g)(0) \\ &= \int_{-\infty}^{+\infty} f(-t)g(t) \, \mathrm{d}t \\ &= \frac{1}{2} \int_{-1}^{1} g(t) \, \mathrm{d}t = \frac{1}{2}. \end{aligned}$$

故 $I = 2\pi \mathscr{F}^{-1}(FG)(0) = \pi$.

由卷积的定义可以看出, 函数 $g(t)$ 与函数

$$f_\varepsilon(t) = \begin{cases} 1/(2\varepsilon), & |t| < \varepsilon, \\ 1/(4\varepsilon), & |t| = \varepsilon, \\ 0, & |t| > \varepsilon \end{cases}$$

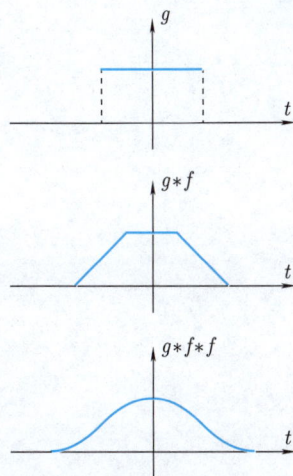

的卷积在 t 处的值

$$(g * f_\varepsilon)(t) = k \int_{-\varepsilon}^{\varepsilon} g(t-\tau)\,\mathrm{d}\tau = k \int_{t-\varepsilon}^{t+\varepsilon} g(\tau)\,\mathrm{d}\tau$$

就是函数 $g(t)$ 在区间 $[t-\varepsilon, t+\varepsilon]$ 上的平均值. 当 ε 很小时, 与函数 f_ε 的卷积没有对函数 $g(t)$ 的图象的形状作很大改变, 但让函数 $g(t)$ 的图象变得更 "平滑" 了, 如图 7.8 所示. 当然, 根据我们的需要可以选择不同的函数与其作卷积, 以对其进行平滑、锐化或边缘检测等操作. 由此可知卷积在信号和图像处理等领域有着重要作用.

图 **7.8** 卷积将函数的图象变平滑

4. 利用傅里叶变换解函数方程

如图 7.9 所示, 利用积分变换解含微分或积分的方程的步骤如下: 对原方程两边同时作积分变换, 将原函数 y 的方程转化为象函数 Y 的代数方程, 解出象函数 Y, 并对其应用积分逆变换得到原函数 y.

事实上在使用微分性质时, 我们对函数 $f(t)$ 本身是有要求的. 在实际应用中, 我们往往先忽略这种要求而利用该性质求得方程的解, 然后有必要的话再验证解的合理性.

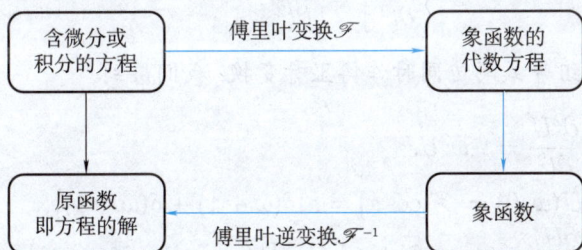

图 **7.9** 使用积分变换解函数方程的步骤

【例 7.16】 解方程 $y'(t) - \displaystyle\int_{-\infty}^{t} y(\tau)\,\mathrm{d}\tau = 2\delta(t)$.

解: 设 $\mathscr{F}[y] = Y$. 对方程两边同时作傅里叶变换, 并由微分性质和积分性质得到

$$\mathrm{i}\omega Y(\omega) - \frac{1}{\mathrm{i}\omega} Y(\omega) - \pi Y(0)\delta(\omega) = 2,$$

$$Y(\omega) = -\frac{\mathrm{i}\omega}{1+\omega^2}\big[2 + \pi Y(0)\delta(\omega)\big]$$

$$= -\frac{2\mathrm{i}\omega}{1+\omega^2} = -\mathrm{i}\left(\frac{1}{\omega - \mathrm{i}} + \frac{1}{\omega + \mathrm{i}}\right).$$

这里我们利用了 δ 函数的筛选性质. 再由式 (7.3), 可知

$$y(t) = -\mathrm{i}\mathscr{F}^{-1}\left[\frac{1}{\omega - \mathrm{i}} + \frac{1}{\omega + \mathrm{i}}\right]$$

$$= -\mathrm{i}\left[\mathrm{i}\mathrm{e}^{-t}u(t) - \mathrm{i}\mathrm{e}^t u(-t)\right] = \operatorname{sgn}(t)\mathrm{e}^{-|t|}.$$

傅里叶变换也可以用来解偏微分方程. 我们来利用它解带初值的一维波动方程问题.

【例 7.17】 解方程

$$\begin{cases} \dfrac{\partial^2 u}{\partial t^2} = \dfrac{\partial^2 u}{\partial x^2}, \\[2mm] u(x,0) = \cos x, \\[2mm] \dfrac{\partial u}{\partial t}(x,0) = \sin x, \end{cases}$$

其中 $u(x,t)$ 是一个二元实函数.

解: 记 $U(\omega, t) = \mathscr{F}[u(x,t)]$ 为函数 u 关于 x 的傅里叶变换, 那么

$$\mathscr{F}\left[\frac{\partial^2 u}{\partial x^2}\right] = (\mathrm{i}\omega)^2 U = -\omega^2 U,$$

$$\mathscr{F}\left[\frac{\partial^2 u}{\partial t^2}\right] = \frac{\partial^2 U}{\partial t^2}.$$

对原方程组等式两边同时作傅里叶变换, 我们得到

$$\begin{cases} \dfrac{\partial^2 U}{\partial t^2} = -\omega^2 U, \\[2mm] U(\omega, 0) = \mathscr{F}[\cos x] = \pi\left[\delta(\omega + 1) + \delta(\omega - 1)\right], \\[2mm] \dfrac{\partial U}{\partial t}(\omega, 0) = \mathscr{F}[\sin x] = \pi\mathrm{i}\left[\delta(\omega + 1) - \delta(\omega - 1)\right]. \end{cases}$$

该方程是 t 的二阶常系数齐次常微分方程, 其通解为

$$U(\omega, t) = c_1 \sin \omega t + c_2 \cos \omega t.$$

代入初值条件, 可知

$$c_1 = \frac{\pi\mathrm{i}}{\omega}\left[\delta(\omega + 1) - \delta(\omega - 1)\right], \quad c_2 = \pi\left[\delta(\omega + 1) + \delta(\omega - 1)\right].$$

由 δ 函数的筛选性质, 可得

$$U(\omega, t)$$

$$= \left(\pi\cos\omega t + \frac{\pi\mathrm{i}}{\omega}\sin\omega t\right)\delta(\omega + 1) + \left(\pi\cos\omega t - \frac{\pi\mathrm{i}}{\omega}\sin\omega t\right)\delta(\omega - 1)$$

$$= (\pi\cos t + \pi\mathrm{i}\sin t)\delta(\omega+1) + (\pi\cos t - \pi\mathrm{i}\sin t)\delta(\omega-1).$$

因此

$$\begin{aligned}
u(x,t) &= \mathscr{F}^{-1}[U(\omega,t)] \\
&= \frac{1}{2\pi}\big[(\pi\cos t + \pi\mathrm{i}\sin t)\mathrm{e}^{-\mathrm{i}x} + (\pi\cos t - \pi\mathrm{i}\sin t)\mathrm{e}^{\mathrm{i}x}\big] \\
&= \cos t\cos x + \sin t\sin x \\
&= \cos(t-x).
\end{aligned}$$

若将初值换成一般的函数, 则可类似得到一维波动方程的达朗贝尔公式.

【例 7.18】 解方程 $y''(t) - y(t) = 0$.

解: 设 $\mathscr{F}[y] = Y$, 则

$$\mathscr{F}[y''(t) - y(t)] = [(\mathrm{i}\omega)^2 - 1]Y(\omega) = 0,$$

$$Y(\omega) = 0, \quad y(t) = \mathscr{F}^{-1}[Y(\omega)] = 0.$$

显然这是不对的, 该方程的解应该是 $y(t) = C_1\mathrm{e}^t + C_2\mathrm{e}^{-t}$. 原因在于使用傅里叶变换解函数方程只能得到存在傅里叶变换的函数, 而像 $\mathrm{e}^t, \mathrm{e}^{-t}$ 这样的函数并没有傅里叶变换. 为了解决这个问题, 我们需要一个对函数限制更少的积分变换来解决此类方程.

即使考虑广义函数它们也没有傅里叶变换, 因为它们不是缓增的.

7.2 拉普拉斯变换

7.2.1 拉普拉斯变换的定义

傅里叶变换对函数要求过高, 使得在很多时候无法应用它, 或者要引入复杂的广义函数. 对于一般的函数 $f(t)$, 为了让它绝对可积, 我们考虑它与指数衰减函数的乘积

$$f(t)u(t)\mathrm{e}^{-\beta t}, \qquad \beta > 0.$$

它的傅里叶变换为

$$\mathscr{F}\big[f(t)u(t)\mathrm{e}^{-\beta t}\big] = \int_0^{+\infty} f(t)\mathrm{e}^{-(\beta+\mathrm{i}\omega)t}\,\mathrm{d}t = \int_0^{+\infty} f(t)\mathrm{e}^{-st}\,\mathrm{d}t,$$

其中 $s = \beta + \mathrm{i}\omega$. 这样的积分在我们遇到的很多情形都是存在的, 只要选择充分大的 $\beta = \mathrm{Re}\,s$.

> **定理 7.18 (拉普拉斯变换存在定理)**
>
> 若定义在区间 $[0,+\infty)$ 上的函数 $f(t)$ 满足:
> (1) 在任一有限区间上至多只有有限多间断点;
> (2) 存在 M,c 使得 $|f(t)| \leqslant Me^{ct}$,
> 则积分 $\displaystyle\int_0^{+\infty} f(t)e^{-st}\mathrm{d}t$ 在 $\mathrm{Re}\,s > c$ 时收敛且为 s 解析函数.

> **定义 7.19**
>
> 若函数 $f(t)$ 满足拉普拉斯变换存在定理的条件, 则称函数
> $$F(s) = \int_0^{+\infty} f(t)e^{-st}\,\mathrm{d}t$$
> 为函数 $f(t)$ 的拉普拉斯变换, 记作 $\mathscr{L}[f(t)]$. 称函数 $f(t)$ 为函数 $F(s)$ 的拉普拉斯逆变换, 记作 $\mathscr{L}^{-1}[F(s)]$.

图 **7.10** 拉普拉斯 (Laplace)

图 7.10 为拉普拉斯纪念邮票, 虽然我们限定了函数只定义在 $t \geqslant 0$ 处, 但很多时候这不影响我们使用. 例如, 在物理学或工程学中, 很多时候我们只需要考虑系统自某个时间点开始之后的行为.

【例 7.19】 求函数 e^{kt} 的拉普拉斯变换 $\mathscr{L}[e^{kt}]$.

解: 由定义, 可知
$$\mathscr{L}[e^{kt}] = \int_0^{+\infty} e^{kt}e^{-st}\,\mathrm{d}t = \int_0^{+\infty} e^{-(s-k)t}\,\mathrm{d}t$$
$$= -\frac{1}{s-k}e^{-(s-k)t}\Big|_0^{+\infty} = \frac{1}{s-k},$$

其中 $\mathrm{Re}\,s > \mathrm{Re}\,k$. 于是得到 $\mathscr{L}[e^{kt}] = \dfrac{1}{s-k}$.

特别地, $\mathscr{L}[1] = \dfrac{1}{s}$.

【例 7.20】 求函数 t^m 的拉普拉斯变换 $\mathscr{L}(t^m)$, 其中 m 是正整数.

解: 由分部积分, 可知
$$\mathscr{L}[t^m] = \int_0^{+\infty} t^m e^{-st}\,\mathrm{d}t$$
$$= -\frac{t^m e^{-st}}{s}\Big|_0^{+\infty} + \int_0^{+\infty} \frac{e^{-st}}{s} \cdot mt^{m-1}\,\mathrm{d}t$$
$$= \frac{m}{s}\mathscr{L}[t^{m-1}].$$

归纳可知

$$\mathscr{L}[t^m] = \frac{m!}{s^m}\mathscr{L}[1] = \frac{m!}{s^{m+1}}.$$

事实上, 对于任意实数 $m > -1$, 均有

$$\mathscr{L}[t^m] = \frac{\Gamma(m+1)}{s^{m+1}},$$

其中 Γ 函数定义为

$$\Gamma(m) = \int_0^{+\infty} e^{-t} t^{m-1}\,dt.$$

7.2.2 拉普拉斯变换的性质

和傅里叶变换类似, 拉普拉斯变换也有着各种性质. 本节中总记 $\mathscr{L}[f] = F, \mathscr{L}[g] = G$.

定理 7.20 (线性性质)

对于任意常数 α 和 β, 有

$$\mathscr{L}(\alpha f + \beta g) = \alpha F + \beta G, \quad \mathscr{L}^{-1}[\alpha F + \beta G] = \alpha f + \beta g.$$

【例 7.21】 求函数 $\sin kt$ 的拉普拉斯变换.

解: 由于

$$\mathscr{L}[e^{kt}] = \frac{1}{s-k},$$

因此

$$\mathscr{L}(\sin kt) = \frac{\mathscr{L}[e^{ikt}] - \mathscr{L}[e^{-ikt}]}{2i}$$
$$= \frac{1}{2i}\left(\frac{1}{s-ik} - \frac{1}{s+ik}\right) = \frac{k}{s^2+k^2}.$$

练习 7.3

求函数 $\sin kt \cos kt$ 的拉普拉斯变换.

同理可得

$$\mathscr{L}[\cos kt] = \frac{s}{s^2+k^2}.$$

定理 7.21 (位移性质)

$$\mathscr{L}[e^{s_0 t}f(t)] = F(s-s_0).$$

证明: 我们有

$$\mathscr{L}[e^{s_0 t}f(t)] = \int_0^{+\infty} e^{s_0 t}f(t)e^{-st}\,dt$$
$$= \int_0^{+\infty} f(t)e^{-(s-s_0)t}\,dt = F(s-s_0).$$

【例 7.22】 求函数 $t^m e^{kt}$ 的拉普拉斯变换, 其中 m 是正整数.

若 $F(s)$ 是有理函数, 且分母的次数大于分子的次数. 那么 $F(s)$ 可以拆分为部分分式之和, 从而可求得其拉普拉斯逆变换.

解: 由于 $\mathscr{L}[t^m] = \dfrac{m!}{s^{m+1}}$, 因此由位移性质可知

$$\mathscr{L}[t^m \mathrm{e}^{kt}] = \frac{m!}{(s-k)^{m+1}}.$$

定理 7.22 (延迟性质)

若函数 $f(t)$ 满足当 $t < 0$ 时, $f(t) = 0$, 则

$$\mathscr{L}[f(t-t_0)] = \mathrm{e}^{-st_0} F(s).$$

证明: 由变量替换可知

$$\mathscr{L}[f(t-t_0)] = \int_0^{+\infty} f(t-t_0)\mathrm{e}^{-st}\,\mathrm{d}t = \int_{-t_0}^{+\infty} f(t)\mathrm{e}^{-s(t+t_0)}\,\mathrm{d}t$$

$$= \int_0^{+\infty} f(t)\mathrm{e}^{-s(t+t_0)}\,\mathrm{d}t = \mathrm{e}^{-st_0} F(s).$$

定理 7.23 (微分性质)

$$\mathscr{L}[f'(t)] = sF(s) - f(0).$$

$$\mathscr{L}[f''(t)] = s^2 F(s) - sf(0) - f'(0).$$

一般地,

$$\mathscr{L}[f^{(n)}(t)] = s^n F(s) - s^{n-1} f(0) - \cdots - s f^{(n-2)}(0) - f^{(n)}(0).$$

证明: 由分部积分可知

$$\mathscr{L}[f'(t)] = \int_0^{+\infty} f'(t)\mathrm{e}^{-st}\,\mathrm{d}t$$

$$= f(t)\mathrm{e}^{-st}\Big|_0^{+\infty} - \int_0^{+\infty} f(t)\frac{\mathrm{d}\mathrm{e}^{-st}}{\mathrm{d}t}\,\mathrm{d}t$$

$$= -f(0) + s\int_0^{+\infty} f(t)\mathrm{e}^{-st}\,\mathrm{d}t = sF(s) - f(0).$$

这里, 由于 $|f(t)| \leqslant M\mathrm{e}^{ct}$, 因此, 当 $\operatorname{Re} s > c$ 时, $\lim\limits_{t \to +\infty} f(t)\mathrm{e}^{-st} = 0$.

将 $f(t)$ 换成 $f'(t)$, 得到

$$\mathscr{L}[f''(t)] = s\mathscr{L}[f'(t)] - f'(0)$$

$$= s\left[sF(s) - f(0)\right] - f'(0)$$
$$= s^2 F(s) - sf(0) - f'(0).$$

n 阶导数情形由归纳可得.

定理 7.24 (乘多项式性质)

$$\mathscr{L}[tf(t)] = -F'(s).$$

一般地,

$$\mathscr{L}[t^n f(t)] = (-1)^n F^{(n)}(s).$$

证明: 对函数

$$F(s) = \int_0^{+\infty} f(t)\mathrm{e}^{-st}\,\mathrm{d}t$$

两边同时对 s 求导得到

$$F'(s) = \int_0^{+\infty} -tf(t)\mathrm{e}^{-st}\,\mathrm{d}t.$$

于是命题得证.

一般情况归纳可得.

定理 7.25 (积分性质)

若 $\mathscr{L}[f(t)] = F(s)$, 则

$$\mathscr{L}\left[\int_0^t f(\tau)\,\mathrm{d}\tau\right] = \frac{1}{s}F(s).$$

证明: 设

$$g(t) = \int_0^t f(\tau)\,\mathrm{d}\tau,$$

则 $g'(t) = f(t), g(0) = 0$. 由微分性质, 可知

$$F(s) = \mathscr{L}[f(t)] = \mathscr{L}[g'(t)] = s\mathscr{L}[g(t)].$$

从而命题得证.

　　拉普拉斯变换的微分性质和积分性质可以将微积分方程转化为象函数的代数方程, 从而可用于解微积分方程.

　　我们作此汇总:

> **与有理函数有关的拉普拉斯变换汇总**
>
> (1) $\mathscr{L}[1] = \dfrac{1}{s}$, $\mathscr{L}(\mathrm{e}^{kt}) = \dfrac{1}{s-k}$;
>
> (2) $\mathscr{L}[t^m] = \dfrac{m!}{s^{m+1}}$, $\mathscr{L}[t^m \mathrm{e}^{kt}] = \dfrac{m!}{(s-k)^{m+1}}$;
>
> (3) $\mathscr{L}[\sin kt] = \dfrac{k}{s^2 + k^2}$, $\mathscr{L}(\mathrm{e}^{at}\sin kt) = \dfrac{k}{(s-a)^2 + k^2}$;
>
> (4) $\mathscr{L}[\cos kt] = \dfrac{s}{s^2 + k^2}$, $\mathscr{L}(\mathrm{e}^{at}\cos kt) = \dfrac{s-a}{(s-a)^2 + k^2}$.

由变量替换易得:

> **定理 7.26 (相似性质)**
>
> 对于 $a > 0$,
> $$\mathscr{L}[f(at)] = \frac{1}{a} F\left(\frac{s}{a}\right).$$

在拉普拉斯变换中, 我们考虑的函数在 $t < 0$ 时都是零. 此时函数的卷积变成了

$$f_1(t) * f_2(t) = \int_0^t f_1(\tau) f_2(t-\tau)\,\mathrm{d}\tau, \quad t \geqslant 0,$$

且我们有如下的卷积定理.

> **定理 7.27 (卷积定理)**
>
> 若函数 $f_1(t), f_2(t)$ 的拉普拉斯变换分别为 $F_1(s), F_2(s)$, 则
> $$\mathscr{L}[f_1(t) * f_2(t)] = F_1(s) \cdot F_2(s).$$

7.2.3 拉普拉斯逆变换

由于拉普拉斯变换来自傅里叶变换, 因此, 其逆变换也具有和傅里叶变换类似的形式. 设

$$F(s) = \mathscr{L}[f(t)] = \mathscr{F}[f(t)u(t)\mathrm{e}^{-\beta t}],$$

则

$$f(t)u(t)\mathrm{e}^{-\beta t} = \frac{1}{2\pi} \int_{-\infty}^{+\infty} F(s) \mathrm{e}^{\mathrm{i}\omega t}\,\mathrm{d}\omega.$$

由于 $s = \beta + \mathrm{i}\omega$, 因此 $\mathrm{d}s = \mathrm{i}\,\mathrm{d}\omega$,

$$f(t)u(t) = \frac{1}{2\pi\mathrm{i}} \int_{\beta-\mathrm{i}\infty}^{\beta+\mathrm{i}\infty} F(s) \mathrm{e}^{(\beta+\mathrm{i}\omega)t}\,\mathrm{d}(\beta + \mathrm{i}\omega)$$

$$= \frac{1}{2\pi\mathrm{i}} \int_{\beta-\mathrm{i}\infty}^{\beta+\mathrm{i}\infty} F(s) \mathrm{e}^{st}\,\mathrm{d}s.$$

由于拉普拉斯变换只关心函数 $f(t)$ 在 $t \geqslant 0$ 的取值, 因此

$$f(t) = \frac{1}{2\pi i} \int_{\beta - i\infty}^{\beta + i\infty} F(s) e^{st} \, ds.$$

当函数 $F(s)$ 满足一定条件时, 我们可以使用留数计算它的拉普拉斯逆变换.

> **定理 7.28**
>
> 若函数 $F(s)$ 只有有限多个奇点 $s_1, \cdots, s_k$, 且 $\lim\limits_{s \to \infty} F(s) = 0$, 则
>
> $$\mathscr{L}^{-1}[F(s)] = \sum_{k=1}^{n} \mathrm{Res}\big[F(s)e^{st}, s_k\big].$$

证明: 选择如图 7.11 所示的闭路 $C = C_R + \ell$, 其中 C_R 是以 β 为圆心、R 为半径的左半圆, ℓ 是从 $\beta - iR$ 到 $\beta + iR$ 的直线段. 选择合适的 β 和充分大的 R, 使得函数 $F(s)$ 的所有奇点均在闭路 C 的内部. 设函数 $F(s)$ 在 C_R 上满足 $|F(s)| \leqslant M_R$. 作变量替换 $s = \beta + iRe^{i\theta} \in C_R, \theta \in [0, \pi]$, 则由长大不等式, 得

$$\left| \int_{C_R} F(s)e^{st} \, ds \right| \leqslant M_R \int_0^\pi e^{(\beta - R\sin\theta)t} \cdot R \, d\theta$$
$$= 2RM_R \int_0^{\pi/2} e^{(\beta - R\sin\theta)t} \, d\theta.$$

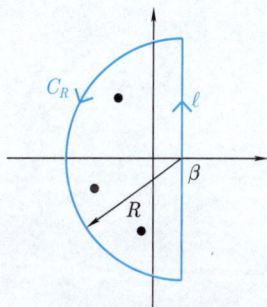

图 7.11 左半圆形闭路

注意到当 $\theta \in \left[0, \dfrac{\pi}{2}\right]$ 时, $\sin\theta \geqslant \dfrac{2\theta}{\pi}$, 因此

$$\left| \int_{C_R} F(s)e^{st} \, ds \right| \leqslant 2RM_R \int_0^{\pi/2} e^{\left(\beta - \frac{2R}{\pi}\theta\right)t} \, d\theta$$
$$= \frac{1}{t} M_R \pi e^{\beta t}(1 - e^{-Rt}).$$

由 $\lim\limits_{R \to +\infty} M_R = 0$, 可得

$$\lim_{R \to +\infty} \int_{C_R} F(s)e^{st} \, ds = 0.$$

由于函数 e^{st} 处处解析, 因此函数 $F(s)e^{st}$ 的奇点也是 $s_1, \cdots, s_k$. 由留数定理可知

$$\int_{C_R} F(s)e^{st} \, ds + \int_\ell F(s)e^{st} \, ds = \oint_C F(s)e^{st} \, ds$$
$$= 2\pi i \sum_{k=1}^{n} \mathrm{Res}\big[F(s)e^{st}, s_k\big].$$

再令 $R \to +\infty$ 得到

$$\mathscr{L}^{-1}[F(s)] = \frac{1}{2\pi\mathrm{i}} \int_{\beta-\mathrm{i}\infty}^{\beta+\mathrm{i}\infty} F(s)\mathrm{e}^{st}\,\mathrm{d}s = \sum_{k=1}^{n} \mathrm{Res}\big[F(s)\mathrm{e}^{st}, s_k\big].$$

【例 7.23】 求函数 $F(s) = \dfrac{1}{s(s-1)^2}$ 的拉普拉斯逆变换.

解法一： 由

$$\mathrm{Res}[F(s)\mathrm{e}^{st}, 0] = \frac{\mathrm{e}^{st}}{(s-1)^2}\bigg|_{s=0} = 1,$$

$$\mathrm{Res}[F(s)\mathrm{e}^{st}, 1] = \left(\frac{\mathrm{e}^{st}}{s}\right)'\bigg|_{s=1} = \frac{t\mathrm{e}^{st}s - \mathrm{e}^{st}}{s^2}\bigg|_{s=1} = (t-1)\mathrm{e}^{t},$$

可知

$$\mathscr{L}^{-1}[F(s)] = 1 + (t-1)\mathrm{e}^{t}.$$

我们也可以直接利用常见函数的拉普拉斯变换来计算逆变换.

解法二： 设

$$F(s) = \frac{a}{s} + \frac{b}{s-1} + \frac{c}{(s-1)^2},$$

则

$$a = \lim_{s\to 0} sF(s) = 1,$$

$$b = \lim_{s\to 1}\big[(s-1)^2 F(s)\big]' = \lim_{s\to 1}\left(-\frac{1}{s^2}\right) = -1,$$

$$c = \lim_{s\to 1}(s-1)^2 F(s) = 1.$$

故

$$\mathscr{L}^{-1}[F(s)] = \mathscr{L}^{-1}\left[\frac{1}{s} - \frac{1}{s-1} + \frac{1}{(s-1)^2}\right] = 1 - \mathrm{e}^{t} + t\mathrm{e}^{t}.$$

练习 7.4

求函数 $F(s) = \dfrac{1}{s(s+1)}$ 的拉普拉斯逆变换.

7.2.4 拉普拉斯变换的应用

和傅里叶变换类似, 拉普拉斯变换也可用来解微分方程和积分方程, 步骤是类似的.

【例 7.24】 解微分方程

$$\begin{cases} y'' + 2y = \sin t, \\ y(0) = 0, \\ y'(0) = 2. \end{cases}$$

解： 设 $\mathscr{L}[y] = Y$，则由微分性质，得

$$\mathscr{L}[y''] = s^2 Y - sy(0) - y'(0) = s^2 Y - 2.$$

对原方程两边同时作拉普拉斯变换得到

$$s^2 Y - 2 + 2Y = \mathscr{L}[\sin t] = \frac{1}{s^2 + 1}.$$

解得

$$Y(s) = \frac{2}{s^2 + 2} + \frac{1}{(s^2 + 1)(s^2 + 2)} = \frac{1}{s^2 + 1} + \frac{1}{s^2 + 2}.$$

从而

$$y(t) = \mathscr{L}^{-1}\left[\frac{1}{s^2 + 1}\right] + \mathscr{L}^{-1}\left[\frac{1}{s^2 + 2}\right]$$
$$= \sin t + \frac{\sqrt{2}}{2} \sin \sqrt{2} t.$$

【例 7.25】 解微分方程组

$$\begin{cases} x'(t) + 2x(t) + 2y(t) = 10e^{2t}, \\ -2x(t) + y'(t) + 3y(t) = 13e^{2t}, \\ x(0) = 1, \\ y(0) = 3. \end{cases}$$

解： 设 $\mathscr{L}[x] = X, \mathscr{L}[y] = Y$. 对原方程组两边同时作拉普拉斯变换得到

$$\begin{cases} sX - 1 + 2X + 2Y = \dfrac{10}{s - 2}, \\ -2X + sY - 3 + 3Y = \dfrac{13}{s - 2}. \end{cases}$$

解得

$$X(s) = \frac{1}{s - 2}, \qquad Y(s) = \frac{3}{s - 2}.$$

从而

$$x(t) = \mathscr{L}^{-1}\left[\frac{1}{s-2}\right] = \mathrm{e}^{2t}, \qquad y(t) = \mathscr{L}^{-1}\left[\frac{3}{s-2}\right] = 3\mathrm{e}^{2t}.$$

【例 7.26】 解微分方程 $y''(t) - y(t) = 0$.

解: 设 $a = y(0), b = y'(0), \mathscr{L}[y] = Y$, 则由微分性质, 得

$$\mathscr{L}[y''] = s^2 Y - as - b.$$

对原方程两边同时作拉普拉斯变换得到

$$s^2 Y - as - b - Y = 0.$$

解得

$$Y(s) = \frac{as+b}{s^2-1} = \frac{a+b}{2} \cdot \frac{1}{s-1} + \frac{a-b}{2} \cdot \frac{1}{s+1}.$$

从而

$$y(t) = \mathscr{L}^{-1}[Y(s)] = \frac{a+b}{2}\mathrm{e}^t + \frac{a-b}{2}\mathrm{e}^{-t},$$

即通解为 $y(t) = C_1 \mathrm{e}^t + C_2 \mathrm{e}^{-t}$.

这样, 我们便用拉普拉斯变换成功解决了傅里叶变换不能解决的方程 (例 7.18).

❧ 本章小结 ❧

本章所需掌握的知识点:

1. 熟练掌握傅里叶级数的形式. 若函数 $f(t)$ 的周期为 T, 则

$$f(t) = \sum_{n=-\infty}^{+\infty} c_n \mathrm{e}^{\mathrm{i}n\omega t},$$

其中 $\omega = \dfrac{2\pi}{T}$,

$$c_n = \frac{1}{T} \int_{-\frac{T}{2}}^{\frac{T}{2}} f(t)\mathrm{e}^{-\mathrm{i}n\omega t}\,\mathrm{d}t,$$

等式左侧在间断点处需要改为左、右极限的平均值.

2. 熟练掌握傅里叶变换的定义和常用性质.

(1) 傅里叶变换和逆变换的形式:

$$\mathscr{F}[f(t)] = F(\omega) = \int_{-\infty}^{+\infty} f(t)\mathrm{e}^{-\mathrm{i}\omega t}\,\mathrm{d}t,$$

$$\mathscr{F}^{-1}[F(\omega)] = f(t) = \frac{1}{2\pi}\int_{-\infty}^{+\infty} F(\omega)\mathrm{e}^{\mathrm{i}\omega t}\,\mathrm{d}\omega.$$

(2) 位移性质:

$$\mathscr{F}[f(t-t_0)] = \mathrm{e}^{-\mathrm{i}\omega t_0}F(\omega),$$

$$\mathscr{F}^{-1}[F(\omega-\omega_0)] = \mathrm{e}^{\mathrm{i}\omega_0 t}f(t).$$

(3) 微分性质: 若函数 $f(t)$ 在区间 $(-\infty, +\infty)$ 至多有有限多个点处不可导, 且 $\lim\limits_{t\to\infty} f(t) = 0$, 则

$$\mathscr{F}[f'(t)] = \mathrm{i}\omega F(\omega), \quad \mathscr{F}^{-1}[F'(\omega)] = -\mathrm{i}t f(t).$$

3. 了解 δ 函数的定义和性质.

(1) 定义: $\displaystyle\int_{-\infty}^{+\infty} \delta(t-t_0)f(t) = f(t_0)$.

(2) 筛选性质: $f(t)\delta(t-t_0) = f(t_0)\delta(t-t_0)$.

(3) 与 δ 函数相关的傅里叶变换见 223 页.

4. 会利用定义和相关性质计算简单函数的傅里叶变换和逆变换.

5. 会利用相关性质计算积分或级数.

(1) 帕塞瓦尔恒等式: 对于周期为 T 的函数 $f(t)$,

$$\frac{1}{T}\int_{-\frac{T}{2}}^{\frac{T}{2}} |f(t)|^2\,\mathrm{d}t = \sum_{n=-\infty}^{+\infty} |c_n|^2,$$

其中 c_n 是它的傅里叶系数. 这可用来计算级数.

(2) 乘积定理

$$\int_{-\infty}^{+\infty} |f(t)|^2\,\mathrm{d}t = \frac{1}{2\pi}\int_{-\infty}^{+\infty} |F(\omega)|^2\,\mathrm{d}\omega.$$

可用于计算积分.

(3) 泊松求和公式

$$\sum_{n=-\infty}^{+\infty} f(n) = \sum_{n=-\infty}^{+\infty} F(2\pi n)$$

可用于计算级数的和. 注意若 n 是函数 $f(t)$ 的间断点, 则 $f(n)$ 需要修改为左、右极限平均值.

(4) 卷积定理

$$\mathscr{F}[f_1 * f_2] = F_1 \cdot F_2, \quad \mathscr{F}^{-1}[F_1 * F_2] = \frac{1}{2\pi}f_1 \cdot f_2$$

可用于计算积分.

6. 会使用傅里叶变换解决一些简单的微积分方程.

7. 熟练掌握拉普拉斯变换的定义和常用性质.

(1) 拉普拉斯变换 $F(s) = \displaystyle\int_0^{+\infty} f(t)\mathrm{e}^{-st}\,\mathrm{d}t$.

(2) 位移性质: $\mathscr{L}[\mathrm{e}^{s_0 t}f(t)] = F(s-s_0)$.

(3) 延迟性质: $\mathscr{L}[f(t-t_0)] = \mathrm{e}^{-st_0}F(s)$, 其中函数 $f(t)$ 满足当 $t < 0$ 时, $f(t) = 0$.

(4) 微分性质:

$$\mathscr{L}[f'(t)] = sF(s) - f(0),$$

$$\mathscr{L}[f''(t)] = s^2 F(s) - sf(0) - f'(0).$$

8. 会计算简单函数的拉普拉斯逆变换.

(1) 若函数 $F(s)$ 只有有限多个奇点 $s_1, \cdots, s_k$, 且 $\lim\limits_{s\to\infty} F(s) = 0$, 则

$$\mathscr{L}^{-1}[F(s)] = \sum_{k=1}^{n} \mathrm{Res}\left[F(s)\mathrm{e}^{st}, s_k\right].$$

(2) 可以利用简单函数的拉普拉斯逆变换来计算复杂函数的逆变换.

(3) 与有理函数相关的拉普拉斯变换见 238 页.

9. 会使用拉普拉斯变换解决一些简单的微分方程.

本章不易理解和易错的知识点：

(1) 注意在应用傅里叶级数展开形式和傅里叶积分公式的时候，左侧函数在间断点处的值需要改为左、右极限的平均值 $\dfrac{f(t^+) + f(t^-)}{2}$.

(2) 广义函数的概念较为抽象，不易理解. 在实际应用中，很多时候可以将它当作与普通函数类似的情形来处理，但需要小心避免在计算时遗漏相关的项. 此外，傅里叶变换的有些性质对广义函数也不适用.

(3) 傅里叶变换和拉普拉斯变换有很多相似的性质，但要注意区分不同之处. 如果二者都有某一性质，往往将傅里叶变换性质中的 $i\omega$ 换成 s，就得到了对应的拉普拉斯变换的性质.

❦ 本章作业 ❦

一、单选题.

1. 下列不是傅里叶变换对的是(　　).

   (A) $\delta(t), 1$

   (B) $e^{i\omega_0 t}, 2\pi\delta(\omega - \omega_0)$

   (C) $\sin\omega_0 t, \pi[\delta(\omega - \omega_0) + \delta(\omega + \omega_0)]$

   (D) $1, 2\pi\delta(\omega)$

2. 下列函数**不存在**傅里叶变换的是(　　).

   (A) $f(t) = e^{-2t}$　　　　(B) $f(t) = e^{-2t}u(t)$

   (C) $f(t) = e^{2t}u(-t)$　　(D) $f(t) = e^{-2t^2}$

3. 下列函数**不存在**拉普拉斯变换的是(　　).

   (A) $f(t) = e^{2t}$　　　　(B) $f(t) = \cos 3t$

   (C) $f(t) = t^3 + 1$　　　(D) $f(t) = e^{t^2}$

二、填空题.

1. 函数 $f(t) = \delta(t - t_0)$ 的傅里叶变换为_____.

2. 函数 $f(t) = e^{it}$ 的傅里叶变换为_____.

3. 函数 $f(t) = \cos(3t)$ 的傅里叶变换为_____.

4. 函数 $F(\omega) = \delta(\omega + 2)$ 的傅里叶逆变换为_____.

5. 函数 $F(\omega) = 2\pi\delta(\omega)$ 的傅里叶逆变换为_____.

6. 函数 $F(\omega) = 2$ 的傅里叶逆变换为_____.

三、解答题.

1. 求下列函数的傅里叶变换:

   (i)　$f(t) = \begin{cases} 1 - t^2, & |t| \leqslant 1, \\ 0, & |t| > 1; \end{cases}$

   (ii)　$f(t) = \begin{cases} \sin t, & |t| \leqslant \pi, \\ 0, & |t| > \pi; \end{cases}$

   (iii)　$f(t) = e^t u(-t)$;

   (iv)　$f(t) = e^{-t}u(t)\sin 2t$;

   (v)　$f(t) = \mathrm{sgn}(t)$;

   (vi)　$f(t) = \sin t \cos 2t$;

   (vii)　$f(t) = \cos t \cos 2t \cos 3t$;

   (viii)　$\overline{f(t)}$;

   (ix)　$f(t) = \delta(t+2) + \delta(t+1) + \delta(t-1) + \delta(t-2)$.

2. 利用帕赛瓦尔恒等式计算级数 $\displaystyle\sum_{n=1}^{\infty} \frac{1}{n^4}$.

3. 利用乘积定理计算积分 $\displaystyle\int_0^{+\infty} \frac{1 - \cos^4 x}{x^2}\,\mathrm{d}x$.

4. 利用泊松求和公式计算级数 $\displaystyle\sum_{n=-\infty}^{+\infty} \frac{1}{n^2 + n + 1}$.

5. 求下列函数的拉普拉斯变换:

   (i)　$f(t) = \begin{cases} 1 - t, & 0 \leqslant t \leqslant 1, \\ 0, & t > 1; \end{cases}$

   (ii)　$f(t) = \begin{cases} 2, & 0 \leqslant t \leqslant 1, \\ 1, & 1 \leqslant t \leqslant 2, \\ 0, & t > 2; \end{cases}$

   (iii)　$f(t) = t^2 + 4t + 3$;

   (iv)　$f(t) = 1 + te^{-t}$;

   (v)　$f(t) = te^{-2t}\cos 3t$;

   (vi)　$f(t) = \mathrm{sinc}(t)$;

   (vii)　$f(t) = (t-1)^2 e^{-t}$;

   (viii)　$f(t) = (t+1)\sin 2t$.

6. 用拉普拉斯变换解下列方程:

   (i)　$\begin{cases} y'' + y = t, \\ y(0) = 1, \\ y'(0) = -2; \end{cases}$

   (ii)　$\begin{cases} y'' + 4y' + 3y = e^t, \\ y(0) = 0, \\ y'(0) = 2; \end{cases}$

   (iii)　$\begin{cases} y'' - 3y' + 2y = 2e^{-t}, \\ y(0) = 2, \\ y'(0) = -1; \end{cases}$

   (iv)　$\begin{cases} y'' + 2y' + y = te^t, \\ y(0) = y'(0) = 0; \end{cases}$

   (v)　$\begin{cases} y'' + 2y = \sin t, \\ y(0) = 0, \\ y'(0) = 2; \end{cases}$

(vi) $\begin{cases} y'' + 2y' = 8e^{2t}, \\ y(0) = 0, \\ y'(0) = 2; \end{cases}$

(vii) $\begin{cases} y'' + 4y = 3\cos t, \\ y(0) = 1, \\ y'(0) = 2; \end{cases}$

(viii) $\begin{cases} y'' - 4y = 3e^t, \\ y(0) = 0, \\ y'(0) = 1; \end{cases}$

(ix) $\begin{cases} x'' + y'' + x + y = 0, \\ 2x'' - y'' - x + y = \cos t, \\ x(0) = y(0) = -1, \\ x'(0) = y'(0) = 0; \end{cases}$

(x) $\begin{cases} y'' + x'' - x' - y = e^t - 2, \\ 2y'' + x'' - 2y' - x = -t, \\ x(0) = y(0) = 0, \\ x'(0) = y'(0) = 0. \end{cases}$

7. 对于正奇数 k, 设 $F_k(\omega) = \dfrac{\sin(\omega/k)}{\omega/k}$,

$$I_k = \int_{-\infty}^{+\infty} F_1(\omega) F_3(\omega) \cdots F_k(\omega) \, d\omega.$$

求证:

$$I_1 = I_3 = I_5 = \cdots = I_{13} = \pi, \ I_{15} < \pi.$$

提示: 该积分被称为波尔文积分, 它的开头几项都比较简单, 然后在某一项开始变得复杂起来. 仿照例 7.15 利用卷积定理来证明.

练习参考答案

1.1 -4.

1.2 $\pm(\sqrt{3} + \sqrt{2}\mathrm{i})$.

1.3 1.

1.4 分别是 $-\bar{z}$ 和 $-z$.

1.5 $\dfrac{7 - 4\mathrm{i}}{5}$.

1.6 仅当 z 不是负实数和 0 时成立, 即 $\arg z \neq \pi$.

1.7 $z_1, z_2, \cdots, z_n$ 中的非零元辐角都相等.

1.8 $z = 2\sqrt{3}\left[\cos\left(-\dfrac{\pi}{3}\right) + \mathrm{i}\sin\left(-\dfrac{\pi}{3}\right)\right] = 2\sqrt{3}\mathrm{e}^{-\frac{\pi\mathrm{i}}{3}}$, 辐角写成 $\dfrac{5\pi}{3}$ 也可以.

1.9 $4 + \mathrm{i}$ 或 $2 - \mathrm{i}$.

1.10 2^{48}.

1.11 $\pm\dfrac{\sqrt{3} + \mathrm{i}}{2}, \pm\mathrm{i}, \pm\dfrac{\sqrt{3} - \mathrm{i}}{2}$.

1.12 双曲线 $x^2 - y^2 = \dfrac{1}{2}$ 和双曲线 $xy = \dfrac{1}{4}$.

1.13 (i) 上半平面对应 $\operatorname{Im} z \geqslant 0$.
  (ii) 下半平面对应 $\operatorname{Im} z \leqslant 0$.
  (iii) 左半平面对应 $\operatorname{Re} z \leqslant 0$.
  (iv) 右半平面对应 $\operatorname{Re} z \geqslant 0$.
  (v) 竖直带状区域对应 $a \leqslant \operatorname{Re} z \leqslant b$.
  (vi) 水平带状区域对应 $a \leqslant \operatorname{Im} z \leqslant b$.
  (vii) 角形区域对应 $\theta_1 \leqslant \operatorname{Arg} z \leqslant \theta_2$ 以及原点.
  (viii) 圆域对应 $|z| \leqslant R$.
  (ix) 圆环域对应 $r \leqslant |z| \leqslant R$.

1.14 C

1.15 (i) $\operatorname{Re} z$ 的定义域为 $\mathbb{C}$, 值域为 $\mathbb{R}$.
  (ii) $\arg z$ 的定义域为 $\{z \in \mathbb{C} \mid z \neq 0\}$, 值域为 $(-\pi, \pi]$.
  (iii) 当 $n > 0$ 时, z^n 的定义域和值域都为 $\mathbb{C}$. 当 $n < 0$ 时, z^n 的定义域和值域都为 $\{z \in \mathbb{C} \mid z \neq 0\}$.
  (iv) $\dfrac{z + \mathrm{i}}{z^2 + 1}$ 的定义域为 $\{z \in \mathbb{C} \mid z \neq \pm\mathrm{i}\}$, 值域为 $\mathbb{C}$.

1.16 $-\dfrac{d}{c}$.

1.17 收敛到 0.

2.1 处处不可导.

2.2 C

2.3 D

2.4 A

2.5 $\ln 2 - \dfrac{2\pi\mathrm{i}}{3}$.

2.6 $\ln 3$.

3.1 $-\dfrac{1}{2} + \dfrac{\mathrm{i}}{2}$.

3.2 (i) 0.
  (ii) 0.

3.3 $\pi\mathrm{i}$.

3.4 $\sin 1 - \cos 1$.

3.5 $-2\pi\mathrm{i}$.

3.6 $\dfrac{\pi\mathrm{i}}{2}$.

3.7 $2uv + C (C \in \mathbb{R})$.

4.1 当且仅当非零的 z_n 的辐角全都相同时成立.

4.2 条件收敛.

4.3 $\dfrac{\sqrt{2}}{2}$.

4.4 收敛半径为 1, 和函数为 $-\ln(1 - z)$.

4.5 $\displaystyle\sum_{n=0}^{\infty} (2^{n+1} - 1)z^n, \quad |z| < \dfrac{1}{2}$.

4.6 $\displaystyle\sum_{n=1}^{\infty} \dfrac{2n - 1}{z^n}$.

4.7 -1 是一阶极点, 1 是二阶极点.

4.8 1 是二阶极点, 0 是一阶极点, -1 是三阶极点.

4.9 $z = 2k\pi\mathrm{i}$ 是一阶极点, $k \in \mathbb{Z}, k \neq 0, \pm 1$; $z = 0$ 是四阶极点; $z = \pm 2\pi\mathrm{i}$ 是可去奇点; $z = \infty$ 不是孤立奇点.

5.1 $\dfrac{1}{24}$.

5.2 $4\mathrm{i}$.

5.3 $2\pi\mathrm{i}$.

5.4 4 个.

6.1 D

6.2 $w = \dfrac{4z}{z - 1}$.

6.3 先通过幂函数 $s = \sqrt{z}$ 将其映成上半圆域, 然后通过分式线性变换 $t = \mathrm{i} \cdot \dfrac{1-s}{1+s}$ 将其映成第一象限区域, 再通过幂函数 $w = t^2$ 将其映成上半平面 $\mathbb{H}$.

6.4 下半平面 $\operatorname{Im} w < 0$.

7.1 $-2\pi\mathrm{i}\delta(\omega + \omega_0)$.

7.2 $\mathrm{i}\omega$.

7.3 $\dfrac{k}{s^2 + 4k^2}$.

7.4 $1 - \mathrm{e}^{-t}$.

作业参考答案

第 1 章

一、单选题.

1. B   2. B   3. A   4. C   5. A   6. C   7. C   8. D

二、填空题.

1. 12   2. 1   3. 2   4. $-64i$

5. 1   6. $2\sqrt{10}$ 7. $-\dfrac{3\pi}{4} + 2k\pi, k \in \mathbb{Z}$ 8. $\dfrac{2\pi}{3}$

9. $1 + 100i$ 10. $2 + 3i$ 11. $0 < \arg w < \pi$, 亦即   12. $8i$
上半平面 $\mathrm{Im}(z) > 0$

13. $-7 + 2i$ 14. 2

三、解答题.

1. (i) $\mathrm{Re}\, z = -2$, $\mathrm{Im}\, z = 1$, $\overline{z} = -2 - i$, $|z| = \sqrt{5}$, $\arg z = \pi - \arctan \dfrac{1}{2}$.

   (ii) $\mathrm{Re}\, z = \dfrac{7}{2}$, $\mathrm{Im}\, z = -11$, $\overline{z} = \dfrac{7}{2} + 11i$, $|z| = \dfrac{\sqrt{533}}{2}$, $\arg z = -\arctan \dfrac{22}{7}$.

   (iii) $\mathrm{Re}\, z = -\dfrac{33}{25}$, $\mathrm{Im}\, z = -\dfrac{56}{25}$, $\overline{z} = \dfrac{-33 + 56i}{25}$, $|z| = \dfrac{13}{5}$, $\arg z = \arctan \dfrac{56}{33} - \pi$.

   (iv) $\mathrm{Re}\, z = 2$, $\mathrm{Im}\, z = 11$, $\overline{z} = 2 - 11i$, $|z| = 5\sqrt{5}$, $\arg z = \arctan \dfrac{11}{2}$.

   (v) $\mathrm{Re}\, z = 0$, $\mathrm{Im}\, z = -2$, $\overline{z} = 2i$, $|z| = 2$, $\arg z = -\dfrac{\pi}{2}$.

   (vi) $\mathrm{Re}\, z = 0$, $\mathrm{Im}\, z = -40$, $\overline{z} = 40i$, $|z| = 40$, $\arg z = -\dfrac{\pi}{2}$.

2. (i) $z = \cos\left(-\dfrac{\pi}{2}\right) + i\sin\left(-\dfrac{\pi}{2}\right) = e^{-\frac{\pi i}{2}}$.

   (ii) $z = 2\sqrt{3}\left(\cos\dfrac{\pi}{6} + i\sin\dfrac{\pi}{6}\right) = 2\sqrt{3}e^{\frac{\pi i}{6}}$.

   (iii) $z = 2\sqrt{2}\left(\cos\dfrac{3\pi}{4} + i\sin\dfrac{3\pi}{4}\right) = 2\sqrt{2}e^{\frac{3\pi i}{4}}$.

   (iv) $z = \sqrt{5}\left(\cos\left(-\arctan\dfrac{1}{2}\right) + i\sin\left(-\arctan\dfrac{1}{2}\right)\right) = \sqrt{5}e^{-i\arctan\frac{1}{2}}$.

   (v) $z = \cos\dfrac{\pi}{6} + i\sin\dfrac{\pi}{6} = e^{\frac{\pi i}{6}}$.

   (vi) $z = \cos\theta + i\sin\theta = e^{\theta i}$.

3. (i) $\dfrac{-\sqrt{3}+i}{64}$.

   (ii) $\dfrac{-1+i}{16}$.

   (iii) $\sqrt[8]{8}e^{\frac{(8k+3)\pi i}{16}}$, $k=0,1,2,3$, 即 $\sqrt[8]{8}e^{\frac{3\pi i}{16}}$, $\sqrt[8]{8}e^{\frac{11\pi i}{16}}$, $\sqrt[8]{8}e^{\frac{19\pi i}{16}}$, $\sqrt[8]{8}e^{\frac{27\pi i}{16}}$.

   (iv) $\sqrt[4]{2}e^{\frac{(2k+1)\pi i}{4}}$, $k=0,1,2,3$, 即 $\pm\dfrac{1+i}{\sqrt[4]{2}}$, $\pm\dfrac{1-i}{\sqrt[4]{2}}$.

   (v) $\sqrt{2}e^{\frac{(8k-3)\pi i}{20}}$, $k=0,1,2,3,4$, 即 $\sqrt{2}e^{-\frac{3\pi i}{20}}$, $1+i$, $\sqrt{2}e^{\frac{13\pi i}{20}}$, $\sqrt{2}e^{\frac{21\pi i}{20}}$, $\sqrt{2}e^{\frac{29\pi i}{20}}$.

   (vi) $\sqrt[6]{2}e^{\frac{(8k-1)\pi i}{12}}$, $k=0,1,2$, 即 $\sqrt[6]{2}e^{-\frac{\pi i}{12}}$, $\sqrt[6]{2}e^{\frac{7\pi i}{12}}$, $-\dfrac{1+i}{\sqrt[3]{2}}$.

4. $(x_1x_2-y_1y_2)^2+(x_1y_2+x_2y_1)^2$ 或 $(x_1x_2+y_1y_2)^2+(x_1y_2-x_2y_1)^2$.

5. $|z-a|=|1-\bar{a}z|$ 当且仅当

$$(z-a)(\bar{z}-\bar{a})=(1-\bar{a}z)(1-a\bar{z}),$$

化简得到 $z\bar{z}+a\bar{a}=1+az\bar{a}\bar{z}$, 即 $(|a|^2-1)(|z|^2-1)=0$. 但是 $|a|<1$, 因此这等价于 $|z|=1$.

6. 因为

$$|\lambda_1 z_1+\lambda_2 z_2+\cdots+\lambda_n z_n|\leqslant|\lambda_1 z_1|+|\lambda_2 z_2|+\cdots+|\lambda_n z_n|$$

$$\leqslant(\lambda_1+\cdots+\lambda_n)\max_k\{|z_k|\}=\max_k\{|z_k|\}<1.$$

7. 提示: 两边取共轭即可.

8. 由 $z^n=e^{nit}$, $\dfrac{1}{z^n}=e^{-nit}$ 可得

$$z^n+\dfrac{1}{z^n}=e^{nit}+e^{-nit}=2\operatorname{Re}e^{nit}=2\cos nt, \quad z^n-\dfrac{1}{z^n}=e^{nit}-e^{-nit}=2i\operatorname{Im}e^{nit}=2i\sin nt.$$

9. z_1 和 z 关于原点中心对称, z_2 和 z 关于实轴轴对称, z_3 和 z 关于虚轴轴对称.

10. 点 $\dfrac{1}{2}(z_1+z_2)$ 表示 z_1,z_2 连线的中点; 点 $\dfrac{1}{3}(z_1+z_2+z_3)$ 表示 z_1,z_2,z_3 形成的三角形的重心.

11. $\dfrac{(1+i)a+(1-i)b}{2}$ 和 $\dfrac{(1-i)a+(1+i)b}{2}$, $(1-i)a+ib$ 和 $-ia+(1+i)b$, $(1+i)a-ib$ 和 $ia+(1-i)b$.

12. $z=-1+i+(2-5i)t=(2t-1)+(1-5t)i$, $0\leqslant t\leqslant 1$.

    也可以是 $z=1-4i-(2-5i)t=(1-2t)+(5t-4)i$, $0\leqslant t\leqslant 1$ 或其他等价形式.

13. $(5-2i)z+(5+2i)\bar{z}+6=0$ 或其他等价形式.

14. 设 $z_2-z_1=\lambda(z_3-z_1)$, 则 $z_2-z_3=(\lambda-1)(z_3-z_1)$,

$$\lambda=\dfrac{z_2-z_1}{z_3-z_1}=\dfrac{z_1-z_3}{z_2-z_3}=\dfrac{1}{1-\lambda}.$$

因此 $\lambda^2-\lambda+1=0$, $\lambda^3-1=(\lambda-1)(\lambda^2-\lambda+1)=0$. 于是有 $|\lambda|=1$, $|1-\lambda|=|\lambda^2|=1$, 从而

$$|z_1-z_2|=|z_2-z_3|=|z_3-z_1|.$$

设 z_1,z_2,z_3 对应的点为 A,B,C, 则 $\dfrac{z_2-z_1}{z_3-z_1}=\dfrac{z_1-z_3}{z_2-z_3}$ 意味着

$$\angle BAC=\angle ACB, \quad \dfrac{BA}{CA}=\dfrac{AC}{BC}.$$

于是 $AB=BC=CA$, $\triangle ABC$ 是等边三角形.

15. 设 $z_2 = \lambda z_1, z_3 = -(1 + \lambda)z_1$，则 $|\lambda| = |1 + \lambda| = 1$，于是 $1 = \lambda\bar{\lambda} = (1 + \lambda)(1 + \bar{\lambda})$，$\lambda + \bar{\lambda} = -1$. 由此可知

$$|z_1 - z_2|^2 = |\lambda - 1|^2 = \lambda\bar{\lambda} - \lambda - \bar{\lambda} + 1 = 3,$$

$$|z_2 - z_3|^2 = |2\lambda + 1|^2 = 4\lambda\bar{\lambda} + 2\lambda + 2\bar{\lambda} + 1 = 3,$$

$$|z_3 - z_1|^2 = |\lambda + 2|^2 = \lambda\bar{\lambda} + 2\lambda + 2\lambda + 4 = 3.$$

也就是说，$|z_1 - z_2| = |z_2 - z_3| = |z_3 - z_1| = \sqrt{3}$，$z_1, z_2, z_3$ 构成正三角形.

16. 展开可知

$$|z_1 + z_2|^2 + |z_1 - z_2|^2 = (z_1 + z_2)(\overline{z_1} + \overline{z_2}) + (z_1 - z_2)(\overline{z_1} - \overline{z_2})$$

$$= z_1\overline{z_1} + z_2\overline{z_1} + z_1\overline{z_2} + z_2\overline{z_2} + z_1\overline{z_1} - z_2\overline{z_1} - z_1\overline{z_2} + z_2\overline{z_2}$$

$$= 2(|z_1|^2 + |z_2|^2).$$

这说明平行四边形的对角线长度平方和是相邻两边平方和的两倍.

17. (i) 收敛到 -1. (ii) 发散. (iii) 发散. (iv) 收敛到 0.

    (v) 收敛到 1. (vi) 发散.

18. 当 $z = (1 + i)x \to 0$ 时，

$$f(z) = \frac{z}{\bar{z}} - \frac{\bar{z}}{z} = \frac{1 + i}{1 - i} - \frac{1 - i}{1 + i} = i - (-i) = 2i.$$

当 $z = x \to 0$ 时，

$$f(z) = \frac{z}{\bar{z}} - \frac{\bar{z}}{z} = 1 - 1 = 0.$$

由于二者不等，因此该极限不存在.

19. 设 $z = x + yi, y = kx$. 由于直线 $y = kx$ 和抛物线 $y = x^2$ 交于 (k, k^2)，因此当 $0 < |x| < k$ 时，$f(z) = 0$，从而 $\lim_{x \to 0} f(x + kxi) = 0$. 对于 $z = yi \to 0$，$f(z) = 0$，从而此时极限也是零. 但是对于 $z = x + x^2 i$，$f(z) = 0$，从而当 $x \to 0$ 时，$f(z) \to 1$. 这意味着 $z \to 0$ 时，$f(z)$ 的极限不存在.

20. (i) $n2^{1-n}$. (ii) $n(2n + 1)$.

21. $\dfrac{1}{5} + \dfrac{4}{5 \times 6^{1000}}$.

22. (i) $(x^2 + x + 1)(x^8 - x^7 + x^5 - x^4 + x^3 - x + 1)$.

    (ii) $(x^4 + 1)(x^2 + 1)(x + 1)(x - 1)$.

23. (i) 对于 $z_1 = x_1 + y_1 i, z_2 = x_2 + y_2 i \in \mathbb{Q}(i)$，显然 $z_1 + z_2 \in \mathbb{Q}(i)$. 我们有

$$(x_1 + y_1 i)(x_2 + y_2 i) = (x_1 x_2 - y_1 y_2) + (x_1 y_2 + x_2 y_1)i \in \mathbb{Q}(i).$$

对于 $z \in \mathbb{Q}(i)$，显然 $z \subset \mathbb{Q}(i)$. 若 $z - x + yi \neq 0$，则

$$\frac{1}{z} = \frac{x}{x^2 + y^2} - \frac{y}{x^2 + y^2}i \in \mathbb{Q}(i).$$

加法交换律等规律由 $\mathbb{C}$ 上的对应规律得知.

    (ii) 设 $t = a + bi \in F$ 且 $t \notin \mathbb{R}$. 那么 $b \neq 0, i = \dfrac{t - a}{b} \in F$，从而 $x + yi \in F$，$F = \mathbb{C}$.

24. 设 $z, w \in \mathbb{C}$, 则 $\tau(z + w\mathrm{j}) = \bar{z} - w\mathrm{j}$ 且 $\mathrm{j}z = \bar{z}\mathrm{j}$. 设 $A = z_1 + w_1\mathrm{j}, B = z_2 + w_2\mathrm{j}$.

(i) 我们有

$$
\begin{aligned}
AB &= (z_1 + w_1\mathrm{j})(z_2 + w_2\mathrm{j}) \\
&= z_1 z_2 + z_1 w_2 \mathrm{j} + w_1 \mathrm{j} z_2 + w_1 \mathrm{j} w_2 \mathrm{j} \\
&= z_1 z_2 - w_1 \overline{w_2} + (z_1 w_2 + w_1 \overline{z_2})\mathrm{j}.
\end{aligned}
$$

注意到 $f(z + w\mathrm{j}) = \begin{pmatrix} z & -w \\ \overline{w} & \overline{z} \end{pmatrix}$. 因此

$$
\begin{aligned}
f(A)f(B) &= \begin{pmatrix} z_1 & -w_1 \\ \overline{w_1} & \overline{z_1} \end{pmatrix} \begin{pmatrix} z_2 & -w_2 \\ \overline{w_2} & \overline{z_2} \end{pmatrix} \\
&= \begin{pmatrix} z_1 z_2 - w_1 \overline{w_2} & -z_1 w_2 - w_1 \overline{z_2} \\ \overline{w_1} z_2 + \overline{z_1} \overline{w_2} & \overline{z_1} \overline{z_2} - \overline{w_1} w_2 \end{pmatrix} = f(AB),
\end{aligned}
$$

$$
f\big(\tau(A)\big) = f(\overline{z_1} - w_1 \mathrm{j}) = \begin{pmatrix} \overline{z_1} & w_1 \\ -\overline{w_1} & z_1 \end{pmatrix} = \overline{f(A)}^{\mathrm{T}}.
$$

(ii) 由于 f 是一一对应, 因此我们只需说明 $f\big(\tau(B)\tau(A)\big) = f\big(\tau(AB)\big)$ 即可. 而这是显然的:

$$
\begin{aligned}
f\big(\tau(AB)\big) &= \overline{f(AB)}^{\mathrm{T}} = \overline{f(A)f(B)}^{\mathrm{T}} = \overline{f(B)}^{\mathrm{T}} \overline{f(A)}^{\mathrm{T}} \\
&= f\big(\tau(B)\big)f\big(\tau(A)\big) = f\big(\tau(B)\tau(A)\big).
\end{aligned}
$$

第 2 章

一、单选题.

1. D   2. D   3. C   4. A   5. A   6. A   7. B   8. C

二、填空题.

1. $0, \pm\mathrm{i}$ 2. $-1, \pm\mathrm{i}$ 3. $\left(k + \dfrac{1}{2}\right)\pi\mathrm{i}, k \in \mathbb{Z}$ 4. $k\pi, k \in \mathbb{Z}$

5. 2 6. $-\mathrm{i}$ 7. $\dfrac{\pi\mathrm{i}}{2}$ 8. 1

9. $\mathrm{e}^{\frac{\pi}{2}}$ 10. $-\ln 2$

三、解答题.

1. (i) 处处解析, $f'(z) = 5(z - 1)^4$.

(ii) 处处解析, $f'(z) = 3z^2 + 2\mathrm{i}$.

(iii) 在 $z \neq \pm 1$ 处解析, $f'(z) = -\dfrac{2z}{(z^2 - 1)^2}$.

(iv) 若 $c = 0$, 则处处解析; 若 $c \neq 0$, 则在 $z \neq -\dfrac{d}{c}$ 处解析. $f'(z) = \dfrac{ad - bc}{(cz + d)^2}$.

2. (i) 处处可导, 处处解析.   (ii) 在 $y = \pm x$ 处可导, 处处不解析.

(iii) 处处不可导, 处处不解析.   (iv) 在 $z = 0$ 处可导, 处处不解析.

(v) 在 $z = 0$ 处可导, 处处不解析.   (vi) 处处可导, 处处解析.

3. (i) $-e^2$.

   (ii) $2\pi - 4$.

   (iii) $\ln 2 + \left(2k + \dfrac{1}{3}\right)\pi i, k \in \mathbb{Z}$.

   (iv) $2\ln 2 + 4k\pi i, k \in \mathbb{Z}$.

   (v) $-\dfrac{1}{2}\pi i$.

   (vi) $\ln 5 + \left(\pi - \arctan \dfrac{4}{3}\right)i$.

4. (i) $e^{-2k\pi}(\cos \ln 3 + i \sin \ln 3), k \in \mathbb{Z}$. $-k$ 写成 k 也对.

   (ii) $e^{-\left(2k + \frac{1}{4}\right)\pi}\left(\cos \dfrac{\ln 2}{2} + i \sin \dfrac{\ln 2}{2}\right), k \in \mathbb{Z}$. $-k$ 写成 k 也对.

   (iii) $\dfrac{1}{2}(e - e^{-1})\cos 1$.

   (iv) $2k\pi \pm i \ln(2 + \sqrt{3}), k \in \mathbb{Z}$.

5. (i) $2k\pi \pm \dfrac{i \ln 2}{2}, k \in \mathbb{Z}$.　(ii) $k\pi, k \in \mathbb{Z}$.　(iii) $(2k+1)\pi i, k \in \mathbb{Z}$.

   (iv) $e^{2k\pi}, k \in \mathbb{Z}$.　(v) $\left(k - \dfrac{1}{4}\right)\pi, k \in \mathbb{Z}$.　(vi) $k\pi + \arctan 2, k \in \mathbb{Z}$.

6. $l = n = -3, m = 1$.

7. -2 或 6.

8. $a = 2, f'(z) = (2 - 2i)z$.

9. $a = -3, b = 1, f'(z) = 3iz^2$.

10. 在 $z \neq \left(2k + \dfrac{1}{2}\right)\pi \pm i \ln(2 + \sqrt{3}), k \in \mathbb{Z}$ 处解析.

11. $f(z) = ze^z, f'(z) = (z + 1)e^z$.

12. 设 $f(z) = u + iv$. 当 $y = 0$ 时, $v(x, 0) = 0$, 因此 $v_x(0, 0) = 0$; 当 $x = 0$ 时, $v(0, y) = 0$, 因此 $v_y(0, 0) = 0$. 故 $f'(0) = (v_y - iv_x)\big|_{(x,y)=(0,0)} = 0$.

13. 设 $f(z) = u + vi$, 则在 D 内 u, v 可微且满足 $u_x = v_y, u_y = -v_x$. 设 $\overline{f(\bar{z})} = s + ti$, 则 $s(x, y) = u(x, -y), t(x, y) = -v(x, -y)$. 于是 s, t 可微且

$$s_x(x, y) = u_x(x, -y) = v_y(x, -y) = t_y(x, -y),$$

$$s_y(x, y) = -u_y(x, -y) = v_x(x, -y) = -t_x(x, y).$$

故 $\overline{f(\bar{z})}$ 在 D 内解析.

14. 设 $f(z) = u + iv$, 则 $u^2 + v^2 = C$ 在 D 内是一常数. 求导得到

$$2uu_x = 2uu_y = 2vv_x = 2vv_y = 0.$$

因此 $Cu_x = u^2 u_x + v^2 v_y = 0$. 同理 $Cu_y = 0$. 若 $C = 0$, 则 $f(z) \equiv 0$, 显然成立. 若 $C \neq 0$, 则 $u_x = u_y = 0, u$ 是常数. 同理 v 也是常数, 从而 f 是常数.

15. 设 $f = u + iv, g = s + it$, 则由链式法则

$$\frac{\partial h}{\partial z} = \frac{\partial g}{\partial x} \cdot \frac{\partial u}{\partial z} + \frac{\partial g}{\partial y} \cdot \frac{\partial v}{\partial z}$$

$$= \frac{1}{2}\left[\left(\frac{\partial g}{\partial z} + \frac{\partial g}{\partial \bar{z}}\right)\left(\frac{\partial f}{\partial z} + \frac{\partial \bar{f}}{\partial z}\right) + \left(\frac{\partial g}{\partial z} - \frac{\partial g}{\partial \bar{z}}\right)\left(\frac{\partial f}{\partial z} - \frac{\partial \bar{f}}{\partial z}\right)\right]$$

$$= \frac{\partial g}{\partial z} \cdot \frac{\partial f}{\partial z} + \frac{\partial g}{\partial \bar{z}} \cdot \frac{\partial \bar{f}}{\partial z}.$$

同理,

$$\frac{\partial h}{\partial \overline{z}} = \frac{\partial g}{\partial x} \cdot \frac{\partial u}{\partial \overline{z}} + \frac{\partial g}{\partial y} \cdot \frac{\partial v}{\partial \overline{z}}$$

$$= \frac{1}{2}\left[\left(\frac{\partial g}{\partial z} + \frac{\partial g}{\partial \overline{z}}\right)\left(\frac{\partial f}{\partial \overline{z}} + \frac{\partial \overline{f}}{\partial \overline{z}}\right) + \left(\frac{\partial g}{\partial z} - \frac{\partial g}{\partial \overline{z}}\right)\left(\frac{\partial f}{\partial \overline{z}} - \frac{\partial \overline{f}}{\partial \overline{z}}\right)\right]$$

$$= \frac{\partial g}{\partial z} \cdot \frac{\partial f}{\partial \overline{z}} + \frac{\partial g}{\partial \overline{z}} \cdot \frac{\partial \overline{f}}{\partial \overline{z}}.$$

16. 由于 $x = r\cos\theta, y = r\sin\theta$, 因此

$$\frac{\partial u}{\partial r} = u_x\cos\theta + u_y\sin\theta, \qquad \frac{\partial v}{\partial r} = v_x\cos\theta + v_y\sin\theta,$$

$$\frac{\partial u}{\partial \theta} = -u_x r\sin\theta + u_y r\cos\theta, \qquad \frac{\partial v}{\partial \theta} = -v_x r\sin\theta + v_y r\cos\theta.$$

因此, 若 $u_x = v_y, u_y = -v_x$, 则可得极坐标形式的 C-R 方程. 反之, 若有极坐标形式的 C-R 方程, 解方程可得 $u_x = v_y, u_y = -v_x$.

17. 由于 $u = \sqrt{|xy|}, v = 0$, 因此 u 在 x,y 坐标轴上取值均为零, 从而 u_x, u_y, v_x, v_y 均在 $(0,0)$ 处取值为零, 从而满足 C-R 方程. 但是对于 $z = \frac{1+\mathrm{i}}{\sqrt{2}}r, u(x,y) = \frac{r}{\sqrt{2}}$ 不是 r 的高阶无穷小, 因此 u 在 $(0,0)$ 处不可微.

18. (i) $\quad (-1)^n n!\left[\dfrac{1}{2(x+1)^{n+1}} + \dfrac{1}{2(x-1)^{n+1}} - \dfrac{1}{x^{n+1}}\right].$

(ii) $\quad \dfrac{(-1)^n n!}{4}\left[\dfrac{1}{(x-1)^{n+1}} - \dfrac{1}{(x+1)^{n+1}} - 2(x^2+1)^{-\frac{n+1}{2}}\sin\big((n+1)\operatorname{arccot} x\big)\right].$

(iii) $\quad \dfrac{1}{4}\ln\left|\dfrac{x-1}{x+1}\right| - \dfrac{1}{2}\arctan x + C, C\in\mathbb{R}.$

(iv) $\quad \dfrac{1}{6}\ln\dfrac{(x+1)^2}{x^2-x+1} + \dfrac{\sqrt{3}}{3}\arctan\dfrac{2x-1}{\sqrt{3}} + C, C\in\mathbb{R}.$

19. $\boldsymbol{X}(t) = \mathrm{e}^{\frac{1}{2}\boldsymbol{A}t^2}\boldsymbol{B}.$

20. 两边对 t 求导得到

$$(\boldsymbol{A}+\boldsymbol{B})\mathrm{e}^{(\boldsymbol{A}+\boldsymbol{B})t} = \boldsymbol{A}\mathrm{e}^{\boldsymbol{A}t}\mathrm{e}^{\boldsymbol{B}t} + \mathrm{e}^{\boldsymbol{A}t}\boldsymbol{B}\mathrm{e}^{\boldsymbol{B}t},$$

由于 $\mathrm{e}^{\boldsymbol{B}t}$ 可逆, 因此 $\boldsymbol{B}\mathrm{e}^{\boldsymbol{A}t} = \mathrm{e}^{\boldsymbol{A}t}\boldsymbol{B}$. 两边再求导得到

$$\boldsymbol{B}\boldsymbol{A}\mathrm{e}^{\boldsymbol{A}t} = \boldsymbol{A}\mathrm{e}^{\boldsymbol{A}t}\boldsymbol{B} = \boldsymbol{A}\boldsymbol{B}\mathrm{e}^{\boldsymbol{A}t}.$$

由于 $\mathrm{e}^{\boldsymbol{A}t}$ 可逆, 因此 $\boldsymbol{B}\boldsymbol{A} = \boldsymbol{A}\boldsymbol{B}$.

反例: $\boldsymbol{A} = \begin{pmatrix} 0 & 2\pi \\ -2\pi & 0 \end{pmatrix}, \boldsymbol{B} = \begin{pmatrix} 0 & 2\pi \\ -98\pi & 0 \end{pmatrix}.$

21. (i) 支点为 $1, -1, 0, \infty$, 支割线可以选取为 $\{y\mathrm{i}\mid y\geqslant 0\} \cup \{\mathrm{e}^{\mathrm{i}\theta}\mid -\pi\leqslant\theta\leqslant 0\}$.

(ii) 支点为 $0, \mathrm{i}$, 支割线可以选取为 $\{y\mathrm{i}\mid 0\leqslant y\leqslant 1\}$.

第 3 章

一、单选题.

1. B   2. D   3. A   4. C   5. D   6. B   7. D   8. D

二、填空题.

1. 0　　　　　2. $2\pi i$　　　　　3. $2\pi i$　　　　　4. $4\pi i$　　　　　5. 0　　　　　6. 0

三、解答题.

1. (i) $\dfrac{\sqrt{10}(3+i)}{2}$.　　　　(ii) $5+3i$.　　　　(iii) $12+2\pi i$.　　　　(iv) 4.

2. 均为 0.

3. (i) $\dfrac{1+11i}{3}$.　　　　(ii) $\dfrac{2+11i}{3}$.　　　　(iii) $-\dfrac{\pi}{2}-\dfrac{(4+e^2-e^{-2})i}{8}$.

　　(iv) $2i\sin 2$.　　　　(v) $-6i$.　　　　(vi) $2-\pi i$.

4. (i) 0.　　　　(ii) $\left(\pi+\dfrac{e^{-2\pi}-e^{2\pi}}{4}\right)i$.　　　　(iii) $\dfrac{4i}{3}$.

　　(iv) $1-\cos 1+i(\sin 1-1)$.　　　　(v) $2\pi i$.　　　　(vi) $\dfrac{\pi^2}{2}$.

5. (i) $2\pi e^2 i$.　　(ii) $\pi(e^2-e^{-2})$.　　(iii) $2\pi i$.　　(iv) $\pi i(e-e^{-1})$.

　　(v) 0.　　(vi) $4i$.　　(vii) 0.　　(viii) $-\dfrac{2\pi i}{2022!}$.

　　(ix) $-\dfrac{\pi i}{16}$.　　(x) $2\pi i$.　　(xi) $-\dfrac{\pi i}{40}$.　　(xii) $\dfrac{\pi(e^3-4)i}{27e}$.

　　(xiii) 0.　　(xiv) $2\pi i$.

6. $f'(1+i)=-12\pi+12\pi i,\ f'(4)=0$.

7. $2\pi i\sin\dfrac{n\pi}{2}=\begin{cases}2(-1)^k\pi i,&n=2k+1;\\0,&n=2k.\end{cases}$

8. $a=3,\ f(z)=(i-1)z^3+C,\ C\in\mathbb{R}$.

9. $a=-1,\ f(z)=(1-2i)z^2+iC,\ C\in\mathbb{R}$.

10. $a=3,\ f(z)=z^3+(1+i)z$.

11. $a=-4,\ f'(z)=(2+4i)z$.

12. $a=9,b=-3,\ v=-3x^3+3x^2y+9xy^2-y^3$.

13. $\Delta u=(6x-12y)+(-6x+12y)=0,\ v=-2x^3+3x^2y-6xy^2-y^3$.

14. 设 $f(z)=u+iv$, 则 $f(z)$ 是解析函数, 从而

$$g(z)=\sin f(z)=\sin u\,\mathrm{ch}\,v+i\cos u\,\mathrm{sh}\,v.$$

因此 $\sin u\,\mathrm{ch}\,v$ 是调和函数且其共轭调和函数为 $\cos u\,\mathrm{sh}\,v+C,\ C\in\mathbb{R}$.

15. 是, 由于 u 具有二阶连续偏导数, 因此 u_x,u_y 具有连续偏导数, 从而可微. 又

$$(u_x)_x=u_{xx}=-u_{yy}=(-u_y)_y,$$

$$(u_x)_y=u_{xy}=u_{yx}=-(-u_y)_x,$$

C-R 方程满足, 从而 $f(z)$ 解析.

16. 当 z_0 在 C_1 内时, $\dfrac{\sin z}{z - z_0}$ 在 C_2 及其内部解析, 从而

$$\frac{1}{2\pi\mathrm{i}}\left(\oint_{C_1}\frac{z^2\,\mathrm{d}z}{z - z_0} + \oint_{C_2}\frac{\sin z\,\mathrm{d}z}{z - z_0}\right) = \frac{1}{2\pi\mathrm{i}}\oint_{C_1}\frac{z^2\,\mathrm{d}z}{z - z_0} = z_0^2.$$

当 z_0 在 C_2 内时, $\dfrac{z^2}{z - z_0}$ 在 C_1 及其内部解析, 从而

$$\frac{1}{2\pi\mathrm{i}}\left(\oint_{C_1}\frac{z^2\,\mathrm{d}z}{z - z_0} + \oint_{C_2}\frac{\sin z\,\mathrm{d}z}{z - z_0}\right) = \frac{1}{2\pi\mathrm{i}}\oint_{C_2}\frac{\sin z\,\mathrm{d}z}{z - z_0} = \sin z_0.$$

17. 设 $h(z) = f(z) - g(z)$, 则 $h(z)$ 在区域 D 内处处解析且在 C 上 $h(z) = 0$. 从而对任意 C 内部的点 z_0,

$$h(z_0) = \frac{1}{2\pi\mathrm{i}}\oint_C \frac{h(z)}{z - z_0}\,\mathrm{d}z = 0,$$

即 $f(z_0) = g(z_0)$.

18. 设 $|f(z)| \leqslant M$, 则当 $R \to +\infty$ 时,

$$\left|\oint_{|z| = R}\frac{f(z)}{(z - a)^2}\,\mathrm{d}z\right| \leqslant \frac{M}{R^2}\cdot 2\pi R \to 0.$$

由于该积分与 R 无关, 因此该积分一定为零. 从而

$$f'(a) = \frac{1}{2\pi\mathrm{i}}\oint_{|z| = R}\frac{f(z)}{(z - a)^2}\,\mathrm{d}z = 0,$$

$f(z)$ 为一常数.

19. 对任意 $\varepsilon > 0$, 存在 $R_0 > |a|$ 使得当 $|z| \geqslant R_0$ 时, $|f(z) - f(a)| < \varepsilon$. 由复合闭路定理和长大不等式,

$$\left|\oint_{|z| = R}\frac{f(z)}{z - a}\,\mathrm{d}z\right| = \left|\oint_{|z| = R_0}\frac{f(z)}{z - a}\,\mathrm{d}z - \oint_{|z - a| = \frac{R_0 - R}{3}}\frac{f(z)}{z - a}\,\mathrm{d}z\right|$$

$$= \left|\oint_{|z| = R_0}\frac{f(z)}{z - a}\,\mathrm{d}z - 2\pi\mathrm{i}f(a)\right|$$

$$= \left|\oint_{|z| = R_0}\frac{f(z)}{z - a}\,\mathrm{d}z - \oint_{|z| = R_0}\frac{f(a)}{z - a}\,\mathrm{d}z\right|$$

$$= \left|\oint_{|z| = R_0}\frac{f(z) - f(a)}{z - a}\,\mathrm{d}z\right|$$

$$\leqslant \frac{\varepsilon}{R_0}\cdot 2\pi R_0 = 2\pi\varepsilon.$$

由 ε 任意性可知命题成立.

20. 设 $C : |z - z_0| = R$. 由长大不等式

$$|f^{(n)}(z_0)| = \left|\frac{n!}{2\pi\mathrm{i}}\oint_C \frac{f(z)}{(z - z_0)^{n+1}}\,\mathrm{d}z\right|$$

$$\leqslant \frac{n!}{2\pi}\cdot\frac{C}{R^{n+1}}\cdot 2\pi R = \frac{n!C}{R^n}.$$

21. (i) 　流速场为 $(2x - 2, 2y)$, 流线为 $2(x - 1)y = C_1$, 等势线为 $(x - 1)^2 - y^2 = C_2$.

(ii) 　流速场为 $\left(1 - \dfrac{x^2 - y^2}{(x^2 + y^2)^2}, \dfrac{2xy}{(x^2 + y^2)^2}\right)$, 流线为 $x + \dfrac{x}{x^2 + y^2} = C_1$, 等势线为 $y - \dfrac{y}{x^2 + y^2} = C_2$.

第 4 章

一、单选题.

1. D   2. D   3. C   4. D   5. B   6. A   7. A   8. C

二、填空题.

1. 1   2. $+\infty$ 3. π 4. 1   5. 8   6. 10

三、解答题.

1. (i) 条件收敛.　　(ii) 绝对收敛.　　(iii) 条件收敛.　　(iv) 绝对收敛.

　 (v) 绝对收敛.　　(vi) 发散.　　(vii) 绝对收敛.　　(viii) 发散.

2. (i) 1.　(ii) $\sqrt{2}$.　(iii) e.　(iv) 1.　(v) 1.　(vi) $+\infty$.　(vii) $\dfrac{\sqrt{2}}{2}$.　(viii) 1.

　 (ix) 当 $a > 1$ 时为 $\dfrac{1}{a}$; 当 $0 < a \leqslant 1$ 时为 1.　　(x) $\dfrac{1}{|a|}$.

3. (i) $\displaystyle\sum_{n=0}^{\infty}(-1)^{n}(n+1)z^{2n} = 1 - 2z^{2} + 3z^{4} - 4z^{6} + \cdots, \ |z| < 1.$

　 (ii) $\displaystyle\sum_{n=0}^{\infty}(1 - 2^{-n-1})z^{n} = \dfrac{1}{2} + \dfrac{3}{4}z + \dfrac{7}{8}z^{2} + \cdots, \ |z| < 1.$

　 (iii) $\displaystyle\sum_{n=0}^{\infty}2^{\frac{n}{2}}\dfrac{\cos\dfrac{n\pi}{4}}{n!}z^{n} = 1 + z - \dfrac{1}{3}z^{3} - \dfrac{1}{6}z^{4} - \dfrac{1}{30}z^{5} + \dfrac{8}{7!}z^{7} + \dfrac{16}{8!}z^{8} + \cdots, \ |z| < +\infty.$

　 (iv) $\displaystyle\sum_{n=0}^{\infty}\left(\dfrac{(-1)^{n}}{n!} - \dfrac{1}{2^{n+1}}\right)z^{n} = \dfrac{1}{2} - \dfrac{5}{4}z + \dfrac{3}{8}z^{2} - \dfrac{11}{48}z^{3} + \cdots, \ |z| < 2.$

　 (v) $\displaystyle\sum_{n=0}^{\infty}(-1)^{n}\left(\dfrac{1}{2^{2n+1}} - \dfrac{1}{3^{n+1}}\right)(z-2)^{n} = \dfrac{1}{6} - \dfrac{1}{72}z - \dfrac{5}{864}z^{2} + \cdots, \ |z-2| < 3.$

　 (vi) $\displaystyle\sum_{n=0}^{\infty}(n+1)(z+1)^{n} = 1 + 2(z+1) + 3(z+1)^{2} + \cdots, \ |z+1| < 1.$

　 (vii) $\displaystyle\sum_{n=0}^{\infty}\dfrac{(-1)^{n}}{2n+1}z^{2n+1} = z - \dfrac{1}{3}z^{3} + \dfrac{1}{5}z^{5} - \dfrac{1}{7}z^{7} + \cdots, \ |z| < 1.$

　 (viii) $1 + \displaystyle\sum_{n=1}^{\infty}\dfrac{(-1)^{n-1}(2n-2)!}{2^{2n-1}n!(n-1)!}(z+1)^{n} = 1 + \dfrac{1}{2}(z+1) - \dfrac{1}{8}(z+1)^{2} + \cdots, \ |z+1| < 1.$

4. (i) 均为 $\dfrac{1}{z} + \displaystyle\sum_{n=0}^{\infty}\dfrac{(-1)^{n+1}}{(2n+3)!}z^{2n+1}.$

　 (ii) $-\displaystyle\sum_{n=0}^{\infty}ez^{n} - \sum_{n=0}^{\infty}\left(\sum_{k=n}^{+\infty}\dfrac{1}{k!}\right)\dfrac{1}{z^{n}}, \ 0 < |z| < 1; \ \sum_{n=1}^{\infty}\left(\sum_{k=0}^{n-1}\dfrac{1}{k!}\right)\dfrac{1}{z^{n}}, \ 1 < |z| < 2.$

　 (iii) $-\dfrac{1}{z^{2}} - \dfrac{2}{z} - \displaystyle\sum_{n=0}^{\infty}2z^{n}, \ 0 < |z| < 1; \ \dfrac{1}{z^{2}} + \sum_{n=3}^{\infty}\dfrac{2}{z^{n}}, \ 1 < |z| < 2.$

　 (iv) $\displaystyle\sum_{n=0}^{\infty}\left(\dfrac{1}{2^{n+1}} - 1\right)z^{n}, \ 0 < |z| < 1; \ \sum_{n=0}^{\infty}\dfrac{1}{2^{n+1}}z^{n} + \sum_{n=1}^{\infty}\dfrac{1}{z^{n}}, \ 1 < |z| < 2.$

(v) $\displaystyle\sum_{n=0}^{\infty}(2n+1)z^n, 0<|z|<1; \sum_{n=0}^{\infty}\frac{2n-1}{z^n}, 1<|z|<2.$

(vi) 均为 $\displaystyle\frac{1}{z}+\sum_{n=0}^{\infty}\frac{z^n}{(-2)^{n+1}}.$

5. (i) 均为 $\displaystyle\sin 1\sum_{n=0}^{\infty}\frac{(-1)^n}{(2n)!}(z-1)^{2n}+\cos 1\sum_{n=0}^{\infty}\frac{(-1)^n}{(2n+1)!}(z-1)^{2n+1}.$

(ii) $\displaystyle-\frac{2}{z-1}-\sum_{n=0}^{\infty}3(z-1)^n, 0<|z-1|<1; \frac{1}{z-1}+\sum_{n=2}^{\infty}\frac{3}{(z-1)^n}, 2<|z-1|<+\infty.$

(iii) $\displaystyle\sum_{n=0}^{\infty}\left(n+\frac{1}{2^{n+1}}\right)(-1)^n(z-1)^n, 0<|z-1|<1; \sum_{n=3}^{\infty}\frac{(n-2^{n-1})(-1)^n}{(z-1)^n}. 2<|z-1|<+\infty.$

(iv) $\displaystyle-\frac{1}{z-1}-\sum_{n=0}^{\infty}2(z-1)^n, 0<|z-1|<1; \frac{1}{z-1}+\sum_{n=2}^{\infty}\frac{2}{(z-1)^n}, 2<|z-1|<+\infty.$

6. (i) 0. (ii) $2\pi\mathrm{i}.$

7. $\displaystyle\frac{1}{2}\left[(1+\mathrm{i})^n+(1-\mathrm{i})^n\right]=2^{n/2}\cos\frac{n\pi}{4}.$

8. 前两个等式成立的范围不同，一个是 $|z|<1$，一个是 $|z|>1$，无法相加.

9. 容易知道当 $|z|<1$ 时左侧均绝对收敛.

(i) $\displaystyle\sum_{n=0}^{\infty}\frac{z^{2^n}}{1-z^{2^{n+1}}}=\sum_{n=0}^{\infty}\sum_{k=0}^{\infty}z^{2^n}z^{2^{n+1}k}=\sum_{n=0}^{\infty}\sum_{k=0}^{\infty}z^{2^n(2k+1)}=\sum_{m=1}^{\infty}z^m=\frac{z}{1-z}.$

(ii) $\displaystyle\sum_{n=0}^{\infty}\frac{2^n z^{2^n}}{1+z^{2^n}}=\sum_{n=0}^{\infty}\sum_{k=0}^{\infty}2^n z^{2^n}(-1)^k z^{2^n k}$

$\displaystyle\qquad=\sum_{m=0}^{\infty}\sum_{\ell=0}^{\infty}z^{2^m(2\ell+1)}(2^m-2^{m-1}-\cdots-1)$

$\displaystyle\qquad=\sum_{m=0}^{\infty}\sum_{\ell=0}^{\infty}z^{2^m(2\ell+1)}=\sum_{n=1}^{\infty}z^n=\frac{z}{1-z}.$

10. (i) 2 是三阶极点，$\pm\mathrm{i}$ 是二阶极点；

(ii) $\pm\mathrm{i}$ 是二阶极点，$(2k+1)\mathrm{i}$ 是一阶极点，$k\neq-1,0,k\in\mathbb{Z}$；

(iii) 1 是一阶极点，-1 是二阶极点；

(iv) 0 是一阶极点；

(v) 没有奇点；

(vi) 0 是三阶极点，$2k\pi\mathrm{i}$ 是一阶极点，$k\neq0,k\in\mathbb{Z}$；

(vii) $\displaystyle\pm\frac{1+\mathrm{i}}{\sqrt2},\pm\frac{1-\mathrm{i}}{\sqrt2}$ 是一阶极点；

(viii) $\pm\sqrt{k\pi},\pm\mathrm{i}\sqrt{k\pi}$ 是二阶极点，$k\geqslant0,k\in\mathbb{Z}$；

(ix) 0 是可去奇点，$z=\pm\lambda,\pm\lambda\mathrm{i}$ 是非孤立奇点，其中 $\lambda\geqslant1,\lambda\in\mathbb{R}$；

(x) π 是一阶极点；

(xi) 0 是三阶极点，$\displaystyle\pm\frac{(1-\mathrm{i})\sqrt[8]{k\pi}}{\sqrt2},\pm\frac{(1+\mathrm{i})\sqrt[8]{k\pi}}{\sqrt2},\pm\sqrt[8]{k\pi},\pm\mathrm{i}\sqrt[8]{k\pi}$ 是一阶极点，$k\geqslant0,k\in\mathbb{Z}$；

(xii) π 是二阶极点，$k\pi$ 是三阶极点，$k\neq1,k\in\mathbb{Z}$.

11. 两边求 a 阶导数可得 $\zeta^a f^{(n)}(\zeta z) = \zeta^m f^{(a)}(z)$, 于是 $\zeta^{a-m} f^{(n)}(0) = f^{(n)}(0)$. 当 $a \neq nk + m$ 时, $\zeta^{a-m} \neq 1$, 从而 $f^{(n)}(0) = 0$.

12. 由二者泰勒展开系数关系可知.

13. 设三者的收敛半径分别为 R_1, R_2, R_3, 则当 $|z| < R_1$ 时 $\sum\limits_{n=0}^{\infty} c_n z^n$ 绝对收敛, 从而可逐项求导、逐项积分

并得到另两个幂级数. 因此 $R_2, R_3 \geqslant R_1$. 将 c_n 换成 $\dfrac{c_{n-1}}{n}$ 可得到 $R_1 \geqslant R_2$; 将 c_n 换成 $(n+1)c_n$ 可得到 $R_1 \geqslant R_3$. 故 $R_1 = R_2 = R_3$.

14. 由于 $\sum\limits_{n=0}^{\infty} z_n$ 绝对收敛, 因此存在 N 使得当 $n \geqslant N$ 时 $|z_n| \leqslant 1$, 于是

$$\sum_{n=0}^{\infty} |z_n^2| = \sum_{n=0}^{N-1} |z_n^2| + \sum_{n=N}^{\infty} |z_n^2| \leqslant \sum_{n=0}^{N-1} |z_n^2| + \sum_{n=N}^{\infty} |z_n|$$

收敛.

15. 设

$$A = \lim_{z \to a} (z-a)^m \varphi(z) \neq 0, \qquad B = \lim_{z \to a} (z-a)^n \psi(z) \neq 0.$$

当 $m > n$ 时,

$$\lim_{z \to a} (z-a)^m [\varphi(z) + \psi(z)] = A \neq 0,$$

因此 a 是 $\varphi(z) + \psi(z)$ 的 m 阶极点. 当 $m = n$ 时,

$$\lim_{z \to a} (z-a)^m [\varphi(z) + \psi(z)] = A + B$$

存在, 因此 a 是 $\varphi(z) + \psi(z)$ 的 $\leqslant m$ 阶极点或可去奇点.

16. 设 $f(z)$ 在 $|z| > R$ 上没有奇点. 设 $f(z)$ 的所有极点为 $a_1, \cdots, a_k$, 对应的阶为 $m_1, \cdots, m_k$, 那么

$$g(z) = (z-a_1)^{m_1} \cdots (z-a_k)^{m_k} f(z)$$

在复平面内只有可去奇点, 通过补充或修改定义可使其处处解析. 由于 ∞ 是 $g(z)$ 的可去奇点或极点, 因此 $g(z)$ 在 $|z| > R$ 内的洛朗展开只有有限多正幂次项. 二者结合可知 $g(z)$ 是多项式. 设

$$g(z) = c(z-b_1)^{n_1} \cdots (z-b_\ell)^{n_\ell},$$

那么 $f(z)$ 在复平面内零点的阶之和为 $g(z)$ 的次数 $n = n_1 + \cdots + n_\ell$, 极点的阶之和为 $m = m_1 + \cdots + m_k$. 当 $n > m$ 时 ∞ 是 $f(z)$ 的 $n - m$ 阶极点; 当 $n < m$ 时 ∞ 是 $f(z)$ 的 $m - n$ 阶零点. 因此命题得证.

17. (i) $\dfrac{\mathrm{e}}{3} + \dfrac{1}{3\sqrt{\mathrm{e}}}\left(\sqrt{3}\sin\dfrac{\sqrt{3}}{2} - \cos\dfrac{\sqrt{3}}{2}\right)$. (ii) $\dfrac{\pi}{4}$.

18. $-\sum\limits_{n=1}^{\infty} \dfrac{n^3 - 12n^2 + 47n - 60}{z^n}$.

19. $f(z)$ 的奇点为 $1, \pm 2, \pm 3$. 当 $1 < |z| < 2$ 时,

$$f(z) = \sum_{n=1}^{\infty} \frac{5}{z^n} + \sum_{n=0}^{\infty}\left[\frac{2}{(-2)^{n+1}} + \frac{6}{2^{n+1}} - \frac{1}{(-3)^{n+1}} - \frac{2}{3^{n+1}}\right]z^n;$$

当 $2 < |z| < 3$ 时,

$$f(z) = \sum_{n=1}^{\infty} \frac{5 + (-2)^n - 3\cdot 2^n}{z^n} + \sum_{n=0}^{\infty}\left[-\frac{1}{(-3)^{n+1}} - \frac{2}{3^{n+1}}\right]z^n;$$

当 $|z| > 3$ 时,

$$f(z) = \sum_{n=1}^{\infty} \frac{5 + (-2)^n - 3 \cdot 2^n + (-3)^{n-1} + 2 \cdot 3^{n-1}}{z^n}.$$

第 5 章

一、解答题.

1. (i) $\operatorname{Res}[f, 0] = -\dfrac{1}{2}, \operatorname{Res}[f, -2] = \dfrac{3}{2}.$　(ii) $\operatorname{Res}[f, 0] = -\dfrac{2}{3}.$

(iii) $\operatorname{Res}\left[f, \left(k+\dfrac{1}{2}\right)\pi\right] = (-1)^{k+1}\left(k+\dfrac{1}{2}\right)\pi,$ (iv) $\operatorname{Res}[f, 1] = 0.$
$k \in \mathbb{Z}.$

(v) $\operatorname{Res}\left[f, \left(k+\dfrac{1}{2}\right)\pi i\right] = 1, k \in \mathbb{Z}.$　(vi) $\operatorname{Res}[f, 0] = \dfrac{1}{5040}.$

(vii) $\operatorname{Res}[f, i] = -\dfrac{i}{2e}, \operatorname{Res}[f, -i] = \dfrac{ei}{2}.$　(viii) $\operatorname{Res}[f, 0] = 0, \operatorname{Res}[f, \pm\pi] = \mp\dfrac{1}{2\pi^3}.$

(ix) $\operatorname{Res}[f, 0] = -1, \operatorname{Res}[f, 1] = e.$　(x) $\operatorname{Res}[f, \pi i] = \dfrac{1}{\pi^2}, \operatorname{Res}[f, 2\pi i] = \dfrac{1-\pi i}{\pi^2}.$

2. (i) $2\pi(1+e^2)i.$　(ii) $-\dfrac{2\pi i \sin(m\pi/2)}{(m-1)!}.$　(iii) $2\pi i \cdot \dfrac{16!}{8!^2}\cdot\left(-\dfrac{2}{3}\right)^{17}.$　(iv) $4i.$

(v) $2\pi i \sin 1.$　(vi) $0.$　(vii) $0.$　(viii) $0.$

(ix) $-2\pi i\left[\dfrac{1}{30} + \dfrac{2\pi^2-60}{(\pi^2-36)(\pi^2-25)}\right].$

3. (i) $\dfrac{2\pi}{25}.$　(ii) $\dfrac{\sqrt{3}\pi}{9}.$　(iii) $\dfrac{2\pi}{\sqrt{a^2-1}}.$　(iv) $\dfrac{2\pi a}{(a^2-1)^{3/2}}.$

(v) $\dfrac{\pi\cos 1}{2e^2}.$　(vi) $\dfrac{\pi}{k\sin(\pi/(2k))}.$　(vii) $0.$　(viii) $\dfrac{\pi}{2\cos(p\pi/2)}.$

4. $\dfrac{\pi}{2}.$

5. $\dfrac{1}{8}.$

6. (i) $\dfrac{e^{2\pi}+1}{e^{2\pi}-1}\pi.$　(ii) $\dfrac{3}{4}.$

7. (i) $1.$　(ii) $0.$　(iii) $n.$　(iv) $7.$

8. 留数是函数在奇点去心邻域内洛朗展开的 -1 幂次项系数而不是其他圆环内洛朗展开系数.

9. 即 $f(z) = \dfrac{1}{(z^2+1)^{n+1}}$ 在 $z=i$ 处的留数, 乘 $2\pi i.$

10. 转化为复变函数 $f(z) = \left(\dfrac{z^2+1}{2z}\right)^{2n}$ 在单位圆周上的积分, 其中 $\operatorname{Res}[f, 0]$ 由洛朗展开得到.

第 6 章

一、单选题.

1. C　　2. C　　3. C　　4. A　　5. B　　6. D

二、填空题.

1. $\dfrac{1}{2}$　　　　2. -1　　　　3. z^6　　　　4. e^z

三、解答题.

1. (i)　$\operatorname{Im}w > \operatorname{Re}w + 1.$　　　　(ii)　$\operatorname{Im}w > -1.$

(iii)　$\left|w + \dfrac{1}{2}\right| > \dfrac{1}{2}, \operatorname{Re}w < 0.$　　(iv)　$\left|w - \dfrac{1}{3}\right| < \dfrac{1}{3}.$

(v)　$\dfrac{\pi}{4} < \arg w < \dfrac{\pi}{2}.$　　　　(vi)　$\mathrm{e} < |w| < \mathrm{e}^2.$

(vii)　上半平面 $\mathbb{H}$.　　　　(viii)　上半平面 $\mathbb{H}$.

2. (i)　$w = \dfrac{z + 2 + \mathrm{i}}{z + 2 - \mathrm{i}}.$　　　　(ii)　$w = \dfrac{\mathrm{i}z - 1}{z - \mathrm{i}}.$

(iii)　$w = \dfrac{(1 - \mathrm{i})(z + 1)}{2}.$　　　　(iv)　$w = -\dfrac{z + 1 - 2\mathrm{i}}{z + 1}.$

3. $w = \dfrac{z - 2}{1 - 2z}.$

4. 答案不唯一. $w = \dfrac{\mathrm{e}^{\mathrm{i}\theta}z + 6}{3\mathrm{e}^{\mathrm{i}\theta}z + 2}$ 或 $\dfrac{3\mathrm{e}^{\mathrm{i}\theta}z + 1}{\mathrm{e}^{\mathrm{i}\theta}z + 3}.$

5. 答案不唯一.

(i)　$w = z + 1.$　　　　(ii)　$w = -\dfrac{2\mathrm{i}}{z + \mathrm{i} - 1}.$

(iii)　$w = \dfrac{z - 2}{z + 2}.$　　　(iv)　$w = \dfrac{z - (1 + \mathrm{i})(1 - \sqrt{2}/2)}{z - (1 + \mathrm{i})(1 + \sqrt{2}/2)}.$

6. 答案不唯一.

(i)　$w = -\left(\dfrac{z + \sqrt{3} - \mathrm{i}}{z - \sqrt{3} - \mathrm{i}}\right)^3.$　　(ii)　$w = -\left(\dfrac{z - \sqrt{2} - \sqrt{2}\mathrm{i}}{z - \sqrt{2} + \sqrt{2}\mathrm{i}}\right)^4.$

(iii)　$w = \dfrac{1}{2}\left(z^4 + \dfrac{1}{z^4}\right).$　　(iv)　$w = \dfrac{1}{2}\left[\left(\dfrac{z}{2}\right)^{2/3} + \left(\dfrac{2}{z}\right)^{2/3}\right].$

(v)　$w = -\dfrac{1}{2}\left(\sqrt{z} + \dfrac{1}{\sqrt{z}}\right).$　　(vi)　$w = \mathrm{e}^{2\pi\mathrm{i}z/(z-2)}.$

(vii)　$w = \left(\dfrac{z - \mathrm{i}}{z + \mathrm{i}}\right)^2.$　　　(viii)　$w = \dfrac{1}{2}(\mathrm{e}^{\pi z} + \mathrm{e}^{-\pi z}).$

7. 答案不唯一.

(i)　$w = \sqrt{\left(\dfrac{z}{a}\right)^2 + 1}.$　　　(ii)　$w = \sqrt{1 - 9\left(\dfrac{z + \mathrm{i}}{z - \mathrm{i}}\right)^2}.$

(iii)　$w = \sqrt{z^4 + 4}.$

8. $w = \dfrac{az + b}{cz + d}$, 其中 $a, b, c, d \in \mathbb{R}, ad - bc > 0.$

9. $a^2 + d^2 + ad + bc = 0$ 或 $a^3 - d^3 = b = c = 0.$

10. 若金属板内部为 $|z| < 1, \operatorname{Im}z > 0$, 则 $T = T_2 + \dfrac{2}{\pi}(T_1 - T_2)\arctan\dfrac{2y}{1 - x^2 - y^2}.$

11. 若正 y 轴电势为 v_1, 则 $v = v_2 + \dfrac{2}{\pi}(v_1 - v_2)\arctan\dfrac{y}{x}.$

第 7 章

一、单选题.

1. C   2. A   3. D

二、填空题.

1. $e^{-i\omega t_0}$ 2. $2\pi\delta(\omega-1)$ 3. $\pi[\delta(\omega+3)+\delta(\omega-3)]$

4. $\dfrac{1}{2\pi}e^{-2it}$ 5. 1   6. $2\delta(t)$

三、解答题.

1. (i) $\dfrac{4(\sin\omega-\omega\cos\omega)}{\omega^3}$.   (ii) $\dfrac{2i\sin\pi\omega}{\omega^2-1}$.

(iii) $\dfrac{1}{1-i\omega}$.   (iv) $\dfrac{2}{4+(1+i\omega)^2}$.

(v) $\dfrac{2}{i\omega}$.   (vi) $\dfrac{1}{2}\pi i[\delta(\omega+3)-\delta(\omega-3)-\delta(\omega+1)+\delta(\omega-1)]$.

(vii) $\dfrac{1}{4}\pi[2\delta(\omega)+\delta(\omega+2)+\delta(\omega+4)+\delta(\omega+6)+\delta(\omega-2)+\delta(\omega-4)+\delta(\omega-6)]$.

(viii) $\overline{F(-\omega)}$, 其中 $F(\omega)=\mathscr{F}[f(t)]$.   (ix) $2\cos\omega+2\cos 2\omega$.

2. $\dfrac{\pi^4}{90}$.

3. $\dfrac{3\pi}{4}$.

4. $\dfrac{2\pi}{\sqrt{3}}\operatorname{th}\left(\dfrac{\sqrt{3}\pi}{2}\right)=\dfrac{2\pi(e^{\sqrt{3}\pi}-1)}{\sqrt{3}(e^{\sqrt{3}\pi}+1)}$.

5. (i) $\dfrac{e^{-s}+s-1}{s^2}$.   (ii) $\dfrac{2-e^{-s}-e^{-2s}}{s}$.   (iii) $\dfrac{2+4s+3s^2}{s^3}$.

(iv) $\dfrac{1}{s}+\dfrac{1}{(s+1)^2}$.   (v) $\dfrac{(s+2)^2-9}{[(s+2)^2+9]^2}$.   (vi) $\operatorname{arccot} s$.

(vii) $\dfrac{s^2+1}{(s+1)^3}$.   (viii) $\dfrac{4s}{(s^2+4)^2}+\dfrac{2}{s^2+4}$.

6. (i) $t+\cos t-3\sin t$.   (ii) $\dfrac{e^t+6e^{-t}-7e^{-3t}}{8}$.   (iii) $4e^t-\dfrac{7}{3}e^{2t}+\dfrac{1}{3}e^{-t}$.

(iv) $\dfrac{(t+1)e^{-t}+(t-1)e^t}{4}$.   (v) $\sin t+\dfrac{\sqrt{2}}{2}\sin\sqrt{2}t$.   (vi) $e^{2t}-1$.

(vii) $\cos t+\sin 2t$.   (viii) $e^{2t}-e^t$.   (ix) $x(t)=y(t)=-\cos t$.

(x) $x(t)=t(1-e^t),y(t)=e^t(t-1)+1$.

7. 设 $F_k(\omega)=\operatorname{sinc}\left(\dfrac{\omega}{k}\right)$. 可以证明 $F_1F_3\cdots F_{2k+1}$ 的傅里叶逆变换, 即这些函数对应逆变换的卷积在

$$|t|\leqslant 1-\frac{1}{3}-\frac{1}{5}-\cdots-\frac{1}{2k+1}$$

上取值为 $1/2$, 而在这之外取值 $<1/2$. 从而当 $k=1,2,\cdots,6$ 时该积分为 π, 而当 $k=7$ 时 $<\pi$.

参考文献

[1] 阿尔福斯. 复分析 [M]. 赵志勇, 薛运华, 杨旭, 译. 北京: 机械工业出版社, 2022.

[2] CONWAY J B. Functions of One Complex Variable I[M]. Second Edition. New York: Springer-Verlag, 1978.

[3] CONWAY J B. Functions of One Complex Variable II[M]. New York: Springer-Verlag, 1996.

[4] 范莉莉, 何成奇. 复变函数论 [M]. 上海: 上海科学技术出版社, 1987.

[5] 克莱因. 古今数学思想: 第一册 [M]. 张理京, 张锦炎, 江泽涵, 译. 上海: 上海科学技术出版社, 2013.

[6] 克莱因. 古今数学思想: 第二册 [M]. 张理京, 张锦炎, 江泽涵, 译. 上海: 上海科学技术出版社, 2013.

[7] 李红, 谢松法. 复变函数与积分变换 [M]. 4 版. 北京: 高等教育出版社, 2013.

[8] 刘建亚, 吴臻. 复变函数与积分变换 [M]. 北京: 高等教育出版社, 2019.

[9] 史济怀, 刘太顺. 复变函数 [M]. 合肥: 中国科学技术大学出版社, 1998.

[10] STEIN E M, SHAKARCHI R. Complex Analysis[M]. New Jersey: Princeton University Press, 2003.

[11] 西安交通大学高等数学教研室. 工程数学: 复变函数 [M]. 4 版. 北京: 高等教育出版社, 2011.

[12] 严镇军. 数学物理方法 [M]. 合肥: 中国科学技术大学出版社, 1999.

[13] 庄圻泰, 张南岳. 复变函数 [M]. 北京: 北京大学出版社, 1984.

[14] BERG G O, JULIAN W, MINES R, et al. The constructive Jordan curve theorem[J]. Rocky Mountain Journal of Mathematics, 1975, 5(2): 225–236. https://doi.org/10.1216/RMJ-1975-5-2-225.

[15] 王元, 乔建永, 杨静. 杨乐在函数值分布论上的贡献 [J]. 内蒙古师范大学学报 (自然科学版), 2019, 48(6):471–478. https://nmsb.cbpt.cnki.net/portal/journal/portal/client/paper/c728f22a7a49175e3655e43a691fc9d4.

[16] WU D, JIANG Y F, GU X M, et al. Experimental Refutation of Real-Valued Quantum Mechanics under Strict Locality Conditions[J]. Phys Rev Lett, 2022, 129(14):140401. https://doi.org/10.1103/PhysRevLett.129.140401.

[17] YANG L. Value distribution theory[M]. Berlin: Springer–Verlag, 1993.

[18] YANG L, ZHANG G H. Recherches sur le nombre des valeurs deficientes et le nombre des directions de Borel des fonctions méromorphes[J]. Sci Sinica, 1975, 18:23–37.

[19] YANG L, ZHANG G H. Sur la construction des fonctions méromorphes ayant des directions singulieres donnès[J]. Sci Sinica, 1976, 19:445–459.

[20] 袁志杰, 张神星. 复变函数在不同圆环域内洛朗展开的探究 [J/OL]. 南阳师范学院学报, 2024, 23(3). https://publish.cnki.net/journal/portal/nysf/client/paper/01eb42a7419d144c7a0459345f42f130.

[21] 3Blue1Brown. 奥数级别的数数问题 [DB/OL]. (2022-06-26)[2024-12-08]. https://www.bilibili.com/video/BV1R34y1W7Xn/.

[22] 3Blue1Brown. 研究人员觉得这里有个 bug... (Borwein 积分)[DB/OL]. (2022-12-07)[2024-12-08]. https://www.bilibili.com/video/BV18e4y1u7BH/.

中外人名对照表

为便于读者查找相关英文资料, 在此列出本书中出现过的人名的外文名. 以下人名中不注明其爵位, 加粗为姓氏部分.

- 阿贝尔 (Niels Henrik **Abel**, 1802—1829), 挪威数学家.
- 波尔文 (Jonathan Michael **Borwein**, 1951—2016), 苏格兰数学家.
- 波尔文 (Peter Benjamin **Borwein**, 1953—2020), 苏格兰数学家.
- 波尔查诺 (Bernard Placidus Johann Gonzal Nepomuk **Bolzano**, 1781—1848), 捷克数学家.
- 泊松 (Siméon-Denis **Poisson**, 1781—1840), 法国数学家、物理学家.
- 达朗贝尔 (Jean Le Rond d'**Alembert**, 1717—1783), 法国数学家.
- 狄拉克 (Paul Adrien Maurice **Dirac**, 1902—1984), 英国理论物理学家.
- 狄利克雷 (Johann Peter Gustav Lejeune **Dirichlet**, 1805—1859), 德国数学家.
- 棣莫弗 (Abraham **de Moivre**, 1667—1754), 法国数学家.
- 范德蒙 (Alexandre-Théophile **Vandermonde**, 1735—1796), 法国数学家.
- 费罗 (Scipione del **Ferro**, 1465—1526), 意大利数学家.
- 菲涅耳 (Augustin Jean **Fresnel**, 1788—1827), 法国物理学家.
- 傅里叶 (Jean Baptiste Joseph **Fourier**, 1768—1830), 法国数学家.
- 高斯 (Johann Carl Friedrich **Gauß**, 英文为 **Gauss**, 1777—1855), 德国数学家.
- 格林 (George **Green**, 1793—1841), 英国数学物理学家.
- 古萨 (Édouard Jean-Baptiste **Goursat**, 1858—1936), 法国数学家.
- 哈密顿 (William Rowan **Hamilton**, 1805—1865), 爱尔兰数学家、物理学家、天文学家.
- 赫维赛德 (Oliver **Heaviside**, 1850—1925), 英国物理学家、数学家.
- 莱布尼茨 (Gottfried Wilhelm von **Leibniz**, 1646—1716), 德国哲学家、数学家.
- 黎曼 (Georg Friedrich Bernhard **Riemann**, 1826—1866), 德国数学家.
- 卡尔达诺 (Girolamo 或 Hieronimo **Cardano**, 又名 Hieronymus **Cardanus** 或 Jerome **Cardan**, 1501—1576), 意大利数学家、物理学家、天文学家、哲学家.
- 科茨 (Roger **Cotes**, 1682—1716), 英国数学家.
- 柯西 (Augustin-Louis **Cauchy**, 1789—1857), 法国数学家、物理学家.
- 拉普拉斯 (Pierre-Simon **Laplace**, 1749—1827), 法国数学家、天文学家、物理学家.
- 洛朗 (Pierre Alphonse **Laurent**, 1813—1854), 法国数学家.
- 列维 (Paul Pierre **Lévy**, 1886—1971), 法国数学家.
- 刘维尔 (Joseph **Liouville**, 1809—1182), 法国数学家.
- 洛必达 (Guillaume-François-Antoine Marquis de l'**Hôpital**, 1661—1704), 法国数学家.
- 麦克劳林 (Colin **Maclaurin**, 1698—1746), 苏格兰数学家.
- 麦克斯韦 (James Clerk **Maxwell**, 1831—1879), 苏格兰物理学家、数学家.
- 莫比乌斯 (August Ferdinand **Möbius**, 1790—1868), 德国数学家、天文学家.
- 莫累拉 (Giacinto **Morera**, 1856—1907), 意大利数学家.
- 牛顿 (Isaac **Newton**, 1643—1727), 英国数学家.
- 欧拉 (Leonhard **Euler**, 1707—1783), 瑞士数学家、物理学家.

- 帕塞瓦尔 (Marc-Antoine **Parseval** des Chênes, 1755—1836), 法国数学家.
- 潘建伟 (Jian-Wei **Pan**, 1970—), 中国物理学家.
- 皮卡 (Charles Émile **Picard**, 1856—1941), 法国数学家.
- 儒科夫斯基 (Николай Егорович **Жуковский**, 英文为 **Zhukovsky**, **Joukowski** 或 **Zhukouskii**, 1847—1921), 俄罗斯力学家.
- 儒歇 (Eugène **Rouché**, 1832—1910), 法国数学家.
- 若尔当 (Marie Ennemond Camille **Jordan**, 1838—1922), 法国数学家.
- 绍德尔 (Julius Pawel **Schauder**, 1899—1943), 波兰数学家.
- 斯坦尼兹 (Ernst **Steinitz**, 1871—1928), 德国数学家.
- 泰勒 (Brook **Taylor**, 1685—1731), 英国数学家.
- 维布伦 (Oswald **Veblen**, 1880—1960), 美国数学家.
- 魏尔斯特拉斯 (Karl Theodor Wilhelm **Weierstrass**, 1815—1897), 德国数学家.
- 杨乐 (Lo **Yang**, 1939—2023), 中国数学家.
- 张广厚 (Kuan-Heo **Chang**, 1937—1987), 中国数学家.

索引